Análise Fundamentalista Para leigos

REUNINDO OS PRINCIPAIS DOCUMENTOS PARA A ANÁLISE FUNDAMENTALISTA

As empresas criam muitos documentos financeiros, então você precisa saber quais são os mais importantes para a análise fundamentalista. A lista a seguir o ajuda a determinar quais documentos o apoiarão nesse processo:

- **Relatório de lucros:** Curioso para saber como foi o trimestre recém-concluído de uma empresa? Isso deve ser definido no comunicado de imprensa fornecido aos investidores, o relatório de lucros. Esse relatório é examinado pelos investidores e pela mídia à medida que aparece na temporada de resultados. As principais medidas financeiras, como receitas, despesas e lucros, costumam ser apresentadas pela primeira vez aos investidores nesse relatório, o que o torna um documento essencial para a análise fundamentalista.

- **Relatório financeiro trimestral (10-Q):** Semanas após o comunicado de imprensa ser entregue aos investidores, as empresas fornecem uma versão oficial dele, o relatório trimestral, ou 10-Q. Nesses documentos, as empresas explicitam os números finais para o trimestre. O 10-Q contém muitas das informações contidas no relatório de lucros, mas geralmente de forma mais detalhada. Por exemplo, muitas empresas deixam uma demonstração dos fluxos de caixa de fora do comunicado, mas devem incluí-la no 10-Q.

- **Relatório financeiro anual (10-K)*:** O relatório anual, formalmente conhecido como 10-K, é o documento mais importante e completo que os analistas fundamentalistas recebem. Descreve todos os acontecimentos relevantes da empresa e das demonstrações financeiras anuais. Algumas empresas também produzem uma versão mais acessível dele, o relatório anual aos acionistas.

- **Demonstração de resultados:** Quer saber quanto uma empresa lucra? Então a demonstração de resultados é para você. Esse documento mostra quantos negócios a empresa gera, a receita e quanto tem de lucro depois de pagar todos os custos.

- **Balanço patrimonial:** É a versão corporativa da declaração de patrimônio líquido de um indivíduo. Mostra o que a empresa deve e o que tem.

- **Demonstração dos fluxos de caixa:** Não há nada mais valioso nos negócios do que dinheiro vivo. Uma empresa pode relatar grandes lucros em sua demonstração de resultados, mas é o caixa que entra pela porta da frente que mais importa para os analistas fundamentalistas. Embora muitos investidores iniciem sua análise fundamentalista com a demonstração de resultados e o balanço patrimonial, a demonstração dos fluxos de caixa é essencial, pois é menos sujeita às distorções das regras contábeis.

---

* Ambos relatórios contábeis Americanos US GAAP, no Brasil os relatórios contábeis seguem os padrões da lei 6404/76. [N. do R. T.]

SEIS COISAS EM UM RELATÓRIO ANUAL NECESSÁRIAS PARA A ANÁLISE FUNDAMENTALISTA

Depois que um enorme relatório anual chega pelo correio, você pode não saber por onde começar. Portanto, aqui estão seis coisas que deve sempre considerar ao obter um relatório anual para ter certeza de que está captando os principais elementos necessários à análise fundamentalista:

- **Compare os relatórios anuais.** A melhor maneira de ler o relatório deste ano é lado a lado com o do ano passado. Certifique-se de que a empresa atingiu os objetivos. Se não, esse é um bom momento para começar a usar suas habilidades de análise fundamentalista a fim de descobrir por que a gestão falhou e se há motivo para se preocupar.

- **Veja como o fluxo de caixa se compara ao lucro líquido.** As regras contábeis fornecem às empresas uma margem de manobra razoável na forma como relatam os lucros. No entanto, dinheiro é dinheiro, e o valuation desse item é particularmente importante na análise fundamentalista ao se tomar decisões de investimento. Você precisa ter certeza de que a empresa está gerando aproximadamente a mesma quantidade de dinheiro que reporta como lucro.

- **Considere as margens operacionais e brutas.** Muitos investidores ficam excessivamente concentrados nos resultados financeiros de uma empresa. No entanto, o valor do lucro que uma empresa gera deve ser considerado em comparação com sua receita. Margens operacionais e brutas, duas medidas financeiras em que analistas fundamentalistas prestam muita atenção, permitem que você faça essa análise.

- **Procure por qualquer deterioração.** Se está investindo em uma empresa porque acha que ela tem perspectivas de crescimento, certifique-se de que ela realmente está crescendo. Uma análise dos fundamentos, incluindo receita e lucros, mostrará como fazer isso rapidamente.

- **Dê uma olhada no salário do CEO.** A maioria dos relatórios anuais vem embalada com o chamado formulário de referência. Essas declarações normalmente informam quanto os altos executivos recebem; às vezes, essa informação é encontrada no relatório anual. Você deve estar ciente de que a remuneração excessiva pode ser um sinal de que a alta administração está pensando em si mesma, não em você. Prestar atenção à remuneração dos executivos é uma forma de olhar além das demonstrações financeiras para realizar uma análise completa de uma empresa.

- **Fique atento a potenciais conflitos de interesse.** O formulário de referência também permite que os investidores votem em assuntos importantes. Não basta corroborar com os diretores. Verifique no proxy se eles têm algum relacionamento comercial com a empresa. Nesse caso, você pode se recusar a votar neles. Votar em membros do conselho de administração de uma empresa é um modo de usar a análise fundamentalista para salvaguardar seus interesses.

Análise Fundamentalista

para leigos

Análise Fundamentalista

para leigos

Matt Krantz

ALTA BOOKS
EDITORA

Rio de Janeiro, 2021

Análise Fundamentalista Para Leigos® – Tradução da 2ª Edição

Copyright © 2021 da Starlin Alta Editora e Consultoria Eireli.
ISBN: 978-65-5520-546-6

Translated from original Fundamental Analysis For Dummies®, 2nd Edition. Copyright © 2016 by John Wiley & Sons, Inc., ISBN 978-1-119-26359-3. This translation is published and sold by permission of Wiley, the owner of all rights to publish and sell the same. PORTUGUESE language edition published by Starlin Alta Editora e Consultoria Eireli, Copyright © 2021 by Starlin Alta Editora e Consultoria Eireli.

Todos os direitos estão reservados e protegidos por Lei. Nenhuma parte deste livro, sem autorização prévia por escrito da editora, poderá ser reproduzida ou transmitida. A violação dos Direitos Autorais é crime estabelecido na Lei nº 9.610/98 e com punição de acordo com o artigo 184 do Código Penal.

A editora não se responsabiliza pelo conteúdo da obra, formulada exclusivamente pelo(s) autor(es).

Marcas Registradas: Todos os termos mencionados e reconhecidos como Marca Registrada e/ou Comercial são de responsabilidade de seus proprietários. A editora informa não estar associada a nenhum produto e/ou fornecedor apresentado no livro.

Impresso no Brasil — 1ª Edição, 2021 — Edição revisada conforme o Acordo Ortográfico da Língua Portuguesa de 2009.

Erratas e arquivos de apoio: No site da editora relatamos, com a devida correção, qualquer erro encontrado em nossos livros, bem como disponibilizamos arquivos de apoio se aplicáveis à obra em questão.

Acesse o site **www.altabooks.com.br** e procure pelo título do livro desejado para ter acesso às erratas, aos arquivos de apoio e/ou a outros conteúdos aplicáveis à obra.

Suporte Técnico: A obra é comercializada na forma em que está, sem direito a suporte técnico ou orientação pessoal/exclusiva ao leitor.

A editora não se responsabiliza pela manutenção, atualização e idioma dos sites referidos pelos autores nesta obra.

Dados Internacionais de Catalogação na Publicação (CIP) de acordo com ISBD

K89a	Krantz, Matt
	Análise Fundamentalista Para Leigos / Matt Krantz ; traduzido por Rafael Fontes. - Rio de Janeiro : Alta Books, 2021.
	416 p. : il. ; 17cm x 24cm.
	Tradução de: Fundamental Analysis For Dummies
	Inclui índice.
	ISBN: 978-65-5520-546-6
	1. Administração. 2. Análise Fundamentalist. I. Fontes, Rafael. II. Título.
	CDD 658
2021-3189	CDU 65

Elaborado por Vagner Rodolfo da Silva - CRB-8/9410

Rua Viúva Cláudio, 291 — Bairro Industrial do Jacaré
CEP: 20.970-031 – Rio de Janeiro (RJ)
Tels.: (21) 3278-8069 / 3278-8419
www.altabooks.com.br — altabooks@altabooks.com.br

Produção Editorial
Editora Alta Books

Gerência Comercial
Daniele Fonseca

Editor de Aquisição
José Rugeri
acquisition@altabooks.com.br

Produtores Editoriais
Illysabelle Trajano
Maria de Lourdes Borges
Thales Silva

Marketing Editorial
Livia Carvalho
Gabriela Carvalho
Thiago Brito
marketing@altabooks.com.br

Equipe de Design
Larissa Lima
Marcelli Ferreira
Paulo Gomes

Diretor Editorial
Anderson Vieira

Coordenação Financeira
Solange Souza

Produtor da Obra
Thiê Alves

Equipe Ass. Editorial
Brenda Rodrigues
Caroline David
Luana Rodrigues
Mariana Portugal
Raquel Porto

Equipe Comercial
Adriana Baricelli
Daiana Costa
Fillipe Amorim
Kaique Luiz
Victor Hugo Morais
Viviane Paiva

Atuaram na edição desta obra:

Tradução
Rafael Fontes

Copidesque
Alessandro Thomé

Revisão Técnica
Douglas Nogueira
Agente de investimentos

Revisão Gramatical
Carolina Palha
Hellen Suzuki

Diagramação
Lucia Quaresma

Ouvidoria: ouvidoria@altabooks.com.br

Editora afiliada à:

Sobre o Autor

Matt Krantz é um conhecido jornalista financeiro especializado em tópicos de investimento. Ele é redator do *USA Today* desde 1999, onde cobre os mercados financeiros e Wall Street, concentrando-se nos acontecimentos que afetam os investidores individuais e carteiras de investimento. Suas histórias sinalizam rotineiramente as tendências de que os investidores podem lucrar e avisam sobre fraudes em potencial e questões das quais os investidores devem estar cientes. Krantz escreveu ou coescreveu três livros além deste, incluindo *Investing Online For Dummies*, *Investment Banking For Dummies* e *Mint.com For Dummies*, publicados pela Editora Wiley.

Além de cobrir os mercados para a edição impressa do *USA Today*, Matt escreve uma coluna de investimentos, chamada "Ask Matt", publicada online todos os dias de negócio em www.usatoday.com [conteúdo em inglês]. Ele responde às perguntas feitas pelo público do site de uma maneira fácil de entender. Os leitores costumam dizer a Matt que ele é o único que finalmente conseguiu resolver as questões sobre investimentos para as quais eles buscaram respostas por anos.

Matt tem investido desde a década de 1980 e estudou dezenas de técnicas de investimento enquanto criava a sua própria. E, como jornalista financeiro, ele entrevistou algumas das mentes do investimento mais famosas e infames da história moderna. Antes de se unir ao *USA Today*, Matt trabalhou como repórter de negócios e tecnologia para a *Investor's Business Daily* e foi consultor da Ernst & Young antes disso.

Matt é bacharel em administração pela Universidade de Miami em Oxford, Ohio. Ele palestrou para grupos de investimento, inclusive na convenção nacional da National Association of Investors Corporation, e apareceu na Financial TV. Matt trabalha no escritório do *USA Today* em Los Angeles. Quando não está escrevendo, ele passa o tempo livre com sua esposa e sua filha, correndo, jogando tênis, andando de mountain bike ou jogando Xbox.

Dedicatória

Este livro é dedicado à minha esposa, Nancy, que me ajudou a fazer o meu melhor; aos meus pais, por me incentivarem a fazer o meu melhor; aos meus avós, por me inspirarem a fazer o meu melhor; e à minha filha, Leilani, por me dar um motivo para fazer o meu melhor.

Agradecimentos do Autor

Assumir um projeto do tamanho e com o escopo deste livro teria sido exaustivo sem a ajuda de algumas pessoas importantes ao longo do caminho. Minha esposa, Nancy, está sempre pronta para dar um tapinha encorajador ou sugerir a palavra perfeita que está me escapando. Steve Minihan, consultor financeiro e professor da UCLA Extension, forneceu instruções e habilidades de análise valiosas. Fane Lozman compartilhou sua experiência em opções. David Trainer, da New Constructs, forneceu sua experiência. Agradecimentos a S&P Capital IQ e a Morningstar por fornecerem dados para o livro.

A equipe da editora Wiley também deu muito apoio, incluindo Stacy Kennedy, editora de aquisições; Corbin Collins, editor; e Paul Mladjenovic, editor técnico. E, novamente, um grande agradecimento a Matt Wagner, meu agente literário, por me informar sobre esta oportunidade.

Por fim, quero agradecer a meus pais por me darem as ferramentas e a determinação para seguir meus interesses em escrever e investir. Minha mãe e meu pai ensinaram a todos os filhos que eles poderiam alcançar seus objetivos se sempre fizessem o melhor e nunca parassem de tentar ser ainda melhores. Meus avós são modelos do sucesso de longo prazo pelo qual continuo a lutar.

Sumário Resumido

Introdução 1

Parte 1: O que É Análise Fundamentalista e por que A Usar 5

CAPÍTULO 1: Entendendo a Análise Fundamentalista 7

CAPÍTULO 2: Atualizando-se com a Análise Fundamentalista 19

CAPÍTULO 3: Vencendo em Wall Street: Vantagens para os Investidores 39

CAPÍTULO 4: Conseguindo Dados Fundamentais 59

Parte 2: Como Realizar a Análise Fundamentalista 79

CAPÍTULO 5: Analisando o Lucro com a Demonstração de Resultados 81

CAPÍTULO 6: Medindo o Poder de Permanência de uma Empresa 101

CAPÍTULO 7: Rastreando o Dinheiro com a Demonstração do Fluxo de Caixa 121

CAPÍTULO 8: Usando Índices Financeiros para Identificar Investimentos 141

CAPÍTULO 9: Explorando o Formulário de Referência por Pistas de Investimento 161

Parte 3: Fazendo Dinheiro com a Análise Fundamentalista 181

CAPÍTULO 10: Procurando Fundamentos para Comprar ou Vender 183

CAPÍTULO 11: Encontrando o Preço Justo Usando o Fluxo de Caixa Descontado 205

CAPÍTULO 12: Mensurando o Valor de uma Empresa com o 10-K 225

CAPÍTULO 13: Analisando os Comentários e as Declarações Públicas de uma Empresa 247

CAPÍTULO 14: Aproveitando a Análise Fundamentalista Feita por Outros 259

CAPÍTULO 15: Realizando uma Análise "Top-Down" 279

Parte 4: Aprimorando-se com a Análise Fundamentalista 291

CAPÍTULO 16: Explorando os Fundamentos de um Setor 293

CAPÍTULO 17: Identificando Tendências com a Análise Fundamentalista 309

CAPÍTULO 18: Evitando Fracassos Financeiros com a Análise Fundamentalista 327

CAPÍTULO 19: Combinando a Análise Fundamentalista e a Análise Técnica 343

Parte 5: A Parte dos Dez 363

CAPÍTULO 20: Dez Coisas a Se Observar ao Analisar uma Empresa 365

CAPÍTULO 21: Dez Coisas que a Análise Fundamentalista Não Faz 373

Índice...........**385**

Sumário

INTRODUÇÃO...1
Sobre Este Livro...2
Ícones Usados Neste Livro...3
Além Deste Livro..3
De Lá para Cá, Daqui para Lá..4

PARTE 1: O QUE É ANÁLISE FUNDAMENTALISTA E POR QUE A USAR..........5

CAPÍTULO 1: Entendendo a Análise Fundamentalista....................7
Por que Se Importar com a Análise Fundamentalista?....................8
    Alguns dos valores reais da análise fundamentalista..............9
    Trazendo um exemplo de casa.....................................10
    Colocando a análise fundamentalista para funcionar..............10
    Sabendo quais fundamentos procurar..............................13
    Sabendo do que você precisa.....................................13
Conhecendo as Ferramentas do Negócio de Análise Fundamentalista.......14
    Focando os resultados financeiros...............................14
    Avaliando o que uma empresa tem em seu nome.....................15
    Tá pegando fogo, bicho: Queimando caixa.........................15
    Índices financeiros: Seus amigos para entender uma empresa......16
Fazendo a Análise Fundamentalista Trabalhar para Você.................16
    Usando fundamentos como sinais de compra ou venda...............17
    Os perigos de ignorar os fundamentos............................17
    Usando a análise fundamentalista como guia......................18

CAPÍTULO 2: Atualizando-se com a Análise Fundamentalista...........19
O que É a Análise Fundamentalista?....................................20
    Indo além das apostas...21
    Entendendo a análise fundamentalista............................23
    Quem utiliza a análise fundamentalista?.........................24
    Siga o caixa usando os fundamentos..............................25
Comparando a Análise Fundamentalista com Outras Maneiras de Escolher Investimentos...27
    Como a análise fundamentalista se compara aos investimentos em índices....................................27

Comparando a análise fundamentalista com a
análise técnica. 28

Colocando a Análise Fundamentalista para Trabalhar para Você 29
Quão difícil é a análise fundamentalista? Preciso ser um
mago dos números? 30
A análise fundamentalista é para você? 30
Os riscos da análise fundamentalista 31

Ganhando Caixa com a Análise Fundamentalista. 32
Precificando uma ação ou título. 32
Sendo lucrativo ao ser "do contra". 33

Ferramentas da Análise Fundamentalista. .34
Demonstração de resultados 34
Noções básicas de balanço patrimonial 35
Pegando o jeito dos fluxos de caixa 36
Familiarizando-se com os índices financeiros (incluindo o P/L) 36

CAPÍTULO 3: # Vencendo em Wall Street: Vantagens para
os Investidores 39

Investindo Melhor com os Princípios Fundamentalistas 40
Escolhendo ações. 41
Prejudicando seu portfólio ao pagar caro 44
Esperando a volatilidade de curto prazo 46

Acreditando nos Profissionais. 47
O que é "o jeito Warren Buffett"? 48
Conhecendo Graham e Dodd. 50

Descobrindo Quando Comprar ou Vender uma Ação. 51
Olhando além do preço por ação 51
Vendo como os fundamentos de uma empresa e seu
preço podem conflitar. 53
Evitando a onda das "story stocks" 54
Aliando estratégias de buy-and-hold com a
análise fundamentalista 55
Pensando em longo prazo 56
Paciência nem sempre é uma virtude. 57

CAPÍTULO 4: # Conseguindo Dados Fundamentais 59

Entrando em Sincronia com o Calendário Fundamentalista. 60
Quais empresas devem relatar suas finanças ao público? 61
Começando: A temporada de lucros. 61
Conseguindo o comunicado de imprensa sobre os lucros. 62
Preparando-se para o 10-Q 64
Correndo os 10-K 66
Não há formulário de referência como o formulário
de referência 68

Aprimorando se com a Contabilidade e a Matemática Básicas 69

   Atividades de operação: Encontrando as brechas 70

   Atividades de investimento: Você tem de gastar dinheiro
    para ganhar dinheiro 70

   Aprendendo uma habilidade matemática fundamental:
    Variação percentual 72

Obtendo os Dados de que Você Precisa. 73

PARTE 2: COMO REALIZAR A ANÁLISE FUNDAMENTALISTA 79

CAPÍTULO 5: **Analisando o Lucro com a Demonstração de Resultados** 81

Aprofundando-se na Demonstração de Resultados. 82

   Indo direto ao ponto 82

Encarando a Top Line: Receita 84

   Detalhando a receita de uma empresa 85

   Mantendo controle sobre o crescimento de uma empresa 87

   Quais são os custos da empresa? 89

Calculando as Margens de Lucro e Descobrindo o que Significam 93

   Tipos de margens de lucro 93

   Entendendo o lucro por ação. 96

Comparando o Lucro com as Expectativas de uma Empresa. 98

   A expectativa dos investidores 98

   Comparando os resultados financeiros reais com
    as expectativas 99

CAPÍTULO 6: **Medindo o Poder de Permanência de uma Empresa** 101

Familiarizando-se com o Balanço Patrimonial 102

   Separando seus ativos de seus passivos 103

   A equação mais básica dos negócios 103

Entendendo os Componentes do Balanço Patrimonial 104

   Iniciando pelos ativos. 105

   Entendendo os passivos de uma empresa 107

   Fazendo um balanço do patrimônio de uma empresa 109

Analisando o Balanço Patrimonial 111

   Dimensionando o balanço patrimonial com a análise vertical . . . 111

   Procurando tendências usando análise de número-índice 113

   Valorizando o capital de giro. 115

   Analisando aqui e agora: A liquidez corrente 116

Sumário xvii

O Perigo da Diluição 116
    Como as ações podem ser diluídas. 117
    Sabendo como as opções de ações contribuem
      para a diluição. 118
    Aproveitando ações extras com buybacks. 118

CAPÍTULO 7: Rastreando o Dinheiro com a Demonstração do Fluxo de Caixa 121

Enxergando a Demonstração do Fluxo de Caixa como um
  Fundamentalista 122
    Seguindo o fluxo com o fluxo de caixa 123
    Desmembrando a demonstração do fluxo de caixa em
      suas principais partes 124
    Examinando o fluxo de caixa das operações de
      uma empresa 125
    Considerando o caixa de uma empresa de investimentos 130
    Conhecendo o caixa das atividades de financiamento de
      uma empresa 131
Os Lucros Podem Ser Enganosos, Mas Não o Fluxo de Caixa 133
    Uma maneira rápida e fácil de monitorar o fluxo de caixa
      de uma empresa. 134
Compreendendo os Fundamentos do Fluxo de Caixa Livre 137
    Calculando o fluxo de caixa livre 137
    Medindo a taxa de queima de caixa de uma empresa 138

CAPÍTULO 8: Usando Índices Financeiros para Identificar Investimentos 141

Usando Índices Financeiros para Entender o que Acontece
  na Empresa 142
    Quais índices financeiros você deve conhecer e como usá-los . . 144
    Usando índices para avaliar a gestão 145
    Verificando a eficiência de uma empresa. 149
    Avaliando as finanças das empresas. 151
    Controlando o valuation de uma empresa. 153
Familiarizando-se com o Índice P/L 155
    Como calcular o P/L 156
    O que um P/L diz sobre uma ação. 157
Colocando o P/L em Perspectiva 157
    Levando o P/L para o próximo nível: O PEG 158
    Avaliando o P/L de todo o mercado 159

CAPÍTULO 9: Explorando o Formulário de Referência por Pistas de Investimento 161

Atualizando-se sobre o Formulário de Referência 162
    Colhendo pistas no formulário de referência 163
    Obtendo o formulário de referência 164
Expandindo a Análise Fundamentalista Além dos Números........ 165
    Apreciando a governança corporativa 165
    Conhecendo o conselho 166
Navegando pelo Formulário de Referência 167
    Conhecendo o conselho de administração 168
    Analisando a independência dos membros do conselho 168
    Aprofundando-se nos comitês........................... 169
    Encontrando potenciais conflitos entre o conselho
    e a empresa... 169
    Compreendendo como o conselho é pago 170
    Auditando os auditores 171
    Descobrindo sobre os outros investidores em uma ação....... 172
Quanto Estamos Pagando? A Remuneração dos Executivos 172
    Descobrindo quanto eles ganham........................ 175
    Verificando as outras vantagens que os executivos recebem ... 176
    De onde vem o caixa real: Opções e ações restritas 176
Verificando Seus Colegas Acionistas 177
    Descobrindo quem mais tem ações 177
    O que se passa na mente de outros investidores:
    Propostas dos acionistas 178

PARTE 3: FAZENDO DINHEIRO COM A ANÁLISE FUNDAMENTALISTA.. 181

CAPÍTULO 10: Procurando Fundamentos para Comprar ou Vender 183

Procurando Sinais de Compra nos Fundamentos 184
    Encontrando empresas com poder de permanência 185
    Procurando por empresas em ascensão 190
    Apostando nos cérebros por trás das operações............. 190
    Cuidando dos earnings yield............................. 194
Sabendo Quando Vender uma Ação........................... 195
    Descrevendo alguns dos principais motivos para dizer
    adeus a uma ação 196
    Por que vender ações que todo mundo quer pode
    ser lucrativo... 197
O que os Dividendos Podem Dizer sobre a Compra ou a
Venda de Ações... 198

Calculando o dividend yield. 199
Sabendo se você vai receber o dividendo 200
Certificando-se de que a empresa pode pagar o dividendo. 201
Usando dividendos para definir o preço de uma empresa. 204

CAPÍTULO 11: Encontrando o Preço Justo Usando o Fluxo de Caixa Descontado 205

Parando de Adivinhar Quanto Vale uma Empresa 206
Como a atenção ao valor intrínseco pode ajudá-lo 207
Atualizando-se sobre o fluxo de caixa descontado 208
Fazendo uma Análise de Fluxo de Caixa Descontado 212
Começando com o fluxo de caixa livre 212
Adicionando as ações em circulação da empresa 213
Estimando o crescimento de médio prazo da empresa 213
Indo além: Previsão de crescimento em longo prazo 215
Medindo a taxa de desconto 215
Juntando tudo 218
Fazendo a Análise de Fluxo de Caixa Descontado Trabalhar
para Você. 223
Sites para ajudá-lo a fazer um FCD sem toda a matemática 223
Conhecendo as limitações da análise FCD. 224

CAPÍTULO 12: Mensurando o Valor de uma Empresa com o 10-K 225

Familiarizando-se com o Relatório Anual 226
Primeiro, uma palavra sobre a diferença entre o relatório
anual e o 10-K. 227
Colocando as mãos no 10-K 228
Dissecando as principais seções do relatório anual. 229
Lidando com o Tamanho de um Relatório Anual 235
Começando pelo fim: As notas de rodapé. 235
Veja o que a gestão tem a dizer sobre si mesma 240
Estando ciente de disputas legais 242
Prestando muita atenção aos 10-Ks alterados 242
Examinando o Significado da Opinião do Auditor para os
Investidores 243
Prestando atenção às diferenças entre uma empresa e
seus auditores. 244
Compreendendo a importância dos controles financeiros. 244
Lendo a opinião da auditoria 245

CAPÍTULO 13: **Analisando os Comentários e as Declarações Públicas de uma Empresa**.............................247

Usando as Conferências com Analistas como Fonte
  de Informações.. 248
    Compreendendo o propósito das conferências
      com analistas.. 249
    A sutil luz do guidance................................. 249
    Coisas únicas a se observar em conferências com analistas 251
    Obtendo acesso às conferências com analistas.............. 252
Entrando em Sintonia com as Informações Fundamentais
  da Mídia... 253
    Reforçando sua análise fundamentalista com relatórios
      da mídia... 254
    O que os fundamentalistas procuram na mídia.............. 255
    Sendo cético em relação às afirmações dos executivos
      na mídia... 255
Sabendo Quando Prestar Atenção nas Assembleias
  de Acionistas.. 256
    O que esperar durante a assembleia anual da empresa 257
    Curtindo o momento com a análise fundamentalista 258

CAPÍTULO 14: **Aproveitando a Análise Fundamentalista Feita por Outros**.............................259

Lendo Relatórios de Outros Analistas em Busca de Pistas 260
    Por que ler os relatórios de analistas é útil................... 261
    Compreendendo os tipos de empresas que fazem pesquisas
      de ações.. 262
    Identificando os principais tipos de pesquisa de analistas 264
    Como ler nas entrelinhas dos relatórios..................... 265
    Obtendo os relatórios dos analistas......................... 266
Interpretando Relatórios de Agências de Rating de Risco.......... 267
    O papel dos relatórios emitidos por agências de rating
      de risco.. 268
    Obtendo acesso ao rating.................................. 271
    Percebendo quando o rating de uma empresa é suspeito...... 271
Encontrando Dados Fundamentais sobre Empresas nas
  Redes Sociais.. 273
    As origens do investimento social......................... 274
    Por que vale a pena prestar atenção aos não profissionais..... 275
    Conectando-se às redes sociais............................ 276
    Seguindo os passos dos grandes investidores................ 277

Sumário   **xxi**

CAPÍTULO 15: Realizando uma Análise "Top-Down" 279

Incluindo o Monitoramento da Economia na
Análise Fundamentalista 280
    Como a economia tem um efeito predominante sobre
    uma empresa 280
    Maneiras pelas quais a economia pode alterar sua
    análise fundamentalista 282
    Como as taxas de juros podem alterar o valor das empresas . . . 283
Analisando os Indicadores que Afetam a Saúde da Economia 285
    Conhecendo o ciclo de negócios 285
    Usando estatísticas do governo para acompanhar os
    movimentos da economia 287
Prevendo o Futuro Usando Indicadores Econômicos Leading 288
    Prestando atenção ao Índice Econômico Leading do
    Conference Board 288
    Usando o mercado de ações como seu sistema de
    alerta econômico antecipado 290

PARTE 4: APRIMORANDO-SE COM A ANÁLISE FUNDAMENTALISTA 291

CAPÍTULO 16: Explorando os Fundamentos de um Setor 293

Percebendo como o Setor de uma Empresa Pode Influenciar
Seu Valor 294
    O que há em um setor? 295
    Acompanhando os altos e baixos dos setores 298
Como Monitorar o Desempenho dos Setores 299
    Mantendo o controle sobre os fundamentos de um setor 299
    Acompanhando o desempenho das ações dos setores 300
    Usando fundos operados em bolsa para monitorar setores
    e indústrias 301
Adicionando a Análise da Indústria à Sua Abordagem
Fundamentalista 302
    Avaliando as finanças de uma empresa em relação às de
    seu setor 303
    Descobrindo quem são os concorrentes de uma empresa 305
    Considerando dados específicos do setor 305
    Fazendo um balanço dos custos das matérias-primas 306
    É meu! Prestando atenção à participação de mercado 307

CAPÍTULO 17: Identificando Tendências com a Análise Fundamentalista 309

Compreendendo a Importância das Tendências 310
    Quando as tendências podem revelar muito sobre o
    futuro de uma empresa 311

Tentando prever o futuro usando tendências. 313
Tentando prever o futuro usando a análise de
número-índice. 315
Aplicando médias móveis à análise fundamentalista. 317
Encontrando Tendências nas Informações Privilegiadas. 318
Quando um CEO é otimista, você também deve ser? 318
Prestando atenção quando uma empresa comprar
suas próprias ações. 319
Prestando atenção quando os insiders venderem. 321
Como rastrear vendas dos insiders. 321
Projetando Rastreadores para Identificar Empresas 322
Exemplos do que o rastreador pode dizer 323
Instruções passo a passo sobre como criar um exemplo
de rastreador 324

CAPÍTULO 18: **Evitando Fracassos Financeiros com a**
Análise Fundamentalista. 327
Descobrindo os Perigos de Não Usar a Análise Fundamentalista . . . 328
Por que investir em empresas individuais é um
negócio arriscado. 329
Ignore os fundamentos por sua própria conta e risco 330
Por que sair de um buraco é tão difícil. 332
Evitando bolhas e manias 333
Encontrando e Evitando Bandeiras Vermelhas Financeiras 337
Ficando de olho em trapaças 338
A lógica por trás das trapaças. 338
Bandeiras vermelhas que indicam trapaças 339

CAPÍTULO 19: **Combinando a Análise Fundamentalista e a**
Análise Técnica. 343
Compreendendo a Análise Técnica 344
Lendo os gráficos de preços de ações 345
O que os analistas técnicos procuram nos gráficos. 346
Como a análise técnica difere da análise fundamentalista 348
Combinando as Análises Fundamentalista e Técnica. 348
Usando os preços das ações como seu sistema de
alerta precoce. 349
Observando preços históricos 350
As Principais Ferramentas Usadas por Analistas Técnicos 351
Entrando no ritmo das médias móveis. 351
Ficando de olho no volume de negócio 352
O ABC do beta. 353
Os prós e contras da venda a descoberto. 353

Sumário xxiii

Ficando de Olho nas Opções 355
    Entendendo os tipos de opções. 356
    Prestando atenção aos níveis de preços de put e call 356
    Observando o índice put/call 357
    Checando o medidor de medo do mercado: O Vix 357
Aplicando Técnicas de Análise Técnica à Análise
    Fundamentalista 358
    Dando aos dados fundamentais o tratamento da
        análise técnica. 359
    Seguindo o momentum dos fundamentos 360

PARTE 5: A PARTE DOS DEZ 363

CAPÍTULO 20: Dez Coisas a Se Observar ao Analisar uma Empresa 365

Medindo Quanto dos Lucros de uma Empresa É "Real" 366
Considerando Quanto Caixa a Empresa Tem 367
Certificando-se de Não Pagar a Mais. 367
Avaliando a Equipe de Gestão e os Membros do Conselho 368
Examinando o Histórico de Pagamento de Dividendos da Empresa 368
Comparando as Promessas da Empresa com a Realidade 369
Ficando de Olho nas Mudanças da Indústria. 370
Compreendendo a Saturação: Quando uma Empresa
    Cresce Demais. 370
Evitando Ficar às Cegas: Observando a Competição 371
Cuidado com o Excesso de Confiança de uma Empresa. 372

CAPÍTULO 21: Dez Coisas que a Análise Fundamentalista Não Faz 373

Certificar a Compra de Ações na Hora Certa. 374
Garantir que Você Ganhará Dinheiro 374
Economizar Tempo ao Escolher Ações. 375
Reduzir Seus Custos de Investimento. 376
Proteger Você de Todas as Fraudes 378
Diversificar Facilmente o Seu Risco em Muitos Investimentos 378
Prever o Futuro 379
Transformar Você no Próximo Warren Buffett 379
Protegê-lo de Seus Próprios Preconceitos. 380
Superar o Perigo de Pensar que Está Sempre Certo 381
    Como medir o retorno de seu portfólio 381
    Como medir o risco de seu portfólio. 382
    Medindo o risco e o retorno do portfólio. 383

ÍNDICE 385

Introdução

Se alguém lhe desse um real para cada método inovador de seleção de ações inventado a cada ano, bem, você provavelmente não precisaria de um livro sobre investimentos. Você já seria rico.

Os investidores são constantemente bombardeados com novas maneiras de selecionar e comprar ações. Não faltam especialistas, investidores profissionais e traders que afirmam conhecer as melhores maneiras de investir. O problema é que a maioria de seus conselhos é conflitante e, muitas vezes, confusa.

Talvez esse redemoinho constante de tagarelice sobre investimentos o tenha levado a escolher este livro. Nesse caso, você tomou uma sábia decisão. Este livro o ajudará a voltar ao básico do investimento, entender os negócios e medir quanto eles realmente valem. Em vez de perseguir ações "quentes" que surgem por aí, *Análise Fundamentalista Para Leigos* mostrará como estudar o valor de um negócio. Você usará essas informações para tomar decisões inteligentes sobre como investir.

Os sistemas de seleção de ações da moda vêm e vão, mas a análise fundamentalista existe há décadas. A capacidade de examinar os dados básicos de uma empresa e ter uma boa ideia de como está se saindo, quão qualificada é a equipe de gestão e se ela tem ou não os recursos para permanecer no negócio é uma habilidade valiosa de se ter.

A análise fundamentalista é mais conhecida como uma ferramenta para investidores que tentam obter uma avaliação muito detalhada do valor de uma empresa, mas você pode se surpreender ao saber que não precisa ser investidor para usá-la. Se compra uma garantia de uma empresa e quer saber se ela será capaz de honrá-la, isso exige uma análise fundamentalista. Se deseja apenas saber "quão bem" está uma empresa, também pode usar a análise fundamentalista. Os jornalistas também podem usá-la para encontrar histórias que interessem aos leitores. A análise fundamentalista ajuda ainda a descobrir se o que você lê sobre empresas faz sentido.

O objetivo deste livro é mostrar o que é a análise fundamentalista e ajudá-lo a usá-la como uma forma de entender melhor os negócios e os investimentos.

Sobre Este Livro

Análise Fundamentalista Para Leigos é um dos textos mais acessíveis para lidar com esse tópico um tanto complexo. Em vez de encher você com os detalhes essenciais que enlouquecem os acadêmicos, tentei apresentar todos os principais tópicos e técnicas de que precisará para aplicar a análise fundamentalista a várias oportunidades de negócios.

Embora a análise fundamentalista seja útil para qualquer pessoa com interesse genuíno em aprender mais sobre negócios, reconheço o fato de que você provavelmente espera ganhar algum dinheiro com ela. Por esse motivo, o livro é amplamente voltado para investidores que desejam usá-la para administrar seus portfólios ou aprimorar seu sistema atual de seleção de ações.

Como autor, posso compartilhar os truques, as dicas e os segredos que aprendi ao longo da minha carreira escrevendo sobre investimentos online para leitores como você. Enquanto escrevia para o *USA Today*, incluindo uma coluna online diária sobre investimentos chamada "Ask Matt" no `www.usatoday.com` [conteúdo em inglês], respondi a milhares de perguntas de leitores — que podem incluir as mesmas dúvidas que você tem.

Análise Fundamentalista Para Leigos oferece todas as ferramentas de que você precisa para acessar dados fundamentais, processá-los e tomar decisões. O livro, entretanto, não mostra como comprar ou vender ações escolhendo um corretor e inserindo ordens. Se você estiver interessado no processo real de compra ou venda de ações, este tópico é exaustivamente abordado em meu outro livro, *Investing Online For Dummies*, 9ª edição.

Ícones Usados Neste Livro

Ao folhear este livro, você pode notar vários ícones que chamam sua atenção. Isso é feito de propósito. Uso vários ícones distintos para alertá-lo sobre as seções que se destacam. São os seguintes:

LEMBRE-SE

Este ícone destaca informações que você deve gravar no topo de seu cérebro e nunca esquecer, mesmo quando for pego pela empolgação da análise fundamentalista.

DICA

Leia estas seções para aprender rapidamente os segredos que podem impulsionar seu sucesso com a análise fundamentalista.

PAPO DE ESPECIALISTA

Algumas das coisas abordadas no livro são um pouco complexas. Este ícone sinaliza essas seções, por dois motivos. Primeiro, você pode decidir evitar a dor de cabeça e ignorá-las, porque a informação não é vital para sua compreensão da análise fundamentalista. Em segundo lugar, o ícone é um alerta de que o parágrafo está carregado de jargões de investimento. Não fique constrangido se precisar ler a seção uma segunda ou terceira vez. Ei, você não queria que este livro fosse muito fácil, né?!

CUIDADO

Com estas seções, evite as armadilhas espalhadas por Wall Street que possam dizimar suas boas intenções de obter riqueza.

Além Deste Livro

Além do que você está lendo agora, este livro vem também com uma Folha de Cola Online que o informa sobre coisas como os principais documentos da SEC (Comissão de Valores Mobiliários dos EUA), analisa os índices financeiros que você vai amar e odiar e oferece um minidicionário analítico financeiro. Você pode acessar a Folha de Cola Online no site da Editora Alta Books. Procure pelo título ou ISBN do livro. Faça o download da Folha de Cola completa, bem como de erratas e possíveis arquivos de apoio.

De Lá para Cá, Daqui para Lá

Se você é um novo investidor ou está curioso sobre a análise fundamentalista, pode começar do início. Dessa forma, estará pronto para alguns dos tópicos mais avançados que apresento mais adiante neste livro. Se já usar ou estiver se perguntando se a análise fundamentalista pode aprimorar uma estratégia que funciona para você, pule para a Parte 2. E se estiver morrendo de vontade de saber sobre um tópico específico, não há nada de errado em procurar esses termos no índice e ir direto para as páginas apropriadas.

1

O que É Análise Fundamentalista e por que A Usar

NESTA PARTE . . .

Compreenda como a maneira pela qual uma empresa ganha dinheiro pode ajudar *você* a ganhar dinheiro.

Veja como a análise fundamentalista se compara a outras formas de investimento.

Veja como alguns investidores de sucesso colocam a análise fundamentalista em prática.

Compreenda os procedimentos contábeis que as empresas usam para registrar seus fundamentos para que todos possam vê-los.

> **NESTE CAPÍTULO**
>
> » Obtendo uma visão geral de por que a análise fundamentalista vale seu tempo
>
> » Percorrendo alguns dos principais conceitos que são essenciais para a análise fundamentalista
>
> » Compreendendo como a análise fundamentalista se encaixa em muitas estratégias de investimento
>
> » Aprendendo como usar este livro para aprofundar sua compreensão da análise fundamentalista

Capítulo **1**

Entendendo a Análise Fundamentalista

Antes de engolir aquela bebida energética de cor neon ou se servir de uma tigela de cereal cheia de açúcar que parece ter sido feita pelo próprio Willy Wonka, você deveria fazer algo. Não seria má ideia olhar o rótulo nutricional que especifica quais ingredientes estão dentro da caixa.

Você pode não saber o que é goma guar, guaraná ou outros ingredientes que aparecem nos rótulos dos alimentos processados, mas pode ter uma boa ideia do que é bom e do que não é. Se uma garrafa de suco de maçã, por exemplo, tem uma lista de ingredientes maior que seu braço e está cheia de coisas cujo nome não consegue pronunciar, você sabe que não está bebendo maçãs espremidas. Estar ciente do que está em um alimento pode ou não influenciar sua decisão de consumi-lo, mas pelo menos você sabe o que está ingerindo.

Empresas e ações também têm rótulos. As empresas *de capital aberto*, ou que recebem dinheiro de investimento, são obrigadas a divulgar o que são. Assim como os alimentos devem ter a lista dos ingredientes que entram em sua composição, as empresas devem dizer aos investidores do que são compostas.

Infelizmente, as informações que os investidores precisam ter sobre uma empresa não cabem em um retângulo minúsculo — como acontece em um rótulo de alimento. Em vez disso, os elementos principais são detalhados em uma série de *demonstrações financeiras* e outras fontes de dados.

Ler essas demonstrações financeiras essenciais e colher insights delas são os objetivos mais básicos da análise fundamentalista, que é a habilidade de ler todas as informações que as empresas fornecem sobre si mesmas para, então, tomar decisões inteligentes. Assim como você gostaria de saber o que há naquela gororoba que está prestes a comer, deseja saber o que há em um investimento que está pensando em adicionar ao seu portfólio.

Por que Se Importar com a Análise Fundamentalista?

Você pode se perguntar por que precisa se importar com a análise fundamentalista. Afinal, em cada almoço com a família há, sem dúvida, um parente tagarela que está cheio de todos os tipos de dicas infalíveis sobre ações. Por que se preocupar com coisas técnicas como lucro líquido ou análise de fluxo de caixa descontado quando pode simplesmente ligar a TV, anotar alguns códigos de ações, comprá-las e esperar que o milagre aconteça?

Você também pode descobrir que aprender como as empresas operam é apenas uma informação desnecessária. Afinal, você não precisa saber sobre sistemas de injeção de combustível, suspensões e tecnologia de bateria de carro para dirigir um. E você não precisa saber o que acontece por trás das cortinas para curtir uma peça de teatro. Alguns investidores acham que podem simplesmente escolher algumas ações importantes, comprá-las e disparar em direção à riqueza.

LEMBRE-SE

Se o bear market que começou em 2007 ensinou alguma coisa aos investidores, é que comprar ações às cegas só porque você "gosta" de uma empresa ou de seus produtos dificilmente é uma boa maneira de reforçar um portfólio. Perseguir palpites e opiniões sobre ações muitas vezes não é uma ótima maneira de investir, como você descobrirá no Capítulo 20. A crise financeira agora está se tornando uma memória distante para muitos investidores que podem voltar a pensar que a análise fundamentalista não importa. Os investidores começaram novamente a perseguir histórias e a moda do bull market que começou em 2011 — e a maioria ou, provavelmente, muitos desses investidores "infalíveis" terão um destino ruim quando os fundamentos alcançarem a realidade.

Alguns dos valores reais da análise fundamentalista

Você já percebeu como há sempre uma nova dieta maravilhosa que promete torná-lo mais magro e uma nova pílula para torná-lo mais saudável? Na maioria das vezes, porém, parece que essas coisas nunca funcionam. Ficar saudável remonta ao básico — uma dieta balanceada e exercícios.

O mesmo acontece com o investimento. Acredite ou não, investir é algo cheio de modismos. Sempre há um novo expert em investimentos ou economista com uma nova maneira de escolher ações vencedoras. E, assim como uma hora na esteira fará mais bem a você do que um frasco cheio de pílulas mágicas, escolher ações com sucesso muitas vezes remonta à análise fundamentalista.

A análise fundamentalista é a maneira clássica de examinar empresas e investimentos por uma variedade de razões, incluindo o fato de ser:

» **Baseada em fatos, não em opiniões:** É fácil ser pego pelo entusiasmo geral sobre o que uma empresa faz ou os produtos que ela vende. A análise fundamentalista o "cega" para essa campanha publicitária de investimento e o mantém focado na difícil realidade dos negócios. Não importa se todas as crianças da vizinhança estão comprando produtos de uma empresa, se a empresa não está ganhando caixa com a venda deles.

» **Boa em apontar mudanças na saúde do negócio:** Se o sucesso de uma empresa está começando a diminuir, você verá que isso aparece nos fundamentos. Não, não haverá uma placa gigante dizendo "Venda essas ações". Mas há pistas, se souber vê-las, como você descobrirá no Capítulo 18. As empresas são obrigadas a divulgar os principais aspectos de seus negócios, portanto, se houver um problema, muitas vezes um analista fundamentalista será o primeiro a detectar os sinais.

» **Tudo sobre execução:** Os CEOs das empresas geralmente são bons em fazer com que os investidores se concentrem no futuro e em como as coisas melhorarão no próximo trimestre. Mas os fundamentos são baseados na realidade — agora. Pense nas crianças que dizem que estão se esforçando na escola. O boletim ainda é a evidência tangível de como as coisas estão realmente indo. Os números não mentem — se você souber onde olhar.

» **Uma maneira de precificar as empresas:** Quanto vale uma pintura? Quanto vale um carro usado? O preço de um ativo com valor subjetivo é geralmente o que outra pessoa está disposta a pagar. O mercado de ações, um leilão de compradores e vendedores, faz um bom trabalho ao precificar as empresas. Mas a análise fundamentalista oferece outra maneira de ver quanto os investidores, comprando ou vendendo, estão pagando por ação.

Trazendo um exemplo de casa

Um dos melhores exemplos de como a análise fundamentalista pode ajudar você e seu portfólio é a General Motors. Por décadas, a GM representou o poderio, o conhecimento e a criatividade dos EUA. A empresa ostentava o enorme valor de mercado de US$3,5 bilhões em 1928, segundo a Standard & Poor's. Apresentarei o que significa valor de mercado detalhadamente no Capítulo 3, mas, por enquanto, saiba que a GM era de longe a empresa mais valiosa em 1928.

Durante décadas, os investidores perceberam que um dólar investido na GM era como ter dinheiro no banco. A empresa passou por altos e baixos e foi uma força motriz que ajudou a impulsionar a economia dos EUA. Ela continuou pagando grandes dividendos e aumentando os lucros. Havia até um ditado: "Se a GM vai bem, a nação também."

Mas os investidores que apostaram cegamente que a GM se manteria como uma força duradoura e ignoraram os sinais fundamentais de problemas sofreram um golpe brutal em 1º de junho de 2009. Naquele dia, que permanecerá para sempre como um dos pontos mais baixos do capitalismo, a GM se tornou a quarta maior empresa pública a buscar proteção contra falência, de acordo o BankruptcyData.com [conteúdo em inglês]. As ações da GM despencaram para apenas 75 centavos de dólar, uma queda de 97% em relação a três anos antes.

A análise fundamentalista pode não ter ajudado a prever o quão chocante seria o destino da GM, mas elementos concretos das demonstrações financeiras da empresa poderiam ter alertado sobre o quão arriscada a GM era muito antes de se tornar uma ação barata e ser liquidada. A GM finalmente renasceu quando uma nova empresa foi criada e comprou muitos dos ativos da antiga, incluindo o nome GM. Você pode ter certeza de que os investidores na nova GM prestaram muita atenção aos fundamentos.

Colocando a análise fundamentalista para funcionar

É fácil se deixar levar pelos aspectos de negócio de ações com dinheiro rápido. Emocionantes reportagens de TV sobre ações em movimento e empresas que têm novos produtos praticamente transformam o investimento em um evento esportivo. Se você ouvir a conversa de alguns traders, eles recitam os códigos das empresas em uma entrega rápida, assim como os fãs de esportes falam sobre times. Flechas piscando e negócios rápidas podem se tornar um vício para as pessoas que se dedicam a isso.

GM VERSUS FORD

Mesmo meses antes de a GM pedir proteção contra falência, a análise fundamentalista poderia ter sido bem útil.

Em janeiro de 2009, vendo a GM e a Ford enfrentando intensa pressão financeira, muitos investidores se perguntaram se valia a pena apostar em alguma delas. Algumas ferramentas de análise fundamentalista úteis, incluindo uma análise das demonstrações de fluxos de caixa, poderiam ter determinado se você perderia uma fortuna ou teria um grande ganho.

No Capítulo 7, mostrarei como ler a demonstração do fluxo de caixa em detalhes. Mas, por agora, estou apenas dando um exemplo real de por que a análise fundamentalista é importante para aguçar seu apetite. No início de 2009, tanto a Ford quanto a GM estavam constantemente nos jornais e noticiários. Ambas enfrentaram um clima de negócios difícil e tiveram os preços das ações em queda: a Ford começou 2009 a US$2,46 por ação, e a GM, a US$3,65. O mercado claramente viu grandes problemas em ambas as empresas.

Mas uma rápida análise fundamentalista mostrou que a Ford era a aposta mais segura. A empresa encerrou o trimestre com US$27,5 bilhões em caixa e queimou US$600 milhões. Não deixe os números o assustarem neste momento. Estou apenas o expondo a uma análise básica de fluxo de caixa livre, como você aprenderá mais tarde. Por enquanto, saiba que, na taxa trimestral, a Ford tinha caixa suficiente para durar quase 46 trimestres.

A GM, no entanto, encerrou o trimestre com apenas US$15,9 bilhões em caixa. Enquanto isso, queimou US$8,9 bilhões durante o trimestre. Um analista fundamentalista saberia imediatamente que a empresa não sobreviveria ao longo do ano naquele ritmo. Essa é uma informação essencial de se saber.

Saber como fazer esse tipo de análise fundamentalista fez uma grande diferença para os investidores. Nos seis meses seguintes, as ações da Ford saltaram 149%, para US$6,13. A Ford também não aceitou ajuda financeira do governo. No final de 2014, as ações da empresa voltaram para cerca de US$15 cada. Enquanto isso, as ações da GM despencaram 79%, para US$0,75; a empresa foi rebatizada de Motors Liquidation Company; seus ativos foram vendidos; e os investidores foram dizimados.

Dá vontade de ler o resto do livro, né?!

A análise fundamentalista tenta ajudá-lo a evitar essas dores de cabeça e essa insanidade. As ações sobem e descem a cada minuto, dia e semana com base em um fluxo aleatório de notícias. Isso é principalmente ruído para um analista fundamentalista. Os constantes altos e baixos das ações às vezes podem confundir lógica e razão. Muitos leitores de minha coluna Ask Matt no USATODAY.com ficam perplexos quando uma ação cai, mesmo depois que a empresa relata o que parece ser uma boa notícia. Tentar lucrar com essas oscilações de curto prazo é um jogo para apostadores e especuladores. É inútil em longo prazo.

Mas isso não quer dizer que investir é uma aposta. Lembre-se de que os códigos de ações que você vê piscando em vermelho e verde não são dados, cavalos ou cartas. Eles são mais do que apenas duas, três ou quatro letras do código da ação.

Quando você compra uma ação, está comprando uma parte da propriedade de empresas que fabricam e vendem produtos e serviços. Você está comprando uma reivindicação sobre os lucros futuros das empresas. Possuir um pedaço de um negócio real ao longo do tempo não é apostar, é capitalismo.

LEMBRE-SE

A análise fundamentalista o força a se concentrar em investir em empresas, não em ações. Você não está comprando um bilhete de loteria, mas, sim, um pedaço de propriedade de uma empresa real. Às vezes, isso é esquecido pelos investidores, que prestam mais atenção aos gráficos de ações do que às demonstrações financeiras.

Se entrar e sair das ações no momento certo não é o caminho para a riqueza, então qual é o truque para investir com sucesso? A resposta é parar de pensar nas ações apenas como códigos que giram a cada dia. O objetivo da análise fundamentalista é ajudá-lo a se afastar dos negócios e dos jogos de azar de curto prazo. Em vez disso, você aborda o investimento como se estivesse comprando um negócio, não jogando dados.

A análise fundamentalista idealmente ajuda a identificar empresas que vendem bens e serviços por mais do que pagaram para produzi-los. A análise fundamentalista é sua ferramenta para avaliar o quão boa uma empresa é em transformar matérias-primas em lucros. Se há alguém que melhor personifica a análise fundamentalista sobre a especulação, é o famoso investidor Warren Buffett, da Berkshire Hathaway. Buffett é um dos usuários mais conhecidos da análise fundamentalista — na verdade, ele está tão confiante em sua análise de um negócio que, muitas vezes, comprará participações muito grandes e as manterá por décadas. Você lerá mais sobre como Buffett aplica a análise fundamentalista nos investimentos no Capítulo 3.

DICA

Não importa como você escolha os investimentos atualmente, provavelmente poderá aplicar a análise fundamentalista. Mesmo se for o tipo de investidor que gosta de comprar fundos de investimento diversificados e mantê-los para sempre — os chamados *investidores passivos* —, pode ser útil entender as características financeiras básicas das empresas.

Sabendo quais fundamentos procurar

Saber o que motiva uma empresa não é tão complicado quanto parece. As empresas são tão regulamentadas e escrutinadas, que tudo em que você precisa prestar atenção geralmente é listado e publicado para que todos possam ver. Geralmente, ao ouvir sobre os fundamentos de uma empresa, os principais elementos a serem considerados se encaixam em várias categorias, incluindo:

» **Desempenho financeiro:** Aqui você analisa quanto uma empresa arrecada dos clientes que compram seus produtos ou serviços e quanto ela gera de lucro. Termos sobre os quais se ouve bastante, como *lucros e receitas*, são exemplos de maneiras como os analistas fundamentalistas avaliam o desempenho financeiro de uma empresa.

» **Recursos financeiros:** Não é suficiente para uma empresa vender bens e serviços. Não é nem o suficiente para gerar lucro. As empresas também devem ter capacidade financeira para investir em si mesmas e manter seus negócios funcionado e crescendo. Aspectos de um negócio, como seus ativos e passivos, são maneiras de medir os recursos de uma empresa.

» **Equipe de gestão:** Quando você investe em uma empresa, está confiando seu dinheiro ao CEO e aos outros gerentes para que o coloquem para trabalhar. A análise fundamentalista ajuda a separar os bons gerentes dos maus.

» **Valuation:** Não é suficiente identificar quais empresas são as melhores. Afinal, o que é uma "boa" empresa? As definições de "bom" podem ser muito extensas. Você também precisa considerar quanto você está pagando para possuir uma parte de uma empresa. Se você pagar a mais pela melhor empresa do planeta, ainda é provável que acabe perdendo caixa com o investimento. Você lerá mais sobre valuation nos Capítulos 10 e 11.

» **Macrotendências:** Nenhuma empresa opera no vácuo. O desempenho de uma empresa é altamente influenciado pelas ações dos concorrentes ou pelo estado da economia. Esses fatores amplos precisam ser incorporados à análise fundamentalista, como você descobrirá nos Capítulos 15 e 16.

Sabendo do que você precisa

Uma das melhores coisas de correr como hobby é que tudo de que você precisa é um par de tênis decentes. E basquete? Basta pegar uma bola e encontrar uma cesta. Nenhum equipamento sofisticado é necessário. O mesmo acontece com a análise fundamentalista. Muitos dos dados de que você precisa são fornecidos gratuitamente por empresas e podem ser acessados em segundos de qualquer computador com acesso à internet.

A análise fundamentalista pode ser bem envolvente, mas, em sua forma mais elementar, ela tem por trás apenas algumas ideias básicas, incluindo:

» **Conscientização dos benefícios:** Como a análise fundamentalista requer algum conhecimento, e aprendê-la demanda um pouco de tempo, você vai querer saber com antecedência por que está se dando ao trabalho. Os Capítulos 2 e 3 destacam os benefícios da análise fundamentalista. Mesmo se for um investidor passivo ou alguém que simplesmente compra uma cesta de ações e se mantém firme, existem razões pelas quais a análise fundamentalista pode valer a pena.

» **Recuperação de dados financeiros:** Obter todos os dados principais de que precisa para aplicar a análise fundamentalista é fácil, se souber onde procurá-los. O Capítulo 4 fornece dicas rápidas sobre como reunir todos os dados financeiros da empresa de que precisa.

» **Matemática básica:** Aí está — a palavra com M. Não há como contornar o fato de que haverá alguns cálculos numéricos envolvidos em alguns aspectos da análise fundamentalista. Não se preocupe, irei guiá-lo para ajudar a manter a matemática o mais simples possível.

Conhecendo as Ferramentas do Negócio de Análise Fundamentalista

Você pode ler todos os tipos de livros sobre consertos domésticos e até mesmo fazer uma visita à sua loja de ferragens preferida e comprar muitos parafusos, pregos e cola. Mas nenhum desses esforços irá beneficiá-lo, a menos que tenha uma maleta de ferramentas e o conhecimento sobre como começar e transformar seu plano em realidade.

Com a análise fundamentalista é a mesma coisa. Você pode apreciar a importância da análise fundamentalista e até mesmo ser capaz de baixar dados fundamentais de sites ou do relatório anual de uma empresa. Mas precisa ter as ferramentas para analisar os fundamentos para obter qualquer valor real deles.

Focando os resultados financeiros

Se há uma coisa que os investidores podem concordar que é da maior importância é a lucratividade da empresa. No final das contas, quando você investe em ações, está comprando uma parte dos lucros da empresa. Saber ler e compreender quanto lucro uma empresa está obtendo é muito importante quando se trata de investir ou não.

A demonstração de resultados, descrita em detalhes no Capítulo 5, será seu guia quando estiver tentando determinar o quão lucrativa uma empresa é. O que também pode surpreendê-lo é que a demonstração de resultados pode dizer muito sobre uma empresa, além de quanto ela lucra.

Avaliando o que uma empresa tem em seu nome

Em tempos de intenso estresse financeiro, os investidores costumam passar por uma mudança de mentalidade muito importante. Eles não estão tão preocupados em ganhar dinheiro, mas, sim, em apenas recuperar o caixa investido. Da mesma forma, quando as coisas ficam difíceis na economia, os investidores estão menos interessados em quão lucrativa uma empresa é e estão mais preocupados se a empresa sobreviverá à crise econômica.

Ao tentar entender o poder duradouro de uma empresa, a análise fundamentalista é de grande valor. Ao ler o *balanço* da empresa, você pode obter um resumo do que a empresa tem — seus *ativos* — e o que deve — seus *passivos*. O monitoramento desses itens fornece uma imagem muito boa de quanto gás uma empresa tem para suportar um período difícil. O Capítulo 6 explora o balanço patrimonial com mais detalhes.

Tá pegando fogo, bicho: Queimando caixa

Um dos maiores assassinos de empresas, especialmente as menores que estão começando, é o baixo fluxo de caixa. Embora uma empresa possa ter um ótimo conceito de produto, excelente gerenciamento e até mesmo apoiadores financeiros dedicados, o tempo é tudo. Se uma empresa está usando caixa para pagar suas contas e seus funcionários, mas não traz dinheiro vivo suficiente dos clientes, pode enfrentar uma enorme dor de cabeça financeira muito rapidamente e não ter dinheiro suficiente para atingir seu potencial.

DICA

Se há uma coisa que espero que você aprenda com este livro é como a análise fundamentalista o ajuda a ficar de olho em quanto caixa entra e sai de uma empresa. Monitorar o fluxo de caixa é fundamental para saber se uma empresa está no vermelho, o que você examinará com mais detalhes no Capítulo 7. Rastrear o fluxo de caixa de uma empresa também é um modo muito importante de a análise fundamentalista ajudá-lo a precificar uma empresa, como descobrirá no Capítulo 11.

CAPÍTULO 1 **Entendendo a Análise Fundamentalista** 15

Índices financeiros: Seus amigos para entender uma empresa

Ao folhear este livro e pular para diferentes tópicos de seu interesse, você pode ficar um pouco perplexo com a quantidade de dados financeiros com os quais os analistas fundamentalistas devem lidar. Lá estão as demonstrações financeiras que medem quase todos os aspectos da empresa. E pode ser intimidante decidir quais números são mais importantes e quais podem ser ignorados.

Os índices financeiros serão de grande ajuda aqui, como você verá no Capítulo 8. Esses índices extraem todos os tipos de dados fundamentais de diferentes fontes e os colocam em perspectiva.

Os índices financeiros também são importantes porque formam o vocabulário dos analistas fundamentalistas. Se você está em um coquetel onde analistas falam sobre margens brutas e giro de contas a receber, quero que esteja preparado. A propósito, parece uma festa estranha com gente esquisita.

No Capítulo 8, eu lhe mostrarei uma série de índices financeiros que são os favoritos usados por muitos analistas fundamentalistas. Em breve você estará usando dados financeiros aparentemente não relacionados a uma empresa para chegar a algumas conclusões muito importantes sobre ela.

Fazendo a Análise Fundamentalista Trabalhar para Você

Imagine uma criança que memorizou um dicionário inteiro, mas não consegue usar uma única palavra em uma frase. Essa é uma analogia básica do conhecimento de análise fundamentalista de alguns investidores. Você também pode saber algumas coisas sobre a demonstração de resultados e o balanço patrimonial e ter um grande conhecimento do que está contido nas demonstrações, mas, quando se trata de aplicar esses conhecimentos, isso pode ser um pouco mais complexo.

Colocar a análise fundamentalista em ação requer pegar tudo o que você sabe sobre uma empresa e misturar algumas estimativas e melhores suposições sobre o futuro para chegar a uma expectativa decente sobre investir ou não em uma empresa.

Usando fundamentos como sinais de compra ou venda

Comprar uma ação na hora certa é muito difícil, mas saber quando vender é ainda mais difícil. E embora a análise fundamentalista não lhe diga o momento exato para comprar ou vender uma ação, ela pode, pelo menos, lhe dar uma melhor compreensão das coisas a observar quando se trata de tomar decisões.

DICA

Se você é um investidor passivo e compra grandes cestas de ações, como as do Índice Standard & Poor's 500, pode comprar e manter as ações como um grupo. Mesmo que uma empresa enfrente problemas graves, é apenas uma holding em uma grande cesta de ações e não é tão catastrófico. No entanto, se decidir investir em ações individuais, tentando escolher empresas que você acha que superarão o mercado, monitorar os fundamentos é imprescindível. Se começar a notar a deterioração da tendência de uma empresa, não vai querer ser o último investidor a sair.

Os perigos de ignorar os fundamentos

Seguir uma empresa às cegas e investir em ações pode ser muito perigoso — se você escolher a empresa errada. A bolha pontocom e a subsequente crise financeira de 2008 e 2009 ainda são os melhores exemplos recentes de como as coisas podem ficar feias para os investidores que compram o que é popular e ignoram os fundamentos. A Tabela 1-1 mostra uma lista de algumas das principais ações dos EUA que valiam US$100 por ação ou mais no início de 2000, mas viram seu preço cair para menos de US$10 por ação no início de 2009. Ai!

TABELA 1-1   Cuidado! A Faca Caindo!

Ações	Preço das Ações 31/12/1999	Preço das Ações 1º/1/2009
JDS Uniphase	US$645,25	US$3,65
InfoSpace	US$535	US$7,55
Blue Coat Systems	US$326,72	US$8,40
Ciena	US$201,25	US$6,70
Sun Microsystems	US$154,88	US$3,82

Fonte: S&P Capital IQ

DICA

Evitar desastres como os da Tabela 1-1 é algo que torna a análise fundamentalista extremamente poderosa. Perdas tão grandes são quase impossíveis de recuperar durante a vida de uma única pessoa. Você pode ler mais sobre por que evitar desastres de investimento é tão crítico no Capítulo 18.

Usando a análise fundamentalista como guia

Como mostra a Tabela 1-1, investir em ações individuais é muito arriscado. As perdas podem ser consideráveis. É por isso que, se pretende comprar ações individuais, deve investir com os olhos bem abertos. Assim como você provavelmente não ousaria disparar uma arma carregada ou pular de um avião sem o treinamento adequado, o mesmo acontece com o investimento em ações individuais.

Felizmente, a análise fundamentalista fornece aos investidores uma série de ferramentas muito específicas para ajudá-los a se proteger. E embora as ferramentas dos analistas fundamentalistas não sejam infalíveis, elas fornecem aos investidores orientação sobre quando uma ação pode se tornar um pouco perigosa ou as tendências subjacentes podem mudar.

Espero que, agora que leu este capítulo, você entenda por que a análise fundamentalista é tão importante e fique ansioso para ver como o resto do livro pode ajudá-lo, pois nele você encontrará explicações completas sobre algumas das ferramentas mais poderosas usadas por analistas fundamentalistas. O Capítulo 11, por exemplo, será muito valioso, porque mostra como usar o fluxo de caixa de uma empresa como modo de medir seu valor. E, no Capítulo 12, você descobrirá como os profissionais analisam os relatórios anuais que recebem das empresas.

NESTE CAPÍTULO

» Compreendendo a análise fundamentalista e como pode ajudar seu portfólio

» Descobrindo o que está envolvido no uso da análise fundamentalista

» Comparando a análise fundamentalista com outras maneiras de selecionar investimentos

» Conhecendo as ferramentas necessárias para analisar um investimento

Capítulo **2**

Atualizando-se com a Análise Fundamentalista

Tente lembrar como era ser iniciante em algo em que você é bom agora. Quer fosse caratê, balé ou basquete, como iniciante, você pode ter ficado tentado a ignorar todos os fundamentos e ir direto para as técnicas avançadas. É natural querer quebrar tábuas com as mãos nuas ou fazer piruetas ou enterradas no primeiro dia ao tentar algo novo.

Bons treinadores, porém, o encorajam a diminuir o ritmo e começar do início. Quase sempre é melhor começar a trabalhar nas posturas básicas de caratê, poses de balé e dribles de basquete antes mesmo de pensar em passar para os aspectos chamativos e avançados de cada esporte.

Os investidores iniciantes geralmente experimentam um excesso de confiança semelhante. Muitos esperam pular coisas comuns — como ler demonstrativos contábeis, compreender índices financeiros básicos e calcular modelos de fluxo de caixa descontado — e ir direto ao negócio de alta frequência. É tentador pensar que você pode operar derivativos, operar ações altamente voláteis e entrar e sair de investimentos facilmente. Porém, sendo realista, os investidores geralmente perdem dinheiro quando tentam avançar rápido demais. E, infelizmente, não há um treinador para baixar a bola de investidores que estão apenas começando.

Portanto, considere este livro como seu treinador antes de começar. Para início de conversa, neste capítulo serão apresentadas as habilidades básicas que constituem a análise fundamentalista. Os princípios básicos explicados neste capítulo irão prepará-lo para levar a análise fundamentalista para o próximo nível nos capítulos mais densos do livro.

O que É a Análise Fundamentalista?

Pergunte a vinte pessoas como elas escolhem investimentos e provavelmente ouvirá vinte métodos distintos. Alguns gostam de comprar ações recomendadas por um amigo ou corretor. Outros acham sensato investir em empresas que fabricam produtos de que gostam e usam pessoalmente. Alguns até consultam astrólogos (sério). O que a maioria das pessoas, porém, tem em comum é que elas sentem que pagam caro por ações e as vendem baratas demais.

Talvez você alterne entre diferentes estratégias de investimento como algumas pessoas mudam de dieta para perder peso. Experimentar diferentes maneiras de selecionar ações pode ter funcionado bem, já que as ações avançaram de forma impressionante na década de 1990. Mas a crise financeira de 2008 e 2009 mudou tudo, servindo como um duro lembrete para muitos investidores de que é possível pagar caro por ações. Não perceber isso a tempo pode ser perigoso para o portfólio, e talvez depois de perder dinheiro algumas vezes você esteja à procura de um método um pouco mais científico.

É aí que entra a análise fundamentalista. Ela é uma das formas mais sólidas e básicas de avaliar investimentos. Como fundamentalista, você estuda cuidadosa e exaustivamente todos os aspectos das operações de uma empresa. Grande parte da análise se concentrará nas demonstrações financeiras fornecidas pelas empresas, conforme descrito brevemente neste capítulo e com mais detalhes posteriormente neste livro.

CONTADORES NÃO DEVERIAM COMPRAR AÇÕES

Contadores que ultrapassam os limites — e tentam lucrar com a análise fundamentalista — podem ter problemas. A maioria das firmas de contabilidade tem regras rígidas que proíbem os funcionários de ter ações de empresas das quais a firma tem os livros. Conhecer os fundamentos de uma empresa é tão poderoso, que o conhecimento pode fornecer aos contadores *informações materiais e não públicas* que equivaleriam a informações privilegiadas com as quais seria ilegal lucrar. Pergunte ao ex-contador da KPMG, Scott London. London foi acusado de dar a um amigo detalhes fundamentais de cinco clientes da KPMG em 2013 — o que permitiu ao amigo fazer mais de US$1,2 milhão em lucros negociando antes de relatórios de lucros e acordos de fusão, de acordo com a SEC. Em troca, o amigo de London deu a ele sacos de dinheiro e um relógio Rolex caro. É um ótimo exemplo de como fundamentalistas e contadores têm necessidades muito diferentes das demonstrações financeiras.

Indo além das apostas

Se você for como a maioria dos investidores, até mesmo a expressão *análise fundamentalista* pode incomodá-lo um pouco. A análise fundamentalista parece um pouco chata e acadêmica demais, e é verdade que ela encontra muitas de suas raízes na academia. Mas você pode se surpreender ao descobrir que provavelmente usa algumas formas básicas de análise fundamentalista em sua vida, talvez até mesmo em lugares que não imagina.

Um de meus exemplos favoritos de utilização é nas corridas de cavalos. Antes de uma corrida, você notará grupos de apostadores fazendo um trabalho sério tentando escolher os cavalos vencedores do dia. Alguns podem se debruçar sobre a história de vida dos cavalos na corrida, conhecendo os jóqueis e suas técnicas, e até estudando o quão molhada ou seca está a pista.

Embora investir não seja exatamente como uma corrida de cavalos, a analogia é uma maneira útil de entender a análise fundamentalista. Por exemplo, alguns analistas estudarão uma empresa como um apostador estudará um cavalo. Qual é o grau de sucesso recente da empresa? Ela é saudável e bem cuidada? Em seguida, na análise fundamentalista, é possível estudar a gestão como um apostador consideraria o jóquei. A gestão é experiente e já competiu com rivais como os de agora? Por último, você deve avaliar o amplo clima econômico, assim como um apostador consideraria o clima e as condições da pista.

Mas é aqui que as coisas ficam ainda mais complicadas. Não basta encontrar a melhor empresa, ou cavalo, para levar a metáfora um pouco mais longe. Afinal, se todos os outros apostadores fizeram o mesmo trabalho e escolheram o mesmo cavalo, você terá um problema. As probabilidades seriam ajustadas para que o pagamento do favorito caísse. Os apostadores sabem que escolher um cavalo favorito para vencer não compensa muito. E você também está arriscando que o favorito surpreenda quase todo mundo ao perder — e lhe custar dinheiro. Da mesma forma, se investir em uma empresa que é amplamente considerada uma queridinha pelos investidores, sua recompensa será reduzida, por razões que descobrirá no Capítulo 3.

Agora que você compreende o que é a análise fundamentalista, em termos gerais, considere como ela pode ser aplicada aos investimentos. A análise fundamentalista é usada para avaliar os investimentos de várias maneiras importantes:

» **Analisar as demonstrações financeiras:** Os fundamentalistas examinam cuidadosamente os documentos públicos fornecidos pelas empresas para compreender o desempenho dos negócios. O ponto de partida de muitos analistas é vasculhar as demonstrações financeiras de uma empresa para ver quão lucrativa ela é, quão rápido está crescendo, com que tipo de saúde financeira está e se tem a capacidade de suportar tempos difíceis.

» **Ter uma ideia de como uma empresa é sólida:** Muitos fundamentalistas são *investidores de renda fixa*. Esses investidores emprestaram dinheiro a empresas, geralmente comprando títulos. Os investidores em títulos dão caixa a uma empresa em troca de um pagamento acordado a cada mês, trimestre ou ano. Como os investidores em títulos recebem uma quantia fixa de pagamento, eles não se importam se uma empresa for extremamente bem-sucedida. Os investidores em títulos, ao contrário dos investidores em ações, não recebem uma parcela dos lucros e crescimento futuros. Os investidores em títulos só querem saber se a empresa está saudável o suficiente para continuar pagando juros e devolver o caixa emprestado.

» **Compreender o valor de uma empresa:** Os investidores em ações usam a análise para avaliar se as ações de uma empresa são um bom negócio ou não. Ao estudar as demonstrações financeiras, os analistas financeiros determinam se o preço de uma ação subestima ou supervaloriza a empresa. Você pode descobrir como avaliar uma empresa usando a análise de fluxo de caixa descontado — a favorita dos fundamentalistas — no Capítulo 11.

> **Ir além das finanças:** A análise fundamentalista vai além da contabilidade. O objetivo dos contadores é medir com precisão a atividade de negócios. Os fundamentalistas estão procurando muito mais: entender como uma empresa realmente funciona e o valor dela. Usando a análise fundamentalista, você avaliará outros fatores que afetam as perspectivas de uma empresa que vão além das preocupações de um contador. Fatores comuns que você pode considerar incluem avaliar uma empresa em relação a seus rivais, determinar o quão habilidosa é a equipe de gestão em navegar em tempos de expansão e contração e compreender o amplo clima econômico.

> **Comparar o desempenho de uma empresa com seu setor e suas concorrentes:** O valor, os recursos financeiros ou o desempenho de uma empresa são medidos em relação a seus pares. A análise fundamentalista mostrará não apenas como analisar a empresa na qual está interessado, mas ver como ela se compara às empresas com as quais está competindo.

LEMBRE-SE

Os fundamentalistas usam toda a inteligência que reúnem para chegar a uma decisão e agir. A pergunta mais comum que se fazem é se uma ação, ao preço atual, é barata ou cara. A resposta determinará se investirão ou não.

Entendendo a análise fundamentalista

DICA

Os fundamentalistas muitas vezes vão muito além das demonstrações financeiras de uma empresa e tentam desenterrar coisas. Às vezes, eles podem detectar uma tendência se formando antes que a administração da empresa a reconheça. Um fundamentalista, por exemplo, pode visitar as lojas de um varejista e ver como estão lotadas para ter uma ideia de quais serão os lucros no futuro. Da mesma forma, pode tentar ter uma ideia da demanda futura, considerando o quão ocupados os fornecedores de uma empresa estão. O objetivo desta análise é medir quanto vale uma empresa usando qualquer fragmento de informação possível.

A maneira como você usa a análise fundamentalista para entender o valor de uma empresa atinge a essência do que é um negócio. Com a análise fundamentalista, seu objetivo é monitorar uma empresa para ver como ela faz dinheiro com a venda de bens e serviços para gerar receita. A seguir, você determinará quanto da receita uma empresa consegue manter após pagar suas despesas. O que resta depois de pagar todas as contas é o lucro ou os *lucros*.

LEMBRE-SE

O fato de os fundamentalistas agirem em suas pesquisas é o que os separa dos contadores. Os fundamentalistas comparam o que acham de uma empresa em relação ao que outros investidores pensam. Se a ação estiver subvalorizada, o fundamentalista a comprará. Os contadores, por outro lado, têm a função de registrar as vendas e as receitas, mas não tentam lucrar com as descobertas.

CAPÍTULO 2 **Atualizando-se com a Análise Fundamentalista** 23

DICA

A análise fundamentalista não é perfeita. Mas, como você descobrirá neste capítulo, ela é rigorosa e enraizada na compreensão dos elementos mais básicos dos negócios. Mesmo que não tenha planos de ser um fundamentalista, saber como a análise funciona ajudará no sucesso de seu investimento.

Quem utiliza a análise fundamentalista?

Não é preciso ser um investidor poderoso para usar a análise fundamentalista. Se tem interesse em descobrir mais profundamente sobre como as empresas funcionam, você é um candidato a aprender sobre o assunto. Na verdade, saber ler, analisar e agir com base nas informações que coleta sobre uma empresa pode ser útil para muitos usuários, incluindo:

» **Investidores em ações:** Aqueles que desejam adquirir uma participação acionária em uma empresa têm um grande incentivo financeiro para dominar a análise fundamentalista. O que eles descobrem sobre as empresas pode ajudá-los a decidir quando comprar ou vender.

» **Credores:** Quando você faz um empréstimo a alguém, quer ter certeza de que essa pessoa terá a capacidade de reembolsá-lo. Se emprestar dinheiro a uma empresa, talvez comprando títulos emitidos por ela, estará mais preocupado em receber seu dinheiro de volta do que em lucrar com o investimento.

» **Investidores em fundos de investimento:** Mesmo que não escolha ações ou títulos individuais para investir, é provável que tenha fundos de investimento que o fazem. Os fundos de investimento investem em uma cesta de títulos individuais. Usando a análise fundamentalista, é possível investigar algumas das ações que os fundos de investimento têm. Você pode dar uma olhada nas principais participações do fundo e questionar por que ele as tem.

» **Funcionários:** Os funcionários podem estar preocupados com a saúde da empresa por vários motivos. Usando as mesmas técnicas que um investidor usaria, você pode estudar os recursos financeiros de sua empresa e estimar aproximadamente a probabilidade de buscar cortes de custos agressivos, como demissões. Os empregados que dependem de uma pensão paga por um ex-empregador também podem querer estudar a saúde da empresa e ter certeza de que ela se manterá.

» **Membros do conselho:** Seja você um membro do conselho de uma grande empresa, do museu local ou da associação do condomínio, compreender o fluxo de entrada e saída de dinheiro pode torná-lo mais valioso. Compreender a análise fundamentalista o ajudará a ser um cão de guarda sólido da gestão da organização, olhando para fatos, não para promessas.

» **Doadores:** Até mesmo algumas instituições de caridade sem fins lucrativos divulgam sua situação financeira. A análise fundamentalista o ajudará a ver em que as doações estão sendo gastas e se o caixa está chegando ou não aos necessitados, ou se é absorvido pela burocracia.

» **Consumidores:** Quando você compra um produto ou serviço, pode não pensar que está investindo em uma empresa. Na maioria das vezes, você não está. Mas às vezes, ao comprar um produto, está formando um relacionamento de longo prazo com a empresa. Veja um carro ou um produto de seguro. Esses tipos de ativos de longa duração podem prendê-lo a uma empresa por anos. É uma boa ideia saber como analisar uma empresa se você planeja confiar em seus produtos por muito tempo.

Acima de tudo, fundamentalistas são bons em não ser enganados pelas empresas. Essa não é uma habilidade ruim. Você nem sempre pode considerar as demonstrações financeiras pelo valor de face. A análise fundamentalista fornece ferramentas para que descubra a verdade além dos números.

LEMBRE-SE

Os analistas fundamentalistas passam um bom tempo olhando as demonstrações financeiras das empresas, como você aprenderá na Parte 2 deste livro. Mas fundamentalistas qualificados fazem mais do que apenas separar demonstrações financeiras — afinal, se isso fosse tudo, a análise fundamentalista seria sinônimo de contabilidade. Os fundamentalistas usam suas descobertas para tomar decisões de investimento.

Siga o caixa usando os fundamentos

Uma das regras básicas do jornalismo investigativo é seguir o caixa. Rastrear o movimento dos dólares em uma organização mostrará rapidamente as motivações dos líderes, a disponibilidade de recursos e as vulnerabilidades. Os reguladores muitas vezes seguem o caixa para localizar cartéis ilegais, esquemas Ponzi e outras fraudes.

DICA

Tudo isso pode soar coisa de Sherlock Holmes, mas há algo a ser aprendido ao abordar a análise fundamentalista com a mente de um investigador. Seu trabalho é pegar as informações disponíveis e desenterrar os dados você mesmo, para ter uma visão completa da empresa e saber se é ou não o empreendimento adequado para confiar seu dinheiro. Seguir o fluxo do caixa em uma empresa lhe dirá mais sobre ela do que qualquer outra coisa.

Embora não existam duas empresas iguais, os fundamentos são universais. É por isso que a análise fundamentalista é uma ferramenta tão poderosa a ponto de poder ser aplicada a empresas de tecnologia, baixa tecnologia e tudo o mais.

As empresas estão apenas no negócio de vender mais caro aquilo que compram barato. Parece simples, mas isso pode ser fácil de esquecer depois de mergulhar em detalhes como margens de lucro, lucro por ação e índices P/L.

Acompanhar o caixa de uma empresa, por assim dizer, traça um ciclo previsível. Assim como o ciclo ou a vida se repete e se atualiza, as empresas também seguem um padrão bastante previsível. Os fundamentalistas chamam isso de *ciclo comercial* — e entender o ciclo é muito importante, se deseja que as demonstrações financeiras façam sentido.

O ciclo comercial começa com uma ideia de negócio, mas, mais especificamente, começa quando uma empresa levanta dinheiro para poder comprar o equipamento de que precisa para começar. O caixa pode ser levantado tomando-se um empréstimo, a chamada *dívida*, ou alinhando investidores dispostos a apostar seu dinheiro por uma parcela dos lucros futuros, chamado de *capital*. O caixa arrecadado é então usado para adquirir matéria-prima, espaço para escritórios ou qualquer coisa de que a empresa precise.

Em seguida, a empresa busca agregar valor às matérias-primas de alguma forma e vender o produto aos clientes. Normalmente, as empresas também incorrem em *custos indiretos*, ou despesas gerais, para fazer tudo isso acontecer. Os custos indiretos incluem tudo, desde publicidade à pesquisa e desenvolvimento, até a contratação de gerentes qualificados. Os produtos são criados e (com sorte) vendidos aos consumidores. O caixa arrecadado dos clientes é usado para pagar dívidas. O ciclo então se repete novamente. Não é divertido?

Agora é aqui que entra a análise fundamentalista. Aqui estão algumas perguntas que um analista pode fazer ao dar uma olhada em uma empresa:

> » Depois de contabilizar todos os custos, a empresa ganhou dinheiro?
>
> » Quanto caixa a empresa arrecadou para começar?
>
> » A empresa consegue se manter sem mais empréstimos ou investidores?
>
> » A empresa pode criar novos produtos para trazer os compradores de volta?
>
> » Os concorrentes estão pegando a ideia e vendendo por menos?

Comparando a Análise Fundamentalista com Outras Maneiras de Escolher Investimentos

A análise fundamentalista é um modo bem conhecido de escolher investimentos. Muitas vezes, é o método preferido de escolas de negócios, em grande parte por causa de suas raízes em coisas que podem ser medidas e compreendidas. Mas não é, de forma alguma, o único método de escolha de ações.

DICA

Se você ainda está confuso sobre o que é a análise fundamentalista, compará-la com outras formas de avaliar investimentos pode esclarecer as coisas.

Como a análise fundamentalista se compara aos investimentos em índices

Se a análise fundamentalista parece muito trabalhosa, você provavelmente pode se identificar com os *investidores em índices*. Os investidores em índices acham que reservar um tempo para estudar as demonstrações financeiras das empresas é um grande problema para nada. Os investidores de índices presumem que qualquer informação obtida nos relatórios da empresa já foi extraída por outros investidores e posta em prática.

Por exemplo, se as ações de uma empresa estavam realmente subvalorizadas, outros investidores já as teriam reconhecido e comprado. Se um número suficiente de investidores comprar uma ação, eles empurram o preço para cima, e as ações não estarão mais subvalorizadas. E graças à proliferação de investimentos eletrônicos, analistas e firmas de investimento com acesso a feeds de informações instantâneas podem fazer esses movimentos de negócio muito rapidamente.

Por esse motivo, os investidores em índices acham que é impossível comprar e vender ações no momento certo ou usar o timing do mercado. Além disso, os investidores de índice dizem que, se houver uma vantagem na análise fundamentalista, ela será eliminada pelo custo e pelo tempo consumido para escavar as informações. Por esse motivo, os investidores de índice pulam a análise fundamentalista e, em vez disso:

CAPÍTULO 2 **Atualizando-se com a Análise Fundamentalista** 27

» **Diversificam:** Em vez de tentar escolher as empresas e ações que terão o melhor desempenho, os fundamentalistas compram pequenas participações no maior número possível de ações. Geralmente, os investidores em índices compram fundos de investimento que têm centenas, se não milhares de ações. Dessa forma, se alguma empresa tropeçar muito, a perda é muito pequena, como uma porcentagem do portfólio.

» **Compram fundos de índice:** Como os investidores de índice não acham que a análise fundamentalista oferece uma vantagem aos investidores, eles não veem nenhuma razão para pagar a um administrador de fundos de investimento para escolher ações para eles. Em vez disso, compram fundos de investimento que têm todas as ações em índices de ações populares, como a média industrial Dow Jones ou Standard & Poor's 500. O Dow reflete os altos e baixos de trinta empresas grandes e conhecidas; e as medidas do S&P 500, o desempenho do mercado com quinhentas ações das maiores empresas.

» **Focam os custos:** Os investidores em índices presumem que a melhor maneira de ganhar dinheiro no mercado de ações é mantendo os custos baixos. Os fundos de índice geralmente têm despesas baixas. E, em vez de gastar seu tempo pesquisando ações, os investidores em índices geralmente compram uma cesta diversificada de ações e depois esquecem as holdings.

Comparando a análise fundamentalista com a análise técnica

Como os investidores em índices, os investidores que usam a análise técnica balançam a cabeça em desaprovação quando veem analistas fundamentalistas examinando cuidadosamente planilhas e demonstrações financeiras. Eles, como investidores em índices, veem todo o esforço dedicado à análise fundamentalista como uma perda de tempo e de pilhas para calculadora. Isso ocorre porque os analistas técnicos presumem que qualquer informação que valha a pena saber se reflete no preço de uma ação.

Mas os analistas técnicos concordam com os fundamentalistas de uma maneira importante: eles também pensam que é possível vencer o mercado de ações. Ao contrário dos investidores em índices, que pensam que o timing do mercado é inútil, os analistas técnicos acham que os preços das ações sobem e descem em padrões observáveis. Saber como reconhecer padrões nos movimentos dos preços das ações pode indicar a um analista técnico os melhores momentos para entrar e sair das ações. Os analistas técnicos podem nem mesmo se importar com o que uma empresa faz, porque eles estão apenas olhando para o gráfico de preços. Para um analista técnico, comprar e vender na hora certa é mais importante do que comprar e vender as ações certas. Os analistas técnicos prestam muita atenção a:

- **Gráficos de preços de ações:** Os analistas técnicos se concentram em gráficos de preços de ações, que são gráficos que traçam o movimento de uma ação ao longo de um período de tempo. Estes gráficos mostram instantaneamente se uma ação está subindo ou descendo, além de quantos negócios, ou *volume*, estão ocorrendo.

- **Padrões de negócio:** Assim como um astrônomo vê padrões de estrelas no céu, os analistas técnicos procuram movimentos de preços de ações que seguem um padrão. Por exemplo, se o preço de uma ação cai para um nível baixo, sobe um pouco e afunda de volta para perto desse mesmo nível, os analistas técnicos chamam isso de *nível de suporte*. Um nível de suporte é considerado um ponto em que a demanda por uma ação é forte o suficiente para impedi-la de cair ainda mais.

- **Médias móveis:** Os analistas técnicos muitas vezes prestam muita atenção ao preço médio de uma ação ao longo de um período de tempo, digamos duzentos dias. Quando uma ação cai abaixo de sua média móvel de duzentos dias, ou seu preço médio nos últimos duzentos dias, isso significa que a ação está vulnerável a cair ainda mais, dizem os técnicos. A ideia é a de que, quando as ações caem abaixo da média móvel de duzentos dias, muitos investidores que compraram no ano anterior estão perdendo caixa e podem ficar nervosos e com pressa para vender.

DICA

Essa é uma maneira fácil de manter a análise fundamentalista e a análise técnica claras em sua mente. Os fundamentalistas procuram os *motivos*, ou as empresas que têm preços atrativos, e geralmente retêm seus investimentos por um longo tempo. A análise técnica, por sua vez, é mais útil para o *quando*. Os analistas técnicos geralmente procuram apenas os momentos oportunos para tentar lucrar com movimentos de curto prazo.

Colocando a Análise Fundamentalista para Trabalhar para Você

Visitar a biblioteca de um fundamentalista pode ser bastante intimidante. Inevitavelmente, haverá uma cópia do *Security Analysis* ["Análise da Securitização", em tradução livre], um livro de 766 páginas recheado com fórmulas complicadas e palavras misteriosas que fazem seu livro de álgebra do ensino médio parecer uma história em quadrinhos. Também haverá cópias desgastadas de livros com palavras como "valor", "demonstrações financeiras" e "índices". Você também verá *Análise Fundamentalista Para Leigos* na prateleira. Merchan safado, eu sei.

CAPÍTULO 2 **Atualizando-se com a Análise Fundamentalista** 29

A análise fundamentalista tem a fama de ser usada por pessoas que não seriam encontradas mortas sem uma caneta, lapiseira e calculadora no bolso da camisa. Mas mesmo se você não andar por aí carregando esses instrumentos, também pode se beneficiar desta análise. Com a compreensão de alguns termos e de técnicas básicas, a análise fundamentalista está ao seu alcance, se estiver interessado e disposto a investir um pouco de tempo.

Quem sabe, depois de ler este livro, você queira se aprofundar na análise fundamentalista. Afinal, ela é um pouco como a arte: à medida que aprende um pouco, fica curioso e quer aprender mais.

Quão difícil é a análise fundamentalista? Preciso ser um mago dos números?

Ao contrário da crença popular, você não precisa ser um mago dos números para usar a análise fundamentalista. A maior parte da matemática que usará é aritmética bastante básica. E não há necessidade de memorizar fórmulas, porque reuni as mais importantes e as coloquei no Capítulo 8. Você precisará saber como construir alguns *modelos financeiros*, que tentam prever quanto lucro uma empresa terá no futuro. Mas, para ajudá-lo, apontarei algumas ferramentas online e calculadoras para processar algumas das coisas mais complicadas.

Algumas das técnicas mais avançadas de análise fundamentalista podem exigir que você abra uma planilha. Se deseja se atualizar, a Microsoft fornece ajuda gratuita e tutoriais para seu programa de planilha do Excel em `<http://support.office.com/pt-BR/excel>`. Você também pode dar uma olhada em *Excel 2013 For Dummies* (Editora Wiley, 2013).

A análise fundamentalista é para você?

Se está cansado de confiar que outras pessoas lhe dirão como uma empresa está indo financeiramente, você é um dos principais candidatos para a análise fundamentalista. Toda a premissa da análise fundamentalista é reduzir, se não eliminar, a especulação e as suposições selvagens de investimento. A análise fundamentalista está enraizada na ideia de que você deseja examinar dados frios e concretos para tomar decisões informadas sobre por que um investimento vale a pena. Se alguém disser que uma empresa está "indo bem", a análise fundamentalista fornece a base para saber se essa afirmação é realmente verdadeira.

Acima de tudo, a análise fundamentalista é ideal para quem deseja abordar um investimento estando informado sobre os riscos e com os olhos bem abertos. Uma análise fundamentalista aprofundada não apenas o alertará sobre tendências problemáticas em uma empresa, mas também lhe dará pistas se uma ação estiver supervalorizada por investidores que não estejam prestando atenção. Uma empresa supervalorizada é aquela que comanda um preço de ação que excede em muito qualquer lucro que possa gerar para os investidores.

De muitas maneiras, a análise fundamentalista visa tanto ajudá-lo a evitar investimentos ruins quanto a encontrar bons investimentos.

Os riscos da análise fundamentalista

Embora esteja enraizada em matemática e informações objetivas, a análise fundamentalista tem suas falhas. Afinal, se ela fosse perfeita, todos largariam seus empregos diários, analisariam ações e ganhariam muito caixa. É por isso que é importante entender as deficiências da análise fundamentalista, que incluem:

» **Vulnerabilidade a dados errados, incluindo suas suposições:** A análise fundamentalista é fortemente baseada em fatos, mas, se uma empresa relata dados incorretamente ou você os interpreta mal, terá uma conclusão falsa. Erros de cálculo são especialmente prováveis ao se fazer suposições sobre coisas como a taxa de crescimento futuro de uma empresa, taxas de juros futuras ou lucros. Mesmo os fundamentalistas são humanos, você sabe.

» **Excessiva dependência de dados prévios:** Talvez o maior golpe contra a análise fundamentalista seja quanto peso ela atribui ao desempenho anterior de uma empresa. Há alguma verdade nisso, porque os números que as empresas relatam podem ter um mês ou mais. No entanto, a verdadeira análise fundamentalista usa números históricos para fazer uma estimativa embasada sobre o futuro.

» **Timing errado:** Digamos que você faça todo o dever de casa ao pesquisar uma ação. Você encontra uma ação que parece ser uma compra certa, então a adquire. Adivinha? Uma ação pode permanecer uma compra certa por muitos anos ou mesmo décadas até que os investidores cheguem à mesma conclusão. Os fundamentalistas frequentemente precisam estar errados por um longo tempo antes de ganhar dinheiro.

» **Apostando contra o mercado:** Se você compra uma ação porque pensa que é uma mamata, na verdade você está apostando contra milhares das mesas de negócio mais sofisticadas em todo o mundo com acesso aos mesmos dados. Se acha que uma ação está muito barata, está apostando que outros investidores estão perdendo algo que você pode ver.

> **Posições concentradas:** Se você se der ao trabalho de estudar meticulosamente uma empresa, vai querer ter certeza de que está posicionado para lucrar, se estiver certo. A menos que tenha uma equipe de analistas trabalhando para você, quando encontrar uma ação que se encaixa em seus critérios básicos, vai querer possuir uma grande parte dela. Como resultado, os investidores que usam a análise fundamentalista podem ter grande exposição a empresas individuais.
>
> Esse conceito contradiz a ideia de *diversificação*, que está tendo a posse de centenas e centenas de pequenos pedaços de muitas empresas. Com a diversificação, você espalha seu risco por muitas empresas, então, se uma tiver um problema, não dói tanto. Os fundamentalistas, porém, pensam que ter apenas alguns investimentos que conhecem por dentro e por fora é, na verdade, mais seguro do que ter muitos.

Ganhando Caixa com a Análise Fundamentalista

Admita, provavelmente você não está lendo este livro porque tem um profundo desejo de entender como ler e analisar as informações de uma empresa. Você está procurando pesquisar os relatórios por um motivo que gerará lucro.

LEMBRE-SE

A análise fundamentalista pode ser lucrativa. Se for capaz de encontrar o valor oculto de uma empresa ou de suas ações e comprar antes que outros investidores descubram o que você sabe, você lucrará antes do resto de Wall Street.

Precificando uma ação ou título

Se você já se perguntou se uma ação é "barata" ou "cara", a análise fundamentalista pode ser de grande ajuda. Ele o ajuda a entender exatamente o que obtém ao fazer um investimento.

Aqui está um exemplo para ajudá-lo a entender o que quero dizer. Digamos que você tenha a oportunidade de comprar uma árvore que literalmente produz notas de dólar. Parece ótimo, certo? Quanto você deve pagar pela árvore? Você pode ficar tentado a pagar milhões de dólares, especialmente se outras pessoas abrirem suas carteiras e começarem a fazer lances.

Mas a análise fundamentalista pode ajudá-lo a estabelecer um preço inteligente para essa planta incrível. Fazendo algumas perguntas e realizando a devida diligência, você pode realmente chegar a um preço correto. O fazendeiro lhe diz que a árvore gera vinte notas de um dólar por mês. Ele também diz que a árvore provavelmente morrerá em um ano e então parará de gerar dinheiro. Por fim, o agricultor promete lhe pagar US$20 por mês se, por qualquer motivo, a árvore parar de gerar dinheiro em menos de um ano. De repente, essa árvore que gera dinheiro não parece tão maravilhosa.

Conhecendo esses detalhes fundamentais, o preço da árvore pode ser definido. Agora você sabe que a árvore deve gerar cerca de US$240 nos próximos doze meses até que murche e morra. Então a árvore vale US$240? Não tão rápido. Lembre-se: ela não gerará US$240 imediatamente. Você tem de esperar um ano para conseguir todo o caixa — já que você colherá apenas US$20 por mês. Como você tem de esperar um ano para receber os US$240, a árvore vale menos de US$240. Isso se deve ao *valor do caixa no tempo* — um princípio básico para a análise fundamentalista —, o que significa essencialmente que um dólar recebido agora vale mais do que um dólar recebido amanhã. Portanto, se houver uma guerra de lances pela árvore que aumenta o preço acima de US$240, você deve desistir com base em sua pesquisa fundamental.

Sendo lucrativo ao ser "do contra"

Ser um fundamentalista de sucesso pode ser muito solitário. Se você está tentando ganhar dinheiro estudando uma empresa e determinando que ela vale mais do que o preço de suas ações, está apostando que outros investidores que licitam pelas ações estão errados.

A análise fundamentalista, portanto, está um tanto em desacordo com a *teoria do mercado eficiente*, que diz que tentar vencer o mercado escolhendo ações vencedoras é inútil. A *forma forte* da teoria do mercado eficiente diz que todas as informações que podem ser conhecidas sobre uma empresa se refletem no preço das ações da empresa. Então, digamos que, depois de ler este livro, você vasculhe as demonstrações financeiras de uma empresa e descubra que ela tem grandes perspectivas. A teoria do mercado eficiente sugere que você não é a primeira pessoa a descobrir isso e que outros investidores já fizeram a oferta das ações com as mesmas informações.

Mas antes de jogar suas mãos para o alto e desistir da análise fundamentalista, há algumas ressalvas à teoria do mercado eficiente que vale a pena observar. Mais importante, embora as ações possam refletir todas as informações em longo prazo, pode haver períodos de curto prazo em que os preços podem subir ou cair excessivamente devido a otimismo ou pessimismo extremo e fugaz. Por exemplo, muitas ações de tecnologia dispararam durante o final da década de 1990, quando os investidores aumentaram os preços das ações com a ideia de que valeriam uma fortuna no futuro. Fundamentalistas, observando o fato de que muitas das empresas não ganhariam dinheiro e nunca ganhariam, evitaram a bolha das pontocom. Eventualmente, os fundamentos os alcançaram e muitas das ações desabaram 90% ou mais. Em alguns casos, as empresas faliram.

CAPÍTULO 2 **Atualizando-se com a Análise Fundamentalista** 33

LEMBRE-SE

Para lucrar com a análise fundamentalista, você precisa se sentir confortável em ir contra a multidão — ou, no jargão de Wall Street, ser do *contra*. Quando outros investidores estão excessivamente entusiasmados com uma ação, eles oferecem um preço tão alto, que é praticamente impossível para qualquer um ganhar dinheiro. Alguém do contra não compraria essas ações.

Ferramentas da Análise Fundamentalista

Uma das grandes coisas sobre a análise fundamentalista é que você não precisa de muito para começar. Um computador e uma calculadora são o suficiente.

Ao contrário da análise técnica, que pode exigir serviços sofisticados e caros de gráfico de ações, a maioria dos dados necessários para a análise fundamentalista é fornecida gratuitamente por quase todas as empresas. Além disso, muitos serviços online gratuitos oferecem acesso cada vez mais detalhado aos dados financeiros de empresas, facilitando o download e a análise. Existem três documentos importantes que são a base da análise financeira: a demonstração de resultados, o balanço e a demonstração dos fluxos de caixa.

Demonstração de resultados

Quer saber quanto uma empresa ganhou ou perdeu durante um ano ou um trimestre? A demonstração de resultados é para você. Essa demonstração financeira mostra todo o caixa que uma empresa conseguiu e o quanto ela gastou para fazer esse dinheiro. Se você já leu notícias sobre quanto uma empresa ganhou durante um trimestre, por exemplo, a informação foi retirada da demonstração de resultados da empresa.

DICA

A demonstração de resultados é a demonstração financeira que contém os dados sobre os quais você provavelmente ouve mais, incluindo receita, lucro líquido e lucro por ação. No Capítulo 5 você pode descobrir mais sobre a leitura desse importante documento.

Noções básicas de balanço patrimonial

Quer saber quanto caixa uma empresa tem ou quanto deve a outras pessoas? É aí que entra o balanço patrimonial [*equity*]. Essa demonstração financeira detalha todo o caixa que uma empresa tem além de sua dívida. A diferença entre o que uma empresa possui (seus *ativos*) e o que ela deve (seus *passivos*) é seu *patrimônio*. A fórmula básica é:

Ativos = passivos + patrimônio

DICA

Às vezes, é útil entender o jargão de finanças corporativas, colocando-o em termos de finanças pessoais. Se já calculou seu patrimônio líquido pessoal subtraindo todos seus empréstimos de todas suas economias, você essencialmente criou um balanço patrimonial.

A Figura 2-1 mostra um dos modos preferidos de examinar a relação entre ativos, passivos e patrimônio líquido. Pense na posição financeira da empresa como um quadrado. Em seguida, corte o quadrado ao meio. O lado esquerdo, que chamaremos de ativos, vale o mesmo que o lado direito, que chamaremos de passivos e patrimônio líquido. O lado esquerdo do quadrado deve sempre ser igual ao lado direito. Lembre-se de que passivos e patrimônio não precisam ser iguais, mas juntos devem ser iguais aos ativos.

FIGURA 2-1: Um quadrado com três fatias é a melhor maneira de entender a relação entre ativos, passivos e patrimônio líquido.

© *John Wiley & Sons, Inc.*

CAPÍTULO 2 **Atualizando-se com a Análise Fundamentalista** 35

Pegando o jeito dos fluxos de caixa

Uma das primeiras coisas que os fundamentalistas precisam entender é que os lucros não são necessariamente em dinheiro. As regras contábeis, por exemplo, permitem que as empresas incluam em sua demonstração receitas de produtos que podem ter vendido aos consumidores, mas pelos quais ainda não receberam dinheiro algum. Sim, você leu certo. Uma empresa pode dizer que ganhou US$100 milhões, embora não tenha recebido um centavo dos clientes. Esse método de contabilidade, chamado de *regime de competência*, é feito por um bom motivo. Ele permite que os analistas vejam com mais precisão quanto custa para uma empresa gerar vendas.

Mas, com o regime de competência, é imprescindível que os investidores monitorem não apenas os lucros da empresa, mas quanto caixa ela traz. A demonstração dos fluxos de caixa mantém os pés da empresa no chão e exige que ela divulgue quanto caixa realmente está entrando. A demonstração permite que você veja quanto caixa uma empresa gerou a partir de suas operações comerciais primárias. Mas ela também lhe permite ver quanto caixa uma empresa obteve de credores e investidores.

Familiarizando-se com os índices financeiros (incluindo o P/L)

Embora as demonstrações financeiras sejam extremamente valiosas para os analistas financeiros, eles vão apenas até certo ponto. Não apenas as empresas tendem a fornecer somente as informações de que são solicitadas, como os dados podem dizer só o mínimo. Você não esperava que as empresas fizessem tudo, certo? É por isso que os índices financeiros podem ser muito importantes.

Os índices financeiros pegam números diferentes da demonstração de resultados, do balanço patrimonial e da demonstração dos fluxos de caixa e os comparam entre si. Você ficará surpreso com o que poderá descobrir sobre uma empresa misturando números de diferentes demonstrações. Os índices financeiros podem fornecer uma visão mais ampla quando aplicados à análise.

Existem dezenas de índices financeiros úteis, sobre os quais você pode ler com mais detalhes no Capítulo 8. Mas, neste ponto, você só vai querer conhecer os tipos e índices básicos e o que eles dizem, incluindo:

» **Valuation:** Se já ouviu falar do índice preço/lucro, ou P/L, você usou um índice financeiro. O P/L é um dos muitos *índices de valuation*. Os índices de valuation ajudam os fundamentalistas a descobrir se uma ação é barata ou cara, comparando o preço da ação com um dado básico sobre uma empresa. Por exemplo, o índice P/L compara o preço de uma ação com seus lucros. Quanto maior o P/L, mais lucrativa é a ação.

» **Saúde financeira:** Se uma empresa não está em funcionamento e operando, não é uma boa ideia investir nela. Alguns índices, chamados de *índices de liquidez*, medem a facilidade com que uma empresa é capaz de pagar as contas. Os fundamentalistas procurarão sinais de alerta de que uma empresa pode estar prestes a enfrentar tempos difíceis.

» **Retorno sobre o investimento:** Se você vai dar dinheiro a uma empresa, seja como um empréstimo ou investimento, quer ter certeza de que receberá o suficiente em retorno. Os índices de retorno sobre o investimento ajudam a determinar se a empresa está aplicando bem o caixa.

» **Desempenho operacional:** Quanto mais uma empresa puder aumentar suas vendas e, ao mesmo tempo, reduzir custos, mais lucrativa ela será. Esse equilíbrio é a essência dos negócios. E as participações para os investidores são enormes, porque, quanto mais lucro uma empresa gerar, maior será a fatia do bolo que sobrará para os investidores. Os índices de desempenho operacional permitem que você veja rapidamente como uma empresa está gerenciando seus custos e aumentando as vendas.

DICA

Todos os tipos de índices e medidas financeiras citados são mais bem compreendidos quando colocados em contexto. Os fundamentalistas geralmente comparam as métricas financeiras às dos rivais de uma empresa. Pode ser útil ter dados financeiros não apenas da empresa em que você está interessado, mas do setor, para comparação.

38   PARTE 1 **O que É Análise Fundamentalista e por que A Usar**

> **NESTE CAPÍTULO**
>
> » Como a análise fundamentalista pode transformá-lo em um investidor melhor
>
> » Como alguns dos melhores investidores colocam a análise fundamentalista em uso
>
> » Descobrindo pistas sobre quando comprar ou vender ações
>
> » Aplicando a análise fundamentalista a estratégias de investimento de buy-and-hold

Capítulo **3**

Vencendo em Wall Street: Vantagens para os Investidores

A análise fundamentalista não é a maneira mais fácil de investir. Há um pouco de matemática envolvida nela. E você precisará aprender alguns termos. Ainda, para realizar uma análise fundamentalista, precisa pesquisar e analisar informações financeiras um tanto misteriosas.

Por que ter todo esse trabalho? Essa é a pergunta para a qual você encontrará a resposta neste capítulo. Você descobrirá por que os figures da análise fundamentalista e o objetivo final de não pagar a mais por ações e encontrar ações baratas para comprar podem ajudá-lo a obter investimentos mais bem sucedidos em longo prazo. Enquanto isso, verá como algumas análises fundamentalistas básicas podem ajudá-lo a evitar cometer erros dos quais será difícil se recuperar.

Claro, nenhuma discussão sobre a análise fundamentalista está completa sem explorar seu mestre mais conhecido: Warren Buffett. Buffett é um herói no investimento graças à sua disciplina e capacidade de longo prazo para encontrar e manter empresas com características fundamentais atraentes.

Por fim, neste capítulo, você terá uma ideia geral de como a análise fundamentalista pode lhe dar dicas sobre quando comprar ou vender ações. Nenhum método funcionará sempre, mas a análise fundamentalista pode pelo menos fornecer um guia e evitar que você se envolva em manias e bolhas de ações.

Investindo Melhor com os Princípios Fundamentalistas

Um dos pontos fortes da análise fundamentalista é o fato de que ela tenta ajudá-lo a manter a emoção de investir. Enquanto os *investidores momentum* perseguem as ações mais quentes na esperança de que subam, e os *day traders* compram e vendem a cada poucos minutos em busca de um dinheirinho rápido, a análise fundamentalista é mais uma disciplina baseada em dados.

Os fundamentalistas analisam os investimentos examinando o negócio que está por trás de uma ação ou título. Mesmo se estiver apenas procurando comprar algumas ações de uma empresa, você aborda a análise com o mesmo nível de pesquisa, ou com a *devida diligência*, como se estivesse pensando em comprar a empresa inteira. A análise fundamentalista permite abordar uma ação como um investidor, não um especulador.

Os investidores procuram comprar uma ação porque acreditam que a empresa subjacente gerará lucros no futuro que excedem o preço que estão pagando. Os especuladores procuram ganhar dinheiro com um investimento simplesmente encontrando alguém para vendê-lo por um preço mais alto.

A consideração cuidadosa dos fundamentos de uma empresa, como receita e lucro, é uma distinção fundamental entre essa abordagem e outros métodos de escolha de investimentos. O nome *análise fundamentalista* realmente diz tudo, pois a abordagem abrange os aspectos mais básicos de um negócio, incluindo o ciclo comercial, discutido no Capítulo 2.

A análise fundamentalista geralmente está conectada aos *investidores de valor* (*valuation*). Estes tendem a comprar ações que acham que estão *subvalorizadas* ou têm os preços das ações abaixo do que a empresa realmente vale. Mas a análise fundamentalista pode ajudá-lo, independentemente de como você investe. Talvez você seja um *analista técnico*, que estuda gráficos de ações para encontrar ações para comprar. Talvez você seja um *investidor de índice*, que compra todas as ações de um amplo índice do mercado de ações, como o Standard & Poor's 500. Não importa o investimento que você prefira, a análise fundamentalista pode ajudá-lo a encontrar ações e investimentos adequados.

Escolhendo ações

Os investidores em valor são frequentemente atraídos pela ideia de que podem obter uma vantagem sobre outros investidores fazendo sua lição de casa e estudando as demonstrações financeiras de uma empresa. Esses investidores acreditam que, se dedicarem tempo para entender os negócios de uma empresa, prever com precisão seu futuro e pagar o preço certo, podem obter vantagens maiores e menos desvantagens do que o mercado como um todo.

Há alguma verdade nisso. Estudos acadêmicos mostraram que as ações que são baratas, ou valorizadas, tendem a ter um forte desempenho de longo prazo.

Precisa de provas? A Tabela 3-1 mostra o desempenho das chamadas ações com *preços de valor* (*value*), em comparação com as chamadas growth stocks (*growth*). Ações com preço de valor são aquelas que são mais baratas do que o mercado com base em métricas fundamentais, como aquelas sobre as quais você lerá muito neste livro. Growth stocks (growth) são aquelas que são mais caras que o mercado. Os números falam por si. Ações baratas vencem em longo prazo. E fica ainda melhor: o crescimento das value stocks (value) é transferido para empresas de qualquer tamanho — grandes ou pequenas.

TABELA 3-1 Fundamentos São Importantes: Valor Vence o Crescimento

Tipo de Ação com Base no Índice	% de Crescimento Médio Anual
Large caps value	**10,6**
Large caps growth	8,2
Small caps value	**12,6**
Small caps growth	9,6

Fonte: Index Fund Advisors baseado nos índices IFA e dados de 1928.

DICA

A análise fundamentalista também pode ajudá-lo a se proteger de seus próprios ímpetos especulativos. Ao estudar os números brutos e difíceis dos negócios de uma empresa, você pode obter uma forte dose de realidade, enquanto outros investidores são apanhados pelo entusiasmo em torno de uma determinada ação. Como a análise fundamentalista é baseada nas leis dos negócios, ela pode fornecer uma perspectiva melhor sobre quanto vale um investimento.

A análise fundamentalista permite ter uma boa ideia do valor de uma empresa ou ação, mesmo antes de comprá-la. Isso é fundamental para fazer investimentos cujo preço das ações nem sempre é igual ao valor da empresa. Como isso é possível?

Valor e preço são determinados por duas coisas distintas. O preço de uma ação é determinado por um leilão, muito semelhante à forma como o preço de um dispenser de balas Pez é definido no Ebay. Os investidores freneticamente compram e vendem ações em todos os dias de negócio (*trading days*), empurrando o preço para cima e para baixo, com base em quão otimistas ou pessimistas estão sobre o potencial de uma empresa naquele segundo ou nanossegundo. Assim como é possível ver uma guerra de lances estourar por causa de um dispenser de balas empurrando o valor para níveis extremos, o mesmo pode ocorrer com uma ação se muitos investidores estiverem dispostos a comprá-la.

O valor de uma empresa é muito diferente — e bastante desconectado do burburinho em Wall Street. Ele é uma medição matemática de quanto a empresa vale com base em quanto lucro ela gera e quanto crescimento espera gerar. O valor de uma empresa não muda a cada segundo. Muito pelo contrário.

DICA

John Bogle, fundador da empresa de investimentos Vanguard, separa o valor real das empresas do valor de mercado determinado pelo burburinho de Wall Street. Bogle diz que o valor das empresas é determinado pela lenta ascensão de seus dividendos e lucros, que ele chama de *retornos de investimentos*. Depois, há o *retorno especulativo*, que é o preço que os traders estão dispostos a pagar pelas ações da empresa no momento. Os retornos especulativos não estão enraizados em nada além de quanto os traders estão dispostos a pagar. Quando você começa a prestar mais atenção aos lucros especulativos, está se preparando para problemas. "No curto prazo, os retornos especulativos estão apenas levemente vinculados aos retornos do investimento", diz Bogle. "Mas, no longo prazo, ambos os retornos devem ser — e serão — idênticos." Em outras palavras, o valor de mercado corresponderá ao valor fundamental.

Um exemplo de como a análise fundamentalista pode ajudá-lo a detectar um frenesi sobre uma ação, fazendo com que o preço saia de controle, ocorreu em março de 2000. (A propósito, o boom das pontocom foi uma das melhores épocas para mostrar o perigo da especulação.) As ações da Palm Computing, fabricante do palmtop (lembra-se deles?), dispararam 150% no primeiro dia de negócio, para mais de US$95 por ação. A esse preço, os investidores colocaram um total de US$54,3 bilhões na empresa em 23 milhões de ações.

Um pouco de investigação fundamentalista poderia ter protegido os investidores do colapso brutal das ações. Dá uma olhada. A Palm Computing era de propriedade de 95% de sua empresa controladora, 3Com, na época. E o valor total da 3Com, incluindo 95% das ações da Palm Computing, era de apenas US$28 bilhões. Então, por que os investidores estariam dispostos a pagar por um pedaço de 5% da Palm quase o dobro do que pagariam por toda a empresa controladora, 3Com? Esse tipo de loucura mostra que os investidores perdem de vista os fundamentos. É como pagar US$20 por uma fatia de torta, quando é possível comprar a torta toda por US$10. Os fundamentalistas sabiam que algo estava errado. E eles estavam certos. A ação perdeu mais de 70% do valor em apenas sete meses. Eita!

Usos para o investidor em índices

Os investidores em índices não tentam escolher ações individuais ou controlar o mercado. Eles compram uma ampla cesta de investimentos e a mantêm por um longo período (veja o Capítulo 2 para mais informações sobre investidores em índices). Muitos deles acham que escolher ações com desempenho superior ao do livre mercado é extremamente difícil, se não impossível. Como resultado, compram pequenas participações em centenas de empresas para que quaisquer dificuldades que surjam não sejam muito prejudiciais aos negócios.

Os investidores em índices costumam dizer que a análise fundamentalista é uma perda de tempo. Mesmo assim, muitos deles utilizam alguns aspectos dessa análise. Os investidores em índices optam rotineiramente por investir em cestas de value stocks (*value*) ou *crescimento*. Value stocks (value) são aquelas amplamente ignoradas pelos investidores e comandam preços de ações baixos em relação aos seus fundamentos, como lucros ou valores de ativos. As growth stocks (growth), por outro lado, são as queridinhas de Wall Street e exigem preços elevados das ações em comparação com seus fundamentos.

Não é apenas em valor versus crescimento que os investidores em índices prestam atenção, mas também ao tamanho da empresa. Eles costumam dividir o investimento entre ações de empresas grandes e pequenas — já que o tamanho das empresas costuma ter influência sobre os tipos de retornos esperados. As grandes empresas tendem a gerar retornos mais baixos do que as empresas menores, mas também tendem a ser menos arriscadas. Essas medidas de tamanho, novamente, estão enraizadas na análise fundamentalista.

O valor de mercado, também conhecido como *capitalização de mercado*, é o preço total colocado em uma empresa e um bom indicador de seu tamanho. Ele merece ser mencionado agora (e será abordado com mais detalhes posteriormente), pois é muito importante para os investidores em índices e está enraizado na análise fundamentalista. Para obtê-lo, você precisará calcular o número de ações em circulação, que vem do balanço patrimonial.

Você calcula o valor de mercado de uma empresa deste jeito.

Valor da ação × Número de ações da empresa em circulação

E daí? Isso significa que a empresa é grande ou pequena? A Tabela 3-2 faz o trabalho para você e explica como saber o tamanho de uma empresa.

TABELA 3-2 Medindo o Tamanho das Empresas

Rating do Tamanho da Ação	Valor de Mercado Superior a (US$ Milhões)	Valor de Mercado Inferior a (US$ Milhões)
Grande	US$15.100	Sem limite
Média	US$2.035	US$15.099
Pequena	US$297	US$2.034

Fonte: Índices S&P Dow Jones.

Auxiliando analistas técnicos

Como os fundamentalistas, os analistas técnicos acham que podem vencer o mercado de ações escolhendo as ações certas no momento ideal. Mas, ao contrário da análise fundamentalista, a análise técnica exige um estudo detalhado dos movimentos dos preços de ações ao longo do tempo.

Ainda assim, os analistas técnicos também podem se beneficiar da análise fundamentalista. Por exemplo, alguns analistas técnicos podem procurar empresas que estão aumentando sua receita ou seu crescimento de lucros a cada trimestre. Essas informações são encontradas na demonstração de resultados. Da mesma forma, os analistas técnicos podem procurar a melhor empresa de um setor ao procurar aquelas com os índices financeiros mais atrativos.

Prejudicando seu portfólio ao pagar caro

Não importa que tipo de investidor você seja, existem vários valores absolutos. Aqui está um deles: se você pagar a mais por uma ação, estará aceitando uma sentença de retornos insatisfatórios no futuro. O retorno de uma ação depende de quanto você paga por ela. Por definição, quanto mais você paga por um investimento, menor será seu retorno.

Imagine que você tem a oportunidade de comprar uma Laundromat*. A Laundromat está aberta há trinta anos e, em cada um desses anos, gera um lucro de US$100 mil. Como a Laundromat fica em um shopping que fechará em cinco anos, você calcula que o negócio gerará US$500 mil em lucro ao longo dos anos e depois será fechado.

PAPO DE ESPECIALISTA

Para manter este exemplo simples, neste ponto, esqueça o papel da *inflação* ou o valor decrescente do caixa a cada ano. Suponha também que a estimativa estava correta e que a Laundromat gerou US$100 mil por ano em lucro.

---

* N.T.: Rede de lavanderias norte-americana.

POR QUE OS "TRÊS FATORES" IMPORTAM

É raro que pesquisas acadêmicas gerem dinheiro para você, mas uma das pesquisas acadêmicas mais influentes já escritas sobre investimentos vale o seu tempo.

Os professores Eugene Fama e Kenneth French descobriram que quase 95% dos movimentos dos preços das ações são explicados por apenas três coisas, duas das quais são determinadas pelos fundamentos de uma empresa:

- **Tamanho:** As ações de empresas menores medidas pelo *valor de mercado* tendem a vencer o mercado de ações, em parte por serem mais arriscadas e menos consolidadas. O valor de mercado, ou capitalização de mercado, mede o preço total que o mercado atribui a uma empresa multiplicando o preço de uma ação pelo número total de ações em circulação. Você descobrirá mais sobre capitalização de mercado posteriormente neste capítulo.

- **Preço ou valor:** Quanto mais baixo o preço de uma ação, em relação ao seu *valor contábil*, melhor ela tende a se sair em relação ao resto do mercado de ações. O valor contábil é um aspecto fundamental da análise fundamentalista, como você lerá no Capítulo 8. Por enquanto, saiba que o valor contábil é muito parecido com o patrimônio líquido de uma empresa. É o total de ativos menos os passivos da empresa. Este é o valor fundamental, ou patrimônio líquido, nas ações.

- **Risco de mercado:** Os movimentos da economia em geral influenciam fortemente o desempenho de ações individuais. Esta é a parte dos valores das ações não determinada por medidas fundamentais. O risco de mercado pode ser muito importante no curto prazo, mas, eventualmente, os fundamentos vencem.

Imagine o que aconteceria se você oferecesse para comprar esta Laundromat por US$200 mil. Seu ganho seria de 150%. Você sabe disso porque seu lucro é de US$300 mil, pois essa é a diferença entre os lucros da Laundromat (US$500 mil) e o que você pagou (US$200 mil). Seu retorno é o lucro de US$300 mil dividido pelo preço pago, US$200 mil.

Agora, o que aconteceria se você entrasse em uma guerra de lances com outra pessoa interessada em comprar a Laundromat? No calor do momento, você se ofereceu para comprar a empresa por US$400 mil, em vez de US$200 mil. Seu retorno levará um grande golpe, agora igual a 25%. Nada mudou com a empresa. Funcionará da mesma forma, quer você tenha pago US$400 mil ou US$200 mil. Mas seu retorno agora é o lucro de US$100 mil dividido pelo preço de compra de US$400 mil.

O mesmo vale para os investimentos, incluindo ações e títulos. Se você aumentar o valor pago por uma ação, por exemplo, prejudica seu retorno.

LEMBRE-SE

Pagar a mais por uma ação é ainda mais perigoso do que aumentar sua oferta pela Laundromat. Se uma empresa em que investiu sofrer uma desaceleração e seus lucros forem menores do que o esperado, você verá que seu retorno será muito pequeno ou poderá não receber o que investiu.

Esperando a volatilidade de curto prazo

Às vezes, a agitação da atividade diária do mercado pode ser inebriante. Os códigos do ticker rolando na parte inferior da tela de TV durante programas financeiros podem fazer você se sentir como se os mercados estivessem em constante movimento e mudança. E isso é verdade; os mercados estão em constante movimento, à medida que os investidores operam ações de um lado para o outro e empurram os preços das ações para cima e para baixo. É assim que o retorno especulativo, conforme descrito anteriormente, é gerado.

Mas uma análise fundamentalista pode ajudá-lo a bloquear uma grande parte desse ruído e, como resultado, ser um investidor melhor. Um exemplo talvez seja sua casa. Digamos que esteja morando em uma casa que sabe que vale R$200 mil. Você sabe disso porque contratou um avaliador para verificar as condições do telhado, da reforma da cozinha e do banheiro, bem como os preços de casas idênticas na região. Você tem uma boa ideia do valor da casa.

Com isso em mente, você entraria em pânico se estivesse sentado no quintal enquanto uma pessoa passando aleatoriamente oferecesse R$100 mil pela casa? Provavelmente não. Afinal, você sabe que a casa vale mais de R$100 mil. Além disso, você não está no mercado para vender de qualquer maneira.

Ainda assim, é isso que os investidores em ações costumam fazer quando prestam muita atenção aos movimentos diários dos preços das ações. Eles podem se sentir muito bem em comprar uma ação por R$10, mas, se a ação cair para R$8 um mês depois, eles entram em pânico e se perguntam se deveriam vendê-la. Não tem de ser assim.

LEMBRE-SE

Um dos mantras da análise fundamentalista vem de Benjamin Graham, o pioneiro dos métodos e mentor de Warren Buffett. Fundamentalistas costumam dizer que o mercado é uma urna eleitoral no curto prazo. Em outras palavras, os preços das ações podem ser chutados dramaticamente para cima ou para baixo no curto prazo. Mas, em longo prazo, o valor subjacente de uma empresa prevalecerá, e seu verdadeiro peso será reconhecido.

A análise fundamentalista o ajuda a se concentrar no verdadeiro valor de um investimento, ou peso, usando a analogia de Benjamin Graham. Se você sabe que analisou corretamente uma empresa e atribuiu o valor correto a ela, não precisa se preocupar se ela é popular ou não em um determinado dia, mês ou ano. Conhecer os fundamentos lhe dá a tranquilidade de manter um investimento por um longo período e resistir à tentação de vender na hora errada.

Acreditando nos Profissionais

É natural pensar que analistas de sucesso têm algum tipo de segredo que está além do alcance dos investidores comuns. Olhar para o sucesso de longo prazo de Warren Buffett, por exemplo, faz você pensar que talvez ele tenha um supercomputador capaz de prever o futuro. Da mesma forma, muitos analistas que estudam empresas têm insights profundos sobre seus negócios, o que pode levá-lo a pensar que eles têm acesso a dados aos quais você não tem.

Mas aqui está a verdade: os fundamentalistas, com algumas exceções, usam as mesmas demonstrações financeiras às quais você tem acesso. Até mesmo profissionais buscam as mesmas coisas que mostrarei neste livro, como:

» **Demonstrações financeiras:** A demonstração de resultados, o balanço, a demonstração dos fluxos de caixa e os índices são a pedra angular da análise feita pela maioria dos fundamentalistas.

» **Índices financeiros:** Esses cálculos aparentemente simples colocam os números nas demonstrações financeiras em perspectiva. Essa perspectiva ajuda a determinar se as ações estão baratas ou caras.

» **Análise do setor:** Compreender a dinâmica do setor em que uma empresa está inserida pode ajudá-lo a fazer um trabalho de investimento melhor.

» **Análise econômica:** Os investimentos podem variar em valor com base principalmente no desempenho da economia em geral. A influência da economia ficou clara em 2008, quando as ações de empresas que nada tinham a ver com empréstimos subprime foram arrastadas para baixo com a crise financeira. A análise fundamentalista também ajudou os investidores a identificar as empresas que mais se beneficiariam quando a economia se recuperasse. E as ações mais que dobraram desde as mínimas de 2009 a 2015.

LEMBRE-SE

Claramente, os profissionais têm vantagens distintas. Grandes empresas de investimento podem dispor de exércitos de especialistas em pesquisa para estudar demonstrações financeiras, permitindo que negociem enquanto você ainda está baixando os resultados. Alguns sistemas usados por profissionais tornam a análise fundamentalista mais fácil, calculando automaticamente as tendências de crescimento e os índices financeiros. A experiência também pode ser de grande valor para auxiliar um fundamentalista a identificar coisas que um iniciante deixa escapar. Mas isso não significa que você não pode usar a análise fundamentalista para ajudar a impulsionar seu sucesso.

O que é "o jeito Warren Buffett"?

Para muitos fundamentalistas, Warren Buffett é o exemplo definitivo. Não há como negar seu sucesso. As ações da Berkshire Hathaway, de Buffett, subiram de US\$87.800 para US\$204.624 em dez anos até novembro de 2014 — um ganho impressionante de 133%. Isso representa cerca de 8,8% ao ano, em média. No mesmo período, o índice Russell 3000, que mede o desempenho do mercado de ações em geral, valorizou 7,5%, incluindo dividendos, segundo a Russell Investments. O histórico de longo prazo de Buffett também é forte. Não é à toa que ele é chamado de Oráculo de Omaha.

Tentar descobrir o segredo de Buffett é o equivalente no mundo dos investimentos à busca pelo Santo Graal. Muitos investidores fazem a peregrinação às assembleias de acionistas da Berkshire Hathaway em Omaha todos os anos, tentando descobrir como Buffett faz isso. Almoços de uma hora com Buffett são leiloados no eBay por centenas de milhares de dólares. E existem inúmeros livros sobre Buffett; o mais conhecido é *O Jeito Warren Buffett de Investir*.

Curiosamente, porém, Buffett não faz muito segredo de suas técnicas. Todos os anos, em sua carta aos acionistas e também no "Manual do Proprietário" da Berkshire Hathaway, ele retrata sua abordagem. Se estiver procurando aprimorar seu estilo de análise fundamentalista, é aconselhável aprender com o mestre. Grande parte da abordagem de Buffett é baseada em elementos-chave da análise fundamentalista, incluindo:

» **Invista como proprietário, não como negociante.** Buffett deixa bem claro que vê um investimento não como um negócio de curto prazo, mas como um relacionamento de longo prazo. A Berkshire Hathaway geralmente investe em uma empresa e a mantém por muito tempo, talvez nunca vendendo a posição. "Independentemente do preço, não temos nenhum interesse em vender quaisquer bons negócios de propriedade da Berkshire", de acordo com o Manual do Proprietário da Berkshire.

» **Considere cuidadosamente o valor intrínseco de uma empresa.** Buffett discute repetidamente o *valor intrínseco*, que é uma medida de quanto uma empresa realmente vale. O valor intrínseco é quanto caixa uma empresa deve gerar ao longo de sua existência, o que é uma boa medida de quanto vale. Comprar uma ação por menos do que seu valor intrínseco oferece uma certa margem de segurança. No Capítulo 11, você descobrirá como calcular o valor intrínseco de uma empresa.

» **Analise a gestão.** Buffett diz rotineiramente que mesmo uma empresa monótona pode gerar retornos impressionantes com uma boa equipe de gestão no comando. Por esse motivo, ele costuma deixar os principais executivos e diretores no cargo, mesmo depois de comprar uma empresa.

» **Fique com empresas que você entende.** Quanto melhor entender como uma empresa ganha dinheiro e funciona, mais informado ficará após revisar as demonstrações financeiras. Você também saberá melhor o que procurar, pois cada setor e cada empresa têm características financeiras únicas.

» **Encontre empresas que tenham uma vantagem real.** No capitalismo, se uma empresa tem uma boa ideia, outras empresas tentarão copiá-la e roubar espaço no mercado. Buffett combate isso investindo em empresas com uma marca forte ou produto exclusivo, como a Coca-Cola.

DICA

Muitos investidores esperam lucrar como Buffett sem realmente aprender a análise fundamentalista. Existem muitas maneiras de fazer isso. Os investidores que desejam seguir o mesmo caminho de Buffett poderiam apenas investir nas ações da Berkshire Hathaway. Outros tentam imitar o que Buffett faz. Alguns investidores tentam descobrir em que Buffett está investindo lendo o *relatório anual* da Berkshire Hathaway, um documento que revela todas as grandes holdings da empresa.

Nunca é uma boa ideia comprar ações cegamente só porque outro investidor o fez. Ainda assim, revisar as ações que passam na análise fundamentalista de Buffett pode ser um bom lugar para começar. A lista das participações da Berkshire Hathaway em empresas de capital aberto pode ser encontrada nos relatórios anuais da empresa, disponíveis aqui: `www.berkshirehathaway.com/reports.html` [conteúdo em inglês]. A Tabela 3-3 mostra algumas das maiores posições da Berkshire no final de 2014.

TABELA 3-3 **Grandes Apostas de Buffett**

Empresa	% da Empresa Adquirido pela Berkshire	Valor de Mercado da Holding no Final de 2014 (US$ Bilhões)
Wells Fargo	9,4	US$26,50
Coca-Cola	9,2	US$16,90
American Express	14,8	US$14,10
IBM	7,8	US$12,30
Walmart Stores	2,1	US$5,80

Fonte: Relatório Anual Berkshire Hathaway.

CUIDADO

Seguir cegamente os movimentos dos principais investidores não é um caminho instantâneo para a riqueza. Esse é especialmente o caso ao tentar seguir as dicas de Buffett. Ele lembra constantemente a seus acionistas que planeja manter os investimentos por um longo tempo. E suas holdings também podem sofrer grandes perdas no curto prazo. Por exemplo, se você tivesse comprado a

Tesco no início de 2008, depois de ver que era uma grande holding no final de 2007, teria sofrido uma perda de 75%. As ações da American Express — uma grande holding em 2014 — perderam um quarto de seu valor em 2015, e a IBM caiu cerca de 15%, enquanto o Walmart caiu quase um terço. Às vezes, mesmo as jogadas especulativas de Buffett não compensam imediatamente.

Conhecendo Graham e Dodd

Por mais que Buffett seja reverenciado e admirado, ele também era um estudante de análise fundamentalista. Buffett utilizou e aperfeiçoou as ferramentas dos professores Benjamin Graham e David Dodd, que serão explorados com mais detalhes a seguir. Graham e Dodd, cujos nomes são sinônimo de um método de investimento chamado *value investing* (*investimento em valor*), têm suas raízes na Universidade de Columbia, a qual Buffett frequentou.

As origens do value investing

O value investing, junto ao trabalho de Graham e Dodd, é geralmente central para a realização da análise fundamentalista. Graham e Dodd explicaram que uma ação é, na verdade, uma reivindicação sobre o caixa que uma empresa deve gerar no futuro, ou seu valor intrínseco, conforme mencionado antes. Apenas saiba que se uma ação está sendo operada por:

» Menos do que o caixa que gerará, está *subvalorizada* e pode ser comprada.

» Mais do que o valor do caixa que se espera que uma empresa produza, ela está *supervalorizada*.

Usando os fundamentos para ver quando uma ação está precificada corretamente

Graham e Dodd levaram as coisas um pouco além do que apenas pesar se as ações estavam super ou subvalorizadas. Outras lições de Graham e Dodd que merecem destaque são:

» **Protegendo-se.** Compre ações bem abaixo do que valem ou de seu valor intrínseco. Essa camada extra oferece uma *margem de segurança* no caso de o negócio ter problemas e o preço das ações cair ainda mais.

» **Investir não é necessariamente especular.** Embora seja tentador pensar em Wall Street como um cassino gigante, Graham e Dodd explicaram que não é necessariamente o caso. Se você está comprando ações com poucas informações sobre os negócios das empresas, então, sim, você está apostando ou especulando. Quando especula, aposta que pode vender as ações para outra pessoa por mais. Mas, com a análise fundamentalista, você pode se tornar mais um investidor ao entender o que pagou e o que pode esperar receber em troca.

» **Seja cauteloso com empresas endividadas.** Empresas que tomam altos empréstimos para financiar suas operações podem ter de suportar pagamentos onerosos da dívida durante períodos difíceis da economia.

Descobrindo Quando Comprar ou Vender uma Ação

A maioria dos investidores fica frustrada com a dificuldade de acertar o momento certo de comprar ou vender ações. Mesmo os investidores profissionais reclamam que, embora seja difícil o suficiente tentar encontrar o investimento certo e comprá-lo por um bom preço, é ainda mais difícil saber quando vender. A análise fundamentalista pode ajudá-lo com isso, pois você aprenderá como estimar o valor de uma empresa. Conforme discutido, saber quanto vale uma empresa é muito útil, porque você saberá se o preço atual das ações é mais alto ou mais baixo daquele que você acha que é o valor da empresa.

LEMBRE-SE

Por outro lado, a disciplina da análise fundamentalista pode ajudá-lo a avaliar quando pode querer vender uma ação. Se o preço de uma ação está bem abaixo do que você acha que ela vale, por que venderia a esse preço, a menos que fosse necessário?

Olhando além do preço por ação

Olhe para qualquer site financeiro, e a tela estará coberta com os preços das ações, provavelmente piscando em verde ou vermelho à medida que sobem ou descem. Muitos investidores ficam obcecados com o preço da ação. É fácil entender o motivo. Quando você compra uma fatia de pizza, por exemplo, pode não pensar em calcular quanto, com base no preço por fatia, pagaria pela pizza inteira.

Mas uma das premissas básicas do investimento fundamentalista é exatamente essa. Você quer saber quanto está pagando pela sua fatia de uma empresa e como isso se compara ao que ela realmente vale. E se há um aspecto da análise fundamentalista que você pode usar imediatamente neste capítulo é que o preço por ação, por si só, não diz muito.

DICA

Apenas olhar o preço por ação de uma empresa pode levar você a fazer julgamentos incorretos. Alguns investidores, por exemplo, ficaram intrigados sobre como as ações da Visa poderiam ser operadas por menos de US$80 por ação, enquanto a rival Mastercard comanda um preço de mais de US$100 por ação, sendo que a Visa processa mais transações de cartão de crédito do que a Mastercard. Você pode presumir que a Visa tem um valor melhor do que a Mastercard porque o preço por ação é menor. Mas esse não é necessariamente o caso, e você precisa levar a análise além do preço das ações.

PAPO DE ESPECIALISTA

A análise fundamentalista, porém, mostrará que o preço da ação da Visa, mais baixo, não significa que esta é uma compra significativa. Lembra-se do valor de mercado mencionado anteriormente? Bem, ele está de volta. O valor de mercado informa quanto os investidores estão pagando por uma empresa inteira com base no preço de uma única ação. Usando a metáfora da pizza, o valor de mercado informa qual é o preço da pizza inteira com base no preço de uma fatia. É possível aplicar essa informação imediatamente às ações usando esta fórmula:

Valor de mercado = Valor por ação × Número de ações em circulação

As partes centrais do valor de mercado são:

» **Preço da ação:** Quanto os investidores estão dispostos a pagar por uma fatia do capital de uma empresa. Você pode obter o preço das ações de uma empresa de várias fontes, desde sua corretora online, até sites de investimento ou na seção de negócios de seu jornal.

» **Número de ações em circulação:** O número de fatias, ou ações, a que o valor de uma empresa é reduzido. O número de ações em circulação está disponível no balanço patrimonial da empresa, conforme descrito mais detalhadamente no Capítulo 6.

Farei o trabalho por você e pegarei os preços das ações da Visa e da Mastercard, bem como o número total de ações em circulação de cada empresa. Aplicar o valor de mercado para Visa e Mastercard revela muito mais do que simplesmente olhar os preços de suas ações. A análise mostra que, apesar de seu menor preço por ação, a Visa é, na verdade, a empresa com o maior valor total. Você descobre isso:

Calculando o valor de mercado da Visa:

US$80 por preço das ações × 2.429,5 milhões de ações = US$194,4 bilhões

Calculando o valor de mercado da Mastercard:

US$100 por preço das ações × 1.131,4 milhões de ações = US$113,1 bilhões

Você pode ver que os investidores estão pagando 70% a mais pela Visa do que pela Mastercard. Se eles estão pagando muito ou não é outra questão e algo que você pode explorar melhor no Capítulo 8. Mas, neste ponto, é importante entender como a análise fundamentalista vai muito além de apenas dar uma olhada no preço das ações de uma empresa.

Vendo como os fundamentos de uma empresa e seu preço podem conflitar

Você não precisa de uma memória longa para lembrar como a análise fundamentalista poderia ter ajudado no seu investimento. Durante o boom das ações de tecnologia no final da década de 1990, os investidores estavam tão apaixonados pelas pontocom, que se dispuseram a pagar quantias ilimitadas por elas. Poucos anos depois, em meados dos anos 2000, os investidores repetiram seus erros criando um boom imobiliário que elevou as ações das construtoras. O que é notável é que houve pelo menos duas bolhas massivas do mercado de ações em apenas uma década. A análise fundamentalista poderia ter ajudado a evitar a dor intensa depois que essas duas bolhas inevitavelmente estouraram.

Vamos colocar uma dessas bolhas em contexto usando nossa nova ferramenta: o valor de mercado. KB Home, uma construtora residencial do sul da Califórnia, estava no epicentro da bolha imobiliária. No início de 2006, os investidores concederam à empresa um valor de mercado total de US$6,8 bilhões. Avancemos para o final de 2014 — muito depois do estouro da bolha imobiliária. O valor de mercado da KB Home caiu para US$1,5 bilhão. Para onde foram os US$5,3 bilhões em valor de mercado que faltavam? Para fora dos bolsos dos especuladores. O valor de mercado da KB Home caiu impressionantes 78%, eliminando US$5,3 bilhões em valor de mercado.

Os acadêmicos discutem por que bolhas e manias ocorrem com os investimentos. E você pode deixar essa discussão inebriante para eles. Apenas saiba que, às vezes, o entusiasmo excessivo por ações pode levar os preços, embora temporariamente, a níveis que não são justificados por seus negócios subjacentes. A análise fundamentalista é uma maneira de tentar ver quando uma bolha está se formando e tentar lucrar com isso.

LEMBRE-SE

Mesmo os mestres da análise fundamentalista têm dificuldades em prever a criação de bolhas adequadamente. Muitos analistas alertaram que as ações de tecnologia estavam supervalorizadas em 1998, por exemplo. E eles estavam certos... eventualmente. Esses investidores tiveram de admitir que estavam errados e perdendo enormes lucros à medida que as ações de tecnologia continuavam a subir em 1999 e no início de 2000, embora tenham se provado extremamente supervalorizadas.

Os investidores que prestam atenção aos fundamentos da empresa muitas vezes conseguem pelo menos reconhecer quando uma bolha está se formando. Fundamentos fracos, por exemplo, foram a dica para a bolha pontocom. Mais de um terço das 109 empresas de internet que fracassaram tinham modelos de negócios que não geravam receita suficiente ou tinham custos muito altos para gerar lucro, de acordo com a Boston Consulting.

Evitando a onda das "story stocks"

A análise fundamentalista pode ajudá-lo a reconhecer quando as ações estão subindo muito, bem além do que é justificado por seus negócios. É uma ótima maneira de resistir ao transe das *story stocks* [ações milagrosas, em tradução livre], ou a paixonite por empresas que parecem ter um potencial ilimitado e chamam a atenção das massas. Logo os investidores ficam entusiasmados com um tipo de empresa — geralmente em um setor que parece promissor. Os investidores foram acometidos por uma insanidade temporária em relação a empresas de biotecnologia, empresas de impressão 3D, ações de mídia social, faculdades particulares, operadoras de rádio por satélite e até mesmo varejistas. A maioria dos casos acabou mal.

Ações de energia alternativa, incluindo empresas de energia solar, são um exemplo recente de ações que atraíram investidores com uma premissa irresistível, mas têm lutado para fornecer os fundamentos para sustentar o otimismo. Veja o exemplo da SolarCity. A empresa, que constrói e aluga instalações solares residenciais, parecia uma vencedora completa em 2014. Ela também está ligada ao famoso inventor da Tesla Motors, Elon Musk, como presidente. O que poderia ser melhor?

A SolarCity viu suas ações decolarem 634% no início de 2014, chegando ao ponto em que tinha um valor de mercado de US$7 bilhões em fevereiro de 2014. Enquanto a empresa perdia dinheiro em 2012, 2013 e 2014, ela disse aos investidores que os clientes estavam se inscrevendo em um ritmo rápido e os lucros eventualmente rolariam. Os investidores continuaram a acreditar.

Levou um tempo, mas os investidores que se esforçaram para realmente ler as demonstrações financeiras da empresa se chocaram com a verdade. Os fundamentalistas detectaram dois sinais que procuram rotineiramente, incluindo:

» **Falta de lucro:** Mesmo com o crescimento da SolarCity, as perdas continuavam a se acumular. A SolarCity perdeu dinheiro em cinco dos seis anos entre 2009 e 2014. Apenas em 2014, a empresa registrou um prejuízo líquido de US$66,5 milhões.

» **Grande endividamento:** A empresa continuou a acumular mais e mais dívidas à medida que crescia. Em setembro de 2015, a SolarCity acumulava US$2,1 bilhões em *dívidas de longo prazo*, ou dívidas com vencimentos em mais de um ano ou mais. Essa dívida cresceu 50% em relação a 2013.

Apesar das promessas brilhantes da empresa, os investidores acabaram sofrendo. O preço das ações da empresa caiu 65% em novembro de 2015 em relação à alta em fevereiro de 2014. Mais uma vez, a análise fundamentalista se mostrou correta. É muito cedo para dizer se o modelo de negócios da SolarCity será comprovado, mas os investidores que prestam atenção à análise fundamentalista sabem claramente que o hype não se justificou — evitando uma perda massiva.

Aliando estratégias de buy-and-hold com a análise fundamentalista

Comprar e manter [buy-and-hold] ações no longo prazo pode ser uma ótima maneira de ganhar dinheiro. Basta perguntar a Warren Buffett. A análise fundamentalista pode ajudar a fornecer-lhe os insights das empresas para que você tenha fé para persistir.

A análise fundamentalista não exige que você compre e venda ações constantemente. Na verdade, muitos investidores tendem a fazer o dever de casa, comprar uma ação e se segurar. Eles percebem que comprar e vender ações constantemente pode ser perigoso para o portfólio, pois pode prejudicá-lo com:

>> **Custos de negócio crescentes:** Cada vez que você compra ou vende uma ação, isso custa algo. Certamente, você pode reduzir as comissões abrindo uma conta em uma corretora online, conforme descrito em *Investing Online for Dummies* (Wiley, 2013). Mas os custos ainda são um fator a ser considerado, inclusive aqueles que você pode não notar.

CUIDADO

Existem dois preços para as ações, o *preço bid* e o *preço ask*. O ask é o que você deve pagar ao comprar uma ação. O bid é o preço recebido ao vendê-la. O ask é sempre maior do que o bid, assim como o preço que você obtém ao operar um carro para uma concessionária — o bid — é menor do que o preço pelo qual a concessionária revenderá o carro — ou o ask. Quando você compra uma ação, paga uma taxa oculta, que é a diferença entre eles, o *spread*.

>> **Taxas desnecessárias:** Comprar e vender as ações pode enriquecer o Leão da Receita. Se você vender uma ação com lucros antes de possuí-la por pelo menos um ano, esse será um *ganho de capital de curto prazo* nos EUA; no Brasil não existe maior taxação no lucro das ações operadas antes de 1 ano. Os lucros de capital de curto prazo são tributados de acordo com as taxas normais de imposto de renda, que podem ser de até 39,6%. Por outro lado, se você mantiver uma ação por mais de um ano e vendê-la, a maior taxa de impostos que provavelmente pagará é de 15%. Apenas segurando um pouco mais, você pode economizar muito em impostos.

> **Erros:** É tentador pensar que você nunca está errado. E depois de ler este livro e aplicar a análise fundamentalista, você ficará mais informado do que muitos outros investidores. Ainda assim, é fácil cometer um erro se vender muito cedo.

Pensando em longo prazo

Embora nem sempre seja o caso, os investidores que confiam na análise fundamentalista muitas vezes se resignam a ser pacientes e trabalhar para o resto do mundo ver quão grande é sua empresa. Afinal, quando você está contando com o fato de que o mercado de ações e suas dezenas de traders, gestores de portfólio e outros investidores estão errados, não pode esperar que eles cheguem à sua maneira de pensar da noite para o dia.

A análise fundamentalista frequentemente funciona melhor quando combinada com uma estratégia de *investimento passivo*. Com o investimento passivo, você faz todo seu dever de casa, escolhe suas ações e espera. A ação pode cair ainda mais, mas cabe a você ter a coragem de confiar em sua pesquisa e esperar até que outros investidores vejam o que o atraiu para as ações.

E como ganhar dinheiro com a análise fundamentalista exige que você vá contra a multidão, muitas vezes você precisará comprar as ações quando achar que os outros estão errados. Algumas das vezes em que os preços das ações podem, temporariamente, subvalorizar uma empresa incluem:

> **A aparição de um escândalo contábil:** Quando os investidores não podem mais confiar em uma equipe de gestão, pois as demonstrações financeiras foram falsificadas, eles podem vender as ações indiscriminadamente. Se a ação for devidamente reduzida a um ponto em que você sinta que a empresa não está sendo devidamente avaliada, pode haver uma oportunidade.

CUIDADO

Tentar comprar uma ação depois que ela está "engavetando os livros" é extremamente difícil. Como a análise fundamentalista é baseada em contabilidade financeira precisa, tomar uma decisão com base em informações falsas é complicado e está além do escopo deste livro.

> **Em meio a litígios pendentes ou reivindicações de responsabilidade:** As ações costumam ser operadas com descontos ou abaixo do valor real quando os investidores estão preocupados que a empresa possa enfrentar grandes acusações. Isso já aconteceu com empresas envolvidas com tabaco e amianto.

> **Crescimento lento:** Quando uma empresa ou um setor amadurece, pode ocorrer uma redução na taxa de crescimento da receita e dos lucros. Quando isso acontece, os *investidores de growth*, que compram growth stocks (growth), podem se desfazer delas para seguir para a nova queridinha.

> **Mudanças no setor:** Quando há um grande abalo em um setor, as ações do grupo podem ser seriamente punidas. Em 2008, após a crise de crédito, por exemplo, as ações do setor financeiro perderam 58% de seu valor como grupo. Certamente, nem todos os bancos e empresas financeiras mereciam ser punidos tão seriamente. Os fundamentalistas que compraram as ações de bancos sobreviventes no final de 2012 tiveram uma alta de 56% até o final de 2015 — que superou o ganho do mercado.

Estar disposto a se levantar e investir em uma empresa com a qual os outros não querem ter nada a ver pode ser lucrativo. Ações derrotadas que são redescobertas pelos investidores podem subir fortemente.

Paciência nem sempre é uma virtude

De acordo com o clássico value investing, se você fez sua análise fundamentalista, pode comprar ações, esquecê-las e esperar alguns anos para contar suas riquezas. A menos que haja uma grande mudança que justifique alterar sua opinião, que você pode descobrir no Capítulo 10, os investidores em valor seguram e esperam o mercado despertar.

CUIDADO

Não deixe que o fato de você ter feito sua pesquisa o cegue para a realidade de que às vezes uma ação barata pode ficar mais barata e continuar assim. O excesso de confiança na análise fundamentalista pode transformar uma decisão ruim em uma decisão devastadora. O declínio brutal sofrido pelos acionistas da Lucent é um exemplo clássico. A Lucent nasceu do braço de tecnologia da AT&T, que era conhecida por patentes inovadoras para telecomunicações e computação. A Lucent, considerada uma blue chip por muitos investidores, costumava aparecer nas listas de ações mais populares entre investidores individuais.

A queda das ações continua sendo um exemplo dos perigos de se segurar por muito tempo. A ação atingiu seu maior recorde, de US$85 por ação, em 1999, em meio ao boom da tecnologia. Muitos investidores olhando para a queda do valor de mercado das ações imaginaram que a empresa voltaria. Eles continuaram pensando isso quando as ações caíram para US$75, US$65 e US$55. Mas elas não se recuperaram. As ações caíram para US$2,34, o preço pelo qual a rival Alcatel se ofereceu para comprá-las em 2006. Lembre-se de que, mesmo quando você utiliza a análise fundamentalista, aposta que o mercado está avaliando erroneamente uma empresa. Se estiver errado, precisa estar preparado para ser muito paciente ou se proteger contra desvantagens extremas, vendendo antes que as perdas se tornem devastadoras.

> **NESTE CAPÍTULO**
>
> » **Compreendendo quais informações as empresas devem fornecer aos investidores**
>
> » **Compreendendo princípios básicos de contabilidade e matemática para a análise fundamentalista**
>
> » **Descobrindo como acessar dados fundamentais no momento em que são divulgados pelas empresas**
>
> » **Familiarizando-se com bancos de dados que permitem acessar informações financeiras**

Capítulo **4**

Conseguindo Dados Fundamentais

A esta altura, sua calculadora financeira ou planilha provavelmente está ativada e pronta para começar a processar dados fundamentais. Há apenas um pequeno problema: você primeiro precisa obter os dados.

Aqui estão as boas notícias: obter dados financeiros nunca foi tão fácil, então jamais houve melhor momento para ser um analista fundamentalista. Você pode obter dados com mais rapidez, menor custo e menos conhecimento técnico do que nunca. A capacidade de obter dados financeiros das empresas quase imediatamente — e de graça — permite que os fundamentalistas monitorem de perto o desempenho de uma empresa.

Este capítulo mostrará que tipos de dados fundamentais as empresas fornecem aos investidores, de que forma eles vêm e quando você pode esperar obtê-los. Você também obterá uma rápida atualização sobre os princípios básicos de contabilidade necessários para entender o que está contido nos relatórios quando eles chegam. Finalmente, este capítulo mostrará como obter dados financeiros, incluindo uma visão detalhada do tesouro de dados fundamentais fornecidos pela principal autoridade financeira do país, a Comissão de Valores Mobiliários dos EUA, ou SEC (Securities and Exchange Comission).

Entrando em Sincronia com o Calendário Fundamentalista

As empresas em que você pode investir não decidem se fornecem ou não suas informações financeiras. Não é uma escolha — é uma obrigação. Acredite em mim, isso é uma coisa boa. Imagine como seria algo aleatório se as empresas pudessem escolher o que dizer a seus investidores e quando informar a eles como estão se saindo. E se as empresas simplesmente não estivessem dispostas a relatar sua receita ou seu lucro em um trimestre? Se um varejista teve uma temporada de vendas ruim nas festas de fim de ano, por exemplo, ele poderia dizer aos investidores: "Desculpe, não vamos contar a vocês como nos saímos." Essa *divulgação seletiva* seria a versão corporativa de permitir que seus filhos só levassem os boletins para casa se eles tirassem só notas 10.

Na realidade, as empresas de capital aberto concordam em ser um tanto transparentes. Transparência é uma palavra popular nos negócios e um objetivo nobre. Para serem transparentes, as empresas devem aderir a regras rígidas sobre quais informações financeiras divulgam e até mesmo cumprir prazos rígidos para fornecer dados fundamentais aos investidores. Isso vale para quase todas as *empresas de capital aberto*, ou aquelas que vendem participações ao público em geral. Da mesma forma, quando as empresas pedem dinheiro emprestado, elas também devem divulgar os resultados financeiros ao público.

LEMBRE-SE

Ao receber o caixa público, as empresas concordam em fornecer aos investidores atualizações trimestrais sobre seu progresso financeiro. O acesso a dados fundamentais atuais e precisos é um de seus direitos mais básicos quando você investe ou empresta dinheiro a uma empresa.

Quais empresas devem relatar suas finanças ao público?

Praticamente qualquer empresa em que é possível investir deve seguir as regras de relatórios financeiros. Isso inclui empresas de capital aberto, conforme explicado. Mas mesmo algumas empresas privadas, que não venderam ações, devem fornecer algumas informações financeiras se tiverem US$10 milhões ou mais em ativos e quinhentos ou mais proprietários.

A maioria das principais bolsas de valores, incluindo a Bolsa de Valores de Nova York e a NASDAQ, exige que suas empresas listadas forneçam relatórios financeiros trimestrais e anuais aos investidores. Isso inclui empresas estrangeiras com ações operadas em qualquer uma das bolsas.

Algumas empresas privadas que oferecem programas generosos de opção de compra de ações aos funcionários muitas vezes acabam tendo de começar a preencher relatórios financeiros. O Google, por exemplo, permaneceu privado por cerca de seis anos depois de ser fundado, em 1998. A empresa atingiu rapidamente o limite de US$10 milhões para ativos totais, o que significa que era obrigada a fornecer demonstrações financeiras. Naquela época, o Google decidiu que também poderia ser de capital aberto e vender ações a investidores em um IPO (oferta pública inicial), porque teria de apresentar as demonstrações financeiras. A empresa lançou seu IPO em agosto de 2004.

Começando: A temporada de lucros

Os fãs de esportes nos EUA esperam o ano todo pelo início da temporada de futebol americano, basquete ou beisebol. As crianças não podem deixar de antecipar a temporada de férias. Para os fundamentalistas, é a *temporada de lucros*.

Quatro vezes ao ano, logo após o final do trimestre, as empresas começarão a reportar os resultados financeiros aos investidores. Como a maioria das empresas está em um ano civil, os resultados geralmente começam a vazar duas semanas após o fim do trimestre. Quatro vezes por ano, geralmente em janeiro, abril, julho e outubro, milhares de empresas relatam seus resultados financeiros em massa. Essas épocas são chamadas de *temporada de lucros*.

A fabricante de alumínio Alcoa foi não oficialmente designada como a empresa que inicia a temporada de lucros. O sistema de contabilidade avançado da empresa permite que ela feche seus livros muito rapidamente após o final do trimestre. Durante anos, a Alcoa foi a primeira ação da lendária média industrial Dow Jones a relatar seus lucros a cada trimestre. A Alcoa foi expulsa do Dow pela fabricante de calçados Nike em 2013, mas até hoje muitos investidores veem o relatório da Alcoa como o início da temporada de lucros.

CAPÍTULO 4 **Conseguindo Dados Fundamentais** 61

NENHUM DADO É RUIM

Se uma empresa afirma ter ações de capital aberto, mas não fornece informações financeiras, seja muito cauteloso. A falta de informações financeiras é especialmente crítica quando se tratam de ações operadas em mercados pouco regulamentados, conhecidos como *OTC Pink* ou *OTC Bulletin Board*. O mercado OTC Pink costuma ser apelidado de Pink Sheets.

Ao contrário das bolsas regulamentadas, como a NYSE (Bolsa de Valores de Nova York) e a NASDAQ, as ações operadas no OTC Pink não são obrigadas a fornecer informações financeiras aos investidores. Você leu certo. Essas empresas podem até ter códigos de cotação, mas nunca divulgam quanto ganharam ou mesmo quanta receita geraram. A maioria das ações nesses mercados é ligeiramente regulamentada, se é que são. As empresas que operam no OTC Bulletin Board devem divulgar as demonstrações financeiras atuais, mas estão isentas de outras proteções ao investidor, como valores mínimos de mercado.

A falta de informações financeiras é um grande motivo pelo qual os investidores, especialmente aqueles que confiam na análise fundamentalista, costumam ser mais bem atendidos, evitando ações operadas no OTC Bulletin Board ou no OTC Pink. Esses mercados são locais infames para as chamadas *penny stocks* — ações que, geralmente, são operadas por alguns centavos e quase sempre não são nada além de um nome. Às vezes, empresas de baixo custo afirmam ter produtos e uma equipe de gestão, mas não geram nenhum dinheiro. As penny stocks são populares entre os especuladores, que gostam de falar sobre as perspectivas de uma empresa de fachada, deixar os investidores animados o suficiente para comprar e, em seguida, se desfazer das ações para obter um lucro rápido.

LEMBRE-SE

Nem todas as empresas seguem um ano civil. Por exemplo, os varejistas geralmente obtêm a grande maioria de suas vendas a cada ano durante dezembro. Por esse motivo, muitos fecham suas contas no final de janeiro, para dar tempo de contabilizar seu desempenho em dezembro e fazer um relatório completo do ano. Quando uma empresa termina seu ano, para fins contábeis em um mês diferente de dezembro, isso é chamado de *ano fiscal*.

Conseguindo o comunicado de imprensa sobre os lucros

Você não precisa ser jornalista para apreciar o *comunicado de imprensa sobre os lucros*. Ao contrário do que diz o nome, o comunicado de imprensa é para todos os investidores, não apenas para a mídia. Quando chega a hora de uma empresa contar ao mundo como se saiu após o final do trimestre, o primeiro movimento é publicar um comunicado de imprensa. O comunicado costuma ser, mas nem sempre é, acompanhado de uma teleconferência para investidores e analistas. Durante a ligação, a equipe de gestão analisará o trimestre ou ano, descreverá as informações no comunicado e responderá às perguntas dos analistas que cobrem as ações para empresas de pesquisa.

DICA

Quando você lê ou ouve uma empresa relatando seus resultados financeiros, as informações quase sempre vêm do comunicado de imprensa da empresa. Embora os comunicados sejam tecnicamente não oficiais e preliminares, eles geralmente são precisos o suficiente para que investidores, analistas e a mídia usem os números imediatamente. É importante lembrar, porém, que o comunicado não é revisado por um contador ou auditor.

Quando as empresas emitem um comunicado, elas geralmente notificam os reguladores preenchendo um formulário 8-K, que é o modo oficial de sinalizar ao mundo que a empresa divulgou informações críticas.

Os reguladores não estipulam diretamente o que as empresas devem dizer em comunicados à imprensa sobre lucros, mas geralmente os comunicados contêm várias partes importantes:

» **Resumo dos resultados:** A maioria dos comunicados de imprensa sobre lucros fornecerá os números que os investidores mais desejam logo no início, talvez até mesmo no título. Isso inclui a receita e os lucros que a empresa gerou durante o trimestre e o quanto ela cresceu (ou diminuiu) em relação ao mesmo trimestre do ano anterior.

   Desconfie quando uma empresa se gabar de que é um trimestre "recorde". Mesmo que a receita de uma empresa suba para um valor recorde, os custos também podem ter saído do controle e consumido os lucros.

» **Comentário da administração:** Um membro da equipe de administração geralmente opinará sobre como foi o trimestre. Como você pode imaginar, essas declarações são geralmente elaboradas com muito cuidado, excessivamente otimistas e não são particularmente úteis.

» **Descrição dos principais acontecimentos de negócios durante o ano:** As empresas podem analisar — e até mesmo fornecer — pontos resumidos das principais realizações do período.

» **Orientação para o futuro:** A maioria das empresas geralmente fornece *guidance de lucros* ou uma estimativa de quanto a empresa pode ganhar no próximo ano ou trimestre. Esse guidance é importante porque permite que você saiba o que a empresa espera no futuro próximo.

» **Demonstrações financeiras:** O comunicado de imprensa de lucros é o primeiro vislumbre que os investidores terão da demonstração de resultados e do balanço patrimonial da empresa. Essas demonstrações estão entre os documentos mais essenciais para dados fundamentais que você obterá.

CAPÍTULO 4 **Conseguindo Dados Fundamentais** 63

DICA

É uma boa ideia, ao ler um comunicado de imprensa de lucros, ignorar quase tudo, exceto as demonstrações financeiras. Embora os comunicados pretendam ser representações honestas do desempenho de uma firma, as empresas usam as primeiras partes do comunicado à imprensa para colocar seu desempenho da melhor forma. Em contraste, as demonstrações financeiras são as partes mais puras e menos tendenciosas do comunicado à imprensa.

Preparando-se para o 10-Q

Após o comunicado à imprensa, o próximo documento a sair da empresa é o 10-Q, que é o relatório financeiro oficial apresentado por uma empresa para resumir seu desempenho durante o trimestre.

A maioria das empresas tem quarenta dias a partir do final de cada trimestre fiscal para produzir e fornecer o 10-Q aos investidores. Geralmente, as empresas apresentam esse relatório uma ou duas semanas depois de fornecerem o comunicado de imprensa sobre os lucros. Você pode ver os prazos dos principais documentos financeiros na Tabela 4-1.

TABELA 4-1   **Prazos para Documentos Importantes**

Tipo de Empresa	Prazo 10-K	Prazo 10-Q
Maioria das grandes empresas	75 dias após o trimestre	40 dias
Pequenas empresas (menos de US$75 milhões em valor de mercado operado)	90 dias	45 dias

Fonte: Comissão de Valores Mobiliários dos EUA.

DICA

Tanto o comunicado de imprensa de lucros quanto o 10-Q têm o mesmo propósito básico: eles informam aos investidores como a empresa se saiu financeiramente durante o trimestre. Mas como o 10-Q foi escrito principalmente para satisfazer os requisitos regulamentares, geralmente ele é muito mais simples e contém menos rodeios.

O 10-Q deve ser protocolado junto ao principal regulador dos mercados financeiros, a SEC. Como resultado, as empresas têm o cuidado de incluir os seguintes componentes principais:

» **Demonstrações financeiras:** As empresas não perdem tempo e vão direto ao ponto com o 10-Q. As principais demonstrações financeiras são apresentadas na parte superior, enquanto geralmente estão na parte inferior dos comunicados de imprensa de lucros.

Não cometa o erro de supor, porque leu o comunicado sobre os lucros, que você não precisa se preocupar com o 10-Q. Ele geralmente é mais detalhado do que o comunicado à imprensa, não porque as empresas tenham vontade de abrir o bico, mas porque esses documentos são protocolados junto aos reguladores. Por exemplo, a grande maioria das empresas não inclui uma demonstração dos fluxos de caixa no comunicado de imprensa. A demonstração dos fluxos de caixa, entretanto, deve ser incluída no 10-Q. Como você descobrirá no Capítulo 7, a demonstração dos fluxos de caixa é um documento importante usado na análise financeira.

» **Notas de rodapé:** Assim como alguns livros simplesmente não cabem na sua estante, algumas informações financeiras não caem bem nas demonstrações financeiras. Eventos financeiros incomuns ou dignos de nota podem exigir mais descrições do que caberiam nas demonstrações financeiras, e elas estão disponíveis nas notas de rodapé do 10-Q.

Nunca pule as notas de rodapé. As empresas costumam incluir itens ali, esperando que você não os veja como investidor. Lembra-se da Enron, a empresa de energia que faliu em 2001 e que foi uma das maiores fraudes corporativas da história dos EUA? A empresa colocou muitas das informações sobre suas parcerias secretas nas notas de rodapé.

» **Discussão e análise da situação financeira pelos gestores:** Esta seção do 10-Q é geralmente chamada de Análise do Desempenho. Na Análise do Desempenho, a administração orienta os investidores sobre os resultados financeiros do trimestre. A narrativa é geralmente simplificada e bem direta, porque os executivos sabem que a SEC irá analisá-la. Então, eles não querem dizer nada que possa assombrá-los mais tarde.

» **Controles e procedimentos:** A empresa informará aos investidores se houver problemas na forma como monitoram a contabilidade e apresentam as informações aos investidores. Após o escândalo contábil na Enron, as novas regras da *Lei Sarbanes-Oxley de 2002* forçaram as empresas a garantir o controle adequado sobre a contabilidade. Muitas empresas lutaram com unhas e dentes para evitar essas regras, mas você também pode ler estes controles.

» **Outras informações:** Aqui, as empresas podem adicionar outros materiais que possam ser interessantes para os investidores. Isso pode incluir qualquer litígio pendente, ou se a empresa vendeu ações adicionais, ou está tendo problemas para pagar os juros de uma dívida.

Muitos investidores não percebem que o 10-Q de uma empresa não é oficialmente auditado por uma empresa de contabilidade terceirizada. Isso não significa que você não pode necessariamente confiar nos números, mas um pouco mais de ceticismo não é uma má ideia.

Correndo os 10-K

Se você já participou de uma corrida de 10 km, sabe que pode ser muito cansativo se você não treinar adequadamente. O mesmo se aplica às empresas que buscam relatar seu desempenho financeiro anual no formulário denominado 10-K. Esse documento é assustador, e produzi-lo é uma das maiores tarefas financeiras que uma empresa enfrenta. É também o conjunto de dados mais abrangente que você obterá como investidor. A maioria das empresas é obrigada a liberar seus arquivos 10-K no prazo de 75 dias a partir do final do ano fiscal. Algumas empresas menores, porém, têm 90 dias para cumprir as regras.

LEMBRE-SE

Devido à complexidade de produzir um 10-K, pode haver um atraso significativo entre o final do ano civil e o momento em que o relatório é lançado.

O 10-K é como a revisão anual de uma empresa. O nível de detalhe do 10-K é exaustivo, e, a menos que você saiba o que está procurando, é fácil se perder nas centenas de páginas de tabelas e texto.

É por isso que fundamentalistas raramente se envolvem com um 10-K e o leem do início ao fim como um romance. Eles apenas navegam em um 10-K e procuram pelos seguintes elementos-chave:

» **Tudo que está no 10-Q, só que no ano inteiro:** No 10-K, você obtém todos os dados obtidos no 10-Q para o trimestre, só que para o ano. Isso inclui as demonstrações financeiras e os processos judiciais, mas também um relatório de Análise e Desempenho mais amplo, no qual a equipe de gestão explica como o ano se desenrolou. A seção de controles e procedimentos também pode ser mais detalhada, pois o 10-K foi verificado pelos auditores.

» **Mudanças na contabilidade e desacordos com contadores:** Você pode não esperar ver conflitos no relatório financeiro de uma empresa, mas às vezes pode encontrá-los aqui. As empresas e os contadores declararão nesta seção se concordam ou não sobre as questões de relatórios financeiros.

» **Dados financeiros de longo prazo:** As empresas fornecem os resultados financeiros do ano que terminou. Mas você também encontrará dados dos últimos três, cinco ou até dez anos. Esses dados são muito úteis ao se procurar por *tendências* ou mudanças nos fundamentos, como receita e lucros.

- » **Resumo do negócio:** Aqui, a empresa apresenta os detalhes básicos do que faz. A empresa pode dividir as principais unidades de negócios e até, em alguns casos, informar quais partes são mais lucrativas. Você descobrirá como estudar a lucratividade das unidades de uma empresa no Capítulo 5.

- » **Fatores de risco:** Imagine marcar um encontro, mas antes de sair para o cinema, ele ou ela mostrar uma lista enorme de tudo que há de errado com vocês. Isso deveria economizar um pouco de tempo, e é exatamente isso que as empresas devem fazer em seus 10-Ks. Se houver um fator conhecido que pode prejudicar os fundamentos de uma empresa, é necessário informá-lo aqui.

- » **Opinião do auditor:** Perto do final do 10-K, os contadores precisarão assinar os livros para indicar que eles refletem razoavelmente a condição financeira da empresa.

DICA

Ao revisar um 10-K, sempre leia a opinião do auditor. A declaração dele pode ser reveladora. Embora um auditor possa não acenar com uma bandeira vermelha e dizer para você não comprar ações, você pode ler nas entrelinhas. Por exemplo, se você vir a palavra *qualificado*, fique atento. Isso significa que o auditor tem alguns problemas com a forma como os livros são mantidos, então você também deve ter. Além disso, tome cuidado quando um auditor disser que uma empresa pode não ser capaz de *continuar operando*. Isso é papo de contabilidade para "Esta empresa pode não sobreviver".

Folheando o relatório anual

Se você visitar o escritório de um CEO, verá o relatório anual na mesa de centro. Os relatórios anuais de algumas empresas são lindos, tanto quanto os documentos financeiros podem ser. O relatório anual é essencialmente o 10-K, mas formatado como uma revista. Pode haver lindas fotos de executivos, funcionários e clientes sorridentes. Até mesmo as demonstrações financeiras são reformuladas, geralmente impressas em papel luxuoso usando-se uma fonte elegante, ou em um site sofisticado. O relatório anual geralmente é divulgado vários meses após a publicação do 10-K, geralmente chegando na época em que as empresas realizam suas assembleias de acionistas.

DICA

Ao contrário do 10-Q e do 10-K, que você pode baixar diretamente do site da SEC, o relatório anual é obtido diretamente da empresa por meio do correio ou no site da empresa. Se ligar para uma empresa, ela provavelmente terá prazer em enviar uma cópia. Normalmente, você também pode visualizar uma versão eletrônica do relatório anual, baixando-a do site da empresa.

O relatório anual é a versão brilhante e elegante do 10-K. As empresas elaboram o relatório anual principalmente para distribuí-lo aos funcionários e clientes enquanto os cortejam.

RELATÓRIOS ANUAIS: UM CONCURSO DE BELEZA CORPORATIVO

Algumas empresas gastam muito na criação de relatórios anuais visualmente impressionantes. Alguns são realmente maravilhas da publicação, envergonhando algumas revistas. A fabricante de roupas de surf Quiksilver, por exemplo, durante anos produziu relatórios anuais contendo fotos coloridas de surfistas, praias exóticas e pranchas coloridas. Por outro lado, o Berkshire Hathaway, de Warren Buffett, é um documento de aparência chata, sem fotos, mas repleto de sabedoria e que vale a pena ler, mesmo se você não tiver as ações. Não parece haver qualquer conexão com a beleza de um relatório anual e o desempenho da empresa. A Quiksilver, a propósito, entrou com pedido de recuperação judicial em 2015.

Belos relatórios anuais, inclusive, parecem ser tão anacrônicos quanto concursos de beleza. Cada vez mais, as empresas estão optando pelo caminho mais barato, produzindo *envoltórios 10-K,* em vez de relatórios anuais completos. Os envoltórios 10-K são geralmente uma brochura curta de seis páginas com algumas palavras do CEO e algumas fotos. O velho relatório anual enfadonho é então grampeado dentro. Reduzir os relatórios anuais é uma tendência crescente à medida que as empresas procuram cortar custos — e disponibilizam essas informações online.

O relatório anual é a oportunidade de a equipe de gestão dar sua opinião sobre como foi o ano. A maioria dos relatórios anuais, por exemplo, começa com uma carta aos acionistas que geralmente é muito esperançosa, mesmo depois de um ano sombrio.

Não há formulário de referência como o formulário de referência

Se você está procurando a declaração mais escancarada divulgada por empresas, esta deve ser a *declaração de formulário de referência* [formulário de referência, na contabilidade do Brasil]. O formulário de referência é um documento que a SEC exige que as empresas distribuam aos acionistas antes da assembleia anual destes.

As assembleias acontecem todos os anos, na medida em que as empresas reúnem os acionistas, geralmente na primavera, para discutir suas iniciativas e seus objetivos. O formulário de referência também é conhecida por seu nome regulamentar, *14A,* em homenagem à parte das regras da SEC que estipulam o que ela deve conter.

O formulário de referência é de leitura fascinante, pois apresenta todas as informações mais confidenciais que a maioria das empresas tem a oferecer, incluindo:

- » **Remuneração de executivos:** Quer saber quanto um CEO recebe? O formulário de referência é o seu documento. Não apenas os salários anuais dos principais executivos são detalhados, mas também os valores de seus bônus.

- » **Assuntos corporativos sujeitos à votação:** O formulário de referência das empresas contém uma seção que se parece quase com uma cédula. Haverá uma série de medidas que requerem a aprovação dos acionistas. Normalmente, os itens para votação incluem a escolha da firma de auditoria e os membros do conselho que se candidatam à reeleição no conselho.

- » **Propostas dos acionistas:** Se a empresa tiver alguma má vontade com os acionistas, isso ficará muito claro no formulário de referência. Os acionistas dissidentes podem oferecer propostas para substituir a equipe de gestão. Outros investidores podem fazer lobby para que a empresa adote práticas de negócios mais socialmente responsáveis.

- » **Transações com partes relacionadas:** Essa é uma de minhas partes favoritas da formulário de referência. Mostra se algum dos executivos ou diretores da empresa tem relações comerciais com ela. Indivíduos que têm relações comerciais com a empresa, em teoria, podem ter problemas para ser imparciais, porque existe um potencial conflito de interesses.

A formulário de referência é tão importante para a análise fundamentalista, que você pode explorá-la mais completamente no Capítulo 9.

Aprimorando-se com a Contabilidade e a Matemática Básicas

Mesmo que você odiasse matemática no colégio e evitasse contabilidade na faculdade, ainda pode usar a análise fundamentalista. Conforme se aprofunda nas finanças das empresas e vê como a matemática e a contabilidade podem ajudá-lo, talvez fique curioso para saber mais. E, se for esse o caso, você pode dar uma olhada em *Matemática Financeira e Comercial Para Leigos* (Alta Books, 2018) ou *Contabilidade Para Leigos* (Alta Books, 2016).

Mas aqui, nesta seção, apresento o básico do que você precisa saber sobre o conceito de contabilidade. Você verá que a contabilidade é realmente apenas uma maneira de condensar milhões de transações de negócios individuais em uma forma que possibilite a sua análise.

Quando estiver estudando as demonstrações financeiras, lembre-se de que existem três funções principais do negócio que deve analisar: *atividades de operação*, *atividades de investimento* e *atividades de financiamento*.

Atividades de operação: Encontrando as brechas

As operações de uma empresa recebem mais atenção. Normalmente, quando você ouve que uma empresa está ou não "indo bem", isso é uma referência às atividades operacionais.

Simplificando, as operações são o processo de conversão de matérias-primas em produtos que são, esperançosamente, vendidos aos clientes com lucro. Muitos elementos entram nas operações, incluindo o desenvolvimento eficaz de novos produtos, que gera receita, além do controle de custos, marketing e fabricação. A demonstração de resultados, abordada com mais detalhes no Capítulo 5, permite que você veja como uma empresa opera.

Atividades de investimento: Você tem de gastar dinheiro para ganhar dinheiro

A menos que tenham encontrado um ganso que põe ovos de platina, todas as empresas, em algum momento, devem colocar dinheiro de volta em seus negócios. Os equipamentos usados para fazer produtos se desgastam e precisam ser substituídos. A sede se torna insuficiente e é preciso adquirir um prédio maior. É comum que as empresas revisem seus sistemas de computador para acompanhar o rastreamento de seus negócios.

Quando as empresas gastam dinheiro para ganhar mais dinheiro, elas estão *investindo* no futuro. E embora investir seja uma parte necessária, isso também pode ser feito de maneira inadequada. As empresas podem gastar muito com equipamentos de que não precisam. Ou pior, podem expandir demais, resultando em um excesso de produtos, o que prejudica seus lucros. Você pode ler mais sobre as margens de lucro no Capítulo 5. Existem duas coisas principais para um fundamentalista monitorar quando se trata de investimento:

» **O retorno do investimento é adequado?** Se uma empresa está gastando caixa para expandir, e a receita e o lucro também não estão crescendo, você, como investidor, pode estar jogando seu dinheiro no ralo.

» **A empresa está usando o equipamento que comprou?** Nos negócios, ter muita capacidade não é uma boa ideia. Você não quer gastar dinheiro alugando um depósito, por exemplo, se ele costuma estar vazio.

Atividades de financiamento: Entrando em sintonia com as altas finanças

Então você pode entender como uma empresa opera e quanto está investindo nela mesma. Mas quem pagará por tudo isso? Esse é o elemento final e crítico com o qual a contabilidade o ajuda.

De um modo geral, as empresas podem *financiar* suas operações de duas maneiras. Elas podem atrair investidores ou pedir dinheiro emprestado. Os investidores fornecem dinheiro, chamado de *capital próprio*, às empresas em troca de uma parte da empresa. Se tudo der certo, a empresa opera extremamente bem, os lucros disparam e os investidores ficam muito felizes, pois sua participação na empresa valerá mais. Quando compra ações de uma empresa, você é um investidor.

PAPO DE ESPECIALISTA

Alguns investidores iniciantes pensam incorretamente que o caixa que usam na compra de ações vai diretamente para a empresa. Normalmente, não é esse o caso. As empresas vendem suas ações ao público uma vez, em um processo denominado de *oferta pública inicial*, ou IPO. Quando essas ações são vendidas pela primeira vez, as empresas recebem esse dinheiro, mas, depois do IPO, a empresa não recebe dinheiro adicional. As ações e o caixa são operados entre outros investidores no *mercado secundário*.

Vender ações é uma ótima maneira de as empresas levantarem dinheiro sem amarras. A empresa vende as ações, e os investidores entregam o caixa. Mas vender ações pode custar caro no longo prazo, especialmente se a empresa for bem. Quando os lucros começam a chegar — os proprietários originais devem dividir os lucros com os acionistas.

Para evitar ter de compartilhar a propriedade da empresa, algumas empresas podem procurar pedir dinheiro emprestado. As empresas podem pedir dinheiro a um banco local ou vender IOUs [Eu Devo a Você, em tradução livre], chamados de *bonds ou títulos*, ao público. Os investidores que emprestam dinheiro a uma empresa simplesmente querem receber seu dinheiro de volta, mais uma quantia de juros combinada com antecedência. Se a empresa se sair muito bem, os credores só receberão os pagamentos de juros pré-acordados e nem um centavo a mais. A desvantagem, porém, é que os tomadores de empréstimos exigem taxas de juros de mercado, e as empresas devem pagar em dia, ou a empresa pode entrar em *default* (inadimplência). Isso ocorre quando uma empresa não pode mais pagar os juros de sua dívida, o que pode levá-la a entrar com pedido de concordata, *liquidando* ou vendendo todos os ativos.

LEMBRE-SE

Se uma empresa entrar em default, os investidores e credores serão tratados de maneira muito diferente. Essa diferença tem uma grande influência na decisão de comprar ou não ações ou títulos de uma empresa.

Se uma empresa não puder continuar pagando juros aos seus credores, ela entrará em default. Normalmente, nesse ponto, os detentores dos títulos assumem o controle dela. No pior cenário, quando uma empresa não pode ser salva, os detentores dos títulos são reembolsados primeiro. Então, digamos que uma empresa ficou inadimplente e fez uma venda de garagem gigante para vender suas mesas e cadeiras. O caixa seria usado para pagar os detentores de dívidas antes que os investidores em ações vissem um centavo. Isso significa que, como investidor em ações, você aceita a possibilidade de perder todo seu investimento.

Aprendendo uma habilidade matemática fundamental: Variação percentual

Talvez você tenha notado que, até agora, tentei poupá-lo de muita matemática, mas é hora de começar a analisar alguns números.

Há uma habilidade matemática que você encontrará com tanta frequência na análise fundamentalista, que podemos muito bem abordá-la agora. É o conceito de *variação percentual*. Como a análise fundamentalista se dedica a observar aumentos e diminuições nos fatores de negócios, como *vendas* e *receitas*, a variação percentual é uma forma de contextualizar os lucros e as quedas. Por exemplo, se eu lhe disser que o preço de um suéter subiu R$40 este ano, isso não diz muito. Mas se eu disser que o preço era de R$60 antes, então você sabe que o preço saltou 66% para R$100.

Você calcula uma variação percentual assim:

((Novo número – número antigo) ÷ número antigo) × 100

Voltando ao exemplo do suéter, o novo preço é R$100, e o antigo é R$60, então:

((100 – 60) ÷ 40) × 100 = 100%

Para aqueles de vocês que não acham que parênteses e matemática devem estar juntos, aqui está um mantra para ajudá-lo a lembrar: "Novo menos antigo dividido pelo antigo."

Se gostou do mantra, siga estas etapas:

1. **"Novo menos antigo": Subtraia o novo número pelo antigo. Isto é, 100 menos 60, ou 40.**

2. **"Divida pelo antigo": Pegue a resposta da Etapa 1 e divida pelo número antigo. Divida os 40 que você obteve na Etapa 1 pelo número antigo, 60. Isto é, 0,67.**

3. **Converta para uma porcentagem.** Pegue a resposta da Etapa 2 e multiplique por 100. Isso resulta em um aumento de 66,7%, que é o 1 da Etapa 2 multiplicado por 100.

LEMBRE-SE

Se um valor aumentar em 100%, ele dobrou. Da mesma forma, se um número aumentar em 200%, ele triplicou e 300%, quadruplicou. Alguns cometem o erro, por exemplo, de ver o 2 nos 200% e dizer que ele dobrou, quando, na verdade, triplicou.

Obtendo os Dados de que Você Precisa

Você pode ter o carro mais rápido da vizinhança, mas, se não tiver gasolina, não irá longe. É o mesmo com a análise fundamentalista. Você pode criar a planilha financeira mais sofisticada, mas não adiantará nada se você não tiver os números financeiros brutos para inserir nela.

Até o surgimento da internet, obter dados fundamentais poderia ser um verdadeiro problema. Era preciso ligar ou escrever para uma empresa e pedir ela para enviar — sim, pelo correio — o 10-K, o 10-Q e o relatório anual para você.

LEMBRE-SE

Felizmente, os dias de lidar com demonstrações financeiras só em papel acabaram. Mas as habilidades do fundamentalista devem acompanhar a era eletrônica. Nesta seção, você descobrirá como obter rapidamente e sem nenhum custo os dados necessários para concluir sua análise.

Familiarizando-se com o banco de dados da SEC

Você pode gastar milhares de dólares para acessar sites que fornecem dados fundamentais, mas para realmente começar, não é preciso gastar um centavo.

O site da SEC em www.sec.gov [conteúdo em inglês] é um tesouro para a análise fundamentalista. Você encontrará todos os formulários financeiros discutidos antes neste capítulo, e mais alguns. Todos os dados fundamentais são armazenados no banco de dados de *Electronic Data Gathering, Analysis and Retrieval* (Coleta, Análise e Recuperação de Dados Eletrônicos, em tradução livre) da SEC, ou EDGAR. Você pode usar o EDGAR para consultar os arquivos de qualquer empresa pública e até mesmo baixar as demonstrações financeiras para seu computador para fazer uma análise mais aprofundada. No Brasil, encontramos dados fundamentais nos sites www.fundamentus.com.br, www.b3.com.br, www.bastter.com e outros, alguns sites podem pedir um cadastro.

CAPÍTULO 4 **Conseguindo Dados Fundamentais** 73

Passo a passo de como acessar os fundamentos das empresas usando o EDGAR

Agora que você sabe como o EDGAR é poderoso, é hora de mergulhar e descobrir como obter o que precisa dele. Para o exemplo a seguir, mostrarei como obter a declaração 10-Q, 10-K e o formulário de referência da General Electric. Faça isto:

1. Acesse o site da SEC em www.sec.gov.
2. Clique no link Company Fillings no canto superior direito da página.
3. Insira o nome da empresa no campo Company Name.

   É o primeiro espaço em branco na página superior, conforme mostrado na Figura 4-1. Digite General Electric para este exemplo. Se conhecer o código da empresa — GE, em nosso exemplo —, pode inseri-lo no campo Fast Search.

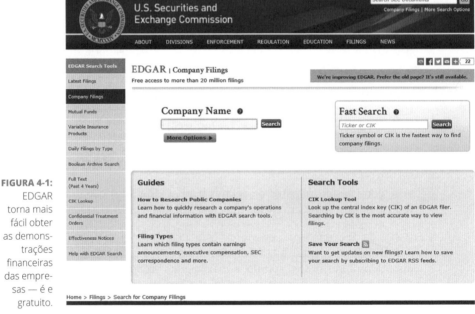

FIGURA 4-1: EDGAR torna mais fácil obter as demonstrações financeiras das empresas — é e gratuito.

Fonte: Comissão de Valores Mobiliários dos EUA

4. Clique no botão Pesquisar.

5. **Escolha o nome da empresa.**

   Como a General Electric tem unidades de negócios separadas, você verá empresas como General Electric Capital Assurance Co. Mas você quer a empresa principal, então clique nos números vermelhos à esquerda de onde está escrito General Electric Co.

6. **Clique no formulário que deseja.**

   Se quiser o 10-Q da GE, role para baixo até ver o formulário 10-Q listado e clique no botão Documentos. Se quiser o 10-K, escolha 10-K, e o formulário de referência será marcado como 14-A. Você será levado a uma página que descreve tudo contido naquele arquivo.

7. **Clique no código vermelho na coluna do documento na primeira linha.**

   Esta linha deve ter o formulário sob o cabeçalho Tipo, que neste caso é o 10-Q. Quando estiver baixando o 10-K, na linha se deve ler 10-K.

PAPO DE ESPECIALISTA

Ao rolar para baixo na lista de formulários, você pode notar que alguns têm um botão azul que informa "Interactive Data". Esses formulários são apresentados em um formato especial que os computadores podem ler, denominado *eXtensive Business Reporting Language* ou XBRL. Demonstrações financeiras disponíveis em XBRL podem ser facilmente processadas e baixadas. Se clicar no botão Voluntary Interactive Data, você será movido para uma área do site da SEC que permite visualizar relatórios financeiros usando XBRL. Você pode facilmente navegar entre a demonstração de resultados e o balanço patrimonial, por exemplo. XBRL também lhe permite baixar facilmente as demonstrações financeiras para uma planilha. Como não é necessário arquivar usando XBRL, apenas algumas empresas o fazem. Mas isso está mudando.

DICA

A maioria dos principais portais da web, como Yahoo!, em `http://br.financas.yahoo.com`, e MSN, em `http://money.msn.com`, fornece resumos das principais demonstrações financeiras das empresas. A maioria das empresas também coloca seus dados financeiros em seus sites. Mas, como analista fundamentalista, é importante saber como obter os dados direto da fonte: o banco de dados EDGAR da SEC.

Extraindo dados fundamentais de sites em planilhas

Às vezes, ler as demonstrações financeiras de uma empresa usando o banco de dados EDGAR da SEC não é suficiente. Se quiser realizar a análise que descobrirá na próxima parte deste livro, provavelmente você precisará fazer o download dos dados em uma planilha.

DICA

Se a empresa que você está analisando fornece dados XBRL, é fácil fazer o download em uma planilha.

CAPÍTULO 4 **Conseguindo Dados Fundamentais**   75

Felizmente, existe um truque útil para usar o Microsoft Excel que todos os fundamentalistas devem conhecer. Embora seja possível recortar e colar os dados financeiros de um arquivo de empresa em uma planilha, os resultados podem ser uma bagunça. Em vez disso, use uma função do Excel criada sob medida. Veja como:

1. Abra o arquivo.

Usando as etapas anteriores, encontre o arquivo que deseja baixar. Copie o endereço da web da barra de endereço do navegador destacando o endereço e segurando o botão Control+C.

2. Abra o Microsoft Excel.

3. Instrua o Excel para encontrar o arquivo.

Escolha o menu Dados do Excel e clique na opção Da Web no lado esquerdo da tela. Uma nova janela aparecerá, intitulada Nova Consulta à Web.

4. Digite o endereço do arquivo na janela Nova consulta à Web.

Cole o endereço mantendo pressionado o Control+V na barra de endereço na parte superior.

5. Importe o arquivo.

Clique no botão Ir na parte superior da página Nova Consulta à Web no Excel.

6. Selecione os dados financeiros relevantes.

Role para baixo na janela Nova Consulta à Web no Excel até ver os dados financeiros que deseja baixar. Clique na pequena seta amarela ao lado dos dados, clique no botão Importar e, em seguida, no botão OK.

Depois de seguir essas etapas, as informações financeiras desejadas, como a demonstração de resultados ou o balanço patrimonial da empresa, aparecerão automaticamente em uma planilha. Essa será uma habilidade útil que pode ajudá-lo com a análise que você fará mais tarde neste livro.

Encontrando históricos de dividendos de ações

Dividendos são pagamentos periódicos em dinheiro que algumas empresas fazem aos acionistas. Os dividendos são pagos com o caixa da empresa como forma de retornar os lucros aos acionistas e são uma parte muito importante do retorno total de um investimento.

LEMBRE-SE

Não ignore os dividendos. Esses pagamentos, ao longo do tempo, respondem por cerca de um terço do retorno total que os investidores obtêm no mercado, de acordo com a Standard & Poor's. Os dois terços restantes vêm do aumento do preço das ações. Durante tempos difíceis para o mercado de ações, quando os preços caem, os dividendos podem ser os únicos lucros obtidos.

Os dividendos também são uma maneira importante de ajudar a avaliar uma empresa, como você descobrirá no Capítulo 8. As empresas que pagam dividendos geralmente os pagam trimestralmente.

A melhor maneira de pesquisar um histórico de dividendos é no site da empresa. Quase todas as empresas fornecem uma área em seu site onde o histórico de pagamentos de dividendos pode ser consultado. O mecanismo de busca Bing pode ajudar você a economizar uma etapa ao encontrar esse canto dos sites de empresas. Em Bing.com, insira o nome da empresa e "histórico de dividendos". Muitas vezes, você receberá um link que o leva diretamente para o site da empresa e que lista todos os dividendos pagos.

Você também pode navegar até o histórico de dividendos, encontrando a seção de *relação com os investidores* do site de uma empresa. Voltando ao exemplo da GE, vá para `www.ge.com` [conteúdo em inglês] e clique no link "investor" no topo da página. Em seguida, clique no link Stocks no lado esquerdo. Role para baixo e você encontrará o Dividend History da GE, que lista os pagamentos de dividendos da empresa nas duas últimas décadas.

Informações sobre splits de ações

Dinheiro de graça é difícil de encontrar em Wall Street, mas às vezes os investidores obtêm ações adicionais — bem, mais ou menos. Quando o preço das ações de uma empresa sobe drasticamente e começa a se aproximar de US$50 por ação ou mais, os executivos podem decidir desdobrar as ações. Em uma split de ações, a empresa corta o preço de suas ações, digamos, pela metade, desdobrando-as em várias ações. Por exemplo, digamos que você possua 100 ações em uma bolsa de valores de US$60 cada. Se a empresa tiver uma split 2 por 1, de repente você terá 200 ações, mas elas valerão US$30 cada. A administração acredita que alguns investidores têm maior probabilidade de comprar ações de uma empresa por US$30 a ação do que por US$60.

A teoria diz que alguns investidores ingênuos, que focam o preço por ação, podem presumir que um negócio de ações por US$50 ou mais é caro.

CUIDADO

Alguns investidores presumem que uma split de ações é uma grande vantagem, porque, de repente, eles têm mais ações. Mas, como discutido no Capítulo 3, o preço por ação de uma ação não diz muito. O valor de suas ações ainda é de US$6 mil, quer você possua 100 ações a US$60 ou 200 ações a US$30 cada. O valor de mercado da empresa também permanece o mesmo.

No entanto, entender quando ocorrem splits de ações é importante para a análise fundamentalista, pois pode afetar o número de ações em circulação, descrito no Capítulo 3. Você precisará de uma contagem precisa das ações em circulação para fazer algumas das análises posteriores no livro.

Felizmente, muitas empresas fornecem históricos das splits de ações em seus sites. Mas nem todas fazem isso — e você pode querer consultar splits de ações em várias empresas sem navegar em vários sites de relações com investidores. É aí que outras ferramentas online podem ajudá-lo a descobrir quando as splits aconteceram e quantas ações foram afetadas.

O Yahoo! Finanças ajuda você a descobrir se e quando uma empresa desdobrou suas ações. Veja como:

1. **Acesse** `http://br.financas.yahoo.com`.

2. **Insira o nome da empresa ou código no campo Pesquisa e clique no nome da empresa.**

Para GE, por exemplo, insira GE e clique no link General Electric.

3. **Clique no link Interativo, abaixo do título Gráficos, no lado esquerdo da tela.**

Isso o levará ao recurso de gráficos avançados do Yahoo Finanças.

4. **Escolha o intervalo de datas.**

Se quiser ver todas as splits da empresa em sua história, escolha Máx.

5. **Observe o gráfico.**

Se a ação foi desdobrada, você verá um pequeno hexágono roxo com a letra "S" no centro na parte inferior do gráfico de ações. Por exemplo, o gráfico informa que a GE desdobrou suas ações pela última vez, em 3 por 1, em 8 de maio de 2000.

2

Como Realizar a Análise Fundamentalista

NESTA PARTE . . .

Veja como analisar uma empresa e examinar as principais demonstrações financeiras, incluindo a demonstração de resultados, o balanço patrimonial e a demonstração do fluxo de caixa.

Use índices financeiros para ajudá-lo a obter informações rápidas e criteriosas sobre as empresas.

Descubra como desenterrar algumas das informações mais confidenciais sobre a gestão de uma empresa usando o formulário de referência.

NESTE CAPÍTULO

» Compreendendo o que é o lucro de uma empresa e como ele se reflete na demonstração de resultados

» Descobrindo por que aprender a analisar a demonstração de resultados é a chave para a análise fundamentalista

» Investigando como ler uma demonstração de resultados e entender melhor uma empresa

» Descobrindo como comparar o lucro relatado de uma empresa com o que é previsto

Capítulo **5**

Analisando o Lucro com a Demonstração de Resultados

Em tudo, desde esportes à escola, você provavelmente foi treinado para medir resultados. No final do jogo ou do semestre, você obtém uma pontuação ou nota que determina se você se saiu bem ou mal e como correspondeu as expectativas e se classificou em relação aos seus colegas.

Quando você mede o sucesso de uma empresa, não faz nada realmente diferente de quando avalia os resultados do jogo de basquete da noite anterior. Os fundamentalistas avaliam cuidadosamente a demonstração de resultados de uma empresa para ver como ela se saiu, examinando quanto caixa ela arrecadou, quanto gastou para operar e o valor final de lucro gerado.

As empresas apresentam todas as informações essenciais para você em sua demonstração de resultados. Neste capítulo, você se aprofunda nas partes necessárias para a análise fundamentalista. Melhor ainda, este capítulo fornece as ferramentas para saber como *ler* essas partes, o que é fundamental quando você for determinar se a ação de uma empresa é barata ou cara (veja os Capítulos 10 e 11 para mais informações sobre como determinar o valor de uma ação). Não deixe a aparência da demonstração de resultados assustá-lo. As dicas neste capítulo o preparam para obter tudo de que precisar.

Aprofundando-se na Demonstração de Resultados

Quando investe em uma empresa comprando suas ações, provavelmente não está fazendo isso para ser caridoso. Ao comprar ações, você está reivindicando uma parte da receita e dos lucros futuros da empresa. Se tudo correr bem, a empresa crescerá e sua aposta se tornará mais valiosa.

O truque, porém, é garantir que a empresa cumpra sua parte do acordo, gerando lucro. É aí que entra a demonstração de resultados. As empresas que emitiram ações em uma bolsa de valores, como a Bolsa de Valores de Nova York ou Nasdaq, ou pedem dinheiro emprestado ao público são obrigadas a emitir uma demonstração de resultados, que descreve em detalhes como a empresa se saiu durante cada trimestre e ano. A análise fundamentalista exige que você preste muita atenção à demonstração de resultados para qualquer sinal de que a empresa não está progredindo como deveria ou, pelo contrário, indo melhor do que muitos pensavam que seria possível.

Indo direto ao ponto

Não existem duas demonstrações de resultados idênticas, e diferenças sutis podem tornar problemática a comparação dos resultados entre empresas (você pode ler mais sobre como fazer comparações no Capítulo 16). As demonstrações também podem variar um pouco, dependendo do ramo de negócios da empresa. Felizmente para os investidores, os contadores padronizaram um pouco a maneira como as empresas devem preparar a demonstração de resultados, e as declarações de renda tendem a seguir uma mesma estrutura básica.

DICA

Você pode ficar obcecado por cada nuance dos relatórios financeiros, incluindo a demonstração de resultados. Se isso for de seu interesse, dê uma olhada em *Reading Financial Reports For Dummies* (Wiley, 2013), que aborda o assunto com mais detalhes. Neste livro, o que está em suas mãos, você dará uma olhada no layout básico da demonstração de resultados e saberá do que precisa para fazer uma análise fundamentalista séria.

APRECIANDO A DEPRECIAÇÃO

Depreciação é uma despesa que pode ser difícil de entender — pois é bastante teórica. A depreciação é um método contábil para registrar o desgaste de itens como fábricas ou equipamentos. Pense desta maneira. Se comprar um carro por R$15 mil, em um ano ele poderá valer apenas R$13 mil. Mas, apesar de perder cerca de R$2 mil em valor, você não precisava realmente passar um cheque de R$2 mil para ninguém. O mesmo se aplica a uma máquina que uma empresa pode usar para fazer produtos. A queda do valor da máquina é uma despesa que vai para o custo de fabricação do produto que está sendo vendido.

A estrutura básica de uma demonstração de resultados inclui estes itens:

» **Receita:** É quanto caixa a empresa gerou com a venda de bens e serviços. A receita costuma ser chamada de vendas líquidas, ou "top line".

» **Custo dos produtos vendidos:** É preciso dinheiro para ganhar dinheiro. O custo dos produtos vendidos mede o que uma empresa deve gastar para realmente criar o produto ou serviço ofertado. Estes são *custos diretos,* o que significa que são custos de itens que podem literalmente entrar nos produtos. O custo dos produtos vendidos, para muitas empresas de manufatura, é o maior custo individual ao se fazer negócios. Por exemplo, com uma montadora, o custo dos produtos vendidos pode incluir o custo do aço usado para construir os carros.

» **Despesas operacionais:** *Custos indiretos* são incorridos pelas empresas à medida que conduzem os negócios, mas não podem ir diretamente para o produto. Geralmente são necessários ou importantes, mas periféricos. Estes custos indiretos são chamados de *despesas operacionais*, mais conhecidos como *despesas indiretas.* Despesas operacionais incluem:

- **Despesas de marketing:** Publicidade e outras despesas promocionais.

- **Pesquisa e desenvolvimento:** O que uma empresa gasta para inventar novos produtos ou serviços.

- **Despesas administrativas:** Despesas relacionadas com pessoal de apoio, como jurídico, recursos humanos e outras funções que estão diretamente ligadas à fabricação do produto.

» **Outras receitas:** As empresas às vezes conseguem dinheiro não relacionado à venda de produtos e serviços. Essa receita — por exemplo, a obtenção de acordo legal ou venda de uma fábrica — é registrada como "outras receitas".

CAPÍTULO 5 **Analisando o Lucro com a Demonstração de Resultados** 83

» **Outras despesas:** Assim como "outras receitas" não se qualificam como receita, outras despesas não se qualificam como despesas operacionais normais. Outras despesas podem incluir o custo de reestruturação de uma unidade da empresa, o pagamento de indenização para dispensar funcionários ou depreciação — contabilizando o desgaste (veja o box "Apreciando a depreciação").

» **Lucro antes de juros e impostos:** Depois de subtrair o custo das mercadorias vendidas, as despesas operacionais e outras despesas da receita, o que resta são os lucros antes de juros e impostos.

» **Despesa de juros:** A maioria das empresas toma dinheiro emprestado para financiar suas operações ou para comprar estoque. Aqui, a empresa divulga quanto está pagando para pedir dinheiro emprestado.

» **Impostos:** As empresas também devem pagar impostos. Aqui, as empresas divulgam quanto pagaram ao Leão da Receita.

» **Lucro líquido:** Finalmente, depois de pagar todos esses custos e despesas, o que resta é o lucro ou lucro líquido. É o quanto a empresa ganhou no período, com base nas regras contábeis ou *GAAP*.

PAPO DE ESPECIALISTA

Você já ouviu uma empresa dizer que usava GAAP? Não, isso não significa que eles usaram contas de despesas para comprar calças cáqui e camisas de colarinho em uma loja de roupas popular. Em vez disso, estou falando sobre GAAP — Princípios Contábeis Geralmente Aceitos [*Generally Accepted Accounting Principles*, no original] —, regras minuciosamente detalhadas que instruem as empresas sobre a maneira certa de relatar os resultados.

Encarando a Top Line: Receita

Para um fundamentalista que lê uma demonstração de resultados, a receita é um item crítico porque diz como:

» **A empresa está crescendo (ou encolhendo) rapidamente:** Comparar a receita gerada durante um ano ou trimestre com aquela informada no mesmo período do ano anterior pode ser bastante revelador. Essa comparação simples informa se o crescimento da empresa está em uma tendência de alta ou de baixa.

» **É forte a demanda pelos produtos de uma empresa:** As empresas adoram se gabar da popularidade de seus produtos. Mas a receita é onde o hype pode ser quantificado. A forte demanda por um produto aparecerá na linha de receita, mesmo se as despesas da empresa estiverem desalinhadas e ainda perdendo caixa.

> **Uma empresa se classifica em tamanho comparado a seus rivais:**
> Embora existam muitas maneiras de medir o tamanho de uma empresa, como o número de funcionários, a receita é uma referência tão boa quanto qualquer outra. Se você deseja descobrir qual empresa é a maior em um campo competitivo, sempre deve verificar primeiro a receita.

CUIDADO

Os fundamentalistas prestam muita atenção à receita pelos motivos listados anteriormente, mas também há motivos para ceticismo. As regras contábeis dão às empresas uma grande margem sobre como e quando elas registram ou "reconhecem" a receita. A distorção mais clássica pode ocorrer quando uma empresa contabiliza a receita antes de o produto ser realmente comprado ou recebido por um cliente. Os reguladores, por esse motivo, costumam alertar as empresas para serem mais conservadoras ao contabilizar receitas. O Government Accountability Office, uma unidade do governo dos EUA encarregada de estudar o desperdício nos setores público e privado, concluiu que o *reconhecimento indevido de receitas* era responsável por mais de um terço das demonstrações financeiras distorcidas. Sempre seja cético em relação à receita.

Detalhando a receita de uma empresa

A maioria das empresas fornecerá vários números de receita. Geralmente, haverá uma linha de receita total que contabiliza o caixa que a empresa trouxe de todas suas unidades de negócios. Mas se a empresa for complexa, ela pode dividir a receita total em suas partes componentes, para que você possa ver quais unidades estão tendo melhor desempenho.

Devido ao seu grande tamanho e sua ampla gama de negócios de tecnologia, a International Business Machines é um ótimo exemplo de como você pode usar a linha de receita para examinar profundamente as operações de uma empresa. A seguir, na Tabela 5-1, está uma análise dos resultados da IBM em 2014, para dar uma ideia de como investigar o que constitui a receita total pode ser revelador sobre um negócio:

TABELA 5-1 Split da Receita Total da IBM em 2014

Fonte da Receita	Receita (Em Bilhões)
Serviços de tecnologia globais	US$37,10
Serviços de negócios globais	US$17,80
Software	US$25,40
Sistemas e tecnologia	US$10

(continua)

(continuação)

Fonte da Receita	Receita (Em Bilhões)
Financiamento global	US$2
Outros	US$0,40
Receita total	US$92,80

Fonte: Comunicado de lucros da IBM.

Como você pode ver na tabela, se tivesse acabado de olhar a receita total, teria perdido uma análise útil nos negócios da IBM. Dissecar a receita da IBM em unidades permite várias descobertas importantes, incluindo:

» **Senso de diversificação de negócios de uma empresa.** Embora a IBM seja mais conhecida por fazer grandes sistemas de computadores corporativos, a empresa obtém sua receita de uma série de negócios de tecnologia. Nenhuma linha de negócios responde por mais da metade da receita total. Para um fundamentalista, essa informação é importante, pois diz se a IBM está excessivamente concentrada em uma área sobre a qual você não está otimista. Da mesma forma, essa análise dirá se a empresa o expõe à área de tecnologia na qual deseja investir. Por exemplo, se deseja investir em hardware de tecnologia, a IBM provavelmente não é a melhor para você.

» **Indicação dos negócios mais importantes.** Os investidores talvez não percebam, mas a IBM é mais uma empresa de serviços de tecnologia do que qualquer outra coisa. Em 2014, obteve 40% de sua receita de serviços.

» **Confiança em negócios não essenciais.** Com o passar dos anos, é comum que grandes empresas se ramifiquem em negócios que estão fora de seu ramo principal. Várias grandes empresas, como a General Electric e a General Motors, praticamente criaram bancos ao conceder crédito aos clientes que compram seus produtos. Afastar-se de um negócio principal é algo a que você, como fundamentalista, precisa prestar muita atenção. A GE passou grande parte de 2014 e 2015 vendendo seus negócios financeiros, e depois da reestruturação após a falência, as operações bancárias da GM foram divididas em uma empresa diferente, chamada Ally. Com a IBM, você pode ver que a empresa tem um negócio de financiamento que fornece empréstimos a clientes. No entanto, o negócio de financiamento é uma parcela muito pequena de sua operação total, cerca de 2% da receita.

DICA

Se quiser descobrir o tamanho de uma unidade de uma empresa, divida a receita da unidade pela receita total e multiplique o resultado por 100. Usando a unidade de financiamento da IBM como exemplo, divida a receita da unidade, de US$2 bilhões, pela receita total da IBM, de US$92,8 bilhões, para chegar a 0,022. Multiplique 0,022 por 100 para converter o resultado em uma porcentagem de 2,2%.

Mantendo controle sobre o crescimento de uma empresa

Se há uma coisa com que muitos investidores concordarão é a importância de uma empresa continuar crescendo. À medida que os preços das matérias–primas aumentam, é fundamental que as empresas continuem elevando a receita, seja aumentando os preços ou criando novos produtos com preços mais altos. Mesmo se estiver investindo em uma indústria madura, apenas procurando um retorno estável, você ainda deseja ver a receita aumentando ao longo do tempo, para que os lucros da empresa acompanhem a inflação.

Descobrir a rapidez com que uma empresa cresce é simples se souber como funciona a demonstração de resultados. Aqui está o que você precisa:

1. **Baixe os dados históricos de receita.**

Primeiro, você precisa colocar as mãos nos dados de receita. A melhor maneira de fazer isso é baixando a demonstração de resultados de uma fonte online. Você pode revisar como fazer isso no Capítulo 4.

2. **Selecione o item de linha de receita por vários anos.**

Na maioria dos casos, uma das primeiras linhas da demonstração de resultados é a receita total. Selecione a receita total e coloque-a em uma planilha ou anote, para que possa fazer uma análise mais aprofundada.

Usando a IBM como exemplo, a Tabela 5-2 mostra como colocar a receita total da empresa em um formato que você possa analisar posteriormente.

TABELA 5-2 **Receita Anual da IBM**

Ano	Receita Total (US$ Bilhões)
2014	US$92,80
2013	US$98,40
2012	US$102,90
2011	US$106,90
2010	US$99,90
2009	US$95,80
2008	US$103,60
2007	US$98,80
2006	US$91,40

3. Calcule a variação percentual de um ano para outro.

Agora que você tem a receita total de cada ano em um só lugar, pode calcular o crescimento da receita da empresa de ano em ano. O cálculo das alterações percentuais é abordado com mais detalhes no Capítulo 4. Mas a maneira como gosto de lembrar é que você subtrai o número "velho" do número "novo" e, em seguida, divide pelo número "velho" e multiplica por 100.

Considere como exemplo o crescimento da receita da IBM em 2014. Comece subtraindo o número "novo", a receita de 2014, de US\$92,8 bilhões, pelo número "antigo", que é a receita de 2013, de US\$98,4 bilhões. É assim (observe que a resposta é negativa, pois a receita da IBM caiu em 2014):

US\$92,8 – US\$98,4 = –US\$5,6

Em seguida, divida a diferença entre o novo número e o número antigo, que você acabou de calcular, pelo número "antigo". Se parece com isso:

–US\$5,6 ÷ 98,4 = –0,06

Os analistas fundamentalistas adoram percentagens (não é mesmo?). Então, vamos converter o decimal em uma porcentagem multiplicando por 100:

–0,06 * 100 = –5,7%

Esta análise mostra que a receita total da IBM encolheu 5,7% em 2014.

4. Repita a Etapa 3 em cada ano para ver uma tendência plurianual.

A mudança de receita de um ano realmente não diz muito. O fato de que a receita da IBM caiu 5,7% é de valor limitado, a menos que o compare com outra coisa. Você pode comparar o crescimento da IBM com o crescimento de seus concorrentes, conforme lerá mais sobre no Capítulo 16. Mas, por agora, você vai querer ver como o crescimento da receita de 2014 se compara ao crescimento dos anos anteriores. Eu o pouparei do trabalho, calculando as mudanças percentuais e apresentando-as na Tabela 5-3.

TABELA 5-3 ## Variação na Receita Anual da IBM

Ano	Variação em % da Receita Total
2014	-5,7%
2013	-4,4%
2012	-3,8%
2011	7,1%
2010	4,3%

Ano	Variação em % da Receita Total
2009	-7,6%
2008	4,9%
2007	8,1%

Agora que você tem a variação da receita a cada ano, pode ver como a receita pode ser difícil, mesmo em uma grande empresa como a IBM. Você notará que ela cresceu até 8,1% em 2007 e encolheu até 7,6% em 2009. Entender como o crescimento pode ser desigual de ano para ano é fundamental para o trabalho de análise fundamentalista, pois poderá ver se uma empresa é *cíclica*. Uma empresa cíclica é aquela que experimenta grandes oscilações com base na saúde da economia em geral. Como investidor, você pode não estar disposto a pagar tanto por ações de uma empresa cíclica se a economia estiver prestes a entrar em um período de crescimento mais lento.

CUIDADO

Resista à tentação de tomar médias simples de crescimento de receita e supor que o crescimento médio continuará para sempre. Por exemplo, se você calculou a média de crescimento da IBM entre 2001 e 2008 somando os números de crescimento e dividindo pelo número total de anos, descobrirá que a empresa cresceu, em média, 2,6% ao ano. Mas veja o que realmente aconteceu entre 2009 e 2014. A receita da IBM na verdade caiu em quatro dos seis anos. Os analistas fundamentalistas se aprofundam e estudam as mudanças ano a ano para ver como a receita diminui e flui.

Não se esqueça de calcular também as variações percentuais de crescimento nas diferentes unidades de negócios. Dedicar algum tempo para ver como as diferentes partes do negócio estão crescendo rapidamente pode dar uma ideia da direção da empresa. Na IBM, em 2014, por exemplo, a unidade de financiamento global foi a que cresceu mais rapidamente, aumentando 0,6% em relação a 2013, enquanto a unidade de sistemas e tecnologia encolheu 23%. Como fundamentalista, você pode examinar a unidade de software da IBM com mais detalhes para obter mais explicações.

Quais são os custos da empresa?

Com poucas exceções, as empresas não ficam com todo o caixa que arrecadam dos clientes. Boa parte da receita vai para o pagamento de custos diretos, como matérias-primas, e indiretos, como despesas gerais e publicidade. Todos esses custos são registrados na demonstração de resultados para que os investidores vejam quanto uma empresa gastou para gerar receita.

A EMPRESA É UM PLAYER INTERNACIONAL?

À medida que as empresas competem globalmente, os fundamentalistas precisam entender a importância que as vendas fora do país têm para uma empresa. A análise da receita fornecerá grandes detalhes sobre a presença global de uma empresa.

A maioria das empresas revelará qual porcentagem de sua receita veio de diferentes partes do mundo, se não na demonstração de resultados, nas notas de um comunicado de imprensa emitido aos acionistas ou nos registros regulatórios. Você pode ler mais sobre onde obter esses documentos no Capítulo 4.

Investigando custos

Se estiver começando a notar uma tendência aqui, saiba que uma das maiores habilidades da análise fundamentalista é a capacidade de separar os números e ver o que os compõe. Analisar os custos de uma empresa é um ótimo exemplo. Alguns investidores apenas olham para as despesas totais, ou talvez considerem o custo dos produtos vendidos e despesas operacionais, mas há muita informação a ser obtida ao ir mais fundo.

Para mostrar o que quero dizer, vamos abrir a lata financeira da Campbell Soup, uma empresa do ramo alimentício. A demonstração de resultados mostra quanto custa fazer uma lata de sopa, entre os outros produtos que a empresa fabrica, como você pode ver na Tabela 5-4.

TABELA 5-4   **Detalhando os Custos da Campbell Soup em 2014**

	2015, em Milhões (Ano Fiscal Acabou em 2 Agosto de 2015)	2014, em Milhões (Ano Fiscal Acabou em 3 de Agosto de 2014)
Receita	US$8.082	US$8.268
Custo dos produtos vendidos	US$5.277	US$5.370
Despesas de marketing e vendas	US$878	US$935
Despesas administrativas	US$593	US$573
Despesas de pesquisa e desenvolvimento	US$113	US$121
Outras despesas ou receitas	US$24	US$22
Encargos de reestruturação	US$102	US$55

Fonte: Campbell Soup (`http://investor.campbellsoupcompany.com/phoenix.zhtml?c=88650&p=irol-newsArticle&ID=2085001`) *[conteúdo em inglês]*.

Novamente, não deixe a tabela de números amedrontá-lo. Os fundamentalistas contam com duas técnicas simples, mas poderosas, para converter uma pilha de números em dados significativos. Com apenas um pouco de matemática, você será capaz de analisar os dados e pintar uma imagem que diz muito sobre a Campbell Soup.

Aqui estão duas de minhas maneiras favoritas e relativamente fáceis de analisar tendências.

1. **Análise vertical: Um dos melhores truques usados na análise fundamentalista é a *análise vertical*. É simplesmente pegar linhas nas demonstrações financeiras e quantificar seu tamanho, comparando-as com um total. Quando a análise vertical é aplicada à demonstração de resultados, você compara cada despesa com a receita. Dessa forma, pode ver facilmente se as despesas da empresa estão crescendo em um ritmo alarmante em comparação com o crescimento do negócio.**

O melhor de tudo é que a análise vertical é simples. Tudo o que você precisa fazer é dividir cada custo e despesa pela receita total e multiplicar por 100 para converter o número em uma porcentagem. Comece com o custo dos produtos vendidos da Campbell Soup em 2015. Divida o custo dos produtos vendidos de US$5.277 pela receita total da empresa de US$8.082 e multiplique por 100. Você deve obter 65,3%. Em outras palavras, o custo de fazer sopa e outros produtos é de 65,3 centavos de cada dólar de receita. Em seguida, siga as mesmas instruções para todos os custos da demonstração de resultados da Campbell Soup. A Tabela 5-5 mostra o que você encontrará.

TABELA 5-5 **Análise Vertical da Campbell Soup**

	2015, Despesas em % da Receita	2014, Despesas em % da Receita
Custo dos produtos vendidos	65,3%	64,9%
Despesas com marketing e vendas	10,9%	11,3%
Despesas administrativas	7,3%	6,9%
Despesas com pesquisa e desenvolvimento	1,4%	1,5%
Outras despesas e receitas	0,3%	0,3%
Encargos de reestruturação	1,3%	0,7%

Olhando para os números da tabela, você notará que as porcentagens não mudaram muito de 2014 a 2015. Isso é provavelmente um sinal de que a empresa está fazendo um bom trabalho mantendo o crescimento das despesas sob controle e movendo-se no ritmo do negócio. A única exceção muito sutil é o custo dos produtos vendidos. Em 2015, a empresa gastou 65,3% da receita com os custos de produção. Isso aumentou ligeiramente em 2014. É uma pequena mudança, mas aponta para um problema no qual vale a pena se aprofundar. Talvez os custos das matérias-primas da empresa tenham subido ligeiramente ou mais clientes estejam comprando bens que custam um pouco mais para serem produzidos.

DICA

Ao utilizar a análise vertical em uma demonstração de resultados, geralmente é melhor usar vários anos de dados para observar as tendências de ano para ano. Se o orçamento de pesquisa e desenvolvimento de uma empresa está aumentando, por exemplo, você identificará a tendência. Frequentemente, uma falha incomum na análise vertical indicará algo que vale a pena examinar mais a fundo. Por exemplo, o custo dos produtos vendidos da Campbell tem aumentado há anos. Os custos das mercadorias vendidas da empresa eram menores do que em 2014: 60,4% em 2008.

2. **Meça as mudanças nos custos e nas despesas.** A análise vertical é ótima, mas tem suas limitações. Transforme-se em um ninja da análise mantendo o controle sobre a rapidez com que os custos e despesas estão crescendo ano a ano. Meça o crescimento dos custos e das despesas da mesma forma que mede o crescimento da receita citada.

Qual é o resultado final da empresa?

Depois de pagar todas as contas, incluindo todos os custos diretos, despesas operacionais e impostos, o que resta é o lucro líquido da empresa.

A fórmula básica é a seguinte:

> Receita − custo dos produtos vendidos − despesas operacionais + outras receitas − outras despesas − despesas com juros − impostos = lucro líquido

O lucro líquido é o objetivo final para muitos investidores. É o número usado para ver como uma empresa se saiu em comparação com o passado e em relação às expectativas dos investidores. Você vai querer ver com que rapidez o lucro líquido cresceu ou diminuiu em comparação com os anos anteriores.

DICA

Uma das ótimas maneiras de obter insights na análise fundamentalista é misturando ou combinando métricas. Aqui está um exemplo: tente combinar o que sabe sobre o lucro líquido com sua nova capacidade de calcular o crescimento. Se notar que o lucro líquido de uma empresa cresce mais lentamente do que a receita, isso é uma dica rápida de que as despesas podem disparar.

Uma maneira eficiente de ver como o lucro líquido está se saindo ao lado da receita é calcular as variações percentuais ano a ano para a receita e para o lucro líquido. Ao colocar o crescimento da receita e do lucro líquido lado a lado, verá, muito rapidamente, como a empresa está controlando os custos conforme a demanda por seus produtos aumenta e diminui. Você verá como é essa análise para a Campbell Soup na Tabela 5-6. O fato de o lucro líquido da Campbell ter caído em quatro dos últimos cinco anos mostra como a empresa está tendo dificuldades em controlar os custos. O crescimento anêmico da receita — incluindo um declínio em 2014 — também não ajuda.

TABELA 5-6 **Crescimento da Receita e do Lucro Líquido da Campbell Soup**

Ano	Crescimento da Receita em %	Crescimento do Lucro Líquido em %
2014	-2,2%	-15,5%
2013	2,7%	78,6%
2012	12,2%	-40,8%
2011	0,4%	-3,9%
2010	-6,9%	-4,6%

Calculando as Margens de Lucro e Descobrindo o que Significam

Se ouvir que uma empresa ganhou US$400 milhões no ano passado, você achará que parece muito caixa. Uau! Mas espere. A análise fundamentalista requer um passo adiante. Ela fornece as ferramentas para colocar o lucro líquido em perspectiva e entender o que ele significa para você como investidor.

Tipos de margens de lucro

Uma das melhores maneiras de avaliar o lucro de uma empresa é estudando as *margens de lucro*. Em seu nível mais básico, uma margem de lucro é o quanto uma empresa possui depois de pagar por suas despesas. No entanto, existem várias maneiras de medir as margens de lucro, todas elas acessíveis na análise fundamentalista. Existem três tipos principais de margens de lucro dos quais os fundamentalistas devem estar cientes.

Margem de lucro bruto

O *lucro bruto* de uma empresa, também chamado de *margem bruta*, é uma das maneiras mais simples de olhar para a lucratividade. O lucro bruto é o que resta da receita após a subtração dos custos diretos, também conhecidos como custo dos produtos vendidos. O lucro bruto mede quanto a empresa ganha após pagar os custos ligados à produção do produto.

O *percentual de lucro bruto* leva as coisas um pouco mais longe, comparando o lucro bruto com a receita da empresa. Em outras palavras, a porcentagem do lucro bruto informa quanto da receita é mantida, após o pagamento dos custos diretos, em relação às vendas. Se isso soa familiar, deveria. O percentual de lucro bruto é o que acontece quando você usa a análise vertical para obter o lucro bruto de uma empresa. Não dá para fugir da análise vertical, né?!

Aqui está um exemplo: Caterpillar. A fabricante de equipamentos de terraplenagem e construção registrou receita de US$55,2 bilhões em 2014, e seu custo de produtos vendidos atingiu US$39,8 bilhões. Ao subtrair US$39,8 bilhões de US$55,2 bilhões, você descobre que o lucro bruto da Caterpillar foi de US$15,4 bilhões. Isso é ótimo, mas não diz muito. É aqui que entra a análise fundamentalista. Divida o lucro bruto de US$15,4 bilhões da empresa pela receita total de US$55,2 bilhões e multiplique por 100. Esta rápida split informa que a Caterpillar teve um lucro bruto percentual de 28%.

O que isso significa em português? Após pagar pelos custos diretos, como aço e tempo dos trabalhadores na linha de montagem, a Caterpillar manteve quase 30 centavos de cada dólar em receita. Só para se ter uma ideia dos percentuais de lucro bruto, entre as 500 empresas do índice Standard & Poor's 500, a média de lucro bruto é de cerca de 45%, segundo a Thomson Reuters. O fato de a porcentagem da margem bruta da Caterpillar ser menor mostra quanto dos custos estão concentrados em matérias-primas e outros custos diretos.

DICA

A porcentagem do lucro bruto não é tão útil quando se estuda software e empresas de internet. A grande maioria do custo de produção de software é indireta, e não custos diretos. Essa é uma das razões pelas quais a Microsoft tem porcentagens de lucro bruto muito grandes. Por exemplo, a Microsoft manteve 65 centavos de cada dólar de vendas após pagar os custos diretos durante seu ano fiscal de 2015, que terminou em 30 de junho de 2015. Mas o *percentual de lucro operacional*, que reflete uma imagem mais completa dos muitos custos para criar software, é muito mais baixo, como discutiremos a seguir. As porcentagens de lucro bruto também mudam, junto dos negócios. Agora que a Microsoft está fazendo mais do que software, incluindo computadores e tablets Surface, seu percentual de lucro bruto caiu. O percentual de lucro bruto da Microsoft foi de mais de 80% em 2008.

Lucro operacional

O *lucro operacional* de uma empresa, também chamado de *margem operacional*, leva em consideração mais custos do que o lucro bruto. O lucro operacional não considera apenas os custos diretos de uma empresa, mas também os custos indiretos. Ele é o que resta da receita depois de subtrair os custos indiretos e o custo das mercadorias vendidas.

Levando as coisas um passo adiante, está o percentual de lucro operacional, que é calculado dividindo-se o lucro operacional pela receita. Ele informa quanto a empresa retém de receita após pagar os custos diretos e despesas gerais. As porcentagens de lucro operacional são indicadores críticos para a análise fundamentalista, pois dão uma boa ideia de quão lucrativa uma empresa é em relação ao seu negócio principal.

Voltando à Microsoft, é possível ver por que, para algumas empresas, o percentual de lucro operacional significa mais do que o percentual do lucro bruto. Ele inclui os custos de pesquisa e desenvolvimento e publicidade, por exemplo, que são importantes para gerar produtos de software de sucesso. A Tabela 5-7 mostra como calcular a porcentagem do lucro operacional.

TABELA 5-7 **Margem de Lucro Operacional da Microsoft**

Resultado Fiscal de 2015	US$ Milhões
Receita total	US$93.580
Menos custo das mercadorias vendidas	–US$33.038
Menos despesas de pesquisa e desenvolvimento	–US$12.046
Menos despesas de marketing e vendas	–US$15.713
Menos despesas gerais e administrativas	–US$4.611
Igual a lucro operacional	US$28.172
Porcentagem de lucro operacional	30%

Fonte: Comunicado de imprensa da Microsoft.

Aqui é possível ver por que a Microsoft é considerada uma empresa tão lucrativa, com os invejáveis 30% de lucro operacional. Esse percentual é cerca do dobro da margem média de lucro operacional de 18% das empresas da Standard & Poor's 500, segundo a Thomson Reuters.

PAPO DE ESPECIALISTA

O cálculo do lucro operacional pode variar um pouco, dependendo de com quem você está falando. A Microsoft é um ótimo exemplo de como o lucro operacional pode ser calculado de forma diferente por analistas diferentes. Durante o ano fiscal de 2015, a empresa teve um prejuízo de US$10 bilhões associado à compra da fabricante de celulares Nokia. A própria empresa subtraiu esse encargo para chegar ao lucro operacional. Mas os fundamentalistas muitas vezes omitem esses encargos ao calcular o lucro operacional, pois estes não fazem parte das operações normais e não se espera que se repitam (esperemos). Isso parece razoável para mim, e é por isso que deixei a cobrança na tabela anterior. Mas alguns fundamentalistas vão ainda mais longe e deixam de fora outras despesas que não sejam custos reais. Por exemplo, o lucro operacional subtrai a depreciação da receita, mesmo que a depreciação não seja uma conta real que a empresa deve pagar. Por esse motivo, alguns fundamentalistas recomendam ignorar algumas dessas despesas intangíveis ao entender quanto vale uma empresa, como será discutido no Capítulo 11.

Margem de lucro líquido

Dada a importância do lucro para os investidores, não é surpresa que haja muitas palavras para descrever resultados financeiros. O *lucro líquido*, a *margem líquida* ou o lucro líquido de uma empresa é a medida mais abrangente de lucratividade. O lucro líquido informa quantos dólares a empresa manteve depois de pagar todos os custos e despesas. A *porcentagem da margem de lucro líquido*, que é o lucro líquido dividido pela receita total, informa quanto de cada dólar em vendas a empresa mantém depois de pagar os custos e despesas.

As empresas também perdem dinheiro. Isso é chamado de *prejuízo líquido*.

No nível mais simples, o lucro líquido é o lucro operacional menos o resto.

Entendendo o lucro por ação

Você deve estar se perguntando agora: "Muito bem, a empresa ganhou milhões de dólares. Maravilhoso. Então, o que eu ganho com isso?"

É exatamente disso que se trata o lucro por ação. Normalmente, um dos últimos itens na demonstração de resultados é o *lucro por ação*, mais comumente conhecido como *LPA*. Se o lucro líquido informa o tamanho de uma torta, o LPA informa o tamanho de sua fatia.

O lucro por ação é calculado dividindo-se o lucro líquido pelo número de *ações em circulação* na empresa. O número de ações em circulação de uma empresa é o número total de ações pertencentes a membros do público, bem como as *ações restritas* sob posse de executivos e diretores da empresa. As ações restritas são atribuídas a indivíduos com ligações próximas à empresa, como a equipe executiva de uma empresa adquirida. A ação restrita vem com restrições, o que pode impedir os proprietários de vender por um determinado período. O número de ações em circulação de uma empresa está disponível no balanço patrimonial, a ser discutido mais detalhadamente no Capítulo 6.

Tudo o que você precisa saber está na demonstração de resultados, incluindo:

» **Lucro básico por ação:** Esta medida informa a quanto de uma fatia do lucro líquido da empresa você tem direito como acionista, com base no número de ações que estão em circulação no momento. A fórmula mais simples é:

Lucro líquido / número de ações em circulação

Algumas empresas têm classes especiais de ações, chamadas *ações preferenciais*. Elas são um tipo único de ações que dão aos investidores prioridade com dividendos que costumam ser maiores do que os pagos pelas ações ordinárias. Os dividendos de ações preferenciais, se pagos, devem ser subtraídos do lucro líquido ao calcular o lucro básico por ação.

» **Lucro diluído por ação:** Quando você lê sobre quanto uma empresa ganhou, é provável que seja sobre o lucro diluído por ação. O LPA diluído mede quanto a empresa ganhou com base em cada ação que poderia estar em circulação em algum momento no futuro. O LPA diluído é comumente usado, pois é a medida mais conservadora de lucro por ação. Ele divide o lucro líquido pelo número total de ações que poderiam estar em circulação, incluindo o impacto da conversão de opções de ações em ações reais pelos funcionários. O LPA diluído é quase sempre menor que o LPA básico.

CUIDADO

Nunca subestime o perigo das opções de ações de funcionários sobre o valor de sua reivindicação sobre os lucros de uma empresa. Quando os funcionários recebem opções, e essas opções se tornam valiosas porque o funcionário trabalha na empresa por um determinado período de tempo ou porque as ações aumentam, essas ações podem ser convertidas em ações reais. A avalanche de ações pode diminuir, ou diluir, o quanto você tem de reivindicar sobre os lucros da empresa. Isso é chamado de *diluição* e é um grande motivo pelo qual você precisa comparar cuidadosamente o LPA básico com o LPA diluído. Se o LPA diluído for drasticamente menor do que o LPA básico, isso é um sinal de que os funcionários podem estar segurando grandes cestas de opções.

Comparando o Lucro com as Expectativas de uma Empresa

Já se perguntou por que o preço das ações de uma empresa pode cair mesmo depois que ela publica um grande aumento nos lucros? No Capítulo 10 é possível aprender mais sobre como usar as informações da demonstração de resultados para determinar os preços das ações. Mas é essencial perceber que os lucros e lucros nem sempre se movem em sincronia com os preços das ações.

É verdade que, com o tempo, uma empresa com receita e lucros crescentes provavelmente verá o preço de suas ações subir também. E, conforme discutido no Capítulo 3, a previsão correta de quanto uma empresa ganhará e quanto valerá no futuro pode ser excelente para o sucesso do investimento em longo prazo. A análise fundamentalista pode ajudá-lo a determinar se uma ação é barata ou cara em relação à receita e aos lucros da empresa.

Mas, no curto prazo, os preços das ações e os lucros aparentemente não têm nada a ver um com o outro. E é aí que entra a habilidade e um pouco de sorte quando você tenta combinar a análise fundamentalista com os preços das ações. O fato é que, no curto prazo, as ações sobem e caem com base em como os lucros de uma empresa se comparam com o que é esperado.

A expectativa dos investidores

Lembre-se, quando estuda a demonstração de resultados de uma empresa, você não está sozinho. Existem centenas, senão milhares de outros investidores olhando para os mesmos números e tentando definir um preço para as ações. Em seguida, compram e vendem baseados na análise fundamentalista, para estabelecer o preço atual.

Se a receita e os lucros correspondem ao que a maioria das pessoas esperava, isso significa que o preço atual das ações provavelmente foi definido corretamente. Somente se as projeções dos outros investidores estivessem distantes é que as ações se moveriam muito para cima ou para baixo depois que a empresa divulgar sua demonstração de resultados. Você descobrirá mais sobre este tópico posteriormente neste livro, mas é importante discutir agora o papel das expectativas de lucro, pois mostra que dominar a demonstração de resultados não necessariamente fará de você um investidor de sucesso.

Comparando os resultados financeiros reais com as expectativas

Antes mesmo da divulgação da demonstração de resultados, analistas e outros investidores já tiveram a chance de adivinhar o que acham que a empresa ganhará. As estimativas de lucro são baseadas no lucro diluído por ação.

Essas estimativas estão disponíveis online em muitos lugares, mas a seguir estão as instruções sobre como encontrá-las no Yahoo! Finanças.

1. **Acesse Yahoo! Finanças em `http://br.financas.yahoo.com`.**

2. **Insira o código da ação em que você tem interesse na caixa do lado esquerdo da tela e clique no nome da empresa quando ele aparecer.**

3. **Clique na opção Análises listada na barra de navegação.**

4. **Encontre o número dos lucros na coluna Estimativa de Receita do trimestre em que você está interessado. Essa é a estimativa de lucros.**

Assim que a empresa relatar os lucros, você pode comparar os lucros reais com a estimativa. A Figura 5-1 mostra os lucros da Microsoft.

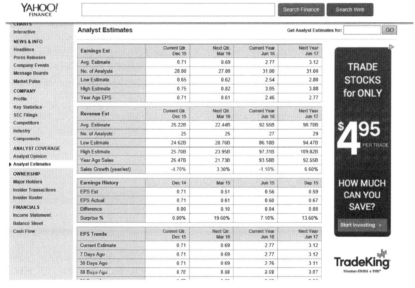

FIGURA 5-1: Yahoo! Finanças torna fácil pesquisar o que se espera que as empresas ganhem.

Fonte: Yahoo! Finanças

CAPÍTULO 5 Analisando o Lucro com a Demonstração de Resultados 99

Pode ser complicado fazer uma comparação perfeita entre a estimativa de LPA dos analistas e o LPA real relatado pela empresa. Embora os analistas prevejam os lucros operacionais, às vezes as empresas podem incluir itens incomuns e não recorrentes que tornam problemática a comparação com a estimativa. Por esse motivo, muitas empresas tentam ajudar os investidores oferecendo *lucros pro forma*. Os lucros pro forma não seguem o GAAP. Em vez disso, os ajustes são feitos pela empresa para fazer o LPA corresponder à estimativa.

Existem também algumas inovações interessantes na obtenção de estimativas de lucros de mais investidores. A maioria das estimativas oficiais de lucros é gerada por meio de pesquisas com *analistas de Wall Street* nas grandes firmas de investimento — e tomando uma média. Um serviço, denominado Estimize.com [conteúdo em inglês], tenta ampliar o número de pessoas cuja opinião pode ser considerada na estimativa. O Estimize.com permite que você veja o que outros investidores acham que será o lucro de uma empresa no futuro — e até mesmo lhe permite adivinhar. Será interessante ver como essas estimativas de lucros com crowdsourcing se saem no longo prazo.

CUIDADO

Os lucros pro forma podem ser úteis quando você está tentando ver se os lucros de uma empresa superaram, coincidiram ou perderam para as estimativas de lucros. Mas eles também podem ser abusados pelas empresas. Por não seguir o GAAP, as empresas têm grande margem de manobra para adicionar certos lucros únicos e ignorar cobranças que elas preferem que você não veja. A Comissão de Valores Mobiliários dos EUA, em 2002, por exemplo, disse que a Trump Hotels & Casino Resorts se afastou das regras contábeis e deu a impressão enganosa de que a empresa superou as estimativas quando divulgou os resultados trimestrais em outubro de 1999. Embora a empresa tenha dito aos investidores que estava deixando de fora uma cobrança de US$81,4 milhões, não divulgou que também adicionou a seus resultados um ganho único de US$17,2 milhões. Os investidores presumiram que a empresa havia superado as estimativas devido ao forte desempenho, disse a SEC, quando, na verdade, os números da Trump foram aumentados pelo ganho.

> **NESTE CAPÍTULO**
>
> » Calculando o tamanho dos recursos financeiros de uma empresa usando o balanço patrimonial
>
> » Discernindo entre uma empresa financiada por dívida ou ações
>
> » Percebendo a importância de observar o capital de giro de uma empresa
>
> » Ganhando consciência da capacidade das empresas de mitigar suas participações com diluição

Capítulo **6**

Medindo o Poder de Permanência de uma Empresa

Para muitos investidores, acompanhar o desempenho das empresas a cada trimestre é quase um esporte. Alguns investidores podem ler sobre os lucros e as receitas das empresas, da mesma forma que os fãs de esportes acompanham o histórico de seus times favoritos.

Saber se uma empresa está indo bem ou quão forte é a operação de seus negócios é uma parte importante da análise fundamentalista. Mas saber sobre lucros e receitas, conforme discutido no Capítulo 5, é apenas a ponta do iceberg. Os fundamentalistas não apenas sabem quanto de lucro uma empresa gera, mas também em que tipo de situação financeira ela se encontra.

O *balanço patrimonial* fornece tudo do que você precisa para verificar se uma empresa é financeiramente saudável. Um balanço patrimonial forte, ou rico em dinheiro e com poucas dívidas, pode ajudar uma empresa a suportar uma crise severa, mas temporária, em seus negócios. Mas a análise fundamentalista também destaca como algumas empresas podem se dar ao luxo de assumir algumas dívidas para aumentar seus retornos aos investidores. Entender quanta dívida é aceitável faz parte de como os fundamentalistas usam o balanço patrimonial.

Neste capítulo, você fará um tour pelo balanço patrimonial e obterá uma compreensão de como a demonstração financeira pode ajudar a melhorar os resultados de sua análise fundamentalista.

Familiarizando-se com o Balanço Patrimonial

Se você já calculou seu patrimônio líquido pessoal, tem um bom entendimento do que é o balanço de uma empresa. Quando você contabiliza seu patrimônio líquido, geralmente executa um cálculo rápido parecido com este:

Valor do que você possui – valor do que você deve = patrimônio líquido

Considere esta simples situação de finanças pessoais: você comprou uma casa de R$200 mil. Para isso, colocou 20% do valor (R$40 mil) e pegou emprestado o restante (R$160 mil). Enquanto isso, tem R$20 mil em sua conta-poupança. Você calcularia seu patrimônio líquido assim:

1. **Calcule o valor das coisas que você possui = R$200 mil (valor da casa) + R$20 mil (poupança).**

2. **Em seguida, calcule o valor das coisas que você deve = R$160 mil (valor do empréstimo).**

3. **Finalmente, subtraia o valor das coisas que você possui (R$220 mil) pelo valor das coisas que você deve (R$160 mil) = R$60 mil de patrimônio líquido.**

Lembre-se desse exemplo ao aprender como uma empresa avalia seus ativos, passivos e seu patrimônio líquido, conforme explicado a seguir.

Separando seus ativos de seus passivos

Assim como os biólogos classificam as criaturas vivas as encaixando em gêneros e espécies, os contadores tentam colocar tudo o que as empresas possuem e devem em três grupos, que são:

- » **Ativos:** Coisas que uma empresa possui. Isso pode incluir *ativos tangíveis*, como fábricas ou matérias-primas em um depósito. Ativos também podem ser *intangíveis*. Ativos intangíveis são coisas como patentes e marcas registradas, que têm valor mesmo que não se possa tocá-los.

- » **Passivos:** Coisas que uma empresa deve. Normalmente, os passivos incluem dívidas que podem colocar a empresa em risco.

- » **Patrimônio líquido dos investidores (ou apenas patrimônio líquido):** O que resta dos ativos de uma empresa após a contabilização de seus passivos. Tecnicamente, o patrimônio líquido representa todo o caixa colocado na empresa pelos investidores e a parte dos lucros que a empresa reteve. Quando as empresas retêm os lucros, em vez de devolvê-los aos acionistas (geralmente na forma de dividendos), eles são chamados de *lucros retidos*. É o equivalente ao seu próprio patrimônio líquido.

A equação mais básica dos negócios

Depois que os contadores colocam os ativos e passivos de uma empresa nos grupos adequados, é possível aplicar um pouco de matemática básica. O cálculo que você usa para medir seu patrimônio líquido é praticamente idêntico a como as empresas medem o valor da propriedade dos investidores na empresa, ou *patrimônio líquido dos investidores*. A fórmula utilizada para medir o patrimônio líquido é apenas reorganizada um pouco, e os termos são diferentes.

DICA

As empresas não se referem necessariamente a si mesmas como tendo um patrimônio líquido. Patrimônio líquido é mais um termo usado em finanças pessoais. Em vez disso, a diferença entre o que as empresas possuem e o que devem é chamada de *patrimônio líquido dos investidores*, ou simplesmente *equity*.

Aqui está a fórmula mais básica usada nos negócios e a pedra angular por trás do balanço patrimonial:

    Ativos = Passivos + Equity

Como você pode ver, esta fórmula afirma que os ativos de uma empresa devem ser iguais à soma do que ela deve e do que os acionistas possuem (equity). Em todos os momentos, os ativos de uma empresa devem ser iguais à soma de seus passivos e seu patrimônio. O fato de que ambos os lados dessa equação devem ser iguais, ou estar em equilíbrio, é o que leva o balanço patrimonial a receber seu nome. Inteligente, eu sei.

DICA

Alguns investidores têm mais facilidade para entender a fórmula fundamental usada no balanço patrimonial visualizando-a. Para os leitores desligados, a Tabela 6-1 mostra algo que costuma ser rabiscado no quadro-negro nas aulas de contabilidade básica. Há outra imagem mostrando a mesma coisa de uma maneira ligeiramente diferente na Figura 2-1 no Capítulo 2. Aqui está outra maneira de pensar sobre isso: ativos menos passivos são iguais ao patrimônio líquido. O patrimônio líquido é o que sobra dos ativos, uma vez que os passivos são cobertos. Existem muitas maneiras de pensar sobre esta importante equação — use a que funcionar melhor para você.

TABELA 6-1   Análise Visual do Balanço Patrimonial

Ativos	Passivos
	+
	Equity

Entendendo os Componentes do Balanço Patrimonial

Agora que você entende a estrutura básica do balanço, é hora de começar a separá-lo. Para fazer isso, primeiro saiba que os ativos, os passivos e o patrimônio podem ser divididos em componentes menores e mais reveladores. Desconstruir os ativos, os passivos e o patrimônio de uma empresa pode ser extremamente útil para entender como ela se financia e continua pagando as contas ao gerenciar o caixa disponível, o chamado *capital de giro*.

DICA

Ao dissecar um balanço patrimonial, você começa a obter um conhecimento mais profundo sobre todas as partes móveis que constituem uma empresa. O balanço mostra o que uma empresa possui, o que está pegando emprestado e onde consegue o caixa para se manter em operação.

Iniciando pelos ativos

O melhor lugar para começar a explorar o balanço de uma empresa é sua lista de ativos. A parte do balanço que registra os ativos de uma empresa normalmente tem as seguintes splits:

» **Ativos circulantes:** Os ativos circulantes de uma empresa são coisas que ela possui e que teoricamente poderiam ser vendidas por dinheiro dentro de um ano. Estes ativos, também chamados de *ativos de curto prazo*, são aqueles que a empresa pode utilizar com razoável rapidez para cumprir obrigações de caixa imediatas. Os ativos circulantes podem ser subdivididos em:

- **Dinheiro:** Esse é o ativo mais fácil de entender. As empresas também têm contas de poupança e mantêm dinheiro à mão para pagar as contas.

- **Equivalentes de dinheiro:** As empresas às vezes investem dinheiro que está armazenado em investimentos de curto prazo e de alta qualidade que podem ser vendidos rapidamente. Esses investimentos dão às empresas liquidez ou acesso a dinheiro, mas permitem que elas obtenham um retorno um pouco maior do que apenas reter dinheiro.

  Quando muitos fundamentalistas se referem ao caixa de uma empresa, eles geralmente incluem equivalentes de caixa, além de dinheiro vivo (e semelhantes).

- **Títulos negociáveis:** Às vezes, as empresas têm disponível dinheiro de que não precisam imediatamente, mas do qual esperam precisar dentro de um ano. Elas podem investi-lo em dívidas de alta qualidade com vencimento em um ou dois trimestres. Esses investimentos são relativamente seguros, mas não tão facilmente acessíveis quanto o caixa real ou seus equivalentes.

- **Contas a receber:** Quando as empresas vendem um produto, muitas vezes não recebem o caixa imediatamente. Se você comprar um livro, por exemplo, pode usar seu cartão de crédito, e o trader não é pago imediatamente. Esses IOUs de curto prazo são chamados de *contas a receber*.

- **Estoques:** As empresas devem gastar dinheiro para acumular as coisas que planejam vender. Quase todas as empresas de manufatura, por exemplo, devem comprar matéria-prima para fazer seus produtos. O valor desses ativos mostra (ref. para valor) na linha de estoques.

- **Despesas pré-pagas.** Se uma empresa paga uma conta antecipadamente, ela tem um crédito com o fornecedor ou trader. Esse crédito é um ativo, porque reduz o que a empresa gastará no futuro.

» **Ativos de longo prazo:**

- **Ativo imobilizado.** Os ativos que no período de um ano não podem ser transformados em caixa são chamados de *ativos de longo prazo*. Um dos maiores grupos de ativos de longo prazo inclui o *ativo imobilizado* de uma empresa, apelidado de *PP&E* [acrônimo em inglês para Property, Plant and Equipment]. Esses ativos incluem edifícios, máquinas e computadores que uma empresa pode possuir. Para uma empresa de petróleo, por exemplo, PP&E podem ser plataformas de petróleo usadas para extrair petróleo da terra. A depreciação é normalmente subtraída do *ativo imobilizado bruto*. Dessa forma, o imobilizado líquido reflete o desgaste do equipamento.

- **Goodwill.** Goodwill é um ativo que você não pode sentir ou tocar, o que o torna intangível. O goodwill geralmente aparece no balanço de uma empresa depois que ela compra outra empresa. Trata-se do valor pago por outra empresa acima do valor real dessa empresa, de acordo com as regras contábeis. O valor extra pago é considerado um ativo no balanço da empresa adquirente.

- **Outros intangíveis.** Goodwill não é o único ativo que uma empresa pode ter que não pode ser tocado ou visto. Patentes, marcas e marcas registradas, por exemplo, têm valor mesmo que não sejam itens físicos.

- **Ativo total.** Todos os ativos são somados para criar um total geral de tudo o que a empresa possui. Isso é chamado de *ativo total* e será um número que é usado com frequência na análise, especialmente com os índices financeiros discutidos no Capítulo 8.

LEMBRE-SE

Ativo total é um número importante no balanço patrimonial. Deverá corresponder ao total de passivos e patrimônio líquido da empresa. Que horas são quando os ativos não correspondem aos passivos e patrimônio de uma empresa? É hora de conseguir um novo contador.

Apenas para dar uma ideia do que esperar ao examinar a seção de ativos de um balanço patrimonial, a Tabela 6-2 mostra a seção superior do balanço de 2014 da Hersheys Foods.

TABELA 6-2 Ativos da Hersheys no Balanço de 2014

Ativos Circulantes		Em Milhões de US$
	Caixa e equivalente de caixa	US$472
	Contas a receber	US$596,90
	Estoques	US$801
	Despesas pré-pagas e outras	US$377,10

Ativos Circulantes		Em Milhões de US$
Total de ativos circulantes		*US$2.247*
Ativos de longo prazo		
	Ativo imobilizado	US$2.151,90
	Goodwill	US$793
	Outros intangíveis	US$358,10
	Outros ativos	US$79,50
Ativos totais		**US$5.629,50**

Entendendo os passivos de uma empresa

Assim como parece que sempre há uma conta em sua caixa de correio ao abri-la, o mesmo vale para as empresas. Durante o curso normal dos negócios, as empresas têm fornecedores e prestadores de serviços famintos que exigem pagamento por seus produtos ou serviços. As contas são apenas uma forma de passivos que as empresas possuem. A seção de passivos de um balanço patrimonial divide tudo o que as empresas devem nestas partes:

» **Passivos circulantes:** Se uma empresa tem contas que vencem dentro de um ano, elas são consideradas *passivos circulantes*. Não pagar essas contas geralmente significa problemas para a empresa. Os passivos circulantes vêm em vários sabores que os fundamentalistas precisam conhecer:

- **Contas a pagar:** As empresas normalmente não precisam pagar imediatamente pelas coisas compradas. Os fornecedores geralmente concedem *crédito comercial* às empresas, dando-lhes pelo menos trinta dias ou até mais para pagar por suprimentos, matérias-primas ou serviços.

- **Dívida de curto prazo:** É o valor da dívida que a empresa deve pagar em um ano.

- **Parcela atual da dívida de longo prazo:** Normalmente, as empresas tomam emprestado caixa por muitos anos. Uma parte dessa *dívida de longo prazo*, entretanto, vence em um ano e é chamada de *parte atual* da dívida de longo prazo.

- **Outros passivos circulantes:** Aqui está o espaço abrangente para passivos que não se encaixam em nenhum outro lugar.

>> **Passivos de longo prazo:** Contas a vencer, mas não dentro de um ano.

- **Dívida de longo prazo:** Os custos de iniciar e manter um negócio podem ser enormes. Como resultado, algumas empresas recorrem a credores para pedir dinheiro emprestado e, se tiverem sorte, podem alinhar dívidas de longo prazo que não precisam ser pagas por mais de um ano.

  Ficar de olho na carga de dívida de longo prazo de uma empresa é fundamental. Embora apenas a parcela atual vença em um ano, o ano da dívida pode vencer em breve. Se a empresa não for capaz de pagar a dívida ou refinanciá-la tomando emprestado de outra pessoa, pode entrar em *default.* Quando uma empresa entra em default, os credores podem ameaçar assumir seu controle.

- **Outros passivos de longo prazo:** Inclui passivos, com vencimento em mais de um ano, que não se enquadram em nenhuma das outras categorias. Uma empresa dividirá os passivos que estão aqui nas *notas de rodapé* das demonstrações financeiras. As notas de rodapé, normalmente disponíveis no *10-Q* ou *10-K* de uma empresa, fornecem uma análise mais detalhada dos passivos.

- **Imposto de renda diferido:** As empresas devem manter dois conjuntos de demonstrações financeiras. Há a versão que você vê, que é apresentada neste livro e nas demonstrações financeiras para investidores, e uma versão para fins fiscais para o IR. Às vezes, a contabilização dos impostos pode ser bem diferente nos dois livros. O imposto de renda diferido ajuda a reconciliar as diferenças. Se uma empresa tiver imposto de renda diferido, isso significa que ela pode dever impostos no futuro.

A seção de passivos do balanço patrimonial muitas vezes pode se parecer com a Tabela 6-3, que é do *10-K de 2014 da Hersheys.*

TABELA 6-3 ## Passivos da Hersheys no Balanço de 2014

Passivos Circulantes		Em Milhões de US$
	Contas a pagar	US$482
	Dívida de curto prazo	US$384,70
	Parcela atual da dívida de longo prazo	US$250,80
	Outros passivos circulantes	US$818,10
Total de passivos circulantes		*US$1.935,60*
Passivos de longo prazo		

Passivos Circulantes		Em Milhões de US$
	Dívida de longo prazo	US$1.578,50
	Outros passivos de longo prazo	US$496,50
	Passivos de longo prazo diferidos	US$99,40
Total de passivos de longo prazo		US$2.174,40
Passivos totais		US$4.110

Fazendo um balanço do patrimônio de uma empresa

O patrimônio líquido representa o total de créditos que os investidores têm sobre os ativos de uma empresa, isentos de dívidas. Isso inclui o caixa que os investidores injetaram em uma empresa, além dos lucros que esta segurou ou reteve. A seção de patrimônio líquido dos balanços de muitas empresas inclui as seguintes seções:

» **Ações preferenciais:** As empresas podem emitir participações acionárias que são cruzadas entre dívida e patrimônio líquido. Como a dívida, as *ações preferenciais* fazem um pagamento em dinheiro que é combinado com antecedência. No entanto, como acontece com os dividendos de ações ordinárias, as empresas podem suspender esses pagamentos de ações preferenciais a qualquer momento.

» **Ações ordinárias:** Quando pretende comprar uma participação de uma empresa, normalmente estas são as ações que você está comprando. Quando consulta uma cotação de ações, na maioria das vezes está obtendo o preço de uma ação ordinária de uma empresa.

Há uma complicação nisso. Algumas empresas podem ter várias classes de ações, cada uma dando aos proprietários direitos diferentes. Este é o caso da Hersheys. Na década de 1980, a empresa de chocolate criou uma classe separada de ações para que, independentemente de quantas ações novas fossem emitidas, o controle da empresa permanecesse nas mãos de uma escola para órfãos fundada pela empresa.

A maioria dos investidores da Hersheys possui ações regulares classe A. Há ações separadas de classe B que são quase inteiramente de propriedade da Milton Hershey School Trust, um fundo criado para fornecer cuidados e educação para crianças carentes em Hershey, Pensilvânia. Essa *estrutura de duas classes* para ações permite que a confiança mantenha o controle da empresa, mesmo quando mais ações são emitidas para novos investidores.

» **Pagamento adicional de capital:** As empresas públicas geralmente obtêm a maior parte de seus dólares de investimento com a venda de ações aos investidores. Mas pode haver casos em que os investidores colocam dinheiro em uma empresa — além de comprar suas ações. Os investidores, em alguns casos, também podem pagar mais do que o valor declarado das ações em uma venda de ações. Esse chamado pagamento adicional de capital é registrado como parte do patrimônio líquido.

» **Lucros retidos:** Cabe a uma empresa devolver ou não seus lucros aos acionistas na forma de dividendos. Se a empresa mantém lucros, ela registra o valor aqui.

» **Ações em tesouraria:** Às vezes, nem todas as ações de uma empresa estão disponíveis para compra ou venda. Uma empresa pode comprar de volta suas ações quando achar que estão baratas e colocá-las de lado. Pode também autorizar a emissão de ações, mas não efetivamente emiti-las. De qualquer forma, o pool de ações não utilizadas é chamado de *ações em tesouraria.*

» **Patrimônio líquido total:** A linha de equity do balanço patrimonial mede o valor da participação dos acionistas na empresa.

Um resumo da seção patrimônio líquido do balanço da Hersheys aparece na Tabela 6-4.

TABELA 6-4   Equity da Hersheys no Balanço de 2014

	US$ Milhões
Ações preferenciais	N/A
Ações ordinárias (incluindo classes A e B)	US$359,90
Pagamento adicional de capital	US$754,20
Lucros retidos	US$5.860,80
Ações em tesouraria	–US$5.161,20
Outros	–US$294,10
Equity total dos acionistas	*US$1.519,50*
Passivos totais e equity dos acionistas	**US$5.629,50**

Analisando o Balanço Patrimonial

Agora que você entende as peças e partes que compõem o balanço patrimonial, é hora de começar a aplicar a análise fundamentalista. Assim como se aprofundou na demonstração de resultados no Capítulo 5, nesta seção você desenvolverá ferramentas para obter uma visão do balanço patrimonial.

Dimensionando o balanço patrimonial com a análise vertical

Dar uma olhada no balanço da Hersheys provavelmente mostrou que os números isolados não são particularmente úteis. É útil colocar os ativos, os passivos e o patrimônio líquido em perspectiva, comparando-os com algo. É por isso que a *análise vertical*, uma ferramenta de análise fundamentalista aplicada com a demonstração de resultados no Capítulo 5, pode ser igualmente útil ao analisar o balanço patrimonial.

Ao usar a análise vertical em um balanço patrimonial, você identifica o quão significativos são os diferentes ativos, passivos e equities para toda a empresa. Por que diabos você iria querer ter o trabalho de fazer toda essa matemática e não receber crédito extra? Porque uma manobra matemática um tanto simples pode desbloquear uma variedade de insights ocultos que você perderia apenas olhando para os números no balanço patrimonial.

Aqui está um ótimo exemplo do poder da análise vertical. Os analistas e investidores fundamentalistas querem saber quanto de uma empresa é financiado por dívidas, em comparação com os investidores que desembolsam o caixa para comprar ações. A decisão de uma empresa de vender ações, em vez de tomá-las emprestadas, tem enormes ramificações em sua lucratividade futura. Se você utilizar a análise vertical na parte dos passivos do balanço da Hersheys, pode ver o quão importante é a dívida se comparada com a ação.

Se esse negócio de análise vertical é tão bom, como fazer isso? Você só precisa de três fórmulas para analisar todo o balanço patrimonial, dependendo do que quer fazer. A seguir está uma lista útil do que você precisa fazer se quiser analisar os ativos, passivos ou o equity:

» **Ativos:** Divida cada tipo de ativo pelos ativos totais da empresa.

» **Passivos:** Divida cada tipo de passivo pelo passivo total da empresa e o equity dos acionistas.

» **Equity:** Divida cada categoria de equity pelo passivo total da empresa e o equity dos acionistas.

DICA

Ama porcentagens? Quem não ama? Para converter os números dos três itens anteriores em uma porcentagem mais compreensível, multiplique os resultados por 100.

Vamos começar com um exemplo: contas a pagar da Hersheys. Você quer ver quanto do passivo total da empresa e do equity está vinculado a contas que a empresa de chocolate deve a outra pessoa. Pegue as contas a pagar da Hersheys (US$482) e divida pelo passivo total e patrimônio líquido (US$5.629,5) e multiplique por 100. Pronto, você descobriu que 9% das contas em aberto da Hersheys representam 8,6% de tudo o que ela deve e do que os investidores possuem. Essa é uma estatística útil para comparar com outras empresas de alimentos e ver se a pilha de contas da Hersheys é mais onerosa do que a de seus rivais. Apenas por diversão, se você olhasse as contas a pagar da Campbell em relação ao passivo total e equity, descobriria que era de 6,5%. As contas a pagar da Hersheys são maiores — mas não de forma preocupante.

Se você se divertiu com a análise vertical das contas a pagar, espere até terminar de analisar todo o balanço patrimonial. A Tabela 6-5 mostra os resultados da análise vertical de várias partes-chave do passivo e da parte do equity do balanço patrimonial da Hersheys.

TABELA 6-5   **Análise Vertical do Balanço da Hersheys**

	% de Passivos e Equity dos Acionistas
Contas a pagar	8,6%
Dívida de curto prazo	6,8%
Parcela atual da dívida de longo prazo	4,5%
Passivos circulantes totais	34,4%
Dívida de longo prazo	28%
Equity total dos acionistas	27%

DICA

Agora, é aqui que todo esse trabalho árduo compensa. A análise vertical dos passivos de uma empresa dá a você uma visão instantânea de onde a Hersheys consegue o caixa para se manter, ou sua *estrutura de capital*. Compreender a estrutura de capital de uma empresa é a chave para entender o quão bem ela está posicionada para resistir a uma desaceleração econômica ou quão lucrativa será durante um forte crescimento econômico.

Observe atentamente os resultados da Tabela 6-5, especialmente os relativos à dívida. Você pode ver que a Hersheys recebe financiamento de um número equilibrado de fontes, mas tende a depender mais de dívidas do que de ações. A Hersheys obtém 40% de seu financiamento de empréstimos de curto e longo prazo (incluindo a parte da dívida de longo prazo que vence em menos de um ano) e apenas 27% do patrimônio líquido. Esta é uma notícia potencialmente boa para os investidores em ações, porque a empresa está usando caixa emprestado para aumentar seus retornos — e os investidores em dívidas apenas obtêm seus juros e nada mais. Mas também é um risco, porque esses credores precisarão ser pagos mesmo se o negócio da Hersheys se suavizar como um beijo em um dia de verão.

LEMBRE-SE

Quando as empresas contam com dinheiro emprestado para pagar suas operações, isso é chamado de *alavancagem*. Ela pode aumentar muito os retornos de uma empresa para os acionistas, desde que a empresa possa acompanhar confortavelmente seus pagamentos de juros. Os juros da dívida são em grande parte fixos, assim como é estático o pagamento mensal de uma hipoteca fixa de trinta anos. Os juros também têm o benefício fiscal de serem dedutíveis. A questão, porém, é se a empresa tomou emprestado demais ou não. Você pode descobrir se uma empresa está superalavancada analisando o capital de giro, mais adiante neste capítulo, e os índices financeiros, no Capítulo 8.

Procurando tendências usando análise de número-índice

Os balanços patrimoniais tiram uma foto dos ativos, dos passivos e do patrimônio de uma empresa em um determinado período, geralmente no final do trimestre ou do ano. Se você já tentou tirar uma foto de um objeto em movimento rápido, sabe como é difícil capturá-lo. Os ativos e passivos das empresas também estão em constante mudança. Quando as taxas de juros estão baixas, por exemplo, uma empresa pode decidir se alavancar tomando mais empréstimos. Da mesma forma, quando os preços das ações são elevados, uma empresa pode optar por aumentar o patrimônio com a venda de ações.

DICA

Como ativos, passivos e patrimônio estão mudando, é importante, na análise fundamentalista, prestar atenção às tendências e mudanças entre trimestres e anos. E é exatamente para isso que você precisa da análise de número-índice.

O método de tendência de número-índice aplicado ao balanço patrimonial é uma ótima maneira de detectar altos e baixos na estrutura de capital de uma empresa ao longo do tempo. Você pode fazer uma análise de número-índice escolhendo um ano como ponto de partida e, em seguida, comparar todos os ativos, passivos e patrimônio líquido até esse ponto. A técnica funciona quase como um termômetro: quanto maior o número, maior o aumento. Exceto que, em vez de começar em 0, como um termômetro, a análise de número-índice começa em 100. Portanto, não é uma analogia perfeita, mas você entendeu.

Você pode estar cansado de falar sobre chocolate, então, para este exemplo de número-índice, mudaremos e falaremos sobre refrigerante. Coca-Cola, para ser mais específico. A empresa de bebidas existe desde 1886 e é uma das principais holdings do famoso value investor Warren Buffett, por isso é uma ótima candidata para algumas análises de longo prazo.

CAPÍTULO 6 **Medindo o Poder de Permanência de uma Empresa** 113

Pegue uma Coca e baixe os itens do balanço patrimonial da empresa nos últimos três anos. Eu o pouparei do trabalho apresentando a Tabela 6-6, onde você pode ver quais eram algumas das partes principais do balanço patrimonial da Coca naqueles anos.

TABELA 6-6   Balanço Patrimonial da Coca-Cola Desde 2012

US$ em Milhões	2014	2013	2012
Caixa, equivalentes de caixa e investimentos de curto prazo	US$21.689	US$20.268	US$16.558
Ativos imobilizados (líquido)	US$14.633	US$14.967	US$14.476
Dívidas de longo prazo	US$19.100	US$19.157	US$14.742
Equity dos acionistas	US$30.561	US$33.440	US$33.168

Certamente é possível observar os números na Tabela 6-6 para ter uma ideia das tendências nos ativos e passivos da empresa, mas a análise do número-índice é fácil e fará com que as alterações sejam evidentes. Para criar uma tabela, divida cada linha do balanço pelo valor correspondente para o ano-base — ou o ano mais antigo na análise — e multiplique por 100.

PAPO DE ESPECIALISTA

Por exemplo, para calcular o valor do número-índice para o caixa, equivalentes de caixa e investimentos de curto prazo da Coca em 2013, divida seu caixa e equivalentes de caixa naquele ano (US$20.268) por caixa, equivalentes de caixa e investimentos de curto prazo em 2012 (US$16.558) e multiplique por 100. O resultado é 122,4. Agora repita o exercício para 2014 dividindo o caixa, equivalentes de caixa e investimentos de curto prazo naquele ano (US$21.689) pelo valor de 2012 de US$16.558 e multiplique por 100. A resposta é 131. Se completar a análise do balanço da Coca, obterá algo que se parece com a Tabela 6-7.

TABELA 6-7   Análise de Número-índice do Balanço da Coca-Cola

US$ em Milhões	2014	2013	2012
Caixa e equivalentes de caixa	131	122	100
Ativos imobilizados	101	103	100
Dívida de longo prazo	130	130	100
Equity dos acionistas	92	101	100

Não é um erro de digitação ter o número-índice de 100 para 2012 em cada um dos itens do balanço patrimonial na Tabela 6-7. O ano de 2012 é nosso ano-base, e 100 é a linha de base de nossa análise.

Depois de concluir a análise do número-índice da Coca, você pode ver rapidamente o que está acontecendo com a estrutura de capital da empresa. A primeira coisa que se destaca é o fato de a Coca ter começado a aumentar seu nível de dívida de longo prazo em 2013 e mantê-lo em 2014. Em seu 10-K, a Coca reconheceu um maior uso da alavancagem de dívida de longo prazo, em parte para refinanciar alguns empréstimos existentes. Mas, em função do maior endividamento, a empresa deve pagar uma despesa de juros maior, o que é um risco que vale a pena observar.

Valorizando o capital de giro

Quando se trata de análise fundamentalista, uma consideração importante é o quão preparada uma empresa está para cumprir as obrigações de curto prazo.

Uma empresa pode ter um futuro muito brilhante em longo prazo, mas, se não puder cumprir a folha de pagamento e pagar suas contas no próximo mês, pode não sobreviver o suficiente para atingir seu potencial. Assim como você certamente pagaria sua conta de luz antes de colocar dinheiro em um plano de aposentadoria, as empresas também devem se certificar de que têm dinheiro suficiente para cumprir as obrigações de curto prazo.

Como você determina se uma empresa pode lidar com suas contas de curto prazo? Analisar o *capital de giro* é uma das ferramentas favoritas dos fundamentalistas para acessar a situação financeira de uma empresa. O capital de giro informa se uma empresa pode acessar o caixa necessário para pagar suas contas mais urgentes no próximo ano. É uma medida de *liquidez de curto prazo*.

O capital de giro será discutido com mais detalhes no Capítulo 8, junto a outros índices financeiros, mas é importante o suficiente para que você comece a pensar nele enquanto admira a beleza do balanço patrimonial neste capítulo. A fórmula para capital de giro é:

Capital de giro = ativo circulante − passivo circulante

Se uma empresa tem capital de giro positivo e mais ativos circulantes do que passivos circulantes, isso dá um certo conforto a um analista fundamentalista. No entanto, se os ativos circulantes forem menores do que os passivos circulantes — ou seja, se o negócio de uma empresa encontrar um obstáculo —, ela pode ser forçada a medidas extremas para cumprir suas contas, incluindo a venda de fábricas ou equipamentos em uma liquidação.

Analisando aqui e agora: A liquidez corrente

Intimamente relacionado ao capital de giro, e talvez de ainda mais valor na análise fundamentalista, está um conceito denominado *liquidez corrente*. A liquidez corrente tenta colocar os ativos circulantes de uma empresa em perspectiva, comparando-os com os passivos circulantes. A fórmula é:

Liquidez corrente = ativos circulantes / passivos circulantes

LEMBRE-SE

Quanto maior a liquidez corrente de uma empresa, mais bem preparada ela estará para pagar os passivos devidos no ano. As empresas com alta liquidez corrente têm um colchão de segurança maior no caso de queda nos negócios.

Como regra, os fundamentalistas gostam de ver pelo menos uma liquidez corrente de 1, ou mesmo 1,5. Uma liquidez corrente de 1,5 significaria que a empresa tem US$1,50 em ativos que podem ser transformados em caixa em menos de um ano para cada dólar em passivos com vencimento em um ano.

Aqui está uma advertência muito importante a ter em mente quando você estiver brincando com a liquidez corrente. Algumas empresas podem lidar com liquidez correntes mais elevadas — se forem máquinas de fluxo de caixa. A empresa média no índice Standard & Poor's 500 tinha uma liquidez corrente de 2,0 em 2015. Diferentes negócios exigem diferentes níveis de liquidez de curto prazo. Isso significa que você deve sempre comparar a liquidez corrente de uma empresa com seu setor. Você pode ver qual é a liquidez corrente típica para vários setores da indústria, visitando www.reuters.com [conteúdo em inglês].

O Perigo da Diluição

É possível pedir muito emprestado — basta perguntar à corretora Lehman Bros., ao banco Washington Mutual e à telecom WorldCom, que se posicionam como os maiores pedidos de falência pública da história dos Estados Unidos, segundo a BankruptyData.com. Mas também é possível vender muitas ações aos acionistas. Lembre-se de que as ações são como fatias de uma pizza. Se você tem uma pizza grande cortada em oito fatias, todos recebem uma quantidade decente de comida. No entanto, se você cortar a mesma pizza em dezesseis fatias, é provável que comece a ouvir reclamações.

Quando as empresas emitem muitas ações, na verdade elas estão dividindo os lucros em fatias cada vez menores. Esse processo de atrair mais investidores é conhecido como *diluição*. E porque a diluição pode diminuir seriamente o valor do investimento, é algo sobre o qual vale a pena estar ciente como fundamentalista.

Você deseja acompanhar de perto o número de *ações em circulação* de uma empresa. Esse número informa a quanto do lucro de uma empresa você, como acionista, tem direito por possuir uma ação. A maioria das empresas divulga seu número de ações em circulação no balanço patrimonial. Quanto mais ações em circulação, menor será a fatia dos lucros a que você tem direito.

Como as ações podem ser diluídas

A diluição ocorre quando o número de ações em circulação de uma empresa aumenta. Uma empresa pode aumentar seu número de ações em circulação por uma série de razões, incluindo:

» **Adquirindo outra empresa usando suas ações.** Quando o preço das ações de uma empresa é alto em relação aos concorrentes, ela pode usar suas ações como moeda para aquisições. Uma empresa pode emitir novas ações e usá-las para comprar outra empresa. As transações com ações podem ser populares entre as empresas, porque não consomem um dinheiro precioso, e os investidores gostam delas porque podem ser eventos isentos de impostos.

» **Pagando *opções de ações* aos funcionários.** Na esperança de fazer a força de trabalho se sentir e agir como proprietária, algumas empresas podem emitir ações para funcionários e executivos. As opções de ações permitem que os funcionários comprem ações a preços com desconto, desde que as ações da empresa aumentem.

» **Reduzindo a alavancagem.** As empresas que tomaram muito caixa emprestado no passado e enfrentam um risco de falência podem tentar limpar seu balanço emitindo ações e pagando dívidas.

PAGANDO POR MANTEIGA DE AMENDOIM COM GELEIA

Muitas fusões têm finais ruins. Sears e Kmart se fundiram em 2005 e ainda estão lutando. A fusão da AOL com a Time Warner é um clássico erro de M&A [Fusão & Aquisição]. Mas o que pode ser uma das fusões mais lógicas desde que a manteiga de amendoim e a geleia se uniram para criar a PB&J foi a aquisição da manteiga de amendoim Jif da Procter & Gamble pela JM Smucker em junho de 2002. Como pagou pelo negócio de cerca de US$800 milhões usando ações, o número de ações em circulação de JM Smucker praticamente dobrou para quase 50 milhões. O negócio foi bem-sucedido, embora tenha dividido os lucros da empresa? Depois que o negócio foi fechado, os lucros de J.M. Smucker mais do que dobraram no ano seguinte. Algumas coisas simplesmente se encaixam, mesmo que haja diluição.

Sabendo como as opções de ações contribuem para a diluição

Quando as empresas distribuem opções de ações ou outros prêmios de ações para funcionários ou executivos, o valor de suas ações pode ser seriamente ameaçado. As opções de ações, uma forma de remuneração para os funcionários, estão vinculadas ao preço das ações da empresa. Se ele subir, os funcionários podem sacar as opções em troca de ações da empresa, forçando a empresa a vender ações adicionais para atender à demanda criada.

As empresas pontocom distribuíram opções de ações tão livremente no final dos anos 1990, que os investidores viram o valor de suas ações encolher 24%, de acordo com o *USA Today*. O risco de diluição é o motivo pelo qual os fundamentalistas devem prestar atenção ao lucro diluído por ação de uma empresa, que é responsável pela diluição potencial.

Aproveitando ações extras com buybacks

Algumas empresas tentam periodicamente reduzir o risco de diluição e tornar suas ações mais valiosas recomprando [buyback] suas próprias ações. Em uma recompra, as empresas usam seu dinheiro para retirar ações do mercado. A recompra de ações, em teoria, torna cada ação mais valiosa, porque os lucros de uma empresa são divididos em menos pedaços. Algumas empresas podem recomprar ações, mesmo que não tenham emitido opções, se acharem que as ações estão baratas.

CUIDADO

As ações costumavam subir quase automaticamente quando as empresas compravam suas próprias ações de volta. Menos ações em circulação fazem as ações valerem mais, certo? Errado. Os analistas fundamentalistas sabem que é melhor não cair nessa armadilha porque as empresas:

» **Podem recomprar ações com dinheiro emprestado.** Ao tomar dinheiro emprestado para comprar suas ações, as empresas aumentam seus custos de juros e risco. Esta é uma grande desvantagem, pelo menos uma que muda a proposta de possuir ações da empresa.

» **Têm um péssimo histórico de compra de ações.** As empresas muitas vezes compram no topo com enormes programas de recompra de ações — e não compram nenhuma ação quando as ações estão em baixa. Não estamos falando apenas de uma empresa. As empresas do S&P 500 gastaram um recorde de US$172 bilhões em suas próprias ações no terceiro trimestre de 2007, segundo o Índice S&P Dow Jones. A enorme farra de recompras ocorreu pouco antes de o mercado atingir o pico, em outubro, e entrar em uma baixa devastadora, em que as ações poderiam ter sido compradas por uma fração do custo que as empresas pagaram. Esse tempo ruim pode ser um grande desperdício de dinheiro — pois o caixa evapora, em vez de ser devolvido aos acionistas de direito na forma de dividendos. O momento ruim ficou ainda mais perigoso em 2014 e 2015, quando muitas empresas tomaram dinheiro emprestado para recomprar ações. Se os preços continuarem subindo, a aposta pode valer a pena, mas, se não, as empresas podem ser obrigadas a pagar os empréstimos usados para comprar ações sobrevalorizadas.

» **Podem dizer que comprarão de volta a ação, mas nunca o farão.** As empresas dirão aos investidores que planejam comprar uma determinada quantidade de ações, mas não há obrigação de realmente prosseguir. Além disso, muitas empresas acabam emitindo mais novas ações do que compraram de volta, quase apagando qualquer benefício da recompra.

» **Distorcem os incentivos da gestão.** Os CEOs costumam receber bônus se forem capazes de aumentar o lucro por ação das empresas. O que os CEOs podem fazer se não podem aumentar o lucro e querem seus bônus de qualquer maneira? Compram a ação de volta. Como o lucro será cortado em menos fatias após a recompra, o lucro por ação da empresa aumenta. Imagine uma empresa que ganhe US$100 milhões e tenha 100 milhões de ações em circulação. Isso é US$1 por participação nos lucros. Ao gastar o caixa da empresa, as ações em circulação podem ser reduzidas para 90 milhões. Portanto, mesmo que a empresa ganhe o mesmo, US$100 milhões, o lucro por ação sobe para US$1,11 — ou um aumento de 11%. O CEO pode receber o bônus mesmo que a empresa não esteja em melhor situação.

> **NESTE CAPÍTULO**
>
> » Descobrindo as principais partes da demonstração dos fluxos de caixa
>
> » Compreendendo como a demonstração dos fluxos de caixa pode dar uma imagem das finanças de uma empresa
>
> » Investigando por que o fluxo de caixa pode ser mais revelador do que o monitoramento dos lucros
>
> » Descobrindo como monitorar o fluxo de caixa livre de uma empresa e a taxa de queima de caixa

Capítulo **7**

Rastreando o Dinheiro com a Demonstração do Fluxo de Caixa

"Mostre a grana!" Lucros e ativos são ótimos, mas há algo reconfortante para investidores e analistas fundamentalistas no caixa vivo. É aí que entra a *demonstração dos fluxos de caixa*.

As regras contábeis podem se tornar tão complicadas, que é difícil simplesmente ver quanto caixa uma empresa gera. Você pode ler a demonstração de resultados e o balanço patrimonial de uma empresa e sentir que tem um entendimento bastante decente de como a empresa está indo e o que ela possui. Mas receita e lucro são apenas números em uma demonstração financeira. É o caixa que realmente importa. É ele que paga as contas.

A demonstração dos fluxos de caixa é sobre encontrar o caixa. Ela rastreia meticulosamente o fluxo de caixa real dentro e fora de uma empresa. Não há nada mais reconfortante do que saber que uma empresa gera dinheiro e não apenas brinca de contabilidade na demonstração de resultados.

Os fundamentalistas se deleitam com a honestidade brutal da demonstração do fluxo de caixa. E, embora a demonstração tenha suas limitações, neste capítulo você descobrirá como rastrear o fluxo de caixa de uma empresa pode elevar suas habilidades de análise ao próximo nível.

Enxergando a Demonstração do Fluxo de Caixa como um Fundamentalista

Para entender por que o fluxo de caixa de uma empresa pode ser mais revelador sobre o desempenho dela do que a demonstração de resultados, considere este exemplo simples. Imagine que sua filha tenha pego com você R$10 para abrir uma barraca de limonada. A única estipulação do empréstimo é que ela informe a você como o negócio está indo.

Animada por ser uma empreendedora, sua filha gasta rapidamente os R$10 que você emprestou para ela começar a trabalhar. Ela compra limões, açúcar, xícaras e colheres para mexer. É um dia quente de verão, então parece uma ideia de negócio vencedora. O que poderia dar errado?

No final do dia, você pergunta a sua filha como ela se saiu. Mal conseguindo conter o sorriso, ela diz que o negócio estava ótimo e sua limonada esgotou completamente. Ela estima que vendeu 50 xícaras de limonada a 50 centavos a xícara. Você faz as contas rapidamente e determina que o lucro dela foi de R$15. Construindo uma demonstração de resultados em sua cabeça, conforme explorado no Capítulo 5, você calcula que ela gerou uma receita de R$25 (50 xícaras de limonada a 50 centavos) e gastou R$10 para fazer o produto. Isso é um lucro líquido de R$15.

Mas quando você estende sua mão para pedir seus R$10 de volta, pensando que a deixaria ficar com sua parte de R$5 do lucro total, ela relata que não tem dinheiro algum. Acontece que ela aceitou IOUs ["Eu Devo a Você"] por toda a limonada que vendeu. De repente, o negócio não está necessariamente parecendo tão bom, porque não há fluxo de caixa.

Esse exemplo é uma simplificação grosseira, mas chega ao ponto de por que o fluxo de caixa é fundamental para a análise. O caixa é importante.

122 PARTE 2 **Como Realizar a Análise Fundamentalista**

LEMBRE-SE

As regras contábeis, mesmo que seguidas de maneira adequada, podem dar a impressão de que a empresa está se saindo melhor do que realmente está. O lucro ou *lucro líquido*, medido por regras feitas por contadores, está sujeito a dezenas de estimativas, aproximações e palpites. Mas dinheiro é dinheiro. Ou você tem, ou você não tem.

Seguindo o fluxo com o fluxo de caixa

Você deve estar se perguntando por que precisa se preocupar com a demonstração dos fluxos de caixa. Afinal, a demonstração de resultados, explorada no Capítulo 5, mostra quão lucrativa a empresa é. E o balanço, discutido no Capítulo 6, mostra quão sólidos são os recursos financeiros de uma empresa.

A demonstração dos fluxos de caixa, no entanto, merece um lugar na rotina de análise fundamentalista. A demonstração pode fornecer informações valiosas ao se avaliar uma empresa, porque:

» **Atravessa a ótica da contabilidade.** Como você aprendeu no Capítulo 5, medir o lucro de uma empresa é um processo bastante complicado. Existem ainda mais maquinações nos bastidores à medida que os contadores classificam despesas e receitas. Em contraste, dinheiro é dinheiro. Ou você tem lucro em dinheiro, ou não tem.

» **Liga as diferentes demonstrações financeiras.** A demonstração de resultados e o balanço são um tanto independentes um do outro, porque medem diferentes aspectos de um negócio. A demonstração dos fluxos de caixa, porém, para fornecer uma visão completa, se baseia nas informações tanto da demonstração de resultados quanto do balanço.

» **Destaca o caixa gerado ao realmente fazer negócios.** A demonstração dos fluxos de caixa deixa muito claro quanto do caixa que entra em uma empresa é resultado de a empresa realmente vender os produtos e serviços. É uma forma útil de olhar para além de alguns lucros únicos que uma empresa pode receber, digamos, com a venda de ativos.

DICA

Os padrões de contabilidade foram reforçados no início dos anos 2000, após a implosão da empresa de energia Enron. Novas regras são rotineiramente aprovadas por grupos de definição de padrões contábeis para tornar a demonstração de resultados menos sujeita a manipulação. Mesmo assim, a demonstração do resultado deve ser vista com algum ceticismo saudável. A demonstração dos fluxos de caixa pode permitir que você procure, de forma inteligente, possíveis sinais de alerta na contabilidade de uma empresa, o que é uma das marcas da análise fundamentalista.

Lembre-se da hipotética barraca de limonada de sua filha. O mesmo tipo de coisa pode acontecer com empresas maiores. Imagine uma empresa tão ansiosa para contabilizar receitas, que oferece um cronograma de pagamento muito brando aos clientes que concordam em comprar produtos ou serviços agora. Isso permitiria que a empresa contabilizasse receitas agora, aumentando o lucro líquido, e deixaria felizes os investidores desavisados. O problema, porém, é que a empresa está essencialmente roubando o lucro líquido de um período futuro. Quando as empresas fazem isso, é referido como *channel stuffing* [enchimento de canais em tradução livre], porque estão colocando prematuramente o produto nas mãos dos clientes para reservar as vendas agora. A demonstração dos fluxos de caixa, no entanto, torna o enchimento de canais fácil de detectar, porque a empresa não recebe dinheiro.

Desmembrando a demonstração do fluxo de caixa em suas principais partes

A demonstração dos fluxos de caixa é dividida em três seções principais. A organização rígida permite isolar qual parte do negócio você deseja examinar. O caixa que entra ou sai é classificado em uma das três categorias:

» **Fluxos de caixa de atividades operacionais.** Aqui, os investidores têm uma boa ideia de quanto caixa uma empresa traz para si ou usa durante o curso normal dos negócios. Esta seção conta o caixa que vem de clientes, bem como o caixa usado para pagar fornecedores, impostos e salários de funcionários.

» **Fluxos de caixa de atividades de investimento.** As empresas mantêm um controle cuidadoso do caixa que gastaram para fazer melhorias ou investimentos. Esta seção, por exemplo, conta o caixa consumido na compra de novos ativos, como equipamentos ou instalações.

» **Fluxos de caixa de atividades de financiamento.** Enquanto as empresas geralmente esperam se tornar autossuficientes e apoiar suas operações com o caixa que geram dos negócios, às vezes elas precisam de injeções de dinheiro. Esta seção da demonstração do fluxo de caixa registra quanto caixa é investido em uma empresa por *credores* e *investidores.* Quer saber o que está consumindo o caixa de uma empresa? Isso está aqui também. Esta seção contabiliza o caixa que sai da empresa, incluindo para pagar dividendos em dinheiro aos investidores ou dívidas.

LEMBRE-SE

Infelizmente, muitas empresas não são tão diretas com suas demonstrações de fluxos de caixa quanto são com o balanço patrimonial e a demonstração de resultados. A grande maioria não fornece uma demonstração dos fluxos de caixa quando relata seus lucros usando *comunicados de imprensa sobre lucros*. Na mais sobre isso no Capítulo 4. Você pode precisar esperar semanas após uma empresa relatar seus lucros antes de obter a demonstração dos fluxos de caixa. As empresas são obrigadas a incluir a demonstração em seus arquivos 10-Q ou 10-K.

No entanto, algumas empresas, incluindo a Amazon.com, começaram a fornecer uma demonstração dos fluxos de caixa com o comunicado. Essa é uma tendência positiva que esperamos que outras empresas sigam.

Examinando o fluxo de caixa das operações de uma empresa

Você está seguindo o caixa, então é melhor começar do topo. A primeira seção da demonstração dos fluxos de caixa de uma empresa trata de medir quanto caixa uma empresa gera durante o curso normal de negócios. Esta seção principal mede o *caixa das operações*, formalmente chamado de *caixa fornecido pelas/usado nas atividades operacionais*. A seção informa quanto caixa a empresa gerou, ou usou, no decorrer dos negócios. Se estiver curioso para saber como é essa parte da demonstração do fluxo de caixa, vá em frente e dê uma olhada na Tabela 7-2. Você verá a parte de caixa das operações da Mondelez International para que possa acompanhar as descrições de cada item exibido. A Mondelez é uma gigante do ramo alimentício que possui marcas como Nabisco, Lacta e Tang.

DICA

Ler a demonstração dos fluxos de caixa pode ser complicado porque há muitas linhas na demonstração. Para aumentar a confusão, algumas linhas são positivas, e outras, negativas. Não se estresse. Basta lembrar que a demonstração dos fluxos de caixa serve, na verdade, para converter o lucro líquido em um número que representa o fluxo de caixa de uma empresa. Além disso, lembre-se de que, quando um número na demonstração do fluxo de caixa for positivo, isso significa que a atividade trouxe dinheiro para a empresa. Da mesma forma, quando o número é negativo, o item consome dinheiro. Se você for uma pessoa mais visual, a Tabela 7-1 mostra como pensar nesses ajustes.

TABELA 7-1   Gerando ou Consumindo Caixa

Se um Item na Demonstração do Fluxo de Caixa É...	Ele...
Negativo	Usa dinheiro
Positivo	Gera dinheiro

Você pode se perguntar exatamente que tipos de coisas geram ou consomem dinheiro — ou que outros ajustes são feitos na demonstração de resultados para calcular a demonstração do fluxo de caixa. As seções a seguir descrevem alguns desses ajustes.

Depreciação e amortização

Normalmente, os maiores ajustes o lucro líquido para convertê-lo em caixa das operações são a *depreciação* e a *amortização*. A depreciação é uma despesa que as empresas devem incluir em sua demonstração de resultados que não consome realmente o caixa da empresa. A depreciação contabiliza a despesa com o desgaste do equipamento. A amortização, por outro lado, é a erosão do valor de ativos intangíveis, como patentes ou marcas. A depreciação, na maioria das vezes, é adicionada ao lucro líquido como a primeira etapa para medir o fluxo de caixa da empresa.

DICA

A depreciação pode ser um item um tanto difícil de entender para os investidores. Pense desta maneira: todos os anos, o valor de seu carro diminui, devido à idade e ao desgaste. É uma despesa real, porque tecnicamente está custando caixa a você. Mas, quando seu carro deprecia, você não recebe uma conta por ele. Você não precisa preencher um cheque e não custa dinheiro imediatamente. Como resultado, a depreciação é adicionada ao lucro líquido ao medir o fluxo de caixa das operações de uma empresa.

Despesa de compensação baseada em ações

Obter os melhores talentos é uma parte fundamental do sucesso empresarial. Às vezes as empresas entram em uma corrida armamentista tentando atrair os melhores funcionários e gerentes. Pagar a esses funcionários poderia drenar a liquidez de uma empresa se eles fossem pagos em dinheiro. Algumas empresas menores, que não têm exatamente dinheiro sobrando para pagar talentos caros, não podem competir em dinheiro. Então, algumas empresas empreendedoras descobriram que, em vez disso, poderiam distribuir prêmios em ações ou com base em ações para funcionários e administradores. Os funcionários ficam felizes se o preço das ações subir. As empresas também ganham porque não precisam utilizar dinheiro. Os contadores exigem que as empresas incluam o valor da remuneração baseada em ações na demonstração do resultado, porque é uma despesa real. Mas a compensação baseada em ações é adicionada ao lucro líquido para obter dinheiro das operações, porque nenhum dinheiro realmente mudou de mãos.

Ajustes fiscais (Também chamados de benefício de imposto de renda diferido)

As empresas mantêm dois conjuntos de livros. Há um conjunto para investidores, que mede os lucros de acordo com as regras contábeis. Depois, há um conjunto exigido pelo Internal Revenue Service [equivalente à Receita Federal brasileira] para impostos. Os diferentes conjuntos de livros têm regras diferentes. Como resultado, uma empresa pode pagar impostos ao IRS antes que a despesa tributária seja registrada nos livros monitorados pelos contadores. O oposto também pode acontecer quando uma empresa ganha receita, mas ainda não devia impostos. Ainda está confuso? Não se preocupe. Apenas saiba que quando uma empresa realmente passa um cheque e paga impostos, que não são registrados na demonstração do resultado, ela deve subtrair o valor do lucro líquido. Ele é subtraído porque o pagamento de impostos consome parte do caixa da empresa.

Lucros em desinvestimentos

Quando uma empresa vende uma unidade, ela pode adicionar o lucro da venda a seu lucro líquido. Mas lembre-se: esse lucro não resultou da empresa vendendo produtos ou serviços. Como a venda não gerou vendas de operações, o valor é subtraído do lucro líquido.

Prejuízos de ativos ou perdas nas vendas de operações descontinuadas

Acredite ou não, as empresas às vezes tomam decisões de negócios ruins. Elas podem tentar um novo conceito de negócio, que fracassa espetacularmente, ou perceber que um ativo que compraram perdeu o valor. Quando as empresas são atingidas por essas despesas, os contadores as consideram custos e exigem que afetem a demonstração de resultados da empresa. No entanto, fundamentalistas experientes sabem que muitos desses fracassos não custam realmente dinheiro às empresas, e é por isso que muitas dessas despesas são adicionadas ao lucro líquido para se chegar ao caixa das operações.

Contas a receber

Se você está preocupado com uma empresa alegando que está indo melhor do que realmente está, esta seção da demonstração do fluxo de caixa é vital. Como você descobriu no Capítulo 6, as *contas a receber* de uma empresa são uma contagem de quanto seus clientes devem pelos produtos que compraram. Se vir as contas a receber disparar, isso significa que os clientes estão comprando principalmente a crédito, em vez de pagar à vista. O aumento nas contas a receber corrói o caixa da empresa porque a empresa está essencialmente dando aos clientes um cartão de crédito.

CUIDADO

Se você está preocupado com a possibilidade de uma empresa estar enchendo o canal, preste muita atenção à mudança nas contas a receber. Um grande salto em comparação com o aumento da receita de uma empresa pode ser uma dica.

CONTAS A PAGAR

Quando você compra algo com cartão de crédito, obtém o ativo sem usar dinheiro. É o mesmo conceito com empresas, que podem comprar suprimentos ou materiais a crédito. Elas podem colocar as mãos nas coisas de que precisam para conduzir os negócios, e sem usar dinheiro. Quando as contas a pagar de uma empresa aumentam, é considerado um impulso para o caixa e adicionado ao lucro líquido.

Se notar que as contas a pagar estão aumentando em relação ao *custo dos produtos vendidos* (discutido no Capítulo 6), tome cuidado. Isso pode significar que a empresa não está pagando as contas em dia, o que pode inflar o caixa.

Estoques

Se você já leu sobre manufatura just-in-time, entende por que as empresas se esforçam para manter baixos os estoques. Comprar pilhas de materiais necessários aos negócios consome um dinheiro precioso. Portanto, ao manter os níveis de *estoque* baixos, as empresas podem manter o caixa. Você verá isso imediatamente na demonstração do fluxo de caixa. Se os estoques aumentam, o aumento é subtraído do lucro líquido para medir o caixa das operações de uma empresa. Da mesma forma, se uma empresa esgota o estoque, é um aumento para seus níveis de caixa.

Outros

Empresas individuais podem passar por eventos únicos que afetam seu lucro líquido, mas não sua situação de caixa. Os eventos devem ser adicionados e subtraídos do lucro líquido, mas podem não aparecer nas demonstrações de fluxo de caixa de outras empresas. A Mondelez teve vários desses eventos, como uma despesa associada à extinção antecipada da dívida, que não custou dinheiro. Os contadores também permitiram que a empresa obtivesse um ganho de lucro líquido por seu plano de venda de um instrumento financeiro associado a uma alienação planejada de um negócio de café. Mas, como o negócio não aumentou o caixa da empresa, ele é subtraído do lucro líquido para calcular o caixa das operações.

Caixa líquido usado nas/fornecido pelas atividades operacionais

Aqui está o objetivo quando se trata de medir o fluxo de caixa de uma empresa a partir das operações. Depois de fazer todos os ajustes meticulosos ao lucro líquido, para adicionar de volta itens que não usaram dinheiro e subtrair aqueles que o fizeram, você obtém o caixa da empresa das operações ou caixa líquido usado nas/fornecido pelas atividades operacionais (veja a Tabela 7-2).

TABELA 7-2 Caixa de Operações da Mondelez em 2014

Item	Em Milhões de US$
Lucro líquido	US$2.201
Depreciação e amortização	1.059
Despesa de compensação baseada em ações	141
Benefício de imposto de renda diferido	−186
Lucros em desinvestimentos	0
Comprometimento de ativos	240
Perda na extinção antecipada da dívida	493
Contas a receber	184
Estoques	−188
Contas a pagar	387
Outros	−769
Caixa líquido gerado pelas atividades operacionais	3.562

Fonte: 10-k de 2014 da Mondelez International.

DICA

Quando o caixa líquido usado nas/fornecido pelas atividades operacionais é positivo, isso significa que a empresa gerou caixa a partir de sua linha normal de negócios. Se o número for negativo, significa que a empresa queimou dinheiro. Algumas empresas colocarão o número negativo entre parênteses, enquanto outras tornarão o número vermelho nas demonstrações financeiras.

Considerando o caixa de uma empresa de investimentos

Ao comprar ações de uma empresa, você quer ter certeza de que ela investe adequadamente em si mesma para manter as coisas em funcionamento. É aí que entra a seção da demonstração do fluxo de caixa, chamada de *dinheiro de investimento* ou *dinheiro fornecido pelas/usado nas atividades de investimento*.

Essa parte mostra quanto caixa a empresa está usando para manter suas fábricas funcionando ou suas lojas com aparência apresentável. Geralmente, os investimentos que as empresas fazem em si mesmas podem consumir grandes quantias de dinheiro com coisas como:

- » **Atualização de lojas para permanecerem relevantes.** Um varejista, por exemplo, pode precisar remodelar lojas periodicamente para mantê-las interessantes para os compradores.
- » **Aumentar a capacidade.** Um fabricante que está operando em plena atividade pode precisar adicionar espaço de armazenamento para lidar com o aumento da demanda.
- » **Atualizar equipamentos.** Um hospital pode melhorar a satisfação do paciente e reduzir o tempo de espera comprando um dispositivo de última geração que funcione mais rápido ou seja mais eficaz.
- » **Aquisições.** As empresas podem decidir que é mais barato comprar um rival em vez de tentar lançar o próprio negócio.
- » **Desinvestimentos.** Quando as empresas vendem uma unidade, normalmente recebem dinheiro. Esse dinheiro não vem de operações — ou da empresa que vende seus bens ou serviços. É do investimento; pelo menos é o que dizem os contadores. Mesmo se uma empresa tecnicamente perder dinheiro em uma unidade vendida, se ela obtiver pelo menos algum dinheiro, isso ainda é considerado um fluxo de caixa positivo.

DICA

Para simplificar, as empresas muitas vezes agrupam seus investimentos em melhorias ou atualização das instalações em um único item na demonstração do fluxo de caixa denominado *despesas de capital*, ou *cap ex*. Se estiver interessado em investigar mais profundamente quais despesas de capital uma empresa fez, os detalhes serão fornecidos nas notas de rodapé do 10-K.

A Tabela 7-3 mostra os investimentos que a Mondelez fez em seus negócios em 2014. Observe a enorme drenagem de dinheiro das despesas de capital — lembre-se de que, quando o caixa é usado, o número é mostrado como negativo ou entre parênteses. A demonstração dos fluxos de caixa da Mondelez é um bom lembrete de como os fluxos de caixa podem ser erráticos. A empresa gastou quase nada, US$7 milhões em dinheiro, em aquisições em 2014. Isso mudou completamente nos primeiros nove meses de 2015, quando a empresa usou caixa líquido de US$536 milhões comprando empresas. Em 15 de julho de 2015, a Mondelez gastou quase US$600 milhões em um negócio de lanches no Vietnã. Também vendeu alguns negócios, o que rendeu dinheiro.

TABELA 7-3 **Caixa de Investimentos da Mondelez em 2014**

Item	Em Milhões de US$
Despesas de capital	(US$1.641)
Aquisições	(7)
Desinvestimentos	7
Outros	0
Caixa líquido (usado em) atividades de investimento	(1.642)

Conhecendo o caixa das atividades de financiamento de uma empresa

As empresas costumam ser como os políticos: parecem estar constantemente levantando caixa. Em vez de conseguir financiamento para suas campanhas, as empresas precisam de financiamento para se manter em atividade.

Um exemplo clássico seria uma jovem empresa varejista. A empresa pode não ter dinheiro suficiente para comprar todas as camisas, calças e sapatos de que precisa para colocar em sua loja. O varejista, então, pode pedir dinheiro emprestado para comprar a mercadoria e planejar pagá-lo depois que as mercadorias forem vendidas. O caixa emprestado é considerado um fluxo de caixa positivo das atividades de financiamento.

CAPÍTULO 7 **Rastreando o Dinheiro com a Demonstração do Fluxo de Caixa**   131

As atividades de financiamento de uma empresa podem gerar ou usar dinheiro de várias maneiras. Geralmente, o caixa é obtido por meio do empréstimo monetário ou da venda de ações aos investidores. Tudo isso está resumido diretamente na seção *caixa das atividades de financiamento* da demonstração dos fluxos de caixa. A Tabela 7-4 mostra a Mondelez como exemplo. Os maiores usos ou geradores de dinheiro de atividades de financiamento incluem:

» **Aumento ou diminuição da carga de dívida da empresa:** Como você descobriu ao ler sobre o balanço patrimonial no Capítulo 6, as empresas podem se financiar usando os lucros, tomando empréstimos ou vendendo ações aos acionistas. Cada uma dessas formas de arrecadar dinheiro tem suas vantagens e desvantagens.

Esta seção da demonstração dos fluxos de caixa mostra se uma empresa está ou não gerando caixa ao emitir dívida ou usando caixa ao pagar dívidas. Se uma empresa decidir que tomou muito caixa emprestado, por exemplo, pode optar por usar dinheiro para pagar sua dívida.

A demonstração também distingue entre a *dívida de curto prazo* e a *dívida de longo prazo.* A dívida de curto prazo é mais urgente, pois vence em um ano, enquanto a dívida de longo prazo vence em mais de um ano. A Mondelez, em 2014, emitiu mais de US$12 bilhões em novas dívidas de longo e curto prazo.

» **Comprando de volta (ou *recomprando*) as ações da empresa:** De vez em quando, as empresas podem optar por comprar suas próprias ações. Ao fazer isso, usam dinheiro para tirar ações das mãos do público, comprando-as. Isso reduz o número de fatias de lucros de uma empresa, potencialmente tornando cada ação mais valiosa.

» **Pagamento de dividendos aos acionistas:** Algumas empresas, geralmente aquelas em negócios maduros com fluxo de caixa estável, podem gerar mais caixa do que o necessário para se administrar. Elas geralmente retornarão caixa aos acionistas por meio da emissão de dividendos. E esses pagamentos consomem dinheiro.

» **Caixa líquido fornecido pelas/usado nas atividades de financiamento:** Depois de contabilizar todo o caixa gerado pelo empréstimo e pela emissão de ações, o caixa usado para extinguir dívidas, recomprar ações e pagar dividendos, você obtém o resultado final. *Caixa líquido fornecido pelas/usado nas atividades de financiamento,* ou caixa de atividades de financiamento, mostra se a empresa foi uma ganhadora líquida ou usuária de caixa após considerar todos os eventos de levantamento de dinheiro.

TABELA 7-4 Caixa de Investimentos da Mondelez em 2014

Item	Em Milhões de US$
Dívida de curto prazo emitida	US$2.480
Dívida de longo prazo emitida	3.032
Dívida de curto prazo paga	(2.713)
Dívida de longo prazo paga	(3.017)
Recompra de ações ordinárias	(1.700)
Dividendos pagos	(964)
Outros	194
Caixa líquido (usado em) atividades de investimento	(2.688)

Os Lucros Podem Ser Enganosos, Mas Não o Fluxo de Caixa

Os investidores muitas vezes prestam muita atenção às receitas e aos lucros de uma empresa. Muita atenção, provavelmente. A cada trimestre, durante a chamada *Temporada de resultados*, os investidores analisam o que as empresas informaram que ganharam, comparam esses resultados com o que os investidores esperavam e compram ou vendem as ações.

O fato de os investidores prestarem tanta atenção aos lucros não passa despercebido pelas administrações das empresas. Há um grande incentivo para as empresas nunca perderem as *expectativas de lucros*, ou quanto os investidores acham que a empresa ganhará, porque isso pode fazer com que o preço das ações caia precipitadamente. Para aumentar o incentivo a não decepcionar, os pacotes de remuneração de muitos executivos estão intimamente ligados ao preço das ações das empresas. Se os lucros desapontam e as ações caem, lá se vão as férias no Havaí para o CEO.

Não é apenas o incentivo para atender às expectativas de lucros que existe, mas também uma maneira para isso. A flexibilidade das regras contábeis permite que a administração *gerencie os lucros*. O termo *gerenciar lucros* descreve uma série de coisas que a administração pode fazer para equilibrar o lucro líquido e os lucros a cada trimestre e reduzir as chances de decepção dos investidores.

A capacidade da administração de gerenciar os lucros decorre em grande parte da forma como a demonstração de resultados é construída. Geralmente, as transações financeiras usam a *contabilidade de exercício*, que registra a receita quando as vendas são feitas e os custos quando são incorridos. Isso é muito diferente da contabilidade de caixa, que registra a receita quando as vendas são *cobradas* e os custos são *pagos*.

Quando o lucro de uma empresa é muito diferente do caixa que está gerando, isso é algo de grande importância para um analista fundamental. Mais adiante neste capítulo, mostrarei como os analistas fundamentais observam essa tendência potencialmente perturbadora.

As empresas também podem inflar o caixa. A forma mais comum seria evitar o pagamento de suas contas. No final, porém, essa tática alcançará a empresa quando seus fornecedores ou outros credores ameaçarem com uma ação legal ou pararem de enviar suprimentos e matérias-primas.

Uma maneira rápida e fácil de monitorar o fluxo de caixa de uma empresa

Você pode passar horas analisando a demonstração dos fluxos de caixa. Posteriormente no livro, compartilharei alguns índices financeiros e outras coisas que você pode fazer para analisar o caixa que entra e sai.

Mas aqui quero compartilhar com você uma das maneiras fundamentais mais rápidas e eficazes de analisar uma demonstração de fluxos de caixa. É uma forma de análise tão simples, que não é má ideia realizá-la com qualquer empresa em que você investe ou tem interesse.

Como você deve lembrar, os lucros certamente são importantes. Mas o fluxo de caixa é rei. Você poderia ter uma empresa relatando lucros gigantescos de acordo com a demonstração de resultados, mas não gerando caixa. Lembra-se da barraca de limonada discutida anteriormente neste capítulo? Para não se deixar enganar por essa manobra, faça uma coisa simples: compare o lucro líquido de uma empresa com o caixa de operações. É uma análise muito simples de fazer. Tudo de que você precisa é da demonstração dos fluxos de caixa.

Aqui está o que você procura ao fazer esta análise: se uma empresa está gerando tanto caixa quanto está relatando lucro líquido, isso pode ser uma boa indicação de que ela tem *balanços de alta qualidade*, que são aqueles respaldados por dinheiro vivo, não apenas enganações tornadas possíveis pelas regras contábeis.

DICA

Se esta análise parecer confusa, continue lendo. Depois de passar pelas etapas a seguir e praticar algumas vezes, você ficará surpreso com a facilidade de comparar o lucro líquido de uma empresa com o caixa das operações.

Não presuma que o endurecimento dos padrões contábeis no início de 2000 prejudicou os balanços de baixa qualidade. Os padrões de contabilidade financeira foram consideravelmente restritos ao longo dos anos — especialmente após alguns grandes colapsos, como o da Enron. Mesmo assim, o número de empresas com balanços de baixa qualidade voltou a aumentar. A Tabela 7-5 mostra o número de empresas da Standard & Poor's 500 que relataram lucro líquido maior do que o caixa das operações.

TABELA 7-5   Aumentos e Quedas dos Balanços de Qualidade

Ano	Número de Empresas no S&P 500 com Lucro Líquido Superior ao Fluxo de Caixa das Operações
2014	48
2013	47
2012	44
2011	51
2010	55

Fonte: S&P Capital IQ. Com base nos membros do S&P 500 a partir de 2015, no fluxo de caixa das operações em 2014 e no lucro líquido em 2014.

As etapas a seguir mostram como realizar essa forma de análise da qualidade dos balanços com base em dinheiro na Mondelez:

1. **Pesquise o lucro líquido da empresa.** Como você aprendeu no Capítulo 5, o lucro líquido está disponível na demonstração do resultado. Mas você também pode tirar isso da linha superior da demonstração dos fluxos de caixa. Para a Mondelez, o lucro líquido foi de US$2,2 bilhões em 2014.

2. **Pesquise o fluxo de caixa das operações da empresa.** O fluxo de caixa das operações é o quanto a empresa gerou com seus negócios. É como a versão em dinheiro do lucro líquido. Como você deve lembrar, o fluxo de caixa das operações da Mondelez foi de US$3,6 bilhões em 2014.

3. **Compare o lucro líquido com o fluxo de caixa das operações.** Você vai querer que o fluxo de caixa das operações seja pelo menos igual, senão maior, do que o lucro líquido. Isso indica que a empresa gera tanto caixa quanto pretende gerar lucros. A Tabela 7-6 resume o que você precisa saber. Por exemplo, a Mondelez arrecadou US$1,4 bilhão a mais em operações do que relatou como lucro em 2014, dando-lhe uma boa confiança de que a empresa tem balanços de alta qualidade.

CAPÍTULO 7 Rastreando o Dinheiro com a Demonstração do Fluxo de Caixa   135

FALTA DE QUALIDADE DOS BALANÇOS DA ENRON

Mesmo hoje, o colossal pedido de falência da empresa em 2001 continua sendo um caso clássico de fraude financeira. A implosão deixou muitos investidores boquiabertos. Mas para analistas fundamentalistas, que sabem como medir a qualidade dos balanços de uma empresa, houve alguns sinais de alerta importantes.

Quando o preço das ações da Enron ainda era relativamente alto, US$63 por ação, as demonstrações financeiras da empresa mostravam uma qualidade de balanço chocantemente baixa. Quando a empresa publicou seu comunicado de imprensa de lucros, impressionou os investidores com um lucro melhor do que o esperado de US$425 milhões no trimestre. Mas os fundamentalistas estavam ligados. Um exame da demonstração de fluxo de caixa da empresa mostrou que a Enron queimou US$464 milhões em dinheiro durante o mesmo trimestre, em que relatou lucros espetaculares. Você acertou. Não apenas o lucro líquido da Enron era maior do que o caixa das operações, como o caixa estava indo pelo ralo. Este foi um grande sinal de alerta e um grande motivo para que um fundamentalista evitasse essa ação desastrosa que acabou perdendo quase todo seu valor.

TABELA 7-6 Avaliando a Qualidade dos Balanços de uma Empresa

Se o Caixa das Operações For...	Significa que a Empresa...
Maior do que o lucro líquido	Gera mais caixa do que reporta aos acionistas como lucro. Tem balanços de alta qualidade.
Menor do que o lucro líquido	Gera menos caixa do que reporta aos acionistas como lucro. Tem balanços de baixa qualidade.

LEMBRE-SE

Só porque o lucro líquido de uma empresa é menor do que seu fluxo de caixa de operações, não significa que ela está cometendo fraude. Significa apenas que uma parte substancial do lucro relatado não está se materializando em dinheiro. Isso pode acontecer, por exemplo, quando uma empresa de crescimento rápido vende produtos tão rapidamente que deve registrar os lucros antes de receber dinheiro dos clientes. Ainda assim, quando o fluxo de caixa das operações é inferior ao lucro líquido, este é um motivo para se preocupar e cavar mais fundo para determinar a causa.

Compreendendo os Fundamentos do Fluxo de Caixa Livre

Admita: os lucros podem impressionar os investidores, mas é o fluxo de caixa que paga as contas. Mesmo se uma empresa apresentar um crescimento de receita notável, se ela não conseguir fazer com que o caixa chegue rápido o suficiente para pagar suas próprias contas, estará tudo perdido. É aí que entra uma medida financeira popular chamada *fluxo de caixa livre*. O fluxo de caixa livre diz quanto caixa uma empresa gera (ou usa) durante o curso normal dos negócios, incluindo o custo de atualização e manutenção de seus equipamentos e instalações. O fluxo de caixa livre é essencialmente um ajuste ao caixa das operações para incluir algumas das atividades de investimento da empresa.

Basta se lembrar de que o fluxo de caixa livre é uma ferramenta de análise fundamentalista relativamente fácil que pode dizer muito sobre a geração ou o consumo de caixa de uma empresa. Observar o fluxo de caixa livre de uma empresa é como observar o medidor de combustível quando você está dirigindo. Assim como você deseja saber quando o combustível está acabando, deseja saber quando o caixa está acabando.

PAPO DE ESPECIALISTA

Existem muitas maneiras de analisar o fluxo de caixa. Alguns analistas tentam determinar quanto caixa uma empresa gera estudando os *lucros antes de juros, impostos, depreciação e amortização* ou *EBITDA* [Earnings Before Interest, Taxes, Depreciation and Amortization no original]. O EBITDA ajusta o lucro líquido de uma empresa adicionando juros, impostos, depreciação e amortização. O EBITDA pode ser outra maneira de estudar a lucratividade de uma empresa e oferece uma ideia aproximada de quão capaz ela é de pagar seus custos de juros. Mas não cometa o erro de presumir que o EBITDA é o fluxo de caixa de uma empresa, embora muitos analistas o façam. Afinal, ele não leva em consideração o caixa consumido pelo estoque, estendendo o crédito aos clientes ou usado para comprar novos equipamentos. Confie em mim. Quando quiser saber quanto caixa uma empresa está usando, conte com o fluxo de caixa livre, conforme descrito na seção a seguir.

Calculando o fluxo de caixa livre

O termo *fluxo de caixa livre* pode soar muito complexo e acadêmico, mas você pode se surpreender com o quão fácil é calcular o fluxo de caixa livre de uma empresa. Tudo de que precisa para medir o fluxo de caixa livre está disponível na demonstração dos fluxos de caixa. Que conveniente!

Na verdade, se seguiu o cálculo do caixa de uma empresa a partir das operações mostradas no capítulo anterior, você está a mais da metade do caminho para chegar ao fluxo de caixa livre. A fórmula se parece com esta:

Fluxo de caixa livre = caixa de operações – despesas de capital

Pegando novamente a Mondelez como exemplo, você pode calcular o fluxo de caixa livre da empresa subtraindo seus gastos de capital de US$1,6 bilhão de seu caixa de operações de US$3,6 bilhões, para chegar a um fluxo de caixa livre de US$2 bilhões. A Mondelez está gerando caixa. Mas nem sempre é o caso. Na próxima seção deste capítulo, mostrarei como analisar uma empresa que está queimando caixa e ver quanto tempo leva para queimar todo seu estoque.

LEMBRE-SE

Alguns analistas iniciantes não sabem por que as despesas de capital devem ser subtraídas do fluxo de caixa das operações para se chegar ao fluxo de caixa livre. A ideia é a de que uma empresa não pode continuar por muito tempo sem reinvestir e atualizar sua infraestrutura. O exemplo de uma empresa de manufatura é bem útil. Após um certo período de tempo, as máquinas que ficam sem manutenção se quebrarão ou não funcionarão direito. Aplicar dinheiro para manter o equipamento é fundamental para a empresa continuar no mercado.

Medindo a taxa de queima de caixa de uma empresa

Um dos grandes alívios dos reality shows é que, eventualmente, os competidores sem talento são dispensados. Seja o cantor com a voz horrível em *America's Got Talent*, o cozinheiro de baixo desempenho no *Top Chef* ou o concorrente desajeitado em *Dancing with the Stars*, eventualmente, aqueles que não fazem jus são eliminados.

A mesma realidade brutal e dura se aplica ao mundo dos negócios, exceto pelo fato de que as empresas não tropeçam ou engasgam — elas ficam sem dinheiro. Muitas vezes, as empresas que ficam sem dinheiro viram história (a menos que sejam capazes de obter um resgate). E como analista fundamentalista, é importante entender como funciona esse darwinismo.

Quando uma empresa depende de dinheiro emprestado, o número de baixas ocorre quando ela deixa de pagar os juros de sua dívida. Nesse ponto, os credores podem assumir o controle da empresa e forçá-la a se reestruturar. Mas e se uma empresa não fez um empréstimo? Para ela, a música para quando ela fica sem dinheiro.

Neste ponto, você tem todas as habilidades básicas de que precisa para medir quando uma empresa ficará sem dinheiro ou realizar o que é chamado de *análise de queima de caixa*. Quando faz uma análise de queima de caixa, você mede quanto tempo o caixa de uma empresa durará se ela continuar a consumir dinheiro como o faz atualmente. Pense em você como um médico dizendo a um paciente quantos meses ele ainda tem de vida.

Você pode não se lembrar do boom das pontocom em 2000, o que é uma pena, porque foi talvez o melhor exemplo dos últimos tempos dos perigos de ficar sem dinheiro. Alguns dos melhores exemplos de queima de caixa ocorreram durante esse período em que a internet era uma novidade para os investidores. Várias empresas de internet levantaram rios de dinheiro durante o boom, mas, depois que a bolha da internet estourou, muitas não conseguiram vender ações ou tomar empréstimos. Isso significava que, para sobreviver, elas só tinham o caixa que economizaram.

Como muitas empresas de internet estavam perdendo e queimando caixa em um ritmo muito rápido, elas ficariam sem nada antes que pudessem ganhar um centavo para os investidores. Em abril de 2000, o *USA Today* descobriu que três dos quatorze maiores varejistas online queimariam suas reservas de dinheiro em menos de doze meses. Todos os três acabaram ou entrando com pedido de concordata ou sendo adquiridos por rivais por centavos a ação, praticamente eliminando os investidores.

Esta fórmula pode ajudá-lo a evitar essas situações:

> Número de anos pelos quais a empresa terá caixa = caixa e equivalentes de caixa/fluxo de caixa livre anual

DICA

Se a empresa queimou caixa, ela terá um fluxo de caixa livre negativo. Converta-o em um número positivo antes de usar a fórmula fornecida.

Um exemplo é a Value America, uma varejista online que era uma queridinha em Wall Street durante o boom da internet. Os investidores queriam apenas possuir ações da internet — quer gerassem dinheiro ou não. A Value America aproveitou a generosidade do público investidor vendendo 5,5 milhões de ações a US$23 cada. A venda das ações gerou US$126 milhões em novo caixa. Os investidores adoraram e enviaram as ações a uma valorização de 140% no primeiro dia de negócio.

Aqui está o problema: a empresa estava usando o caixa mais rápido do que poderia levantá-lo. Durante 1999, a empresa queimou US$109,9 milhões em dinheiro com as operações. A Value America gastou US$16,3 milhões adicionais para despesas de capital. Somando os dois números, o fluxo de caixa livre da Value America foi negativo em US$126,2 milhões. Enquanto isso, a empresa encerrou 1999 com caixa e equivalentes de caixa de US$52,1 milhões.

Use a fórmula 52,1 / 126,2 = 0,4. Em outras palavras, a Value America não tinha dinheiro suficiente para durar nem mesmo um ano. Ela só tinha o suficiente para durar quatro décimos de um ano. É útil converter 0,4 em um período de tempo, multiplicando 0,4 por 12, para ver quantos meses o caixa durará. O resultado? A Value America tinha dinheiro suficiente para sobreviver a apenas cinco meses.

Isso poderia ter sido bom se os investidores ainda estivessem dispostos a jogar quantias absurdas de dinheiro em empresas de internet. Empresas como a Value America podem continuar a queimar dinheiro — e simplesmente reabastecer seus cofres com a venda de ações. Mas depois que a bolha de tecnologia estourou em 2000, os investidores não estavam dispostos a investir nada nas pontocom, especialmente naquelas que perdiam e queimavam dinheiro. E adivinha? A Value America pediu concordata em 2000. Os analistas fundamentais prestam muita atenção às taxas de queima de caixa das empresas, porque as empresas devem gerar caixa suficiente para se tornarem sustentáveis.

NESTE CAPÍTULO

» **Entendendo como os índices financeiros lhe permitem aplicar rapidamente a análise fundamentalista**

» **Descobrindo quais são os índices financeiros essenciais e como os calcular**

» **Descobrindo como interpretar o índice P/L para tomar decisões de investimento**

» **Investigando como medir e ler quão valorizado está o mercado de ações usando seu P/L**

Capítulo **8**

Usando Índices Financeiros para Identificar Investimentos

As demonstrações financeiras, por definição, emitem uma aura de organização. Todos os itens estão bem organizados em linhas e colunas, dando a impressão de que encontrar tudo o que você precisa saber é apenas uma questão de virar para a página correta e ler o número. Quem dera fosse assim tão fácil.

Embora os contadores façam um ótimo trabalho ao registrar as finanças de uma empresa de maneira organizada, extrair as informações necessárias para a análise fundamentalista é um pouco confuso. Ler as demonstrações financeiras de cima para baixo só conta um pouco da história. Para realmente levar sua análise fundamentalista para o próximo nível, você precisa aprender como colocar os itens das demonstrações financeiras em perspectiva. Isso significa pegar um número de uma demonstração financeira e compará-la com outra. Os *índices financeiros* são uma das melhores maneiras de fazer isso. Eles comparam uma medida financeira com outra para fornecer uma visão real sobre o que os números significam.

Neste capítulo, mostrarei alguns dos índices mais críticos das demonstrações financeiras e como aplicá-los. Por ser uma proporção tão importante, descrevo com mais profundidade a relação preço/lucro.

Usando Índices Financeiros para Entender o que Acontece na Empresa

Você pode não perceber, mas provavelmente já está usando proporções em sua vida diária. Por exemplo, o fato de você colocar 45 litros de gasolina em seu carro não diz nada sobre a eficiência do veículo. Mas se você olhar para quantos quilômetros você dirigiu com esses 45 litros e examinar quantos quilômetros rodou com um litro, pode descobrir se seu carro é um bebedor de gasolina ou não. Dividindo o número de quilômetros que você dirigiu pelos litros que consumiu, você sabe quantos quilômetros por litro seu carro faz. Agora, isso é significativo. Da mesma forma, ao reformar sua casa, você pode descobrir qual carpete ou piso é melhor comparando o preço por metro quadrado, que também é uma proporção.

Os índices financeiros funcionam exatamente da mesma maneira que esses índices diários. Ao comparar uma parte dos dados de uma demonstração financeira com outra parte dos dados, geralmente de outra demonstração financeira, você obtém uma visão fundamental da empresa que nenhum número isoladamente forneceria. Os índices financeiros são úteis na análise fundamentalista, pois permitem que você:

» **Compare as finanças de várias empresas umas com as outras.** Os índices financeiros fornecem uma base relativamente comum para classificar as empresas, geralmente no mesmo setor, umas contra as outras.

» **Tire conclusões de todas as demonstrações financeiras.** Ao extrair números da *demonstração de resultados* e do *balanço*, você pode obter informações que nunca obteria lendo apenas uma das demonstrações.

» **Obtenha informações rapidamente.** Com apenas alguns problemas de split, você pode ter uma boa ideia de quão qualificada é uma equipe de gerenciamento e como o negócio é operado.

DICA

Algumas proporções permitem comparar dois números que você talvez não ache que tenham relação. Um de meus exemplos favoritos é um índice que mede a produtividade dos funcionários. Basta dividir a receita total de uma empresa pelo número de funcionários e você descobrirá quantos negócios em média são gerados em relação à força de trabalho da empresa. Quanto mais alto o número, mais produtivo cada trabalhador é — olhando para a empresa como um todo. Você pode então comparar a produtividade da empresa com rivais no mesmo setor, conforme mostrado na Tabela 8-1.

TABELA 8-1   **Receita Gerada por Trabalhadores**

Setor da Empresa	Receita por Funcionário em Milhares de US$ (Média)
Energia	US$2.616
Serviços	US$2.343
Financeiro	US$1.382
Materiais	US$720
Saúde	US$680
Produtos básicos (incluindo alimentos)	US$690
Telecomunicações	US$488
Tecnologia	US$481
Bens não essenciais	US$393
Industriais	US$362

Fonte: S&P Capital IQ com base na Standard & Poor's 500 em 2014.

A ExxonMobil, por exemplo, relatou uma receita total de US$369,4 bilhões em 2014. A petroleira começou 2014 com 75 mil funcionários. Quando você divide a receita pelo número de funcionários, descobre que cada funcionário, em média, gerou US$4,9 milhões em receita. Se você trabalha na ExxonMobil, talvez seja hora de pedir um aumento.

DICA

Os índices financeiros podem fornecer aos analistas fundamentais percepções exclusivas. Apenas tome cuidado para não ler muito sobre eles. Ao analisar os índices financeiros, é mais útil comparar uma empresa com seus concorrentes. A relação receita/funcionário discutida antes é um ótimo exemplo das advertências para tal análise. Por exemplo, a ExxonMobil e as empresas de energia geram alta receita por funcionário porque seus negócios exigem *capital intensivo*. As empresas de capital intensivo dependem de máquinas para gerar uma grande parte de sua receita, o que faz com que os funcionários pareçam super-heróis da produtividade. Sempre tenha em mente que as proporções precisam ser comparadas a benchmarks válidos antes de conceder peso excessivo a eles.

CAPÍTULO 8 **Usando Índices Financeiros para Identificar Investimentos**   143

Quais índices financeiros você deve conhecer e como usá-los

Os índices financeiros são como vegetais. Existem inúmeros, incluindo alguns dos quais talvez você nem tenha ouvido falar. Só para levar essa analogia ainda mais longe, algumas pessoas amam brócolis, mas outras não suportam nem mesmo olhar para eles. O mesmo acontece com os índices financeiros. Você pode criar um livro inteiro dedicado apenas a eles. Alguns fundamentalistas adoram alguns, como o *retorno sobre o patrimônio líquido*, enquanto outros os consideram enganosos. Darei minha opinião sobre os índices, mas cabe a você, como fundamentalista, decidir quais são os melhores para seus objetivos.

LEMBRE-SE

Existem centenas de índices financeiros porque eles são apenas problemas de split, e não há nada que o impeça de comparar praticamente qualquer coisa nas demonstrações financeiras com outra coisa. A questão, porém, é se o índice é ou não valioso ou significativo.

É por isso que, nesta seção, mostrarei os maiores sucessos dos índices financeiros. Estes são os índices que você provavelmente encontrará e aqueles que se acredita terem algum valor.

Geralmente, os índices financeiros se enquadram em uma das cinco categorias:

» **Lucratividade:** Esse índice permite que você coloque em perspectiva o lucro ou prejuízo gerado por uma empresa. Normalmente, é chamado de *margem de lucro*. Mas existem vários tipos de margens de lucro, incluindo *bruta*, *operacional* e *líquida*. Eles são abordados em detalhes no Capítulo 5, então não os examinarei novamente aqui.

» **Eficácia da gestão:** Você já se perguntou se um CEO está fazendo um trabalho bom ou ruim? Muitos investidores apenas olham para o preço das ações para fazer esse julgamento. Isso é um tanto injusto, pois o CEO não pode controlar a mente dos investidores, e o preço das ações de uma empresa pode ser desconectado dos lucros e das receitas no curto prazo. No entanto, índices como *retorno sobre ativos, retorno sobre patrimônio líquido* e *retorno sobre o capital investido* são afetados pelas decisões dos CEOs.

» **Eficiência:** Quando você investe ou empresta dinheiro a uma empresa, deseja saber se o caixa está sendo bem utilizado. E este é o objetivo dos *índices de eficiência*: indicar se a empresa está gerenciando os recursos com sabedoria.

» **Condição financeira:** Quando você investe em uma empresa, quer saber se ela tem os recursos necessários para enfrentar tempos econômicos ruins e bons. A *liquidez corrente*, discutida no Capítulo 6, apresentou a ideia de usar índices para verificar o poder de permanência de uma empresa. Mas existem mais ferramentas desse tipo à disposição do fundamentalista.

» **Valuation:** O preço por ação de uma ação, embora seja a fixação da maioria dos investidores, não diz muito sobre o quanto a ação é cara. É o valuation das ações, ou quanto você está pagando pelos lucros de uma empresa, que importa. Conforme mencionado no Capítulo 3, Visa e Mastercard podem estar no mesmo negócio de processamento de pagamentos, mas saber qual ação é realmente mais cara é o que mais preocupa os fundamentalistas.

Usando índices para avaliar a gestão

Há algo revigorante em como o desempenho dos atletas é medido. Corridas, gols e cestas são todos meticulosamente contados como parte da contagem de pontos. Mas, nos esportes, os desempenhos individuais são monitorados ainda mais de perto, à medida que tudo, desde erros até falhas e quedas, é registrado. No final do jogo, não há dúvidas sobre como o jogador se saiu.

A análise fundamentalista traz o mesmo rigor para medir os líderes das empresas, incluindo os CEOs. Os CEOs, na esperança de manter seus empregos, são famosos por colocar o melhor rosto possível nos resultados de suas empresas. Mas a análise fundamentalista permite que você, o investidor, olhe além das promessas e perceba como a administração realmente se saiu. Usando os dados financeiros do fabricante de equipamentos de rede de computadores Cisco Systems, mostrarei como calcular os principais índices necessários para avaliar a gestão. Para economizar seu tempo, peguei todos os dados brutos de que você precisa e os coloquei na Tabela 8-2.

TABELA 8-2   **Resumo Financeiro para a Cisco Systems**

Item da Linha	US$ Milhões no Ano Fiscal 2015	US$ Milhões no Ano Fiscal 2014
Receita	US$49.161	US$47.142
Custo dos produtos vendidos	US$19.451	US$18.718
Despesas com vendas, gerais e administrativas [SG&A]	US$11.851	
Pesquisa e desenvolvimento [R&D]	US$6.207	
Depreciação e amortização	US$359	
Lucro líquido	US$8.981	US$7.853
Lucro diluído por ação	US$1,75	US$1,50
Ativos totais	US$113.481	US$105.070
Caixa e equivalentes de caixa	US$6.877	US$6.726
Investimento de curto prazo	US$53.539	US$45.348

(continua)

(continuação)

Item da Linha	US$ Milhões no Ano Fiscal 2015	US$ Milhões no Ano Fiscal 2014
Contas a receber	US$9.835	US$9.310
Estoque	US$1.627	US$1.591
Empréstimo de curto prazo	US$3	
Contas a pagar	US$1.260	US$1.194
Despesa de juros	US$566	US$564
Passivos circulantes	US$23.623	US$19.809
Parcela atual da dívida de longo prazo	US$3.894	500
Dívidas de longo prazo	US$21.457	US$20.340
Número de ações em circulação	5.085	5.107
Patrimônio líquido	US$59.707	US$56.661

Fonte: Cisco Systems.

DICA

Todas as linhas que você vê na Tabela 8-2 vêm da demonstração de resultados ou do balanço patrimonial. Se algum deles lhe parecer desconhecido, volte aos Capítulos 5 e 6 para refrescar a memória.

Retorno sobre o patrimônio líquido

Para muitos investidores, o índice mais importante a se prestar atenção é o retorno sobre o patrimônio líquido, ou *ROE*. Ele informa quanto lucro é gerado com o caixa que foi confiado pelos investidores. A fórmula é:

Retorno sobre o patrimônio líquido = lucro líquido / patrimônio líquido médio

Para medir o retorno sobre o patrimônio da Cisco Systems, primeiro você precisa calcular o patrimônio líquido médio. Esse é o patrimônio líquido de um ano mais o ano anterior, dividido por 2. Para a Cisco, isso é US$59.707 mais US$56.661, dividido por 2, ou US$58.184.

Em seguida, divida o lucro líquido da empresa (US$8.981) pelo patrimônio líquido médio (US$58.184). A resposta para a Cisco são saudáveis 15%. Se você fizer a mesma análise para outras empresas do setor de tecnologia, encontrará um ROE médio de cerca de 20%. E, para colocar isso em perspectiva, as empresas do S&P 500 geraram um ROE médio de 21% em meados da década de 2010.

146   PARTE 2 **Como Realizar a Análise Fundamentalista**

DICA

Não presuma que só porque uma empresa tem um ROE maior do que outra ela é uma empresa melhor. O ROE de uma empresa pode ser reduzido porque ela tem um grande investimento em ativos. Esses ativos podem dar à empresa uma vantagem sobre seus rivais no longo prazo. É por isso que é melhor comparar o ROE de uma empresa com o de outra, no mesmo setor.

Retorno sobre o capital investido

Para fundamentalistas experientes, o retorno sobre o capital investido, ou *ROIC*, é o indicador final da lucratividade de uma empresa. Ele diz quanto a empresa ganha com todo o caixa, incluindo dívidas e patrimônio, que foi confiado a ela. Essa é uma distinção importante em relação ao retorno sobre o patrimônio — que apenas diz quanto retorno é gerado pelo caixa do acionista. Essa medida dá uma imagem mais completa de como a gestão está indo, especialmente quando está pedindo uma grande quantia de dinheiro.

DICA

O cálculo do ROIC vale muito a pena, embora exija um pouco de matemática. Para manter as coisas simples, dividi o cálculo em etapas.

Existem muitas variações sobre como calcular o ROIC; algumas são excessivamente simplistas, e outras são extremamente complexas. Você está essencialmente dividindo a receita de caixa de uma empresa por sua dívida total e patrimônio líquido. A seguir, apresento as etapas que funcionarão para a maioria das análises fundamentalistas:

1. **Calcule o *lucro da empresa antes de juros e impostos*, ou *EBIT*.** Essa é uma medida aproximada do lucro em dinheiro, excluindo o custo de pagar despesas com juros e impostos. É uma estimativa vaga de quanto lucro a empresa tem disponível para pagar juros. A fórmula é assim:

(Receita – custo dos produtos vendidos – SG&A – P&D – depreciação e amortização)

Para a Cisco, isso é:

(US$49.161 – US$19.451 – US$11.851 – US$6.207 – US$359) = US$11.293

2. **Ajuste o EBIT para impostos.** Multiplique a resposta da Etapa 1 por (1 – taxa de imposto). Isso ajusta o EBIT para impostos.

Para a Cisco, isso é:

US$11.293 * (1 – 0,375) = US$7.058. Este é o EBIT ajustado de impostos da Cisco.

3. **Calcule o capital total possuído pela empresa no ano mais recente.** Essa medida informa quanto caixa, incluindo *dívida* e *patrimônio líquido* dos acionistas, a empresa tem à disposição. Se você precisar se lembrar da diferença entre dívida e patrimônio líquido, veja o Capítulo 6.

   (Patrimônio líquido + parcela atual da dívida de longo prazo + dívida de longo prazo)

   Para a Cisco, isso é:

   (US$59.707 + US$3.894 + US$21.457) = US$85.058 para 2015

4. **Calcule o capital total do ano anterior.** Para a Cisco, isso é:

   (US$56.661 + 500 + US$20.340) = US$77.501 para 2014

5. **Pegue o capital total médio.** Some os dois anos e divida por 2.

   Para a Cisco, isso é:

   US$81.280 = (US$85.058 + US$77.501) / 2

6. **Calcule o ROIC.** O ROIC é calculado dividindo-se o EBIT ajustado pelos impostos pelo capital total. Usaremos o exemplo da Cisco. Divida a resposta da Etapa 2 pela resposta da Etapa 5.

   Para a Cisco, isso é:

   US$11.293 / US$81.280 = 0,139

7. **Converta o ROIC em uma porcentagem.** Multiplique a resposta da etapa 6 por 100. Para a Cisco, isso é 0,139 * 100, ou 13,9%.

Para um ROIC, 13,9% é muito bom. Isso significa que a empresa gera um retorno de quase 14% sobre todo o caixa que lhe foi confiado. O ROIC médio das empresas S&P 500 era de aproximadamente 11 em meados da década de 2010. Mas, novamente, é melhor comparar o ROIC de empresas do mesmo setor, e como a média do setor de tecnologia é 12,9, a Cisco está na faixa.

DICA

Quando o ROIC é menor do que o retorno sobre o patrimônio líquido, isso indica que parte dos retornos da empresa é o resultado do uso de dinheiro emprestado ou *alavancagem*. O caixa emprestado pode aumentar o retorno quando as coisas vão bem, mas prejudica quando os negócios diminuem. Enquanto isso, durante uma crise de crédito, se os custos dos empréstimos aumentarem, uma empresa altamente alavancada verá o ROIC cair.

Verificando a eficiência de uma empresa

Quando investe em uma empresa, você quer saber se ela está bem administrada. Você não quer que a empresa perca seu tempo coletando caixa dos clientes ou deixando o estoque no depósito. Existem muitos índices que podem ajudá-lo a descobrir o quão bem uma empresa está gerenciando os negócios.

Rotatividade de contas a receber

Esse índice informa a rapidez com que uma empresa está cobrando suas contas de clientes. É útil para muitos investidores converter isso no número de dias que uma empresa leva para receber as contas. Veja como:

1. **Calcule a média de contas a receber.** Adicione as contas a receber do primeiro ano ao segundo e divida por 2. Para a Cisco, isso é:

    US$9.573 = US$9.835 + US$9.310 / 2

2. **Divida a resposta na Etapa 1 pela receita.** Para a Cisco, isso é:

    0,195 = US$9.573 / US$49.161

3. **Converta a Etapa 2 em dias multiplicando por 365.** Para a Cisco, isso é:

    0,195 × 365 = 71

Portanto, para a Cisco, esse número significa que leva, em média, 71 dias para a empresa receber suas contas dos clientes. Você vai querer comparar isso com a indústria para ver como a empresa se sai.

DICA

É valioso comparar a rotatividade de contas a receber de uma empresa e ver se está aumentando com o tempo. Isso pode ser um sinal de alerta de que a empresa está tendo problemas para cobrar dos clientes.

Rotatividade de estoque

A rotatividade de estoque informa quanto tempo a empresa leva para retirar as mercadorias que estão no depósito. A boa notícia é que o cálculo da fórmula funciona da mesma maneira que a *rotatividade de contas a receber*, exceto que você substitui os estoques médios pelas contas a receber médio e o custo dos produtos vendidos pela receita.

A fórmula é esta:

   Estoque médio / custo dos produtos vendidos * 365

CAPÍTULO 8 **Usando Índices Financeiros para Identificar Investimentos**   149

Para a Cisco, isso é:

30,2 = Estoque médio (US$ 1.609) / custo dos produtos vendidos (US$19.451) * 365

DICA

Para obter o estoque médio, adicione o estoque de um ano ao ano anterior e divida por 2.

Portanto, a Cisco leva 30,2 dias para limpar o estoque dos depósitos. Isso é bastante normal. Você deve ter cuidado se os dias para limpar o estoque estiverem aumentando rapidamente ou caso se estenderem bem acima de 40 dias.

DICA

Demora mais para limpar o estoque em alguns setores do que em outros. Por exemplo, uma empresa de construção naval pode manter o estoque por mais tempo antes de este ser vendido, pois é um item caro e que leva algum tempo para ser construído. Uma empresa de doces, por outro lado, precisa manter o estoque em movimento, ou o produto pode estragar. É por isso que é importante comparar a rotatividade de estoque de uma empresa com seus pares. Mas também é significativo comparar a rotatividade com o que era há um ano, para ver se o número de dias para limpar o estoque está crescendo.

Rotatividade de contas a pagar

Com esta medida, a rotatividade de contas a pagar, é possível saber quanto tempo uma empresa demora para pagar suas contas. Você não quer investir em uma empresa caloteira que não está pagando as contas, pois ela pode ser cortada pelos fornecedores. Veja como calcular a rotatividade de contas a pagar, novamente usando a Cisco, convertido em dias:

1. **Calcule a média de contas a pagar.** Adicione as contas a pagar do primeiro ano às do segundo ano e divida por 2.

    Para a Cisco, isso é US$1.227 = US$1.260 + US$1.194 / 2

2. **Calcule o aumento ou diminuição no estoque.** Subtraia o estoque do ano anterior do primeiro para ver se a empresa adicionou ou removeu de seus estoques. Para a Cisco, isso é: US$1.627 − US$1.591 = US$36. Isso significa que a Cisco acrescentou um pouco ao seu estoque durante o ano.

3. **Adicione a resposta da Etapa 2 ao custo dos produtos vendidos da empresa.** Para a Cisco, isso é US$19.487 = 36 + US$19.451

4. **Divida a resposta da Etapa 1 pela resposta da Etapa 3.** Para a Cisco, isso é 0,063 = 1.227 / 19.451

5. **Multiplique a resposta da etapa 4 por 365 para converter em dias.** Para a Cisco, são 23.

Portanto, parece que a Cisco paga prontamente suas contas. Você deve ficar preocupado se vir o número de dias aumentando com o tempo e se estendendo consideravelmente por mais de 35 dias.

DICA

Um índice de rotatividade rápido de contas a pagar pode indicar que a empresa está confortável com seus fluxos de caixa de curto prazo. Se observar essa desaceleração, pode ser um sinal de que a empresa está tentando aumentar seu caixa de curto prazo.

Avaliando as finanças das empresas

Ninguém quer dar dinheiro a um caloteiro. Se seu vizinho lhe pede dinheiro, você provavelmente não tem ideia se o receberá de volta. Mas, com uma empresa, existem índices muito concretos que podem indicar a capacidade de uma empresa de recompensá-lo. Alguns deles incluem o seguinte.

Dívida/Patrimônio líquido

O índice dívida/patrimônio líquido é uma das medidas mais básicas da carga de dívida de uma empresa. Ele mostra, de relance, como a pilha de dívidas de uma empresa se compara à quantidade de dinheiro que ela levantou de investidores em ações. Quanto maior o número, mais carregada a empresa está com dívidas em relação ao estoque. A fórmula é:

(Empréstimo de curto prazo + parcela atual da dívida de longo prazo + dívida de longo prazo) / patrimônio total × 100

Para a Cisco, isso é 42,5 = (US$3 + US$3.894 + US$21.457) / US$59.707 × 100

Em outras palavras, ela pegou emprestado US$40 para cada US$100 que levantou de investidores de capital. Esse é um nível muito baixo de dívida, especialmente se você considerar que, durante meados da década de 2010, as empresas do S&P 500 haviam tomado emprestado US$200 para cada US$100 levantados de investidores. Geralmente, você não quer ver empresas emprestando muito mais do que US$100 para cada US$100 levantados de investidores em ações.

Índice de liquidez seca

Quando deseja avaliar quão bem equipada uma empresa está para lidar com as obrigações de caixa de curto prazo, o índice de liquidez corrente faz um ótimo trabalho. Você pode reler sobre isso no Capítulo 6.

Mas alguns podem pensar que a liquidez corrente é muito branda, afinal, inclui o valor do estoque. Alguns fundamentalistas acham que incluir estoque não é uma boa ideia, pois você não pode exatamente vender matérias-primas com muita facilidade para pagar contas. É aí que entra o índice de liquidez seca. Ele desconsidera o estoque para ajudá-lo a realmente ver quão capaz uma empresa é de cumprir as obrigações de curto prazo. A fórmula é:

(Caixa e equivalentes de caixa + investimentos de curto prazo + contas a receber) / passivos circulantes

Para a Cisco, isso é:

2,97 = (US$6.877 + US$53.539 + US$9.835) / US$23.623

Isso significa que a empresa tem US$2,97 em ativos que já são caixa ou podem ser facilmente transformados em caixa para lidar com passivos que vencem em um ano. Essa é uma posição muito forte, dado que, em meados da década de 2010, as empresas no S&P 500 tinham US$1,30 em ativos, muito próximos do caixa para cada US$1 em passivos com vencimento em um ano. Você deseja que essa proporção seja de pelo menos 1, e de preferência, maior.

Índice de cobertura de juros

O índice de cobertura de juros ajuda a descobrir se uma empresa é capaz de arcar com os pagamentos de juros.

Esse índice pode ser calculado de várias maneiras. Geralmente, você compara os lucros da empresa antes dos custos de juros e impostos com suas despesas de juros, para ver como ela é capaz de pagar suas contas. É semelhante a como você deve comparar seu salário bruto mensal com sua conta de hipoteca mensal para ver se você pode pagar a casa.

Basta dividir o EBIT pela despesa de juros da empresa. Para sua sorte, o EBIT da Cisco já foi calculado na seção que tratou do retorno sobre o capital investido. O EBIT foi de US$11.293, então nossa taxa de cobertura de juros para a Cisco é:

19,95 = EBIT (US$11.293) / despesa de juros (US$566)

Refletindo o fato de ter dívidas relativamente baixas, a Cisco tem uma taxa de cobertura de juros relativamente alta. Gera quase US$20 em lucros disponíveis para pagar cada US$1 de juros devidos. A Cisco, porém, tem tomado mais empréstimos, por isso está se tornando mais mediana nessa métrica à medida que seus pagamentos de juros aumentam. As empresas no S&P 500, em média, geraram aproximadamente US$18,9 em lucros em dinheiro disponíveis para pagar seus juros. Quanto maior a proporção, melhor.

DICA

Algumas empresas, incluindo a Cisco, listam as despesas com juros na nota de rodapé do 10-K. Depois de abrir o 10-K, usando as instruções no Capítulo 4, basta pesquisar as palavras "despesas com juros" e você encontrará o valor.

Controlando o valuation de uma empresa

Quando os investidores dizem se uma empresa é barata ou não, muitas vezes eles estão se referindo ao valuation de uma ação. Existem dezenas de índices de valuation, às vezes chamados de *múltiplos*, para ajudá-lo a descobrir o preço de uma ação.

Mais frequentemente, o índice usado para medir o valuation de uma ação é o índice preço/lucro, ou P/L. O P/L é tão importante, que dedico a próxima seção a ele. Por enquanto, a seguir estão descrições de outros índices de valuation.

Índice preço sobre valor patrimonial por ação

Muitos fundamentalistas sérios prestam muita atenção à relação preço/valor patrimonial [Price to book, no original]. Este índice compara o preço das ações de uma empresa com seu valor contábil, ou valor de tudo o que a empresa deve, livre de dívidas. A fórmula do preço sobre valor patrimonial é:

P/B ou P/VPA = preço das ações da empresa / (patrimônio líquido / número de ações em circulação)

Para praticar, vamos pegar o dia em que a Cisco relatou seus resultados fiscais de 2015, em 12 de agosto de 2015. O preço das ações fechou em US$27,86, portanto, sua relação preço/valor patrimonial era:

2,37 = US$27,86 / (US$59.707/5.085)

Quanto maior a relação preço/valor patrimonial, mais os investidores estão pagando pelos ativos das empresas. A proporção mudará à medida que os investidores ficarem confiantes em relação à empresa e ao mercado de ações.

DICA

Como você sabe se o preço/valor patrimonial de uma ação está alto ou baixo? Uma maneira fácil é compará-lo com ações dentro de fundos operados em bolsa, ou ETFs, que são cestas de ações. A iShares, por exemplo, tem um ETF que rastreia ações com índices de preço/valor patrimonial altas, médias e baixas. Ações com índices baixos de preço/valor patrimonial são chamadas de *value stocks (value)*, e as ações com altos índices de preço/valor patrimonial são chamadas de *growth stocks (growth)*. Não há uma definição exata do que determina um valor contábil alto ou baixo, e isso muda com o tempo.

Você pode consultar as taxas médias de preço/valor patrimonial de ações de grande valor inserindo IVV no Ticker ou Palavra-chave em ishares.com [conteúdo em inglês]. Você verá uma seção no lado direito da página abaixo do título "Portfolio Characteristics" que mostra o índice preço/valor patrimonial médio. Você pode ver as taxas médias de ações de grande crescimento inserindo IVW. Em meados da década de 2010, as ações do S&P 500 tinham um preço/valor patrimonial médio de 2,8, enquanto as ações com altos índices tinham em média 4,5. A Figura 8-1 mostra onde encontrar esses dados no site iShares. O Capítulo 10 fornece mais dicas sobre como fazer isso.

FIGURA 8-1: O site da iShares torna fácil ver como são as taxas médias preço/valor patrimonial.

Fonte: iShares.com

Dividend yield

O dividend yield (rendimento de dividendos) informa quanto a empresa paga em dividendos em dinheiro em relação ao preço das ações. Você pode calcular o dividend yield dividindo a quantidade de dividendos que uma empresa paga em um ano pelo preço das ações e, em seguida, multiplicando por 100. Portanto, se uma empresa paga US$1 por ano em dividendos e tem um preço de ação de US$25 por ação, tem um dividend yield de 4%. Para colocar esse dividendo em perspectiva, lembre-se de que as grandes empresas pagam um rendimento médio de 3,8% desde dezembro de 1936, segundo a S&P.

DICA

Em teoria, o dividend yield é o pagamento em dinheiro que você recebe ao manter uma ação. Verdadeiro caixa fácil, com certeza! Dificilmente. Alguns investidores são tentados a comprar automaticamente ações que rendem grandes dividendos. Mas os dividendos não são uma garantia. Eles podem ser cortados — e muitas vezes são cortados ou eliminados completamente — com pouca antecedência. Na verdade, as empresas com alto dividend yield costumam ser as que mais sofrem. Se tudo estiver estável, se o preço das ações de uma empresa cair, seu dividend yield aumenta. Não se deixe enganar perseguindo grandes dividendos pensando que esse é o caminho mais fácil para a riqueza.

Índice de distribuição de dividendos (Payout)

Os dividendos são uma maneira essencial para as empresas retornarem uma parte dos lucros ou dinheiro aos investidores ao longo do tempo. Alguns investidores em renda estão muito satisfeitos em ver empresas com alto dividend yield. Mas os fundamentalistas precisam estar atentos às empresas que emitem cheques de dividendos que seus lucros não sustentam. Esse é o propósito do payout. Esse índice mede o tamanho dos dividendos de uma empresa em relação ao lucro. Quando uma empresa paga cada centavo do lucro líquido como dividendo, o índice de distribuição é de 100%. Quando uma empresa tem uma taxa de pagamento de mais de 100%, os fundamentalistas sabem que a situação não durará para sempre. Ou o dividendo será cortado, ou a empresa aumentará os lucros para cobrir o dividendo.

Earnings yield

Os *earnings yield (rendimentos dos lucros)* de uma empresa informa quanto, como uma porcentagem do preço de uma ação, a empresa está gerando de lucro. O rendimento do lucro fornece uma maneira de comparar a geração de lucro de uma empresa com outros investimentos. Para obter o rendimento do lucro de uma ação, divida o lucro por ação de uma ação nos últimos doze meses pelo preço da ação. Quando o earning yield de uma ação está bem abaixo do earning yield do mercado ou dos rivais, pode ser um sinal de que a ação está sobrevalorizada. No Capítulo 10, falo mais sobre isso.

DICA

O earning yield é especialmente valioso ao se tentar determinar se o mercado de ações está sobrevalorizado. Você pode conseguir isso dividindo os lucros gerados pelo S&P 500 nos doze meses anteriores pelo valor do S&P 500. Quando o rendimento fica menor do que o que você poderia obter colocando seu dinheiro em títulos mais seguros, como títulos do governo, isso é um aviso que talvez você não receba o pagamento adequado pelo risco extra que está assumindo.

Familiarizando-se com o Índice P/L

O avô de todos os índices financeiros deve ser o P/L. Ele é um índice atraente, porque é relativamente fácil de entender e pode ser usado para comparar os valuations de diferentes empresas entre si e para o mercado em geral.

Como calcular o P/L

Quando as pessoas se referem ao P/L de uma ação, é quase como se fosse algum tipo de número gravado em pedra. Nada poderia estar mais longe da verdade. O P/L de uma ação muda todos os dias junto com o preço de uma ação. A fórmula é aparentemente simples:

P/L = Preço das ações / Lucro por ação

O numerador, o preço das ações, todos podem concordar. Isso é definido pelo mercado de ações e pode ser consultado. No entanto, o denominador pode ser muitas coisas diferentes e está sujeito a algumas interpretações. E é por isso que pode haver várias variantes do P/L, incluindo:

DICA

» **P/L passado:** Quando divide o preço de uma ação por seu lucro líquido por ação nos últimos doze meses, ou *lucro final* [trailing earnings], você obtém o P/L passado. Esta é considerada uma das formas mais conservadoras de medir P/L, porque é baseada nos lucros que foram realmente relatados.

O lucro por ação pode ser medido de alguns modos, incluindo o básico e o diluído, conforme discutido no Capítulo 5. Normalmente, o lucro diluído por ação é usado no denominador do cálculo P/L passado. Também é comum que os lucros em um cálculo P/L excluam lucros e perdas incomuns.

» **P/L corrente:** Ao dividir o preço de uma ação pelo que se espera que ela ganhe no ano fiscal atual, você obtém o *P/L corrente.* Normalmente, o P/L futuro será baseado em vários trimestres de lucros relatados pela empresa, mais alguns trimestres de lucros estimados. Por exemplo, ao calcular o P/L corrente de uma empresa em julho, o denominador incluirá o lucro real por ação no primeiro e no segundo trimestre, mais o lucro esperado no terceiro e no quarto trimestres. Essa é uma maneira comum de medir o P/L de uma ação.

» **P/L futuro:** Quando divide o preço de uma ação pelo que se espera que ela ganhe no próximo ano fiscal, você está dando um salto. As estimativas podem ser pouco confiáveis para se chegar tão longe, o que significa que os investidores deveriam considerar o *P/L futuro* com cautela. Alguns investidores calculam o P/L futuro dividindo o preço das ações pelo que a empresa espera ganhar nos próximos doze meses.

» **P/L operacional:** Quando você divide pela receita operacional de uma empresa, está tentando ter uma ideia de quanto os investidores estão pagando pelo lucro da empresa, excluindo despesas incomuns e únicas. Os índices P/L correntes e futuros são geralmente baseados na receita operacional, uma vez que dependem de estimativas. Geralmente, não há como prever com precisão cobranças únicas.

» **P/L relatado:** Quando você divide pelo lucro líquido de uma empresa, que inclui todos os encargos e itens únicos. O P/L relatado tende a ser maior do que o P/L operacional durante períodos de estresse econômico, uma vez que as empresas cobram muitos encargos pela reestruturação.

CUIDADO

Se alguém está tentando vender uma ação apontando para seu "baixo P/L", tome a precaução de saber como ele está sendo calculado. Os P/Ls futuros são extremamente baixos, fazendo uma ação parecer barata, já que o denominador pode ser baseado em uma estimativa de lucros excessivamente otimista.

O que um P/L diz sobre uma ação

Uma das belezas da relação P/L é sua simplicidade. Com apenas um número, você pode descobrir quanto, em média, os investidores estão dispostos a pagar por uma reivindicação de US$1 do lucro de uma empresa.

Quanto maior o P/L, maior é o valuation da empresa. Quando você vê um P/L crescer em relação a seus pares no mesmo setor, pode começar a se perguntar se os investidores estão supervalorizando as ações. Da mesma forma, se vir o P/L cair abaixo daquele de seus pares, você pode se perguntar se a empresa pode fazer alterações em suas operações em busca de um múltiplo maior.

LEMBRE-SE

O P/L passado médio de ações desde 1988 é de cerca de 24 na base relatada, e 18,7 na base operacional. Se uma ação subir acima desses valores, você precisa estar ciente de que pode estar pagando pelos lucros da empresa. Certifique-se de obter algo por esse preço extra, como crescimento. O índice PEG, discutido a seguir, explora o ajuste do P/L levando em consideração o crescimento.

Colocando o P/L em Perspectiva

Agora que sabe como medir o P/L de uma ação, a pergunta é: o que isso significa? A primeira coisa que você deve fazer é comparar o P/L de uma ação com o de outras empresas do mesmo setor. Você pode calcular os P/Ls das indústrias, ou, se quiser evitar problemas, use sites que fazem isso. A Reuters (www.reuters.com/markets/stocks — conteúdo em inglês) tem uma calculadora de índices poderosa. Insira o código da ação na caixa de pesquisa, clique em Pesquisar e no nome da empresa na lista que aparece. Em seguida, selecione a guia Finance e role para baixo. Sob o título Indicator, você obterá o P/L da ação com base nos lucros finais, bem como o P/L geral da indústria e o S&P 500. Isso lhe permite comparar o P/L da ação sem ter de fazer um único cálculo.

LEMBRE-SE

De volta ao Capítulo 3, você percebeu como os preços por ação dos processadores de pagamento de crédito Visa e Mastercard não dizem muito. Usando a capitalização de mercado, você descobriu que, embora os preços por ação das duas empresas sejam próximos um do outro, o Visa vale muito mais do que o Mastercard. Mas os índices P/L podem levar sua análise ainda mais longe. A Visa no final de 2015 era operada por 30,7 vezes seus lucros operacionais anteriores nos 12 meses anteriores, enquanto a Mastercard estava negociando por 30 vezes. Portanto, embora a Visa seja muito mais valiosa do que a Mastercard, com base na capitalização de mercado, seus valuations são quase as mesmas, com base em seus P/Ls.

Também é importante entender que os P/Ls se expandem e contraem como um acordeão quando os tempos são bons ou ruins. Os P/Ls de ações individuais muitas vezes refletem o quão otimistas os investidores estão sobre todo o mercado. Durante os períodos de crescimento econômico lento, os investidores pagam menos pelo mercado do que quando o mercado está em alta. Lembre-se também de que os índices P/L das ações também podem ficar altos durante os mercados de baixa extrema. Isso ocorre porque os lucros caem — o denominador do índice P/L —, o que eleva o P/L. Para mais informações sobre como comparar o P/L de uma ação com o mercado, continue lendo e você verá um gráfico que mostra como têm sido os índices de P/L nos últimos anos.

Levando o P/L para o próximo nível: O PEG

Não é incomum que ações com P/Ls altos subam. Muitas vezes, os investidores estão dispostos a pagar preços mais altos por empresas que crescem mais rapidamente. Muito disso tem a ver com a forma como o P/L é medido.

Imagine uma empresa que ganhou US$1 por ação e é operada por US$20 por ação. Ela tem um P/L de 20, que pode parecer alto se o resto do mercado de ações tiver um P/L de 18. Mas e se daqui a um ano os lucros da empresa aumentarem 30%? Se a ação ainda for US$20 por ação, isso significa que ela teria um P/L de 15, o que seria ainda mais barato do que o mercado. Então, de certa forma, a ação não estava supervalorizada, pois cresce em sua valorização.

A importância da taxa de crescimento de uma empresa é uma das razões para o *índice PEG* [Price Earnings to Growth]. O PEG compara o P/L de uma ação com sua taxa de crescimento esperada. Calcular a relação PEG — você adivinhou — é outro problema de split. Para obter o PEG, divida o P/L das ações pela taxa de crescimento esperada da empresa. Você mesmo pode estimar a taxa de crescimento de uma empresa examinando aumentos históricos na receita e nos lucros, conforme descrito no Capítulo 5. Ou pode ler os relatórios dos analistas, que preveem o crescimento, conforme explicado no Capítulo 14.

Vamos revisitar nossas rivais favoritas: Visa e Mastercard. O P/L passado da Visa, conforme mencionado anteriormente, é 30,7. Analistas ouvidos pela S&P Capital IQ esperam que a Visa cresça 16,5% ao ano no longo prazo. Dividindo o P/L 30,7 pelo crescimento de longo prazo de 16,5, obtém-se um índice PEG de 1,9. E quanto à Mastercard? A empresa tem um P/L de 30 e crescimento esperado de longo prazo de 17,8%. Isso dá à empresa um PEG de 1,7. O PEG informa que a Mastercard é um pouco mais barata que a Visa — principalmente porque espera-se que cresça um pouco mais rápido.

LEMBRE-SE

Os investidores consideram uma ação cara se tiver um PEG de 2 ou mais. Alguns investidores também acham uma ação atrativa quando o PEG cai abaixo de 1.

Às vezes, a paciência pode ser uma virtude ao se usar o PEG. Durante a severa contração do mercado de 2008, até mesmo algumas das ações mais quentes do mercado viram seus índices de PEG despencarem abaixo de 1. O queridinho da internet, o Google, surpreendeu os investidores quando seu PEG caiu abaixo de 1 no início de 2009, quando o preço das ações caiu para US$340, dando-lhe um P/L corrente de 16. Enquanto isso, a taxa de crescimento esperada da empresa era de 18,4%. Divida o P/L de 16 pela taxa de crescimento esperada de 18,4 e você chegará a um PEG de 0,87. Os investidores que evitaram a agitação e assistiram ao PEG obtiveram um valuation muito melhor das ações — e compraram em lotes. As ações do Google, agora conhecidas como Alphabet, aumentaram quase 400% entre o início de 2009 e o final de 2015. Agora você dirá que os índices de PEG não importam?

Avaliando o P/L de todo o mercado

Uma das coisas mais valiosas sobre o P/L é que ele está em constante evolução à medida que os preços das ações se movem. Ao contrário de outros índices fundamentalistas, que são baseados em dados fundamentais de trimestres anteriores, o P/L muda conforme os preços das ações sobem e caem. Os investidores estão constantemente fazendo o negócio de ações, tentando determinar qual é o preço certo a pagar pelo lucro de uma empresa.

O P/L de uma ação também pode ser comparado com o P/L em constante mudança de todo o mercado de ações. Conhecer o P/L do mercado é algo muito valioso, pois permite ver quão cara ou barata é a ação de uma empresa em comparação com o mercado. Você pode receber um aviso geral se o mercado de ações estiver sobrevalorizado e se encaminhando para uma correção se os investidores estiverem pagando quantias elevadas pelos lucros. A Tabela 8-3 mostra como o P/L do S&P 500 mudou ao longo dos anos.

TABELA 8-3   P/L dos S&P 500

Ano	P/L com Base nos Lucros Operacionais	P/L com Base nos Lucros Relatados
2015	19,2	21,6
2014	18,2	20,1
2013	17,2	18,5
2012	14,7	16,5
2011	13	14,5
2010	15	16,3
2009	19,6	21,9
2008	18,2	60,7
2007	17,8	22,2
2006	16,2	17,4
2005	16,3	17,9
2004	17.9	20,7
2000	23,5	26,4
1990	14,6	15,5

Fonte: Índice S&P Dow Jones, com base nos lucros relatados nos últimos doze meses (P/L de 2015 com base nos lucros estimados de 2015 em 14 de janeiro de 2016).

Você pode ver como os P/Ls do mercado sobem e caem drasticamente. Parte disso se deve ao fato de os investidores ficarem entusiasmados com as ações quando a economia vai bem e dispostos a pagar mais pelos lucros porque esperam que o crescimento continue. Mas às vezes o P/L do mercado pode saltar porque os lucros das empresas entraram em colapso durante uma crise econômica, como foi o caso em 2008.

O P/L é uma ótima ferramenta, mas lembre-se de que é apenas um problema de split.

NESTE CAPÍTULO

» Expandindo a análise fundamentalista para incluir itens no formulário de referência de uma empresa

» Compreendendo como funciona a governança corporativa e o que ela significa para seu investimento

» Pesando como considerar se os diretores corporativos podem ter potenciais conflitos de interesse

» Avaliando as resoluções dos acionistas e a remuneração dos executivos

Capítulo **9**

Explorando o Formulário de Referência por Pistas de Investimento

Quando você pensa em análise fundamentalista, provavelmente está focado principalmente no aspecto de processamento de números dela. Não faltam índices e outras medidas quantitativas a serem consideradas ao avaliar um investimento.

Mas, em muitos aspectos, a análise fundamentalista é mais arte do que ciência. Mesmo quando se trata de interpretar resultados financeiros e valuations, há uma grande quantidade de julgamento que entra nisso. E o julgamento se torna ainda mais importante ao se considerar o *formulário de referência*.

O formulário de referência, ou *proxy*, é um dos documentos financeiros mais interessantes. Documentos financeiros interessantes — isso, sim, é um paradoxo. Mas, falando sério, no formulário de referência as empresas expõem muitos dos segredos profundos e obscuros que simplesmente não se encaixam nas demonstrações financeiras. Alguns desses detalhes incluem a remuneração dos executivos, a composição do conselho de administração e até mesmo quanto a firma de contabilidade recebe para zelar pelas demonstrações financeiras.

Este capítulo explora a descoberta de detalhes interessantes sobre uma empresa e a equipe de gestão que vão além dos limites das demonstrações financeiras.

Atualizando-se sobre o Formulário de Referência

Você pode pensar em um formulário de referência como uma versão corporativa de uma cédula. O formulário de referência é um documento fornecido aos investidores para ajudá-los a votar e participar das assembleias anuais de acionistas das empresas. Todos os anos, as empresas públicas realizam reuniões gigantescas de acionistas. As assembleias anuais de acionistas dão à administração a oportunidade de traçar o *plano estratégico* da empresa no futuro — e de dar aos investidores a chance de votar em assuntos importantes.

LEMBRE-SE

O plano estratégico da empresa é de extrema importância para os acionistas porque descreve quais tipos de produtos e serviços a empresa pretende promover e também como ela pretende financiar a produção e venda desses produtos e serviços. Certos assuntos também são levados para votação durante as assembleias de acionistas. No Capítulo 13, discuto com mais detalhes a assembleia anual de acionistas e as maneiras de analisá-la.

Mas, aqui, o que mais nos interessa é o formulário de referência, que as empresas fornecem aos acionistas antes da assembleia de acionistas.

Colhendo pistas no formulário de referência

O formulário de referência tem por objetivo informar os investidores sobre todos os assuntos que estão sujeitos a votação, além de outros assuntos. Esses documentos estão repletos de detalhes que normalmente não são discutidos, incluindo tópicos delicados sobre quanto os executivos recebem. Os analistas fundamentalistas podem estar focados no desempenho financeiro geral da empresa, mas vale a pena prestar atenção ao formulário de referência, porque ele fornece informações sobre:

» **Experiência da administração:** Os fundamentalistas desejam ter um bom controle sobre as pessoas que dirigem a empresa. Biografias detalhadas da equipe de gerenciamento são fornecidas no formulário de referência.

» **Composição do conselho de administração:** Se você investe em uma empresa, o *conselho de administração* é seu cão de guarda. Ele tem a tarefa de zelar pela equipe de gestão e fazer mudanças nas pessoas ou na estratégia geral, quando necessário. O formulário de referência lista quem é importante, a formação e quanto recebe para integrar o conselho.

» **Remuneração:** Quer saber quanto ganha um CEO? Não é segredo, e isso é explicado completamente no formulário de referência.

» **Conflitos de interesse:** Um conflito de interesses ocorre quando alguém na função de zelar pela empresa pode ter um motivo para não estar muito vigilante. Esses conflitos potenciais devem ser resolvidos no formulário de referência. A atenção aos conflitos de interesse pode ser especialmente importante se um membro da equipe de gestão da empresa tiver um relacionamento comercial com um cliente ou fornecedor. Você quer ter certeza de que os negócios com esse terceiro sejam *feitas a distância* — o que significa que o CEO não está apenas dando aos seus amigos um bom negócio... com o seu dinheiro.

» **Detalhes de propriedade:** Você pode descobrir quais executivos ou diretores também são grandes proprietários das ações da empresa.

» **Pensamento geral de outros investidores:** Os acionistas podem trazer assuntos para a votação na assembleia. Às vezes, essas *propostas dos acionistas* chegam ao formulário de referência, permitindo descobrir as preocupações de outros proprietários de ações.

LEMBRE-SE

Você pode não achar as informações do formulário de referência tão essenciais, afinal, quem se importa com qual faculdade um CEO frequentou, desde que a demonstração do resultado mostre lucro e crescimento robustos? E é verdade que os resultados financeiros são o ponto crucial da análise fundamentalista. Mas obter uma imagem completa do futuro de uma empresa demanda dedicar um tempo para entender os motivos e as subjetividades dos que a dirigem.

O FORMULÁRIO DE REFERÊNCIA DA TYCO

Se há um caso clássico de como o formulário de referência pode ter sido ainda mais revelador do que as demonstrações financeiras, é o da Tyco International. O vasto conglomerado deslumbrou os investidores durante o início dos anos 2000 com resultados financeiros estelares por muitos anos. Analistas e investidores estavam certos de que o mix diversificado de negócios da empresa, que variava de segurança residencial a peças elétricas e suprimentos industriais, era uma máquina de fluxo de caixa imparável. Se você simplesmente tivesse olhado a *demonstração de resultados*, o *balanço patrimonial* e a *demonstração dos fluxos de caixa*, teria sido difícil encontrar qualquer falha na empresa ou em sua administração.

Mas as declarações de formulário de referência levantaram mais do que algumas questões, mesmo antes de os reguladores questionarem as práticas de gestão da empresa. Por exemplo, na procuração da Tyco arquivada em 28 de janeiro de 2002, a empresa revelou que pagou ao diretor Frank Walsh US$10 milhões e deu outros US$10 milhões a uma de suas fundações de caridade, por sua ajuda na mediação de uma das aquisições da empresa. O único problema era que Walsh também era membro do conselho de administração da Tyco, que deveria supervisionar as operações da empresa. Mais tarde, Walsh se declarou culpado das acusações de tentar esconder as taxas que recebeu.

Enquanto isso, o formulário de referência mostrou que o CEO da época, Dennis Kozlowski, continuou a receber aumentos salariais notáveis em 2001, apesar da queda no preço das ações da Tyco. Seu pagamento saltou 36%, para US$5,7 milhões, naquele ano, sem incluir concessões de ações 43% mais altas de US$30,4 milhões e *opções de ações* avaliadas em US$76,4 milhões, de acordo com uma análise do *USA Today* de pagamentos de executivos em 2001. Esses foram apenas alguns dos supostos excessos da empresa. Kozlowski e outro alto executivo foram acusados, em 2002, de saquear a empresa em milhões de dólares e de usá-la como um "cofrinho". As ações despencaram em 2002, e Kozlowski foi condenado por fraude em 2005. Ele foi preso, até sua libertação condicional em janeiro de 2014.

Obtendo o formulário de referência

Antes que o acesso online se tornasse tão predominante, você normalmente precisaria entrar em contato com uma empresa para obter uma cópia do formulário de referência. Ainda hoje, a maioria das empresas enviará uma cópia em papel do formulário de referência a você ou à sua corretora, que a encaminhará para você. Mas agora quer você tenha uma ação ou não, é muito simples baixar o formulário de referência gratuitamente. A melhor maneira de obter um formulário de referência é usando o banco de dados EDGAR da SEC. Você pode encontrar instruções sobre como usar o Edgar no Capítulo 4.

DICA

Ao usar o Edgar para acessar o formulário de referência de uma empresa, lembre-se de que o sistema lista o formulário de referência sob seu nome técnico, *14A definitivo*. Ao pesquisar o formulário de referência de uma empresa, você rolará para baixo até o item de linha denominado "DEF 14A". Esse é o formulário de referência definitivo e o documento com o qual trabalhará neste capítulo.

Expandindo a Análise Fundamentalista Além dos Números

A demonstração do resultado, o balanço patrimonial e a demonstração dos fluxos de caixa são demonstrações financeiras altamente formatadas. Você pode analisá-los rapidamente aplicando fórmulas e proporções científicas, discutidas no Capítulo 8, para obter insights e comparações.

O formulário de referência é um pouco menos estruturado. Certamente, as regras e os regulamentos estipulam quais informações devem ser incluídas. Mas, em muitos casos, as informações são mais textuais e menos tabulares. Isso significa que você precisa ter uma consciência geral do que procurar para saber se merece sua atenção. Você obterá esse insight nesta seção do livro.

Apreciando a governança corporativa

Se há um tema abrangente sobre o que procurar no formulário de referência, é a *governança corporativa*. Governança corporativa é um termo abrangente para descrever as salvaguardas que uma empresa tem para garantir que sua administração esteja agindo conforme o melhor interesse dos acionistas. É assim que as empresas públicas lidam com uma das maiores armadilhas de nosso sistema financeiro: o *dilema da agência*.

O dilema da agência é um problema na maioria das empresas em que você pode investir: os proprietários da empresa não são necessariamente os que a dirigem. Quando você compra cem ações de uma empresa, por exemplo, não tem o direito de dizer à empresa que tipos de produtos ela deve vender. Você está entregando essas importantes decisões de negócios para os contratados que administram o negócio. Isso inclui o CEO e o restante da equipe administrativa, como o diretor financeiro e o diretor de operações.

CAPÍTULO 9 **Explorando o Formulário de Referência por Pistas de Investimento** 165

Não surpreendentemente, quando há mão de obra contratada dirigindo uma empresa em nome dos proprietários, há o potencial para problemas ou até mesmo abusos. Esse também é o caso das empresas. É aí que entra a governança corporativa. As empresas devem ter uma equipe de especialistas em negócios, chamada de *conselho de administração*, que deve supervisionar a equipe de gestão em nome dos investidores. Se o conselho achar que a gestão está tomando decisões ruins com os recursos da empresa, cabe aos membros do conselho repreender ou substituir a equipe de gestão.

CUIDADO

O dilema da agência se tornou ainda mais problemático com o surgimento de enormes fundos de investimento. As grandes empresas de gestão de dinheiro, que possuem uma vasta maioria das ações das empresas, geralmente ficam de posse das ações por menos de um ano, de acordo com o Bogle Financial Markets Research Center. Isso diminuiu em relação aos seis anos da década de 1980, o que significa que os grandes proprietários de empresas são temporários e não estão empenhados em garantir que a empresa esteja sendo devidamente vigiada no longo prazo. Muitos desses grandes proprietários têm um lucro rápido e não têm nenhum motivo para se importar se a empresa está sendo administrada de forma eficiente e de modo que a posicione bem para o futuro. É por isso que depende de você, o analista fundamentalista, perceber quando as empresas têm governança corporativa deficiente e evitar isso.

Conhecendo o conselho

O conselho de administração é seu único advogado na sala de reuniões. A menos que seu nome seja Carl Icahn e você possua ações suficientes para ter uma opinião direta sobre como uma empresa é administrada, você está deixando para o conselho garantir que seu dinheiro seja administrado de maneira adequada. Você, o acionista, pode votar nos membros do conselho, e a empresa às vezes paga a eles grandes somas para realizar o trabalho de cão de guarda.

LEMBRE-SE

Os chamados *acionistas ativistas*, como Icahn, tentam romper o dilema da agência comprando grandes blocos de ações e usando a influência de uma grande posição para forçar as equipes de gestão a fazer mudanças.

Os conselhos administrativos também têm diversos comitês, que desempenham funções de supervisão especializadas. As funções desses comitês são de extrema importância para os fundamentalistas, porque eles vão ao cerne de como os profissionais são escolhidos para administrar a empresa e de quanto eles são pagos. Esses comitês incluem:

» **Comitê de auditoria:** Se há um conselho ao qual prestar mais atenção, é este. Os membros do comitê de auditoria são responsáveis por se conectar diretamente com a empresa de contabilidade, que verifica os livros e registros da empresa. Os membros do comitê de auditoria devem ser *independentes*, o que significa que não têm negócios externos com a empresa.

» **Comitê de remuneração:** Os membros do conselho neste comitê têm a função de determinar quanto pagar às pessoas que dirigem a empresa.

» **Comitê de nomeações:** Esses membros do conselho avaliam os candidatos para cargos importantes na empresa.

DICA

Prestar atenção à governança corporativa é uma parte crítica para entender em quais empresas vale a pena investir e quais devem ser evitadas. Tudo parece bem, até que haja uma crise. A crise financeira de 2007 e 2008 — considerada a pior desde a Grande Depressão — superou esse fato. Em dezessete das empresas que sofreram os maiores problemas de negócios e perdas de ações durante a primeira parte da crise financeira em 2007 e 2008, havia evidências de governança corporativa deficiente, de acordo com a empresa de pesquisas The Corporate Library. Essas empresas tinham membros do conselho que receberam remuneração excessiva ou que *exageraram* ao ocupar quatro ou mais conselhos corporativos. O exagero é considerado um risco de governança corporativa, porque os diretores estão distraídos e são potencialmente incapazes de supervisionar adequadamente qualquer uma das empresas. Como um grupo, essas dezessete empresas perderam, em média, 80% do valor das ações entre meados de 2007 e o final de 2008, duas vezes a perda do mercado de ações mais amplo.

Navegando pelo Formulário de Referência

Quando você investe em uma empresa, tem o direito de votar em alguns dos assuntos corporativos da empresa, incluindo o mais importante: a lista de pessoas que fazem parte do conselho. Pense no formulário de referência como seu guia para todos os assuntos que serão submetidos a votação na empresa. Geralmente, a maioria dos formulários de referências inclui vários elementos--chave, conforme descrito a seguir.

LEMBRE-SE

Um dos principais objetivos do formulário de referência é determinar quanto os executivos estão recebendo. Esta é uma parte tão crítica de sua análise, que será explorada com mais detalhes na próxima seção deste capítulo.

Conhecendo o conselho de administração

Normalmente, a primeira seção de um formulário de referência fornece biografias razoavelmente completas dos membros do conselho de administração. Você geralmente verá que tipo de experiência e educação os membros têm e em quais outros conselhos corporativos eles atuam.

DICA

Preste muita atenção a quantos conselhos corporativos os diretores têm assento. Conforme descrito, se você notar que vários membros do conselho estão em três, quatro ou mais conselhos, pode se perguntar quanto tempo eles são capazes de dedicar à empresa em que você investiu.

Analisando a independência dos membros do conselho

A maioria das empresas reserva um lugar no formulário de referência, geralmente abaixo da lista dos diretores, para definir as medidas que foram tomadas para que o conselho de administração seja um observador adequado. Uma das maneiras de fazer isso é garantir que a maioria dos membros do conselho seja *independente* ou não tenha nenhuma relação comercial direta com a empresa.

TRAZENDO A BOA GOVERNANÇA À LUZ

A General Electric, no formulário de referência de 2014 para a reunião realizada em 2015, fez um grande esforço para garantir aos investidores que o conselho de administração era amplamente independente. Na época do formulário de referência, a GE divulgou que quinze de seus dezesseis diretores eram considerados independentes. O único membro não independente era o CEO da GE, Jeffrey Immelt, membro do conselho da empresa.

Mas a empresa deu um passo adiante, detalhando os testes que aplicou aos membros do conselho para determinar se eles eram independentes ou não. A seção que descreve isso é intitulada "Como Lidamos com a Independência da Diretoria". Por exemplo, para ser considerado independente, o membro do conselho não deve ter nenhum "relacionamento material" com a GE. Isso significa que nem o diretor nem um parente imediato podem trabalhar para uma empresa que obtém mais de 2% de sua receita anual, ou US$1 milhão da GE. A política da GE também afirma que dois terços dos diretores devem ser independentes.

A GE, conforme exigido pelos regulamentos, divulgou, ainda, que nenhum dos membros do comitê de auditoria recebeu qualquer tipo de remuneração da empresa além de *honorários da diretoria*. Honorários da diretoria, ou pagamentos feitos a conselheiros, serão explorados com mais detalhes posteriormente.

Aprofundando-se nos comitês

O aspecto principal desta parte do formulário de referência é destacar quais membros do conselho têm assento em quais comitês. Você vai querer prestar muita atenção em quem está no *comitê de auditoria*, porque esse é o grupo de pessoas que supostamente está lá para protegê-lo de fraudes contábeis.

DICA

Ao consultar os membros do comitê de auditoria, certifique-se de que eles são alfabetizados financeiramente. Não ria. Você pode se surpreender com algumas das experiências de alguns diretores. Uma olhada em suas biografias lhe dará uma ideia sobre eles serem qualificados para esse trabalho.

Além da competência dos conselheiros, você deseja buscar envolvimento e participação. Nesta seção do formulário de referência, as empresas costumam divulgar quantas vezes os membros do conselho se reuniram durante o ano — e se os conselheiros compareceram ou não. Você quer ver a reunião do conselho pelo menos quatro vezes por ano ou uma vez por trimestre. Em 2014, a GE divulgou que o conselho se reuniu quatorze vezes.

Você também quer ter certeza de que os membros do conselho estão realmente comparecendo às reuniões. Se notar que vários membros faltam a 25% ou mais das reuniões, pode ficar preocupado, porque eles não estão prestando atenção suficiente aos assuntos em questão. A GE divulgou que todos os diretores compareceram a pelo menos 75% das reuniões.

Encontrando potenciais conflitos entre o conselho e a empresa

A maioria dos proxies tem uma seção, muitas vezes chamada de *transações com pessoas relacionadas* ou *transações com partes relacionadas*, que descreve as relações comerciais que os membros do conselho têm com a empresa.

DICA

Se você não ler mais nada em um formulário de referência, sempre verifique a seção de transações com partes relacionadas. É aqui que uma empresa deve estabelecer quaisquer acordos potencialmente relevantes com executivos e diretores. Os fundamentalistas que leram essa seção das declarações de formulário de referência da Enron perceberam algumas dos negócios estranhas entre a empresa e o diretor financeiro, Andrew Fastow. Embora muitos dos principais detalhes tenham sido deixados de fora, de acordo com a SEC, havia uma descrição vaga o suficiente da relação entre Fastow e a empresa para, pelo menos, levantar suspeitas.

Compreendendo como o conselho é pago

O conselho de administração não está supervisionando a empresa na qual você investiu por causa da bondade no coração. Os membros do conselho são pagos, às vezes generosamente, pelo serviço. Felizmente, os pagamentos recebidos pelos diretores são divulgados, para que todos vejam.

LEMBRE-SE

O pagamento dos membros do conselho tem um equilíbrio delicado. Por um lado, você não quer ver os membros do conselho recebendo uma remuneração excessiva. Se o pagamento for exagerado, eles têm um incentivo para manter a boca fechada e não arriscar sua alegria levantando objeções. No entanto, empresários qualificados e experientes não correrão o risco de fazer parte de um conselho à toa. Às vezes você recebe pelo que pagou.

Assim como você compara o lucro líquido e o lucro de uma empresa com seus pares, pode fazer o mesmo com a remuneração dos membros do conselho. Por exemplo, o membro mediano do conselho de empresas do Standard & Poor's 500 em 2014 ganhou quase US$224 mil, segundo o rastreador de compensação Equilar. Isso foi um aumento de cerca de 4% em relação a 2013. Fique atento para aumentos repentinos de pagamento aos membros do conselho. Um grande aumento indica que a empresa está tentando garantir um conselho de administração muito amigável. A Tabela 9-1 mostra o quanto a remuneração média para diretores em empresas S&P 500 mudou ao longo dos anos.

TABELA 9-1 Remuneração Média para os Diretores no S&P 500

Empresa	Executivo
2014	US$234 mil
2013	US$225 mil
2012	US$215 mil
2011	US$205 mil
2010	US$200 mil

Fonte: Equilar.

DICA

Embora seja útil comparar quanto os diretores recebem com a média das empresas no S&P 500, é realmente melhor comparar com empresas semelhantes e de tamanho comparável. Às vezes, as disparidades podem ser reveladoras. Por exemplo, o diretor principal da Freddie Mac, a entidade de crédito que foi essencialmente assumida pelo governo dos EUA em 2008, recebeu US$100 mil. Isso estava bem acima da taxa normal de cerca de US$30 mil para diretores de empresas semelhantes, segundo a The Corporate Library.

Às vezes, os membros do conselho são pagos em dinheiro. Às vezes, eles recebem ações. Na maioria das vezes, porém, eles recebem ambos. E em alguns casos, as empresas lhes oferecem vantagens adicionais.

Embora pareça um conflito de interesse em potencial para os membros do conselho aceitar bonificações de uma empresa, basta prestar atenção ao valor total da remuneração. Certifique-se de que a empresa divulgue todos os benefícios que os diretores recebem, incluindo vantagens, e certifique-se de que não sejam excessivos.

Auditando os auditores

Embora o conselho de administração deva ser seu aliado mais próximo na sala de reuniões, felizmente, até mesmo o conselho tem alguém observando: o auditor. A empresa de auditoria tem o trabalho de verificar os livros e registros de uma empresa para garantir que está representando tudo com precisão.

Mas cabe a você, novamente, garantir que o auditor esteja do seu lado. Um dos maiores conflitos potenciais inerentes a uma empresa de auditoria é o fato de ela ser paga pela empresa para fornecer os resultados auditados. É um conflito com o qual você tem de conviver, porque é assim que o sistema funciona.

Se você perceber que a empresa de auditoria está sendo paga por diferentes tipos de serviços, além da realização da auditoria, preocupe-se. Imagine uma situação em que uma empresa de auditoria depende tanto dessas taxas extras a ponto de não ser tão diligente quanto deveria. Afinal, a Arthur Andersen tinha um relacionamento muito extenso com a Enron, o que alguns dizem que pode ter contribuído para que os sinais de alerta não fossem emitidos. Você também não gosta de apontar todos os defeitos do seu chefe, não é?

Felizmente, o formulário de referência torna relativamente fácil desenterrar esses tipos de detalhes. Na parte inferior do formulário de referência, a empresa deve divulgar todos os honorários que pagou à sua empresa de auditoria. As taxas são organizadas em:

» **Taxas de auditoria:** Custos diretos que a empresa paga à firma de auditoria para revisar seus livros, incluindo o 10-K.

» **Taxas relacionadas à auditoria:** Geralmente ligadas ao processo de auditoria, normalmente uma revisão dos controles financeiros da empresa.

» **Taxas tributárias:** As empresas costumam recorrer à firma de auditoria para obter dicas sobre como gerenciar suas contas fiscais.

» **Todas as outras taxas:** Este é o item ao qual você deve prestar atenção. Essas "outras" taxas incluem taxas de consultoria para serviços de tecnologia da informação e outros serviços que não têm nada a ver com a auditoria.

DICA

Geralmente é melhor quando uma empresa tem um valor mínimo, senão $0, na linha de todas as outras taxas pagas à empresa de auditoria. Você quer ter certeza de que o auditor está cuidando de você, não de si mesmo e dos lucros de seus parceiros. Em 2014, a GE não pagou honorários fora da auditoria, relacionados à auditoria e impostos para sua empresa de auditoria, a KPMG. A GE também divulgou que os sócios da KPMG responsáveis pela auditoria devem ser mudados no mínimo a cada cinco anos. Isso reduz as chances de os parceiros se familiarizarem demais com a gestão da GE.

Descobrindo sobre os outros investidores em uma ação

Ao comprar uma casa, preste muita atenção na vizinhança. É útil descobrir o que outras pessoas estão investindo no mesmo bairro e na mesma rua. O mesmo vale para ações. O formulário de referência dirá quais executivos e diretores são grandes investidores na empresa. Se quiser obter uma lista dos maiores proprietários de ações que não são executivos ou diretores, essa informação está disponível em outro lugar, conforme descreverei no Capítulo 14. Além disso, você pode ter uma ideia do que se passa na cabeça de outros investidores ao ler as *propostas dos acionistas*. Na seção final deste capítulo, você descobrirá como checar outros investidores.

Quanto Estamos Pagando? A Remuneração dos Executivos

Alguns fundamentalistas podem pensar que examinar a remuneração dos executivos é uma distração. Afinal, os salários de todos os funcionários de uma empresa, incluindo o CEO e a equipe de gestão, são subtraídos da receita para chegar ao *lucro líquido*. Certamente, se o pagamento de um CEO fosse completamente desproporcional, a lucratividade da empresa cairia, e o sinal vermelho se acenderia para os fundamentalistas.

Mesmo assim, uma parte crucial da análise fundamentalista é compreender os motivos e a ética da equipe de gestão. Você está confiando nessa equipe de homens e mulheres para que pegue seu dinheiro e o invista produtivamente de modo a gerar retorno. Se o caixa está sendo desviado para encher os bolsos de alguém, isso é um problema para um fundamentalista.

O estudo da remuneração de executivos é uma ciência detalhada que poderia encher muitos livros. Todos os anos, publicações importantes, como o *USA Today*, divulgam relatórios abrangentes de remuneração de executivos que dão uma ideia do que é razoável ou excessivo. Os CEOs continuam a expandir os níveis de remuneração que recebem a cada ano.

DICA

Se estiver interessado em saber mais sobre quanto os CEOs recebem e o que é geralmente aceitável, verifique o Equilar's Knowledge Center, em www.equilar.com/knowledge-center.html [conteúdo em inglês]. Para dar uma ideia geral de como vive a outra metade, a Tabela 9-2 mostra os CEOs mais bem pagos entre as cem maiores empresas em 2014, e a Tabela 9-3 mostra os mais mal pagos. Observe como o salário continua sendo uma parte muito pequena do pagamento total desses executivos. Muitos CEOs nem recebem mais bônus. A grande maioria dos salários do CEO está ligada a prêmios em ações, que é a maior parte do pagamento além do salário e bônus.

TABELA 9-2   CEOs Mais Bem Pagos em 2014

Empresa	Executivo	Salário	Remuneração Total
Microsoft	Satya Nadella	US$1.200.000	US$83.092.713
Oracle	Lawrence Ellison	US$1	US$67.261.251
Qualcomm	Steven Mollenkopf	US$1.069.239	US$60.740.592
Walt Disney	Robert Iger	US$2.500.000	US$43.701.750
CVS Health	Larry Merlo	US$1.350.000	US$24.285.460

Fonte: Equilar e relatório das empresas.

TABELA 9-3   CEOs com Salários Mais Baixos em 2014

Empresa	Executivo	Salário	Remuneração
Berkshire Hathaway	Warren Buffett	US$100.000	US$464.011
PACCAR	Ronald Armstrong	US$972.115	US$3.756.409
PBF Energy	Thomas Nimbley	US$1.500.000	US$4.340.900
Costco	W. Craig Jelinek	US$650.000	US$5.614.386
Sears Holdings	Edward Lampert	US$1	US$5.702.364

Fonte: Equilar e relatório das empresas.

INDO ALÉM DO FORMULÁRIO DE REFERÊNCIA PARA ENCONTRAR VANTAGENS EXECUTIVAS

Você pode operar o acesso a creches ou férias extras aceitando um novo emprego, e o mesmo vale para executivos. Os executivos de grandes empresas muitas vezes buscam extras não monetários como parte de sua remuneração. Esses extras podem variar de home office a trabalhos de consultoria pagos após a aposentadoria, prêmios de seguro pagos ou ingresses para eventos esportivos.

É importante para um fundamentalista prestar atenção a essas vantagens, porque elas são um fator na determinação da remuneração total de um executivo.

Quando esses extras forem grandes demais, a empresa deve divulgá-los no formulário de referência. Mas, como você provavelmente notou, as empresas se esforçam para manter o mais genéricos possível os detalhes sobre a remuneração dos executivos e não discriminar vantagens específicas. A maioria desses itens é agrupada em uma ampla categoria no formulário de referência, chamada de "outro" ou algo vago. Muitas vezes, você pode encontrar "outro" pagamento listado em uma tabela no formulário de referência da empresa. Algumas empresas vão além e dividem o valor de certas vantagens esperadas que os executivos recebem, como o uso de aeronaves, carros ou planejamento financeiro ou tributário.

E é por isso que fundamentalistas interessados em remuneração de executivos acham que devem olhar além do formulário de referência. Não me interpretem mal, o formulário de referência é extremamente valioso e deve ser seu ponto de partida ao pesquisar o pagamento dos executivos, mas lembre-se de que as empresas vão apenas até certo ponto ao listar detalhes sobre as vantagens que os executivos estão recebendo. E é por isso que você precisa saber como levar sua pesquisa um passo adiante para obter a história completa sobre remuneração de executivos.

O primeiro lugar a verificar após o formulário de referência são os documentos do tribunal. Detalhes sombrios sobre o pagamento de executivos costumam ser revelados em papéis de divórcio, conflitos legais com parceiros de negócios ou em outras batalhas jurídicas.

Um dos melhores exemplos de como você pode obter mais detalhes sobre todos os benefícios que um executivo obtém da empresa ocorreu com a GE e seu ex-CEO Jack Welch. Os papéis do tribunal do divórcio de Welch em 2002 revelaram muitos detalhes nunca antes vistos de vantagens que Welch recebeu da GE na aposentadoria. Algumas das vantagens incluíam o uso de um apartamento multimilionário em Nova York, uma limusine e segurança para suas casas.

O caso até chamou a atenção da Comissão de Valores Mobiliários dos EUA e abriu um precedente para o que precisa ser divulgado sobre essas regalias. A SEC, no final de 2004, oficializou as acusações contra a GE e alegou que a empresa não divulgou adequadamente a extensão e os detalhes das vantagens dadas a Welch.

> A SEC informou que o relatório anual de 1996 da GE não foi claro o suficiente ao descrever os milhões de dólares em vantagens que Welch receberia na aposentadoria, em vez disso, chamando-as vagamente de "instalações e serviços". A GE consentiu com a ordem da SEC. Você pode ler mais sobre esse caso em www.sec.gov/news/press/2004-135.htm [conteúdo em inglês]. Talvez você entenda por que hoje muitas empresas estão reduzindo os benefícios e sendo muito mais específicas ao relatá-los quando são pagos. O total de "outros benefícios" de Immelt totalizou US$483.023 em 2014 — muito longe do que seu antecessor recebeu. As vantagens de Immelt incluíram US$395.237 para uso pessoal do jato da empresa, US$28.769 em cartões, US$5.300 em planejamento financeiro e US$53.717 em outros itens, incluindo um alarme de segurança doméstico, negócios em eletrodomésticos da GE e algumas despesas de uma viagem aos Jogos Olímpicos de 2014 em Sochi, Rússia, porque a GE era um patrocinador oficial. O importante é que a GE está divulgando essas vantagens, permitindo que os investidores decidam se são razoáveis ou não.

Descobrindo quanto eles ganham

Se você já tentou descobrir quanto um amigo ou colega de trabalho ganha, provavelmente obteve a seguinte resposta: "Não é da sua conta." E é provavelmente o caso. Mas adivinhe: como tecnicamente você está pagando o salário do CEO, como um investidor, é sua responsabilidade saber quanto ele ou ela recebe.

LEMBRE-SE

Os CEOs normalmente não recebem apenas um contracheque a cada duas semanas. Geralmente, recebem um salário-base mais uma série de bônus e outros incentivos, que se tornam valiosos se atingirem certos marcos de desempenho. É por isso que o pagamento da maioria dos CEOs é dividido assim:

» **Salário:** É o salário-base recebido pelo executivo.

» **Bônus:** Estes pagamentos discricionários geralmente são concedidos no final do ano, para cumprir certas metas de desempenho. Contudo, estão se tornando cada vez mais raros à medida que as empresas mudam para ações ou *prêmios em ações*.

» **Prêmios em ações:** Os principais executivos geralmente recebem uma remuneração vinculada ao preço das ações da empresa. Essas concessões podem se tornar muito valiosas se o preço das ações da empresa aumentar no futuro. Os prêmios de ações são geralmente opções de ações ou *ações restritas*, que são descritas em mais detalhes a seguir.

Por exemplo, em 2014, o CEO da GE, Jeffrey Immelt, recebeu um salário de US$3,8 milhões, prêmios em ações de US$3,7 milhões e prêmios em opções de ações de US$2,6 milhões para uma remuneração total de US$37,3 milhões. A GE é uma das poucas empresas a definir meticulosamente as metas que o CEO precisava atingir para receber bônus e outros incentivos.

Você pode descobrir sobre as motivações dos executivos pela maneira como administram seus bônus. Immelt, por exemplo, pediu ao conselho de administração da GE que não lhe pagasse um bônus em 2008 devido à queda dramática do preço das ações da empresa. O conselho aceitou a sugestão, embora a GE cumprisse as metas operacionais que eram as condições para o bônus. A negação do bônus custou a Immelt milhões, já que seu bônus era de US$5,8 milhões em 2007. Immelt também recusou um prêmio de desempenho de longo prazo de US$11,7 milhões. Conforme o desempenho da empresa melhorou após 2010, o mesmo aconteceu com o pagamento de Immelt. Seu pagamento total aumentou de cerca de US$10 milhões em 2009 para US$37,3 milhões em 2014.

Por outro lado, o ex-CEO da Merrill Lynch, John Thain, foi intimado a divulgar detalhes de mais de US$3,6 bilhões em bônus entregues a executivos daquela empresa no final de 2008. Esses bônus foram pagos pouco antes de o banco de investimento, em dificuldades, relatar um prejuízo maciço de US$27 bilhões no ano e ser resgatado pelos contribuintes e pelo Bank of America em uma fusão apressada. Curiosamente, Thain também foi o CEO mais bem pago em 2007.

Verificando as outras vantagens que os executivos recebem

Que vida maravilhosa é a de um CEO! Além do pagamento, eles recebem outros bônus não monetários. As empresas mais abertas também revelarão todas essas vantagens. Elas geralmente incluem o uso pessoal do jato corporativo, carros alugados, aconselhamento sobre preparação de impostos e descontos ou produtos gratuitos da empresa. Essas vantagens, a partir de 2014, tornaram-se cada vez mais raras à medida que os investidores as examinam cada vez mais.

De onde vem o caixa real: Opções e ações restritas

Assim como os restaurantes ganham a maior parte do caixa com bebidas, não com comida, os CEOs não ganham a maior parte de onde você imagina. Os salários da maioria dos executivos, em geral, não são de onde vem a grande maioria de sua remuneração. Em vez disso, é de prêmios de ações, incluindo opções de ações e ações restritas. As opções de ações são instrumentos financeiros que dão aos proprietários o direito, mas não a obrigação, de comprar uma ação a um preço predeterminado.

LEMBRE-SE

Opções são ferramentas comuns para incentivar os executivos. Por exemplo, um CEO pode ter a opção de comprar 100 mil ações por US$30 cada quando o preço das ações da empresa é de US$30. Se o CEO for bem-sucedido e o preço das ações subir para US$50, ele pode exercer a opção e comprar 100 mil ações no valor de US$5 milhões por US$3 milhões. A diferença, de US$2 milhões, vai para o executivo como compensação.

Os CEOs também podem receber ações restritas. Essas ações são dadas a um executivo, mas não podem ser vendidas, a menos que certos critérios sejam atendidos, normalmente depois de decorrido um período de tempo. As ações restritas são projetadas para servir como incentivo para o CEO ficar na empresa e trabalhar duro para aumentar o preço das ações e os retornos aos acionistas.

Verificando Seus Colegas Acionistas

Quando você compra ações, não obtém um diretório de todos os outros investidores da empresa. Você está livre para comparecer à assembleia de acionistas de uma empresa e agradecer. Mas, dito isso, o formulário de referência pode ser uma ferramenta útil para descobrir quais executivos também são grandes acionistas da empresa.

Descobrindo quem mais tem ações

Determinar outros investidores que possuem ações pode ser revelador. Por exemplo, se você for um *value investor* e estiver procurando comprar ações com baixo *valuation*, poderá se consolar ao ver se algum administrador de fundos de investimento bem conhecido que também investe como você possui uma ação. Você descobrirá como verificar os movimentos desses investidores no Capítulo 14, na seção intitulada "Seguindo os passos dos grandes investidores".

Alguns investidores também se confortam quando os executivos e diretores têm grandes posições em uma ação, uma vez que eles têm algo em jogo e, portanto, podem perder pessoalmente se o preço das ações cair.

O formulário de referência é novamente seu melhor amigo para descobrir se a administração da empresa está disposta a comer sua própria comida, por assim dizer. A maioria das declarações de formulário de referência contém uma tabela, geralmente próxima ao final do documento, que especifica quantas ações os executivos e diretores possuem.

DICA

Alguns executivos e diretores acreditam tanto que o preço das ações de uma empresa está prestes a subir, que compram ações da empresa com o próprio caixa. Esses tipos de compras são vistos como sinais de alta, porque os executivos estão enfiando a mão no bolso para comprar ações, em vez de receber doações como parte dos pacotes de remuneração.

Essas compras de ações com dinheiro dos próprios executivos são frequentemente divulgadas e resumidas na declaração de procuração, geralmente descrita como *compras no mercado aberto*. Immelt, da GE, por exemplo, comprou 1,02 milhão de ações da empresa desde que se tornou CEO, em 2001, e no final do ano possuía 2,1 milhões de ações, segundo o formulário de referência. Além disso, Immelt não vendeu nenhuma das ações que recebeu relacionadas a prêmios de ações. No Capítulo 17, você pode aprender mais sobre a importância de observar o que os insiders fazem com suas ações.

O que se passa na mente de outros investidores: Propostas dos acionistas

O formulário de referência lista todos os itens de negócios que estão para votação dos acionistas. Os itens podem ser apresentados pela empresa ou pelos acionistas.

Geralmente, os problemas apresentados pelas empresas são bastante mundanos. Na maioria das vezes, eles se referem a um dos seguintes itens:

- » **Votar em membros do conselho para reeleição.** Os acionistas podem votar em cada candidato nomeado ou reter seu voto.

- » **Aprovar a firma de auditoria da empresa.** Frequentemente, isso é apenas um exercício de seguir o fluxo, porque as empresas tendem a usar o mesmo escritório de contabilidade todos os anos.

- » **Autorizar a emissão de ações vinculadas a planos de incentivo de ações.** As ações que as empresas usam para pagar executivos e funcionários precisam vir de algum lugar. Devem ser emitidas pela empresa, mas isso só pode ser feito com a aprovação dos acionistas. Quando ações extras são emitidas, o fornecimento adicional de ações pode diluir as participações dos investidores existentes.

As propostas mais interessantes no formulário de referência são quase sempre as apresentadas pelos acionistas, chamadas de *propostas dos acionistas*. Alguns acionistas se darão ao trabalho de adicionar itens ao formulário de referência para que outros acionistas considerem. Embora muitos dos itens possam ser frívolos, muitas vezes eles podem sinalizar para você, o analista fundamentalista, preocupações que outros investidores possam ter. Esses itens podem direcioná-lo para uma análise mais aprofundada sobre alguma parte das demonstrações financeiras.

Após o crash do mercado de ações em 2008, uma série de propostas dos acionistas foi direcionada às empresas por questões que vão desde a remuneração excessiva dos executivos até a preocupação com o excesso de membros no conselho de administração. Muitos desses esforços resultaram em reformas que ajudam os investidores hoje. Por exemplo, as empresas agora devem permitir que os investidores votem se aprovam o pagamento dos executivos na empresa. A *opinião sobre* o voto salarial não é vinculativa, e as empresas podem ignorar as opiniões dos acionistas. Mas saber que os investidores verificarão como os CEOs são pagos é outra salvaguarda. Em 2014, 70% das empresas obtiveram entre 90% e 100% de aprovação dos investidores em seus planos de remuneração de executivos, segundo a Equilar.

As resoluções dos acionistas também costumam ter como alvo os *golden parachutes*, ou pagamentos lucrativos a executivos depois que perdem o emprego, inclusive após a compra por outra empresa. Essas propostas podem ser um empurrãozinho para você expandir sua análise fundamentalista para verificar o quão razoável é o pagamento dos executivos.

DICA

Não descarte e pule a leitura das propostas dos acionistas, especialmente as que parecem mais bizarras. A empresa geralmente pede aos acionistas que votem contra essas propostas e ofereçam uma visão detalhada de por que as propostas são uma má ideia. As defesas fornecidas pelas empresas podem oferecer uma visão útil para analistas fundamentalistas. Às vezes, porém, essas propostas dos acionistas podem ser prescientes.

Por exemplo, no formulário de referência da GE para a reunião realizada em 2009, um investidor pediu que a empresa realizasse um estudo sobre a possibilidade de ela se dividir em quatro negócios diferentes. O acionista afirmou que as quatro empresas separadas alojadas na GE valeriam 30% a mais do que a GE combinada. Especificamente, o investidor apontou a grande unidade financeira da GE, chamada GE Capital, como algo que estava prejudicando o valuation da empresa. "Uma maçã azeda pode coalhar toda a torta do conglomerado", de acordo com a proposta do acionista. A defesa da GE delineou uma série de desinvestimentos que a empresa fez para se otimizar. E, ao rejeitar a ideia, a GE detalhou como seu modelo de negócios, que vinculava negócios aparentemente diferentes, continua a funcionar.

Mas, no fim das contas, a GE seguiu amplamente a ideia do acionista e começou a vender agressivamente negócios, incluindo a NBCUniversal, no final de 2009, e, em abril de 2015, informou que venderia grande parte de seus negócios financeiros. Em 2015, a GE estava muito mais focada em motores a jato, usinas de energia e saúde. Os fundamentalistas que leram o formulário de referência de 2009 tiveram um alerta antecipado sobre as mudanças que transformariam completamente a GE meia década depois.

180   PARTE 2 **Como Realizar a Análise Fundamentalista**

3

Fazendo Dinheiro com a Análise Fundamentalista

NESTA PARTE . . .

Aplique as ferramentas de análise fundamentalista para gerenciar seu portfólio.

Veja como fazer alguns dos tipos mais avançados de análise fundamentalista, como a análise de fluxo de caixa descontado e a pesquisa em relatórios anuais.

Use a análise fundamentalista feita por analistas profissionais.

Interprete comentários pertinentes feitos pela equipe de gestão de uma empresa.

NESTE CAPÍTULO

» **Explorando indicadores fundamentais que fornecem alguns insights sobre a atratividade de um investimento**

» **Compreendendo como determinar quais empresas têm recursos para enfrentar tempos difíceis**

» **Descobrindo sinais de alerta de quando pode ser um bom momento para pensar em vender**

» **Considerando a importância dos dividendos e o que eles dizem sobre o valor de uma ação**

Capítulo **10**

Procurando Fundamentos para Comprar ou Vender

Não seria bom se as publicações financeiras e os sites colocassem um grande ponto vermelho ao lado das ações que cairão nos próximos seis meses e um verde ao lado das que subirão? Investir seria tão simples!

Mas investir não é tão fácil assim. Decidir comprar ou vender uma ação — se você for um analista fundamentalista — requer mais reflexão. Existem dezenas de variaveis, senão centenas, que entram nessa importante decisão. Você não só precisa avaliar a saúde do negócio e se ele tem dinheiro suficiente para sobreviver, mas também se o preço das ações é atraente.

A análise fundamentalista pode não ser uma bola de cristal. Ações baratas podem ficar mais baratas e ações caras podem disparar. Mas a análise fundamentalista pode, pelo menos, fornecer alguma orientação sobre compra e venda, de modo que você possa identificar ações que estão à venda ou que estão extremamente supervalorizadas.

Esta seção do livro explora alguns dos aspectos da análise fundamentalista que podem ajudá-lo a abordar o investimento de maneira inteligente, com os olhos bem abertos e a calculadora ligada. Você descobrirá como aplicar muitas das ferramentas discutidas nas primeiras seções do livro para ajudá-lo a determinar se deve ficar intrigado com investimentos e quando deve evitá-los.

Procurando Sinais de Compra nos Fundamentos

Ao comprar itens caros, provavelmente não há um único fator que garanta sua decisão. Antes de comprar um carro, por exemplo, você não considera apenas a cor. Você provavelmente pesa todos os tipos de fatores, desde a confiabilidade do modelo até a qualidade do interior e, talvez o mais importante, o preço.

A mesma abordagem de várias etapas se aplica ao comprar ações. Muito raramente há um único fator que chama a atenção e diz que é hora de comprar.

Os fundamentalistas costumam se concentrar em alguns aspectos de uma ação, o que pode torná-la um investimento atraente, entre eles:

>> **Poder de permanência:** Você deseja garantir que a empresa tenha os recursos financeiros para suportar uma crise e sair intacta.

>> **A trajetória dos fundamentos:** Como o preço de uma ação, ao longo do tempo, está conectado à receita e aos lucros de uma empresa, os fundamentalistas tentam ver as tendências de melhoria na receita e no lucro da empresa. A localização de tendências será discutida mais detalhadamente no Capítulo 17.

>> **Evidência de gestão qualificada:** Uma equipe de gestão com experiência em navegar pelos altos e baixos de um negócio pode dar ao fundamentalista mais confiança no futuro da empresa. Gerentes qualificados podem usar a qualidade, marcas ou serviços fortes para proteger os negócios de sua empresa da concorrência.

>> **Valuation:** Mesmo que uma empresa tenha um desempenho ruim, a ação ainda pode ser um bom investimento se a má notícia já estiver refletida no preço. Os analistas fundamentalistas gastam grande parte de seu tempo comparando o preço atual das ações de uma empresa com seu valor real, com base no que eles acham que vale a pena. No Capítulo 8, você descobriu como usar o índice *preço/lucro*, ou P/L, como ferramenta de valuation. Neste capítulo, aprenderá sobre o *earning yield*. Os fundamentalistas também procuram bons valores usando o *modelo de fluxo de caixa descontado*, explorado no Capítulo 11.

184   PARTE 3 **Fazendo Dinheiro com a Análise Fundamentalista**

> **Pagamentos de dividendos:** Esses pagamentos em dinheiro aparentemente pequenos podem aumentar rapidamente e se tornar um fator significativo para os fundamentalistas, que também utilizam esses dividendos como forma de medir a atratividade de algumas ações, conforme será discutido no final deste capítulo.

Cada uma dessas cinco dimensões de valuation de ações é explorada com mais detalhes neste capítulo.

Encontrando empresas com poder de permanência

Vamos admitir: o capitalismo é extremamente competitivo. Algumas empresas simplesmente não sobrevivem. Se você vai colocar seu dinheiro de investimento em uma empresa, quer ter certeza de que ele pode durar. Investir em empresas duráveis dá ao fundamentalista coragem para ser paciente — mesmo em uma recessão e se as ações caírem —, pois há evidências de que a empresa pode aguentar.

Como uma parte normal dos altos e baixos dos negócios, ou do *ciclo de negócios*, eventualmente haverá uma retração. Muitas vezes, é durante esses tempos difíceis que as empresas demonstram seu poder duradouro. Como muitos investidores desistem das empresas quando estão em baixa ou em desvantagem, e os preços caem, isso pode apresentar uma grande oportunidade para você como analista fundamentalista. Se você reservar um tempo para encontrar empresas que estão apenas em baixa e têm a capacidade de se recuperar, poderá escolher boas empresas por preços baixos.

Normalmente, quando você está procurando empresas que têm recursos para sobreviver, deve considerar alguns elementos principais.

Liquidez: Cash is King

Se você está tentando comprar uma empresa barata, quer ter certeza de que ela tem a capacidade de resistir aos tempos difíceis, e isso exige um exame minucioso da *liquidez*, ou pronto acesso ao caixa. Certifique-se de prestar muita atenção à *liquidez corrente* de uma empresa, conforme descrito no Capítulo 6. Esta é uma boa estimativa de se uma empresa será capaz de levantar caixa suficiente para pagar suas contas vencidas em um ano.

LEMBRE-SE

Há uma hierarquia muito importante para investir, da qual você precisa estar ciente. Quando você compra ações de uma empresa que está em declínio, está jogando um jogo de azar. No caso de a empresa entrar em *default*, ou deixar de pagar os juros aos credores, há uma chance de que a empresa seja reestruturada ou vendida. E se isso acontecer, como acionista, você é o último na fila do bufê de ativos. Os investidores em ações ficam atrás de todos, incluindo funcionários, que precisam dos salários, e detentores de títulos, por qualquer dinheiro que sobra. É por isso que quando investe em uma empresa que está oscilando perigosamente, você deve ter absoluta certeza de que analisou cuidadosamente se ela tem ou não liquidez suficiente para continuar.

Baixas cargas de dívida

Quando estiver procurando por ações baratas de empresas que podem sobreviver, considere aquelas que têm pouca ou nenhuma dívida. As empresas que não têm uma enorme quantidade de dinheiro para reembolsar podem respirar e colocar suas operações em ordem antes que tenham de se preocupar em arcar com os onerosos custos de juros. Preste muita atenção ao *índice de cobertura de juros*, descrito no Capítulo 8. Quanto menor esse índice, melhor será a capacidade de a empresa lidar com uma crise. Esse índice o ajuda a decidir se a dívida total de uma empresa é razoável. Novamente, o Capítulo 8 o ajudará a obter essa informação usando o *índice dívida/patrimônio líquido*.

Índices são ótimos, não me entenda mal. Mas, às vezes, avaliar a carga de dívida de uma empresa não é algo preto no branco. Só porque uma empresa tem dívidas, não significa que está fadada ao fracasso. É por isso que índices como os do Capítulo 8 mostram as nuances da dívida — e como avaliar o que uma empresa pode administrar.

Pode ser ilustrativo — ouso dizer, divertido — olhar para as questões financeiras quando se trata de dívidas extremas, apenas para entender o ponto.

A desvantagem da dívida é fácil de entender. A crise financeira de 2008 e 2009 continua sendo um dos melhores exemplos recentes de por que o endividamento elevado às vezes pode ser uma desvantagem. Muitas empresas que tomaram muito caixa emprestado — especialmente alguns bancos e firmas de investimento — enfrentaram problemas quando os mercados de crédito congelaram e os custos da dívida dispararam.

É claro que há uma vantagem em tomar empréstimos, ou as empresas não o fariam. O empréstimo permite que a empresa obtenha mais equity com uma quantidade menor de capital investido no negócio, o que é ótimo para os acionistas. O retorno sobre patrimônio líquido (explorado em detalhes no Capítulo 8) mostra como medir o benefício do empréstimo. Mas as empresas que não têm dívidas também podem ter uma vantagem. Estar livre de dívidas elimina o pagamento de juros e dá flexibilidade financeira à empresa no futuro.

AGORA É HORA DE UM AVISO

Antes de ir adiante neste capítulo, é um bom momento para um aviso. Aqui vai: a análise fundamentalista não garante que você sempre ganhará dinheiro com ações comprando e vendendo nos momentos certos. Eu sei, esse não é o tipo de declaração que fará deste livro um best-seller.

Lembre-se de que há um paradoxo em usar a análise fundamentalista como uma ferramenta para dizer quando comprar ou vender ações, e você precisa estar atento a isso desde o início. Você não é o único com acesso instantâneo às demonstrações financeiras e ao desempenho de uma empresa. Dezenas de empresas de fundos de investimento, fundos de hedge e outros grandes investidores obtêm os mesmos dados fundamentais que você e os vasculham com exércitos de analistas e computadores. Se eles virem uma ação que está subvalorizada, podem se mover rapidamente e empurrar o preço das ações para cima. E, quando uma ação sobe, outros investidores podem se juntar e empurrá-la mais ainda.

Tudo isso significa que muitos investidores que tentam comprar e vender ações individuais nos momentos certos não têm sucesso. É por isso que muitas vezes é melhor, para muitos investidores, simplesmente comprar todas as ações de um índice do mercado de ações, como o Standard & Poor's 500, por meio de um *fundo de índice*, em vez de tentar controlar o tempo do mercado. Até o rei da análise fundamentalista, Warren Buffett, escreveu em sua carta de 1996 aos acionistas: "A maioria dos investidores, tanto institucionais quanto pessoas físicas, descobrirá que a melhor maneira de possuir ações ordinárias é por meio de um fundo de índice que cobra taxas mínimas."

Apesar desse aviso, a análise fundamentalista ainda é extremamente valiosa para muitos investidores. Não há mal nenhum em entender como os investimentos que você tem são avaliados. E o mercado certamente tem períodos de indigestão. Durante as bolhas de ativos, por exemplo, os preços de mercado podem ser levados a extremos em relação aos seus fundamentos. Os anos 2000 forneceram exemplos extraordinários de bolhas, incluindo a bolha das pontocom, a bolha das ações de tecnologia e a bolha imobiliária. A análise fundamentalista pode ser uma ferramenta da razão, ajudando você a, pelo menos, reconhecer quando os investidores parecem pagar mais por um ativo ou estão apostando em um futuro excessivamente otimista. A análise fundamentalista é aquela ferramenta que pode ajudar a evitar que você também seja vítima de uma bolha.

Agora, isso pode surpreendê-lo: algumas empresas enormes não têm nenhuma *dívida de longo prazo*. Elas são raras, mas existem e podem ser ilustrativas para fundamentalistas que procuram ver as vantagens e desvantagens da dívida. Existem oito empresas no Standard & Poor's 500 que não tiveram um centavo de dívida de longo prazo em nenhum ano entre 2005 e 2014, de acordo com dados da S&P Capital IQ. E adivinhe: na verdade, essas empresas sem dívidas se saíram melhor do que o mercado como um grupo. Elas conseguiram um ganho médio de 284% entre 2005 e 2014, superando o ganho de 70% do S&P 500 durante o mesmo período.

A Tabela 10-1 mostra as empresas no S&P 500 que não tinham dívidas de longo prazo em qualquer ano entre 2005 e 2014. Muitas delas estavam em uma situação financeira relativamente forte ao entrar na correção brutal do mercado de 2008 e 2009 — e navegaram direto pela turbulência no longo prazo.

TABELA 10-1 **Empresas sem Dívidas de Longo Prazo 2005-2014**

Empresa	Código	Variação da Ação 2005-2014
Intuitive Surgical	ISRG	1.222%
F5 Networks	FFIV	436%
Fastenal	FAST	209%
T. Rowe Price	TROW	176%
Qualcomm	QCOM	75%
Expeditors Int'l	EXPD	60%
Urban Outfitters	URBN	58%
Paychex	PAYX	35%

Fonte: S&P Capital IQ.

LEMBRE-SE

Só porque uma empresa não tem dívidas, não significa que nunca terá. A empresa de fornecimento de construção Fastenal, por exemplo, assumiu US$303 milhões em dívidas de longo prazo no final de 2015. As ações caíram 14% naquele mesmo ano. Estar livre de dívidas não significa que as ações subirão. Esse ponto fica claro, apesar de não estar na Tabela 10-1. Muitas empresas sem dívidas viram suas ações cair quando o mercado desmoronou em 2008. Apple e Alphabet (então conhecida como Google), por exemplo, não tinham dívidas no final de 2008, mas ainda assim viram suas ações caírem 57% e 56%, respectivamente, naquele ano. Novamente enfatizo: não há um único indicador para dizer se você deve ou não comprar uma ação. Mas uma empresa que não tem dívidas, pelo menos, não precisa se preocupar com detentores de títulos e despesas com juros.

Grandes pilhas de dinheiro

Um truque que alguns fundamentalistas usam para ter uma ideia decente da base financeira de uma empresa é comparar o preço das ações com a quantidade de dinheiro por ação que ela possui. Às vezes, as ações desvalorizam tanto, que a empresa tem mais dinheiro no banco do que seu valor no mercado de ações. É quase como comprar uma nota de 1 dólar por 80 centavos.

PAPO DE ESPECIALISTA

Esta análise é um bom complemento para estudar a relação preço/valor patrimonial de uma empresa, que também considera quanta dívida uma empresa tem, conforme discutido no Capítulo 8.

Para comparar o preço de uma ação com seu caixa por ação, faça isto:

1. **Obtenha o caixa total e os equivalentes de caixa de uma empresa.** Esses dados estão disponíveis no balanço patrimonial. Se não tiver certeza de como obter essas informações, há instruções detalhadas no Capítulo 6.

2. **Divida o número da Etapa 1 pelo número de ações em circulação.** Você também pode obter o número de ações em circulação de uma empresa no balanço patrimonial. Isso fornece o *caixa por ação*.

3. **Divida o preço das ações da empresa pela resposta na Etapa 2.** Se a resposta for menor que 1, isso significa que a empresa tem mais dinheiro do que seu valor no mercado de ações. Alguns consideram este um sinal potencial de que as ações estão subvalorizadas.

DICA

Não pense que é uma compra garantida quando o preço de uma ação cai abaixo do valor por ação de uma empresa. Às vezes, o preço de uma ação fica abaixo dos níveis de caixa devido ao endividamento excessivo. Nesse caso, o caixa não pertence realmente à empresa, mas aos credores. O preço das ações também pode cair abaixo do caixa de uma empresa se os investidores temerem que a equipe de gestão desperdice o caixa de várias maneiras, incluindo a compra estúpida de outras empresas. É por isso que a relação preço/valor patrimonial é tão útil, porque considera o papel da dívida. Uma ação com um baixo preço da ação em relação à dívida também pode indicar que os investidores não têm confiança na equipe de gestão.

Fluxos de caixa estáveis

Se uma empresa está em um negócio estável, em que a demanda é relativamente confiável, pode gerar amplo fluxo de caixa para desfazer muitos dos desafios que enfrenta. Você pode descobrir como medir o fluxo de caixa de uma empresa no Capítulo 7. Infelizmente, muitas empresas com fluxo de caixa estável sentem-se inclinadas a aumentar sua lucratividade tomando empréstimos. Essas pilhas de dívidas podem assombrar as empresas se os negócios desacelerarem. Os fundamentalistas podem procurar empresas que tenham estabilidade e disciplina, para evitar o endividamento excessivo.

Procurando por empresas em ascensão

Se há uma coisa com a qual muitos investidores podem concordar é que eles querem que a empresa em que estão investindo seja estável, senão em ascensão. Empresas com lucros e receitas crescentes podem ser investimentos atraentes se o preço não for muito alto. Volte para o Capítulo 8 para ler sobre o índice PEG se quiser se lembrar de como calcular o crescimento.

A análise fundamentalista também pode ser extremamente útil para identificar empresas em que os lucros e as receitas estão em alta. Alguns investidores, chamados de *investidores de momentum*, gostam de comprar empresas quando elas relatam um crescimento cada vez mais rápido. Esses investidores estão apostando que podem agarrar uma empresa com muitas coisas boas a seu favor. Mas até mesmo os *investidores em valor*, que tentam comprar ações baratas, estão apostando que uma empresa acabará por começar a se sair melhor e as ações se recuperarão.

Geralmente se consegue encontrar empresas que estão crescendo rapidamente usando-se a análise de tendências, que é descrita em detalhes no Capítulo 17.

Apostando nos cérebros por trás das operações

Quando você investe em uma empresa, não está apenas investindo em marcas, produtos e ativos. É necessário ter evidências de que a gestão está devidamente equipada para administrar bem a empresa e entregar resultados excepcionais.

O retorno sobre o patrimônio líquido e o *retorno sobre o capital*, ambos discutidos no Capítulo 8, são as maneiras mais rápidas e práticas de descobrir como uma empresa é administrada.

O retorno sobre os ativos é outra ferramenta útil para os fundamentalistas analisarem a performance das equipes de gerenciamento. A medida informa quanto lucro a empresa gera com os ativos que tem sob controle. O retorno sobre os ativos ajuda a ver como ela está funcionando sem qualquer distorção financeira causada pelas dívidas. Se você comparar o retorno sobre os ativos de uma empresa com seus pares, usando as mesmas técnicas aplicadas ao retorno sobre o patrimônio líquido no Capítulo 8, terá uma boa ideia de como a empresa está gerenciando o caixa.

ESTUDO DE UMA SOBREVIVENTE: CISCO

Às vezes é útil considerar o histórico para ver como a análise fundamentalista pode ajudá-lo a identificar oportunidades atraentes. Pense em 2002. Aquele foi um ano de um bear market brutal — um dos piores dos tempos modernos —, em que as ações de tecnologia em particular estavam sofrendo. O índice composto Nasdaq, que está repleto de ações de tecnologia, despencou 78% entre 10 de março de 2000 e 9 de outubro de 2002. Muitos investidores perderam a esperança nas ações de tecnologia, imaginando que eram apenas um balão superinflado. Que erro incrível!

Os fundamentalistas que procuraram empresas com poder de permanência se beneficiaram. Uma ação de tecnologia que se encaixava no perfil era a Cisco Systems, que foi uma das melhores ações durante a bolha da internet e também sofreu com isso. À medida que as empresas cortavam a quantidade de equipamentos que compravam, a Cisco passou de um lucro de US$2,7 bilhões no ano fiscal de 2000, encerrado em julho, para a perda de US$1 bilhão no ano fiscal de 2001. A receita caiu 15% para US$18,9 bilhões no ano fiscal de 2002. As ações foram punidas brutalmente enquanto os investidores questionavam o futuro do setor.

Os analistas fundamentais viram uma oportunidade. Graças ao corte de custos, a empresa ainda relatou um lucro de US $1,9 bilhão no ano fiscal de 2002, durante os dias mais sombrios do setor. Além disso, a Cisco tinha muito caixa e nenhuma dívida durante toda a crise de tecnologia no início dos anos 2000, o que significa que não havia despesas com juros com as quais lidar. E o *fluxo de caixa operacional* da Cisco, discutido no Capítulo 7, na verdade aumentou durante a crise da tecnologia entre o ano fiscal de 2000 e o ano fiscal de 2002.

Os fundamentalistas que decidiram em 2002 que a Cisco seria uma sobrevivente foram ricamente recompensados. Os investidores que compraram a Cisco no final de julho de 2002, após o final do ano fiscal da empresa, acabaram vendo seu investimento aumentar em valor em quase 120% nos cinco anos seguintes, quase o dobro do retorno do S&P 500.

Mas o ciclo continuou. Os investidores que investiram em ações novamente em meados de 2007, quando estava claro que a empresa sobreviveria, acabaram pagando a mais novamente. As ações perderam mais da metade do valor uma segunda vez antes de chegar ao fundo do poço em 2009. Entre julho de 2002 e o final de 2015, as ações da Cisco praticamente dobraram. Isso é ótimo, mas ainda ficou atrás do aumento de 121% no Standard & Poor's 500.

Existem muitas lições da Cisco. É um lembrete de que, com a análise fundamentalista, o tempo também é importante. Você não pode se apaixonar por uma ação só porque sua pesquisa disse que ela tinha poder de permanência.

Os fundamentalistas podem cavar mais fundo dissecando o *retorno sobre os ativos*, e isso pode revelar ainda mais sobre a gestão de uma empresa. Para mostrar o que quero dizer, primeiro considere a fórmula para o retorno sobre os ativos:

Retorno sobre ativos (ROA) = lucro/ativos

DICA

A receita, no numerador da fórmula, significa coisas diferentes para diferentes fundamentalistas. Alguns usam o *lucro líquido*, pois é facilmente obtido na demonstração de resultados. Outros usam *lucro antes de juros e impostos*, ou EBIT, em vez do lucro líquido, para medir o retorno sobre os ativos. Você pode refrescar sua memória sobre as vantagens e desvantagens do lucro líquido e do EBIT no Capítulo 8.

Tudo bem. Pararei de falar sobre o quão grande é o retorno sobre os ativos e mostrarei o que quero dizer. Vamos testar o poder de separar o retorno sobre os ativos usando um exemplo: a empresa industrial 3M em 2014. Pouparei você do trabalho de ir às demonstrações financeiras e mostrarei todos os dados de que precisa na Tabela 10-2.

TABELA 10-2   Estatísticas Vitais da 3M em 2014

Item da Linha	Valor em Milhões de US$
Receita	US$31.821
EBIT	US$7.135
EBIT ajustado por impostos (assumindo 37,5%)	US$4.459
Ativos totais em 2014	US$31.269
Ativos totais em 2013	US$33.550
Ativos médios no final de 2014	US$32.410

Fonte: S&P Capital IQ.

Para esse exemplo, tornaremos a fórmula de retorno sobre ativos um pouco mais precisa. Dividiremos a receita da 3M, ou EBIT ajustado por impostos, por seus ativos médios.

LEMBRE-SE

Você calcula os ativos médios adicionando os ativos da 3M em 2014 aos ativos em 2013 e dividindo por 2.

Conectando os números na Tabela 10-2, você determina que o retorno sobre os ativos da 3M é de 13,8%:

> Retorno sobre ativos (0,138) = EBIT ajustado por impostos (US$4.459) / ativos médios (US$32.410)

DICA

Você pode converter o retorno sobre os ativos em uma porcentagem multiplicando a resposta por 100, para obter 13,8%.

Aí está! Com apenas um pouco de matemática, você descobriu quanto lucro a administração da 3M está extraindo de seus ativos. Para cada US$100 em ativos, a 3M gera US$13,80 de lucro. É um retorno tremendo, em comparação com outros conglomerados industriais. O retorno médio no setor industrial era de apenas 4,5% em 2015, segundo a Reuters.

PAPO DE ESPECIALISTA

Uma coisa é saber que a 3M tem um alto retorno sobre os ativos, mas a análise fundamentalista ajuda a descobrir o porquê disso, e com uma precisão razoavelmente granular. Você pode fazer essa análise dividindo o retorno sobre os ativos em pedaços. Tenha paciência enquanto apresento mais uma fórmula. É o retorno sobre os ativos dividido pelas suas partes componentes:

> Retorno sobre ativos = margem de lucro × rotação de ativos

E vamos cortar essa fórmula ainda mais para digamos:

> (EBIT ajustado pelos impostos / ativos médios) = (EBIT ajustado pelos impostos / receita) × (receita/ ativos médios)

Assim que você parar de chorar, reconhecerá o poder dessa fórmula. Estou apenas combinando vários conceitos para que você possa ver exatamente o que impulsiona o impressionante retorno sobre os ativos da 3M. O retorno sobre os ativos de uma empresa é uma função de sua *margem de lucro* e de sua *rotação de ativos*. A margem de lucro de uma empresa é o quanto ela obtém de lucro de cada US$1 em vendas, discutido detalhadamente no Capítulo 5. E a rotação de ativos é a quantidade de receita que uma empresa obtém dos ativos.

DICA

Detalhar o retorno sobre os ativos mostra as duas alavancas que uma empresa pode usar para aumentar o retorno sobre os ativos: margens de lucro e rotação de ativos.

Quando você insere os números da Tabela 10-2 na fórmula, pode ver que o retorno sobre os ativos da 3M se divide assim:

> (US$4.459 / US$32.410) = (US$4.459 / US$31.821) × (US$31.821 / US$32.410)

CAPÍTULO 10 **Procurando Fundamentos para Comprar ou Vender**

Eu poderia ter poupado você dessas fórmulas. Mas, assim como fazer seus próprios impostos pessoais ajuda a entender como suas ações afetam sua conta fiscal, decompor o retorno sobre os ativos lhe permite ver como a gestão de uma empresa pode aumentar o retorno para os acionistas, o que é de grande importância na análise fundamentalista.

Não se limite a apertar a mão de um CEO e decidir investir na empresa porque gosta dele. Dê-lhe um boletim — usando as demonstrações financeiras para separar o retorno sobre os ativos. Apenas saiba que, ao procurar equipes de gestão nas quais vale a pena investir, você deve buscar aquelas que estão:

» **Aumentando suas margens de lucro:** As margens de lucro, independentemente de como você as mede, são um componente-chave para o futuro de uma empresa. Cobrar mais pelos produtos ou reduzir os custos pode aumentar o retorno sobre os ativos de uma empresa.

» **Colocando seus ativos em uso:** Quanto mais receita uma empresa gera com os ativos, melhores serão os retornos. O simples fato de ficarem parados reduzirá a rotação dos ativos e prejudicará o retorno deles.

» **Fazendo tudo simultaneamente:** Mesmo uma pequena melhoria nas margens de lucro e uma melhoria modesta no uso de ativos pode ter um efeito explosivo no retorno sobre os ativos de uma empresa. São pessoas assim que você quer trabalhando para você.

Cuidando dos earnings yield

Não há muitas coisas na vida que são tão úteis de cabeça para baixo quanto de cabeça para cima. Muitas crianças derramam uma lágrima devido a um sorvete de casquinha de cabeça para baixo.

Mas a relação *preço/lucro*, ou *P/L*, é uma das poucas coisas que podem ter valor quando estão invertidas. No Capítulo 9, você descobriu como o P/L é uma ferramenta-chave para entender o valuation de uma ação e se ela é um investimento atraente. Quando você inverte o índice P/L e olha para o *recíproco*, obtém o que é chamado de *earnings yield*. Embora o P/L receba toda a atenção, o earning yield pode ser mais fácil de entender para alguns. O earning yield informa quanto em retorno uma empresa está gerando para cada dólar investido.

Vamos manter as coisas simples e usar o lucro líquido da 3M durante 2008 e o preço das ações no final de 2014 como exemplo. As ações da 3M encerraram o ano em US$164,32 por ação, e a empresa relatou *lucro por ação diluído* de US$7,49 por ação. Dividir o preço das ações da 3M pelo lucro por ação diluído mostra que a ação tem um P/L final de 21,9 vezes. Se quiser revisar como é feito o cálculo do P/L, volte para o Capítulo 8.

Mas agora divida o lucro por ação diluído pelo preço e multiplique por 100 para convertê-lo em uma fração. Vá em frente, não vai doer. Você descobrirá que a empresa gera lucros de US$4,56 a cada US$100 investidos, ou 4,6%.

DICA

O earning yield é tão útil porque coloca o P/L em uma forma que é facilmente compreendida e comparada com outros investimentos que competem por seu dinheiro. Por exemplo, se pudesse obter 5% em juros de um treasure norte-americano (altamente improvável em 2015, quando você teria a sorte de obter 1%), o rendimento de 4,6% da 3M não seria tão atraente. Você pode correr menos riscos e obter mais retorno, e quer ter certeza de que o risco extra vale a pena, por exemplo, se estiver convencido de que os lucros dispararão.

Sabendo Quando Vender uma Ação

Se você pensou que era difícil escolher o momento certo para comprar uma ação, isso não é nada comparado a tentar vender no momento certo. Não parece que, quando você vende uma ação, ela sempre acaba decolando e dobrando? Às vezes esse pode ser o sentimento. Mas, com a análise fundamentalista, você pode colocar alguns números por trás de sua decisão, para que sua escolha ao menos seja racional.

DICA

Saber quando vender é extremamente importante quando você compra e vende ações individuais. Ao comprar ações individuais, em vez de comprar fundos de índices amplos, você está assumindo um risco específico da empresa. Você não está apenas à mercê dos altos e baixos normais do mercado, mas também aumenta o risco de que a empresa individual cometa erros. Por esse motivo, precisa ser muito disciplinado ao se desfazer de uma ação. Alguns investidores que aplicam a *análise técnica* (discutida no Capítulo 19) recomendam que você venda uma ação assim que ela cair 10% de seu preço de compra. Isso o impedirá de sofrer grandes perdas. Os fundamentalistas — especialmente aqueles que estão apenas começando ou aqueles que não dispõem de grandes recursos para suportar uma investida de longo prazo — podem aumentar sua estratégia com esses planos defensivos.

CAPÍTULO 10 **Procurando Fundamentos para Comprar ou Vender**   195

Descrevendo alguns dos principais motivos para dizer adeus a uma ação

Existem muitos motivos pelos quais um fundamentalista pode decidir abrir mão de uma ação. Aqui estão alguns dos principais:

» **Desaceleração dos lucros ou crescimento da receita:** Quando você começa a notar que o crescimento de uma empresa está estagnado, isso pode ser um sinal de alerta de problemas. Vá para o Capítulo 17 para descobrir maneiras de medir tendências em uma empresa.

» **Deterioração dos índices financeiros:** Quando as empresas começam a demorar muito para coletar o caixa dos clientes ou pagar as contas, isso pode indicar problemas. Verifique o Capítulo 8 para obter mais detalhes.

» **Má governança corporativa ou gestão questionável:** Se as motivações dos executivos não estiverem alinhadas com as dos investidores, isso pode ser um problema. O Capítulo 9 mostra como fazer essa análise.

» **Supervalorização:** Mesmo boas empresas podem ser supervalorizadas. Por mais difícil que seja às vezes, pode ser melhor vender uma ação quando a empresa parece que não pode fazer nada de errado e o preço das ações está subindo para níveis insustentáveis. Você se lembra do exemplo da Cisco no início do capítulo, quando as ações da empresa cresceram pela segunda vez? Há muitas maneiras de um fundamentalista medir os valuations. O earning yield, discutido antes, é uma maneira; outra é o modelo de desconto de dividendos, discutido a seguir. Mas não se esqueça do P/L e do PEG, discutidos no Capítulo 8, e da *análise de fluxo de caixa descontado*, abordada no Capítulo 11.

» **Risco crescente de default:** Se tiver alguma dúvida se uma empresa pode pagar os juros de sua dívida, venda primeiro e pergunte depois. Talvez a primeira maneira de perceber isso seja analisando o *índice de cobertura de juros*, conforme descrito na seção "Avaliando as finanças das empresas" no Capítulo 8. Você também vai querer olhar o relatório anual em busca das palavras *preocupações vigentes* dos auditores. Se eles estão preocupados, você deve ficar também. No Capítulo 12, mostro onde procurar isso.

» **Expectativas cronicamente perdidas:** Os analistas de Wall Street rotineiramente preveem quanto esperam que uma empresa ganhe em um determinado trimestre ou ano. As empresas que perdem essas expectativas às vezes avisam que ou a ação está muito alta ou a empresa está passando por dificuldades. Você pode ler mais sobre isso no Capítulo 14.

» **Seu apetite por risco mudou:** Talvez você tenha mudado de emprego recentemente ou pense que precisará de seu dinheiro antes do que pensava. Você pode considerar a venda de algumas de suas ações menores ou mais especulativas, porque elas tendem a ser mais arriscadas com o tempo.

PARTE 3 **Fazendo Dinheiro com a Análise Fundamentalista**

Por que vender ações que todo mundo quer pode ser lucrativo

A análise fundamentalista é bastante lógica — na maioria das vezes. Mas quando você está falando de mercados ou fóruns onde as pessoas estão usando caixa para definir preços, às vezes, as emoções podem introduzir alguns eventos irracionais. Aqui está uma verdade ilógica dos mercados que guia alguns investidores experientes: às vezes, o melhor momento para vender uma ação é quando parece que todo mundo quer comprá-la.

LEMBRE-SE

As ações de uma boa empresa podem acabar sendo um mau investimento se você pagar a mais por elas.

Existem alguns sinais reveladores de que muitos investidores estão se acumulando em uma ação, talvez tornando-a sobrevalorizada e candidata a ser vendida, incluindo:

» **Índice preço/valor patrimonial inflacionado:** O índice preço/valor patrimonial, descrito no Capítulo 8, é sua primeira dica quando uma ação está subindo muito. O índice compara o preço das ações com o valor de uma empresa, de acordo com os contadores. A maneira mais básica de pensar no valor contábil é o total dos ativos de uma empresa menos seus passivos. Quando você vê o índice preço/valor patrimonial de uma ação à frente de seus pares do setor, você pode considerar a venda.

» **Índice preço/lucro elevado:** Infelizmente, não há uma definição exata de quando um P/L é muito alto. Mas uma coisa é certa: quando o P/L de uma empresa fica alto em relação às outras ações do setor, você deve se preocupar e considerar a venda. Além disso, se o P/L do mercado de ações for 15 e o P/L de suas ações estiver acima de 100, considere vender algo.

Os dados provaram como os investidores costumam se sair melhor evitando as ações que outros investidores estão clamando para comprar e se atendo às que estão sendo amplamente ignoradas. É a versão de Wall Street do patinho feio se transformando no belo cisne.

Growth stocks (growth) são as queridinhas de Wall Street e que todos querem ter. *Value stocks (value)* são as ações impopulares pelas quais os investidores não pagam. A Tabela 10-3, por exemplo, mostra como as growth stocks (growth), aquelas com os valuations maiores, tiveram um desempenho pior do que as value stocks (value) com valuations maiores e o mercado em geral no longo prazo. É outro lembrete de que, quando outras pessoas estão falando (ou se gabando) sobre uma ação em um coquetel, você deve considerar a venda.

TABELA 10-3 Apostar nos Favoritos Pode Ser Perigoso

Tipo de Ação	Retorno Anual Médio Composto entre Janeiro de 1928 e Novembro de 2015
Todas as ações	9,3%
Growth stocks (growth)	8,2%
Value stocks (value)	10,6%

Fonte: Index Fund Advisors.

Não é incrível? Value stocks (value) — aquelas que a maioria dos investidores não acha que valham muito — no longo prazo superaram não apenas o mercado, mas também as growth stocks (growth) mais valorizadas. É importante estudar o comportamento dos investimentos de longo prazo, porque isso remove as distorções de curto prazo quando as growth stocks (growth) ou as value stocks (value) podem ter um desempenho superior.

O que os Dividendos Podem Dizer sobre a Compra ou a Venda de Ações

Os CEOs adoram dar uma caprichada nos relatórios financeiros. É apenas a natureza humana. Existem coisas que as empresas podem fazer para colocar seus resultados da melhor forma possível, especialmente quando se trata de lucros. Mas há uma coisa que as empresas simplesmente não podem fingir: dividendos.

Os dividendos são normalmente pagamentos em dinheiro que as empresas fazem aos acionistas. Esses pagamentos são tangíveis. Você pode realmente gastá-los. Os dividendos são caixa real que é depositado na sua conta. As empresas que pagam grandes dividendos muitas vezes se tornam populares durante surtos financeiros, à medida que os investidores se confortam com o fato de que estão obtendo caixa de verdade da empresa.

Esses pagamentos em dinheiro, embora aparentemente pequenos, são muito importantes para o lucro geral que você pode esperar de um investimento. Eles também são ferramentas importantes para medir o valor de uma empresa.

DICA

Não confunda o dividendo de uma empresa com os juros que você pode obter de um título ou certificado de depósito. Os dividendos não são garantidos. As empresas podem reduzir seus dividendos para economizar dinheiro — e frequentemente o fazem. A General Electric, em fevereiro de 2009, por exemplo, surpreendeu os investidores quando cortou seus dividendos trimestrais em 68%, de 31 centavos por ação para 10 centavos por ação.

A GE não é a única. Quando os tempos ficam difíceis, as empresas podem cortar dividendos para conservar o caixa, conforme mostrado na Tabela 10-4. Observe como as empresas avançaram para os dividendos em 2008 e 2009, quando a crise financeira estava a todo vapor.

TABELA 10-4 **Cortes e Suspensões de Dividendos por Empresas da S&P 500**

Ano	Nº de Dividendos Cortados	Nº de Dividendos Suspensos
2014	8	0
2013	12	0
2012	11	1
2011	5	0
2010	4	1
2009	68	10
2008	40	22

Fonte: Índice S&P Dow Jones.

Calculando o dividend yield

Não pense que os dividendos são esses pequenos pagamentos que não somam muito. O pagamento de dividendos é um aspecto crítico da análise fundamentalista, pois costuma ser uma parte importante do retorno que você obtém com as ações. Mais de um terço do retorno total das ações entre 2010 e 2014 veio de dividendos, como você pode ver na Tabela 10-5.

TABELA 10-5 **A Importância dos Dividendos**

Ano	Variação de Preço, %	Dividendo, %	Retorno Total, %	% de Retorno dos Dividendos
2014	11,4	2,3	13,7	16,8
2013	29,6	2,8	32,4	8,6
2012	13,4	2,6	16	16,2
2011	0	2,1	2,1	100
2010	12,8	2,3	15,1	15,1

Fonte: Índice S&P Dow Jones.

Mesmo assim, quando você ouve que a GE, por exemplo, paga um dividendo trimestral de 23 centavos por ação, isso não diz muito e provavelmente soa insignificante. Claro, isso significa que você pode esperar ganhar 92 centavos por ação em dividendos no ano, mas isso é tudo.

É por isso que o *dividend yield* é um aspecto tão importante da análise fundamentalista, pois ele informa quanto caixa você está recebendo na forma de dividendos para cada US$1 que confiou à empresa. Se o preço das ações permanecesse estável e não fizesse nada, o rendimento do dividendo seria o retorno de seu investimento. A fórmula para o dividend yield é semelhante a esta:

Dividend yield = dividendo anual / preço da ação

Os fundamentalistas medem o dividendo anual de várias maneiras diferentes. Alguns adicionam os dividendos reais pagos no ano anterior, enquanto outros *anualizam* o dividendo trimestral atual ou convertem o dividendo trimestral em um anual multiplicando por 4. Quando uma empresa cortou recentemente seu dividendo, é melhor usar o dividendo atual anualizado.

Usando a GE em 2015 como exemplo:

Dividend yield = (dividendo trimestral atual × 4) / preço da ação × 100

Vamos comparar alguns números reais com essa fórmula. Em 2015, a GE estava pagando 23 centavos por ação como dividendo, e o preço das ações era de aproximadamente US$30. Isso significa que o dividend yield foi de 3,1%, medido desta forma:

3,1 = (.23 × 4) / 30 × 100

Em 3,1%, o dividend yield da GE foi ligeiramente superior aos dividendos da S&P na época, de 2%.

Sabendo se você vai receber o dividendo

Os investidores que estão investindo em uma empresa precisam prestar muita atenção ao timing dos dividendos. As empresas são meticulosas sobre quais acionistas recebem os dividendos, e há várias datas importantes para conhecer:

- » **Data ex-dividendo:** Essa é a data em que você já deve ser um acionista ou comprar as ações para ter a certeza de receber o dividendo.
- » **Data de registro:** Essa é a data em que a empresa olha os registros para ver quem são os acionistas e determina quem está recebendo o caixa. Se você comprou ou se possuir ações até a data ex-dividendo, você estará na lista na data de registro.
- » **Data de pagamento:** Essa é a data em que você recebe seu dividendo.

Certificando-se de que a empresa pode pagar o dividendo

Pode ser tentador procurar ações com os maiores dividends yield. Alguns investidores têm cifrões nos olhos e pensam nos dividendos como uma espécie de mesada para adultos. Porém, há apenas um problema: não há nenhuma lei dizendo que uma empresa deve continuar pagando dividendos. E, se o dividendo for reduzido, você pode ficar profundamente desapontado.

Não há como saber ao certo se uma empresa cortará seus dividendos. No entanto, existem alguns sinais reveladores. Por exemplo, se observar um aumento no dividend yield drasticamente acima da média do S&P 500, isso pode ser uma indicação de que um corte pode estar a caminho. O dividend yield da GE antes do corte de fevereiro de 2009 era de 14,1%, definitivamente alto quando a média para o S&P 500 era de 3,1% no final de 2008, segundo a S&P.

LEMBRE-SE

Quando você começa a ver o dividend yield de uma empresa subir bem acima do resto do mercado, é um sinal de que ele está prestes a ser cortado ou a empresa está em uma situação profundamente angustiante. Lembre-se, porém, de que os dividends yield são melhores em comparação com empresas semelhantes. Os serviços públicos e os bancos, por exemplo, historicamente pagam dividendos maiores do que a média e precisam ser comparados entre si.

Algumas empresas se saem melhor com os dividendos, ou seus setores são mais propensos a grandes dividendos. É por isso que apenas olhar para o rendimento pode não despertar o sinal de que uma empresa não pode mais arcar com seus dividendos.

Os analistas fundamentais têm uma ferramenta para ajudá-los a determinar quando os dividendos estão ficando muito altos. Esse *payout* mostra o quão acessível um dividendo é para a empresa que o paga. A fórmula é:

Payout = dividendo anual por ação / lucro por ação diluído * 100

DIVIDENDO NÃO É DINHEIRO NO BANCO

Muitos investidores cometem o grave erro de pensar que os dividendos pagos pelas empresas continuarão rolando ano após ano. Na verdade, alguns investidores me perguntam se é seguro substituir suas contas de poupança, que costumam pagar taxas de juros baixas, por ações que pagam dividendos.

Certamente há vantagens nas ações que pagam dividendos. Mesmo se você for um *investidor de renda*, ou alguém procurando pagamentos regulares em dinheiro de seus investimentos para pagar contas, ações que pagam dividendos podem fazer sentido. As ações que pagam dividendos não apenas lhe dão uma chance de ganhar dinheiro extra se o preço subir; muitas vezes, as empresas podem aumentar os dividendos ao longo do tempo. A chance de conseguir dinheiro extra é uma boa coisa quando você tenta preservar seu porquinho da devastação do tempo e da inflação.

Mas não posso deixar de enfatizar que mesmo os dividendos pagos por grandes empresas ou mesmo negócios aparentemente estáveis não são garantidos. Os dividendos não devem ser considerados uma substituição dos juros que você recebe por meio de veículos de poupança, como certificados de depósitos, fundos do mercado monetário ou títulos. Se não acredita em mim, dê uma outra olhada na Tabela 10-4, que mostra a frequência dos cortes de dividendos.

Se a crise financeira que começou em 2007 ensinou alguma coisa aos investidores, e várias lições dolorosas, foi como os dividendos podem ser fugazes. Com o agravamento da crise financeira, empresa após empresa cortou ou eliminou totalmente os pagamentos de dividendos. Mesmo as empresas que vinham pagando dividendos por décadas foram forçadas a fatiá-los para preservar um caixa precioso. Para algumas empresas, cortar os dividendos foi a primeira coisa a se fazer quando as pressões financeiras aumentaram.

O festival de corte de dividendos atingiu proporções históricas em 2009, à medida que as empresas, especialmente os bancos que costumam pagar grandes dividendos, os cortaram profundamente. Na verdade, os pagamentos de dividendos de ações da Standard & Poor's 500 caíram 32% em julho de 2009 em relação ao seu nível em 2008, segundo a S&P. Essa queda brutal fez de julho de 2009 o pior julho para pagamentos de dividendos desde 2002. E em julho de 2009, a S&P estimou que os investidores receberiam US$61,5 bilhões a menos em pagamentos de dividendos do que em 2008. Isso é um verdadeiro golpe financeiro.

E é por isso que, se você está procurando por dividendos, precisa estar muito atento a quais empresas têm maior probabilidade de proteger seus pagamentos de dividendos. Novamente, a análise fundamentalista pode ser sua melhor amiga quando você está tentando prever quais empresas provavelmente continuarão pagando dividendos. Se pular para o Capítulo 17, aprenderá sobre ferramentas de triagem por computador, que o ajudarão a identificar empresas que vêm pagando dividendos há muito tempo e têm força financeira para mantê-los.

PARTE 3 **Fazendo Dinheiro com a Análise Fundamentalista**

> Mas, se trabalhar em uma tela de computador para encontrar bons pagadores de dividendos parece muito esforço, não se preocupe. Tenho um atalho muito valioso que cuidará de grande parte do trabalho pesado para você.
>
> Um ótimo lugar para identificar os previsíveis pagadores de dividendos é a lista Dividend Aristocrats da S&P. Para fazer parte desta lista de prestígio, uma empresa deve ter aumentado seus dividendos todos os anos por pelo menos 25 anos consecutivos e ser membro do índice S&P 500. O S&P 500 é uma lista muito seguida das 500 maiores empresas dos EUA. Você pode baixar uma planilha do Excel contendo todas as ações da lista S&P Dividend Aristocrat aqui: `http://us.spindices.com/indices/strategy/sp-500-dividend-aristocrats` [conteúdo em inglês].
>
> Já posso ver você torcendo o nariz para essa lista. Sim, é verdade que durante a crise financeira até mesmo algumas empresas que aumentaram os dividendos por décadas os cortaram. Para ajudar a protegê-lo ainda mais, você pode querer encontrar empresas que não apenas tenham um longo histórico de aumentos de dividendos, mas também lucros sólidos para que possam arcar com os pagamentos.

Para calcular o payout da GE para 2014, por exemplo, divida a quantidade de dinheiro que a GE pagou como dividendos pelo lucro líquido no mesmo ano. A empresa pagou US$8,9 bilhões (ou 89 centavos por ação) em dividendos em 2014. Você pode obter esse número nas demonstrações financeiras da empresa. Divida os pagamentos de dividendos pelo lucro líquido da GE em 2014 de US$15,2 bilhões, e multiplique por 100 para chegar a 58%. Em outras palavras, a GE paga 58 centavos de cada US$1 em lucros como dividendos. Um payout de 58% é razoável, pois deixa dinheiro para a empresa investir em si mesma.

DICA

Os investidores precisam suspeitar muito quando o payout atinge 100% ou mais. Isso significa que a empresa está pagando cada centavo que ganhou como dividendo. Um payout tão alto pode significar que a empresa não será capaz de aumentar o dividendo ou terá de cortá-lo.

LEMBRE-SE

Algumas empresas imobiliárias, incluindo aquelas estruturadas como fundos de investimento imobiliário ou REITs, são obrigadas a pagar 90% de seus lucros como dividendos. Os REITs são um caso especial, e os índices de distribuição de dividendos não se aplicam.

Usando dividendos para definir o preço de uma empresa

Você pode dizer muito sobre uma empresa por sua *política de dividendos* ou histórico de pagamento de dividendos ou não. Quando uma empresa não paga um dividendo, por exemplo, está dizendo aos acionistas que ainda tem muitos empreendimentos lucrativos em que investir seu dinheiro extra.

Mas, usando a análise fundamentalista, você pode obter ainda mais informações sobre os dividendos de uma empresa. Usando uma técnica chamada de *modelo de dividendo constante*, você pode ter uma ideia aproximada de qual deve ser o preço das ações de uma empresa com base nos dividendos que ela paga. A fórmula é semelhante a esta:

Valor da ação = (dividendo do próximo ano) / (retorno exigido – taxa de crescimento de dividendos).

LEMBRE-SE

Você precisará fazer uma série de suposições para usar o modelo de dividendo constante. Primeiro, você precisa estimar o que acha que será o dividendo da empresa no próximo ano. Em segundo lugar, precisa estimar o retorno que os investidores estão exigindo em troca do fornecimento de seu dinheiro à empresa. Esta é uma análise complicada que discutirei com mais detalhes no Capítulo 11. Por último, você deve adivinhar a que taxa a empresa aumentará seus dividendos no futuro.

Neste ponto, vamos apenas supor que a GE planeja pagar um dividendo anual de 96 centavos por ação no próximo ano, os investidores exigirão um retorno de 11% sobre seu dinheiro, e os dividendos crescerão 8% ao ano. Você pode medir o valor das ações da GE desta forma:

Valor da ação (US$32) = 0,96 / (0,11 – 0,08)

Muito legal, né?! Você acabou de precificar a GE apenas usando os dividendos da empresa e algumas suposições. Se todas suas estimativas se concretizarem, o preço das ações da GE de US$30,26 em 11 de dezembro de 2015 pareceria ligeiramente desvalorizado.

CUIDADO

Se você não percebeu, as suposições que faz podem alterar dramaticamente os resultados do modelo de dividendo constante. Por exemplo, se assumir que os dividendos crescerão 3% ao ano, em vez de 8%, o valor das ações cai para US$12, o que faria o preço atual da GE parecer grosseiramente supervalorizado.

O modelo de dividendo constante só funciona em empresas que pagam dividendos. Muitas empresas menores ou de crescimento mais rápido não os pagam. Com esses tipos de empresas, você precisará usar o modelo de fluxo de caixa descontado, conforme explorado no Capítulo 11.

NESTE CAPÍTULO

» Investigando o que é uma análise de fluxo de caixa descontado

» Descobrindo como medir o fluxo de caixa futuro esperado de uma empresa

» Explorando como usar os resultados de uma análise de fluxo de caixa descontado

» Comparando o uso de ferramentas online com uma análise de fluxo de caixa descontado manual

Capítulo **11**

Encontrando o Preço Justo Usando o Fluxo de Caixa Descontado

"Essa ação é barata?" Essas podem ser as quatro palavras mais comumente pronunciadas pelo investidor típico que leva a sério a análise fundamentalista. Talvez você até tenha escolhido este livro na esperança de descobrir maneiras de responder a essa pergunta e encontrar algumas ações com compras garantidas.

A análise fundamentalista pode ajudar muito ao definir o preço de uma ação. Ao avaliar tudo, desde a lucratividade e a carga da dívida até o fluxo de caixa, você pode ter uma boa janela para as perspectivas de uma empresa e formar uma opinião fundamentada sobre seu futuro. Analisar o valuation de uma empresa usando índices comuns, como o *índice preço/lucro*, pode ajudá-lo a descobrir quanto os investidores estão pagando por uma ação.

Mas, embora todos esses truques de análise fundamentalista possam ajudá-lo a encontrar ações para comprar ou mesmo vender, uma das ferramentas favoritas de todas pode ser o *fluxo de caixa descontado*, ou *FCD*. O FCD é uma espécie de avô quando se trata de análise fundamentalista — é usado até por Warren Buffett. A análise do FCD traz uma abordagem quase científica para definir o preço de uma empresa. Se conseguir realizar um FCD, estará quilômetros à frente dos investidores que simplesmente compram ações de uma empresa e esperam que subam.

Parando de Adivinhar Quanto Vale uma Empresa

Se você já assistiu a um grupo de crianças brincando, aprenderá rapidamente alguns traços um pouco desagradáveis da natureza humana. A sala pode estar cheia de milhares de brinquedos de todos os tipos, mas, quase inevitavelmente, se uma criança pegar um brinquedo para brincar, não demorará muito para que as outras percebam e decidam que devem ter o mesmo brinquedo. Um coro de "meu" irrompe rapidamente.

Essa mesma mentalidade de playground frequentemente atinge também Wall Street. Existem milhares de ações disponíveis. Mas, muitas vezes, apenas um punhado delas receberá toda a atenção, enquanto o restante será ignorado. Não é raro que apenas uma dúzia de ações, por qualquer motivo, se tornem ações obrigatórias ou *story stocks*. São ações de empresas que parecem fazer tudo certo. Os investidores compram as promessas da empresa e empurram o preço das ações para valuations elevados, o que só faz com que mais investidores espertalhões queiram comprar também. Todo o ciclo continua até que os preços dessas ações cheguem a níveis ridículos, apenas para decepcionar e a ação despencar.

LEMBRE-SE

É muito difícil, senão virtualmente impossível, saber quando uma ação está super ou subvalorizada até depois de acontecer. Para complicar ainda mais, mesmo se você for capaz de determinar que uma ação está subvalorizada, outros investidores provavelmente também o farão. Se eles fizerem isso e comprarem as ações antes de você, empurrarão o preço para cima, e as ações não estarão mais subvalorizadas.

Mas não deixe o fato de que tentar encontrar ações subvalorizadas é difícil desanimá-lo completamente. Se pretende ser mais esperto que outros investidores e traders, precisa saber como fazer uma análise de FCD.

Antes de chegar a isso, no entanto, é útil primeiro considerar como o valor de uma ação pode ser medido. Existem duas maneiras principais de avaliar o valor de uma ação, incluindo:

» **Valor de mercado:** O *valor de mercado* de um investimento é algo em que a maioria dos investidores presta a principal atenção. O valor de mercado de uma ação é o preço que os investidores atribuíram a uma empresa. O cabo de guerra constante entre compradores e vendedores no mercado de ações empurra as ações para cima e para baixo. Por fim, as ações são liquidadas a um preço em que a demanda por elas é igual à oferta delas. O valor de mercado é medido multiplicando-se o preço de uma ação pelo número de ações em circulação. Você pode revisar o Capítulo 3 para aprender mais sobre como o valor de mercado é calculado.

Lembre-se de que, quando você vende uma ação, há outro investidor que acabou de comprá-la de você. Esse outro investidor acha que as ações que você está descartando estão sendo vendidas por um bom preço. Ele sabe algo que você não sabe? Antes de vender uma ação, não é uma má ideia se lembrar de que outra pessoa a acha atraente.

» **Valor intrínseco:** O *valor intrínseco* de uma ação, às vezes chamado de valor fundamental, não é baseado no que outros investidores pensam que vale como seu valor de mercado. Em vez disso, o valor intrínseco é baseado em todos os dados fundamentais sobre os quais você leu até agora no livro, ou seja, *lucros, fluxo de caixa* e *dividendos*. O valor intrínseco de uma ação é baseado em quanto caixa a empresa deve ganhar ao longo de sua vida.

A diferença entre o valor de mercado de um investimento e o valor intrínseco é mais bem compreendida com um exemplo. Imagine que um inventor está leiloando uma máquina que cospe uma barra de ouro no valor de US$1 mil por ano durante dez anos. Como pode imaginar, alguns licitantes podem estar tão enamorados da máquina que talvez ofereçam centenas de milhares de dólares por ela. Talvez eles pensem que podem mexer na máquina para fazê-la cuspir duas barras de ouro por ano, em vez de uma. Mas, na forma atual, o valor intrínseco da máquina é de US$10 mil, sem ajuste para a inflação, porque esse é o valor da produção de dez barras de ouro no valor de US$1 mil cada.

Como a atenção ao valor intrínseco pode ajudá-lo

Uma das melhores maneiras de ter sucesso em um leilão é saber o preço que você está disposto a pagar antes mesmo de entrar com um lance. Se você já se viu em uma acalorada guerra de lances por um dispensador de balas Pez no eBay, por exemplo, é melhor saber quanto aquele dispensador realmente vale, consultando um guia de preços. Não saber o valor de um colecionável pode ser perigoso se você acabar perdendo a cabeça e pagando caro demais.

CAPÍTULO 11 **Encontrando o Preço Justo Usando o Fluxo de Caixa Descontado** 207

O mesmo cuidado se aplica às ações. O mercado de ações é, na verdade, apenas um leilão gigante com grandes apostas. Você pode ler online sobre como os produtos ou serviços de uma empresa são excelentes, e pode conversar com seu barbeiro ou primo sobre uma empresa promissora. Todas essas coisas podem convencê-lo de que não há limite para o valor de uma ação. Mas esse tipo de imprudência na compra de ações, não importando o preço, é exatamente o que coloca os investidores em apuros. "Comprar notas de dólar por US$1,10 não é um bom negócio", escreveu Warren Buffett em sua carta de 1999 aos acionistas.

Saber o valor intrínseco de uma ação, no entanto, o mantém no caminho certo. Se você sabe como determinar quanto caixa se espera que uma empresa gere ao longo da vida, sabe aproximadamente quanto vale sua ação e só pode dar um lance quando o preço estiver certo. Voltando ao exemplo da máquina de barras de ouro, você deseja comprar a máquina quando puder obtê-la por menos de US$10 mil.

LEMBRE-SE

Warren Buffett é famoso por prestar muita atenção ao valor intrínseco de uma ação antes de investir na empresa. Ele está constantemente procurando ações que, por qualquer motivo, estejam sendo operadas em seus valores intrínsecos ou abaixo deles. Ao comprar uma ação bem abaixo de seu valor intrínseco, ele obtém o que chama de *margem de segurança*, ou um pouco de proteção, caso o preço da ação caia ainda mais. Com uma margem de segurança, você fica tranquilo sabendo que pagou apenas US$90 por uma empresa que realmente vale US$100, mesmo que atualmente esteja sendo operada por US$80 por ação.

Atualizando-se sobre o fluxo de caixa descontado

Agora que sabe o que é o valor intrínseco, a questão é como você o calcula? Existem vários métodos de cálculo de valor intrínseco, mas a análise FCD é um dos principais usados por analistas fundamentalistas.

Na próxima seção, mostrarei como fazer uma análise de fluxo de caixa descontado, mas primeiro é importante entender algumas das partes mais básicas de como funciona.

O fluxo de caixa de uma empresa

As empresas se gabam de seus lucros, mas é o fluxo de caixa que realmente importa. Ao contrário dos lucros, que são uma medida dos lucros com base nas regras contábeis, o fluxo de caixa de uma empresa é a quantidade de dinheiro vivo que ela gera. Você pode se lembrar da importância do fluxo de caixa na análise fundamentalista no Capítulo 7.

Mas, para evitar que você tenha de voltar lá atrás neste livro, saiba que há muitas maneiras de definir o fluxo de caixa de uma empresa. Ainda assim, os fundamentalistas costumam se concentrar no que é chamado de *fluxo de caixa livre*. O fluxo de caixa livre de uma empresa é a quantidade de dinheiro que ela tira de seus negócios diários, menos qualquer dinheiro que precise gastar em autoaperfeiçoamento ou *despesas de capital*.

DICA

Todas as informações de que você precisa para calcular o fluxo de caixa livre de uma empresa estão disponíveis na *demonstração de fluxo de caixa*. A fórmula para o fluxo de caixa livre se parece com esta:

Fluxo de caixa livre = caixa das operações – despesas de capital

Ser capaz de calcular o fluxo de caixa livre de uma empresa é a primeira etapa na construção de uma análise FCD. Toda a análise é baseada no fluxo de caixa livre da empresa.

Compreendendo o valor do caixa no tempo

O termo *análise do fluxo de caixa descontado* pode parecer estranho. Quando pensa em um desconto, provavelmente pensa naquele suéter que entrou em promoção no shopping. Mas, em finanças, *desconto* significa algo diferente.

Um desconto, na linguagem da análise fundamentalista, é uma maneira de descrever o fenômeno de que um dólar recebido no futuro não vale tanto quanto um dólar recebido hoje. Se alguém lhe oferecesse US$100, você não gostaria de esperar cerca de cem anos por eles. Você iria querer recebê-los agora.

Existem várias razões pelas quais um dólar futuro vale menos do que um dólar agora, incluindo *inflação* e *risco*. Como os preços geralmente aumentam a cada ano, um dólar não comprará tanto no futuro quanto hoje, o que é conhecido como seu *valor presente*. Na maioria dos anos, a inflação corrói o poder de compra da moeda. Além disso, há o risco de você não obter dinheiro no futuro. Uma nota de um dólar em sua posse agora é mais valiosa do que a vaga promessa de que você receberá uma no futuro.

LEMBRE-SE

Essa questão do valor presente de um dólar é crítica para a análise do FCD. Por exemplo, digamos que você previu corretamente quanto caixa uma empresa gerará durante sua vida. Aqui está o problema: você não consegue todo esse dinheiro agora. É preciso esperar muitos anos para coletar o caixa que é gerado pela empresa.

CAPÍTULO 11 **Encontrando o Preço Justo Usando o Fluxo de Caixa Descontado** 209

A menos que tenha uma máquina do tempo e possa coletar os dólares futuros, você terá de confiar em algumas boas análises fundamentalistas à moda antiga para dizer agora quanto valem esses dólares no futuro. Parece muito *Além da Imaginação*, eu sei. Mas medir o valor presente dos fluxos de caixa futuros de uma empresa é exatamente o que uma análise FCD faz.

Existem muitas maneiras de medir o valor presente, mas começaremos com a fórmula básica para mostrar como tudo isso funciona. Confie em mim; parece mais assustador do que é:

Valor presente = valor futuro / (1 + taxa de juros) ^ tempo

DICA

O ^ é a maneira de designar um expoente. As calculadoras devem ter uma tecla, y^x, que lhe permitirá elevar um número a uma potência.

É mais fácil entender todo esse conceito de valor presente com um exemplo simples. Imagine que você ganhe US$1 milhão na loteria. Agora, imagine que o Estado lhe faça uma oferta. Você pode obter o total de US$1 milhão em cinco anos ou o Estado pagará US$950 mil agora. Qual é o melhor negócio?

No início, você pode achar que é um acéfalo. Por que aceitar apenas US$950 mil? Você nem mesmo seria capaz de se considerar um milionário.

Mas adivinha? Usando o conceito de valor presente, você descobre rapidamente que é realmente melhor pegar US$950 mil agora. Você pode não ser capaz de se gabar de ser um milionário, mas terá mais dinheiro.

Usando a próxima fórmula divertida, você verá o que quero dizer. Digamos que as taxas de juros sejam de 3% e que devem permanecer assim pelos próximos cinco anos. O valor futuro é de US$1 milhão, a taxa de juros é de 3%, ou 0,03, e o período de tempo é de cinco anos.

Insira esses números na fórmula. Usando a fórmula do valor presente, você calcula que US$1 milhão recebido em cinco anos valem apenas US$862.608 em valor presente. Esta é a aparência da fórmula com os números acrescidos:

Valor presente (US$862.608) = US$1.000.000/ (1 + 0,03) ^ 5

Pegue o caixa e dê o fora!

ANALISTAS FINANCEIROS AMAM OS ANOS 1980

Ah, a década de 1980! Você pode pensar em leggins e música new wave quando pensa na década de *Flashdance* e Duran Duran. Mas, para os fundamentalistas, a década não foi toda perdida. Em 1982, a Hewlett-Packard lançou a calculadora financeira HP 12C, que revolucionou a análise fundamentalista. Até hoje, na era dos notebooks, uma HP 12C é, basicamente, um equipamento necessário para qualquer fundamentalista que se preze. Você já deve ter visto as calculadoras, que têm uma aparência retro, meio que se parecem com algo usado para lançar a espaçonave Apollo. A 12C é difícil de perder, com seu estilo industrial e banda de metal dourado no topo. As histórias dizem que fundamentalistas abraçaram a HP 12C em parte porque ela é usada horizontalmente, ao contrário da maioria das calculadoras, que são usadas verticalmente, fazendo com que pareça um computador em miniatura. A HP ainda vende a calculadora hoje, o que a torna o produto mais vendido da empresa. Se estiver curioso, pode baixar e ler o manual do proprietário da HP 12C, que na verdade é uma excelente introdução à matemática empresarial. Está disponível gratuitamente em `http://h10032.www1.hp.com/ctg/Manual/bpia5239.pdf`.

Eu apenas sujeitei você à tortura da fórmula do valor presente para mostrar como ela pode ser calculada à mão. A maioria dos fundamentalistas, porém, não é tão masoquista e tende a usar calculadoras financeiras ou planilhas para calcular o valor presente. Investir em uma calculadora financeira ou em uma cópia do Excel é uma ideia muito boa, se você planeja fazer análises de FCD.

DICA

Usando uma calculadora financeira, como a HP 12C da Hewlett-Packard, o problema mostrado é fácil de ser resolvido. Simplesmente insira 5 e pressione a tecla N para ver o número de anos. Digite 3 e, em seguida, pressione a tecla I para obter a taxa de juros. Por último, insira 1.000.000 e a pressione a tecla FV para o valor futuro. Ao pressionar a tecla PV, você obterá a resposta instantaneamente.

O Excel também pode lidar com o problema com bastante facilidade. Você apenas inseriria uma função semelhante a esta:

=PV(taxa de juros, número de períodos, número de pagamentos intermediários, valor futuro)

Ou, neste exemplo:

=PV(0.03,5,0,1000000)

Fazendo uma Análise de Fluxo de Caixa Descontado

Agora que entende o que é uma análise de fluxo de caixa descontado e por que ela é essencial para a análise fundamentalista, é hora de fazer uma você mesmo. Para realizar uma análise de fluxo de caixa descontado, você precisará de algumas informações, incluindo:

» **Fluxo de caixa livre atual:** É a quantidade de caixa que a empresa gerou durante o ano mais recente.

» **Número de ações em circulação:** Este é o número de ações que uma empresa colocou nas mãos dos acionistas. O número de ações em circulação de uma empresa está disponível no relatório anual.

» **Taxa de crescimento esperada em médio prazo:** Você precisará estimar a rapidez com que o fluxo de caixa de uma empresa provavelmente crescerá nos próximos cinco a dez anos. Você mesmo pode estimar isso ou obtê-lo em sites financeiros.

» **Taxa de crescimento perpétua esperada:** Com o tempo, a maioria das empresas *amadurece* e começa a crescer no ritmo da economia. Ao longo do tempo, essa taxa de crescimento mais moderada deve continuar no futuro.

» **Taxa de desconto:** É o quanto os investidores, em troca de fornecer seu dinheiro à empresa, esperam receber.

CUIDADO

Você está prestes a iniciar um dos capítulos mais matemáticos de todo o livro. Calcular o valor intrínseco de uma ação usando a análise FCD requer várias fórmulas e etapas. Não fique frustrado se parecer confuso no início. Basta reler o capítulo e praticar, e em breve fará sentido. Também pode ser útil construir uma planilha, para que você possa ver como todos os cálculos se encaixam. Este capítulo calculará o valor intrínseco de uma conhecida empresa de produtos de consumo, a Procter & Gamble.

Começando com o fluxo de caixa livre

Antes de medir todo o caixa que uma empresa deve gerar ao longo de sua vida útil, é preciso saber quanto caixa ela gerou no período recém-concluído. Esta é a base da análise FCD. Você pode calcular o fluxo de caixa livre da empresa.

Vamos usar a P&G — uma das maiores empresas de bens de consumo embalados do mundo, com marcas como Gillette e Oral-B no Brasil. Pegue a demonstração do fluxo de caixa da P&G para 2014, porque tudo de que você precisa para calcular o fluxo de caixa livre está lá. Durante o ano fiscal de 2015, encerrado em 30 de junho, a P&G gerou caixa com operações de US$14,6 bilhões e gastou US$3,7 bilhões em despesas de capital. Subtraia o *cap ex* de US$3,7 bilhões dos US$14,6 bilhões em caixa das operações e você determinará que a empresa teve fluxo de caixa livre de US$10,9 bilhões em 2014.

O fluxo de caixa livre é tão importante, que o mostrarei a você mais uma vez:

Etapa 1: Comece com o caixa das operações: US$14,6 bilhões.

Etapa 2: Subtraia as despesas de capital: US$3,7 bilhões.

Resultado: Fluxo de caixa livre: US$10,9 bilhões.

Adicionando as ações em circulação da empresa

O número de ações em circulação de uma empresa informa em quantas partes a propriedade de uma empresa é dividida. O número de ações em circulação está prontamente disponível no relatório anual de uma empresa, ou 10-K intimamente relacionado (geralmente no balanço patrimonial) e nos relatórios trimestrais ou nos 10-Qs relacionados. No final do ano fiscal de 2015, a P&G tinha 2,7 bilhões de ações em circulação. Você pode revisar quais dados estão no 10-K e no 10-Q no Capítulo 4.

Estimando o crescimento de médio prazo da empresa

Até agora, os dados usados para fazer uma análise de fluxo de caixa descontado são baseados em fatos. O fluxo de caixa livre de uma empresa no ano anterior, por exemplo, está estampado nas demonstrações financeiras. A quantidade de ações em circulação também é um fato. Não dá para inventar essas coisas.

Mas, nesta etapa, você precisará começar a fazer algumas suposições, ou, digamos, *estimativas*, porque isso parece mais profissional. Não há como saber com certeza quão rápido o fluxo de caixa de uma empresa crescerá nos próximos cinco anos, muito mais nos próximos dez anos. Você precisará estimar essa taxa de crescimento futura.

CAPÍTULO 11 **Encontrando o Preço Justo Usando o Fluxo de Caixa Descontado**   213

Existem duas maneiras principais de estimar o crescimento futuro de uma empresa.

» **Análise de tendência histórica**: A taxa de crescimento histórica de uma empresa é um bom ponto de partida ao tentar ver com que rapidez ela crescerá. Se ela tiver um negócio bastante estável, olhar para as tendências históricas de crescimento pode ser uma boa maneira de prever o futuro. Os consumidores geralmente compram shampoo, lâmina de barbear e creme dental da P&G nos momentos difíceis, e provavelmente não os estocam durante os momentos bons. Usando uma análise de tendência histórica, explorada com mais detalhes no Capítulo 17, você pode ter uma ideia de quão rápido o fluxo de caixa de uma empresa cresceu ao longo dos anos.

» **Escutando as previsões dos analistas:** O segundo método de estimar uma taxa de crescimento é considerar o que os analistas dizem. A maioria dos relatórios dos analistas de ações fornecerá uma taxa de crescimento de longo prazo esperada. Muitos sites financeiros também fornecem uma média das previsões de crescimento dos lucros dos analistas, o que pode ser um bom substituto para suposições sobre o crescimento futuro do fluxo de caixa da empresa. Esperava-se que a P&G crescesse 6,6% ao ano nos próximos cinco anos, de acordo com a S&P Capital IQ no final de 2015.

A análise de tendências históricas e as previsões dos analistas podem ser ótimas maneiras de tentar descobrir a rapidez com que o fluxo de caixa de uma empresa pode crescer, mas não se sinta obrigado a usá-las. A análise do fluxo de caixa descontado é muito sensível à taxa de crescimento esperada. Se você acha que a P&G crescerá mais rápido do que os analistas acreditam, não tenha medo de adicionar essa estimativa ao seu modelo. Para provar isso, usarei o crescimento assumido de 10% para a P&G no exemplo.

DICA

A dificuldade em estimar as taxas de crescimento futuras esperadas é um grande motivo pelo qual, como fundamentalista, você pode ficar com empresas que vendem produtos com crescimento estável e constante. É muito mais fácil prever o crescimento para eles.

Indo além: Previsão de crescimento em longo prazo

As empresas são como estrelas do rock. Até as grandes desaceleram com o tempo. Mesmo empresas de destaque acabam sucumbindo à atração gravitacional do capitalismo quando os concorrentes se aglomeram em seus mercados, reduzem os lucros e diminuem sua participação no mercado.

Não é realista esperar que até mesmo uma boa empresa continue crescendo a um ritmo de dois dígitos para sempre. Geralmente, os fundamentalistas presumem que o crescimento de uma empresa ao longo de sua vida será moderado em relação ao crescimento da economia. Com o tempo, essa taxa de crescimento de longo prazo é de cerca de 3%.

Medindo a taxa de desconto

Se pensou que estimar a taxa de crescimento intermediária de uma empresa era difícil, espere até tentar estimar a *taxa de desconto*, às vezes chamada de *custo de capital* da empresa. A taxa de desconto é o que você usará para medir o valor presente dos fluxos de caixa futuros da empresa.

Medir a taxa de desconto pode ser um cálculo extremamente complexo que pode manter um supercomputador ocupado por alguns dias ou semanas. Vou supor que você não tem um supercomputador Cray em seu porão. Se tiver, o livro *Valuation de Empresas — Valuation: Calculando e Gerenciando o Valor das Empresas*, de Tom Copeland, Tom Koller e Jack Murrin encantará você e seu supercomputador de estimação.

Para nossos objetivos, no entanto, é importante chegar ao limite para o cálculo da taxa de desconto. Existem duas maneiras principais de fazer isso, incluindo:

Aproveitando a deixa dos investidores em títulos

Uma maneira de estimar a taxa de desconto é pegar o *rendimento* pago em alguns dos títulos da empresa com vencimento em cinco anos ou mais. O rendimento é o retorno que os investidores obteriam se comprassem o título ao preço atual. O rendimento atual de milhares de títulos de empresas está disponível gratuitamente nos sites das corretoras.

Os rendimentos dos títulos também estão disponíveis no sistema gratuito de rastreamento de títulos corporativos, TRACE, abreviação de Trade Reporting and Compliance Engine. O TRACE é operado pelo regulador de valores mobiliários FINRA. Os dados estão disponíveis em vários lugares, inclusive por meio de algumas corretoras. Você também pode obtê-los de um sistema que a FINRA organizou para investidores individuais em www.finra.org/marketdata [conteúdo em inglês]. Veja como obter os rendimentos de títulos disponíveis no TRACE em cinco passos:

1. **Inicie a pesquisa. Vá para** http://finra-markets.morningstar.com/BondCenter/Screener.jsp **[conteúdo em inglês] para chegar ao TRACE, que o ajudará a encontrar exatamente o que procura.**

2. **Limite sua pesquisa a títulos corporativos. Certifique-se de que a opção Corporate esteja selecionada ao lado de Sub-Product Type.**

3. **Insira o nome ou código da empresa. Você pode inserir o nome da empresa ou o código de ação.**

4. **Limite sua busca a títulos com vencimento em cinco a dez anos. Se você rolar para baixo, verá uma seção Maturity Date. Insira datas que variam entre cinco e dez anos a partir de agora.**

5. **Mande ver! Clique na guia Show Results ao lado de Advanced Search para enviar o TRACE à procura de títulos que atendam a seus critérios.**

Você verá uma lista de títulos da empresa e várias taxas de juros relacionadas a seus títulos. Você deve prestar mais atenção ao "yield" [rendimento] sob o cabeçalho "last sale" [última venda]. Esse é o rendimento que os investidores estão obtendo com os títulos a seus preços atuais. No final de 2015, a média dos títulos da P&G era de aproximadamente 2,5%.

CUIDADO

Não presuma que o rendimento de um título é igual à taxa de desconto de uma ação. Afinal, está assumindo mais riscos ao comprar ações de uma empresa do que um investidor em títulos, porque você não obtém um retorno garantido. Como resultado, você deve adicionar algo entre 1 e 5 pontos percentuais (ou até mais, dependendo do tipo de empresa) para chegar a uma taxa de desconto. Neste exemplo, você pode presumir que os investidores exigiriam 4,5 pontos percentuais de retorno extra para seu risco e elevariam a taxa de desconto para 7%. Quanto mais arriscada a empresa, mais você deseja adicionar a esse rendimento.

Usando o modelo de precificação de ativos financeiros (CAPM)

Já se arrependeu de ter começado a ler este capítulo? Fique tranquilo, as coisas ficarão mais divertidas.

Você pode não gostar de usar o rendimento do título para aproximar uma taxa de desconto. Afinal, os compradores de títulos estão assumindo muito menos risco, porque têm um retorno garantido e são os primeiros a pegar os ativos da empresa em caso de problemas.

É aí que o *modelo de precificação de ativos financeiros* [*Capital Asset Pricing Model* no original], ou CAPM, entra. O CAPM, pronunciado "Cap-M", é tão importante e complexo, que é o tópico de livros inteiros, mas lhe darei o básico. A fórmula CAPM afirma que a taxa de desconto de uma empresa deve ser relativa ao risco assumido pelos investidores e ao retorno que eles poderiam obter por não assumir riscos. Ela é semelhante a esta:

> Taxa de desconto CAPM = taxa de juros livre de risco + (retorno de mercado esperado – taxa de juros livre de risco) × beta da ação

Essa é uma fórmula assustadora. Mas não é ruim, se dividi-la em partes:

» **Taxa de juros livre de risco:** É o retorno que você obteria por assumir pouco risco com seu dinheiro. Geralmente, este é o rendimento dos títulos dos EUA com vencimento em dez anos. Esse rendimento está disponível em quase todos os sites financeiros. O Yahoo Finanças (br.financas.yahoo.com) o relaciona no canto superior direito, próximo ao rótulo 10-Y. O rendimento foi de 4,47% no final de 2015.

» **Retorno de mercado esperado:** Este é o retorno que os investidores geralmente esperam ao investir em ações. Os investidores costumam usar o retorno anual médio de longo prazo do mercado de ações de 10% como uma expectativa de longo prazo razoável.

Se não gosta de usar a média de 10% de longo prazo, pode considerar medir o retorno esperado do mercado adicionando o dividend yield ao earning yield. Se gostaria de saber como medir o dividend yield e o rendimento de lucros, isso é abordado no Capítulo 8.

» **Beta das ações:** Algumas ações são mais arriscadas do que outras. *Beta* é uma ferramenta estatística usada para quantificar o quão volátil uma ação é em relação ao mercado. Se o beta de uma ação é 1, isso significa que é exatamente tão arriscado quanto todo o mercado. Quando o beta de uma ação é maior do que 1, a ação é considerada mais arriscada ou mais volátil do que o mercado. Quando o beta de uma ação é menor que 1, acredita-se que seja menos volátil do que o mercado.

CAPÍTULO 11 **Encontrando o Preço Justo Usando o Fluxo de Caixa Descontado**   217

DICA

Você pode obter betas de ações de quase todos os sites financeiros. Por exemplo, usando o MSN Money, http://money.msn.com, [conteúdo em inglês], insira o código da ação no espaço em branco no meio da tela e clique no nome da empresa quando ele aparecer. Quando a nova página aparecer, role para baixo até chegar a uma tabela abaixo do gráfico de ações. Você verá o beta da ação no centro da tela. Em dezembro de 2015, a P&G tinha um beta, por exemplo, de 0,57. Esse beta indica que as ações da empresa eram muito menos arriscadas do que o mercado como um todo.

Ainda está aqui? Neste caso, é apenas uma questão de ligar os pontos.

Novamente, a fórmula CAPM é:

> Taxa de desconto CAPM = taxa de juros livre de risco + (retorno de mercado esperado − taxa de juros livre de risco) × beta da ação

> Você sabe que a taxa de juros livre de risco é: 4,47%

> O retorno esperado do mercado é: 10%

> O beta da P&G é: 0,57

Portanto, a taxa de desconto para P&G se parece com isto (observe que as porcentagens são convertidas em decimais antes de serem inseridas na fórmula):

> 0,076 = 0,0447 + (0,1−0,0447) × 0,57

Se multiplicar 0,076 por 100, poderá convertê-lo em uma porcentagem: 7,6%.

DICA

Ao usar o CAPM para calcular uma taxa de desconto, você deve converter todas as taxas de juros em decimais antes de inseri-las na fórmula. Você pode fazer isso dividindo a taxa de juros por 100. Por exemplo, 10% é 0,1 ou 10 dividido por 100.

Juntando tudo

Agora que reuniu todos os dados brutos, é hora de colocá-los em confronto com o mercado. O objetivo principal é estimar os fluxos de caixa futuros de uma empresa e, em seguida, descobrir quanto esses fluxos de caixa valeriam hoje. Esta seção mostrará como fazer isso.

Prevendo os fluxos de caixa para os primeiros cinco anos

Você começará criando uma tabela de como serão os fluxos de caixa da empresa no futuro. Tudo de que precisa é do fluxo de caixa livre da empresa desde o ano recém-concluído e sua taxa de crescimento esperada.

Voltando ao exemplo da P&G, comece com o fluxo de caixa livre fiscal de 2015 da empresa de US$10,9 bilhões. Para estimar qual poderia ser o fluxo de caixa livre do ano seguinte, multiplique o valor do ano anterior por 10% ou simplesmente por 1,1. Se você lembra, essa é a taxa em que chutamos, hum, estimamos que a empresa cresceria.

Então, para estimar o fluxo de caixa livre de 2016, multiplique o de 2015 (US$10,9 bilhões) por 1,1, para obter US$12 bilhões. E para o segundo ano, basta repetir. Multiplique o fluxo de caixa livre estimado em 2016 de US$12 bilhões por 1,1, para chegar a um fluxo de caixa livre estimado em 2017 de US$13,2 bilhões. Continue repetindo esse procedimento por cinco anos até obter algo semelhante à Tabela 11-1.

TABELA 11-1   **Previsão do Fluxo de Caixa Futuro da P&G (Bilhões de US$)**

Ano	1 (2016)	2 (2017)	3 (2018)	4 (2019)	5 (2020)
Fluxo de caixa livre esperado em dólares futuros	US$12	US$13,20	US$14,50	US$16	US$17,60

Prevendo os fluxos de caixa para o quinto ano e além

Você pode estar se perguntando quanto tempo tem para continuar multiplicando por 1,1. Afinal, a P&G provavelmente existirá por muito tempo — pelo menos bem além dos outros cinco anos. Felizmente, porém, outra fórmula nos salvará e nos ajudará a descobrir quanto se espera que a empresa ganhe perpetuamente, o que é também conhecido como *valor residual.* Os analistas costumam presumir que o crescimento de uma empresa acabará por se estabelecer em 3% no longo prazo.

Aqui está o que você precisa:

Fluxo de caixa no ano 5 (você pode obtê-lo na Tabela 11-1): US$17,6

Taxa de crescimento de longo prazo (lembre-se, eventualmente 3% é a taxa de crescimento normal): 3%

Taxa de desconto (você calculou isso antes; usaremos o CAPM): 7,6%

A fórmula é semelhante a esta:

PAPO DE
ESPECIALISTA

Valor residual = (fluxo de caixa no ano 5 × (1 + taxa de crescimento de longo prazo)) / (taxa de desconto − taxa de crescimento de longo prazo)

Para a P&G, isso é US$385,7 bilhões, conforme calculado apenas inserindo as variáveis na fórmula deste jeito:

= (17,6 × (1 + 0,03)) / (0,077 − 0,03)

Descontando todos os fluxos de caixa para o valor atual

Neste ponto, você estimou quanto caixa a empresa deve gerar durante sua vida. Só há um problema: esses fluxos de caixa serão recebidos no futuro. E como descobriu anteriormente, um fluxo de caixa recebido no futuro vale menos do que um recebido agora.

Para resolver esse dilema alucinante, você precisará descontar os fluxos de caixa futuros usando a taxa de desconto. É isso mesmo. Esse é um grande motivo pelo qual todo esse exercício tortuoso é chamado de análise de fluxo de caixa descontado.

Tudo que precisa fazer agora é determinar o valor presente de cada um dos fluxos de caixa futuros que estimou. Começando com o fluxo de caixa para o primeiro ano na Tabela 11-1, US$12 bilhões, você usaria esta fórmula:

Valor presente = valor futuro / (1 + taxa de juros) ^ tempo

À mão, você calcularia a resposta, US$11,1 bilhões, inserindo os números na fórmula do valor presente desta forma:

Valor presente = US$12 / (1 + 0,077) ^ 1

Cansou de todas essas fórmulas e prefere deixar a calculadora fazer o trabalho? Usando uma calculadora HP 12C, você seguiria estas etapas:

1. **Defina o número de anos. Digite 1 e a tecla N.**
2. **Defina a taxa de desconto. Digite 7,7 e a tecla I.**
3. **Insira o fluxo de caixa futuro. Digite 12 e a tecla FV.**
4. **Calcule o valor presente. Pressione a tecla PV.**

Se o Excel é mais seu estilo, isso também funciona. Aqui está um lembrete da aparência das fórmulas no Excel:

=PV(taxa de juros, número de períodos, número de pagamentos intermediários, valor futuro)

Portanto, para nosso exemplo da P&G, o Excel ficaria feliz se você inserisse:

=PV(0,077, 1, 0, 12)

PAPO DE ESPECIALISTA

Está sorrindo por quê? Ainda não terminamos. Você acabou de descontar o primeiro ano. Tem mais cinco. É preciso repetir o processo de desconto para o ano 2, ano 3, ano 4, ano 5 e os anos residuais.

Certifique-se de calcular o valor presente de todos os cinco anos. E quando terminar com isso, não se esqueça de calcular o valor presente do valor residual. Quando calcula o valor presente do ano residual, neste exemplo, ele é considerado no ano 5.

Você deve obter algo semelhante ao que vê na Tabela 11-2.

TABELA 11-2 **Valores Presentes de Fluxos de Caixa Futuros (Bilhões de US$)**

Ano	1	2	3	4	5	Residual
Valor presente	US$11,10	US$11,40	US$11,60	US$11,90	US$12,10	US$200,20

CAPÍTULO 11 **Encontrando o Preço Justo Usando o Fluxo de Caixa Descontado**   221

Finalmente, você soma todos os valores presentes em cada um dos anos (incluindo o residual) para chegar a um valor intrínseco de US$324,3 bilhões.

É isso aí! Você conseguiu. Usando o fluxo de caixa descontado, você mediu que a P&G tem um valor intrínseco de US$324,3 bilhões. E agora? É hora de ver como o que você acha que a empresa vale se compara a quanto outros investidores acham que a empresa vale. Seu valor intrínseco pode então ser comparado com o valor de mercado para descobrir se a ação é barata ou cara.

Comparando o valor intrínseco com o valor de mercado

Muitos investidores gostam de pensar nas ações em termos de preços por ação, e, agora que você tem o valor intrínseco da ação, pode terminar a análise estimando qual é seu valor intrínseco por ação. Para fazer isso, simplesmente divida o valor intrínseco de US$324,3 bilhões pelo número de ações em circulação, que você calculou no início desta seção como 2,7 bilhões. A resposta: o valor intrínseco da P&G é de US$120 por ação. Em seguida, compare o valor intrínseco da ação ao preço atual dela, usando as regras da Tabela 11-3:

TABELA 11-3   Avaliando o Valor Intrínseco

Se o Valor Intrínseco de uma Ação For...	A Ação Pode Estar...
Maior que o preço atual da ação	Subvalorizada
Menor que o preço atual da ação	Supervalorizada

Na época em que este capítulo foi escrito, o preço das ações da P&G era de cerca de US$78 cada. Usando a análise do fluxo de caixa descontado, isso faria a ação parecer muito subvalorizada em comparação com seu valor intrínseco de US$120 por ação.

CUIDADO

Não presuma que, só porque uma ação parece subvalorizada usando a análise FCD, você deve correr e comprá-la. A análise do FCD é altamente dependente das várias suposições e estimativas que você fez, como explicarei mais adiante. Os fundamentalistas usam a análise FCD como uma das muitas ferramentas antes de decidir comprar ou não uma ação.

Fazendo a Análise de Fluxo de Caixa Descontado Trabalhar para Você

Talvez seu cérebro entre em pane assim que você aplicar a primeira fórmula mostrada antes. Certamente a análise do fluxo de caixa descontado é uma das coisas mais matemáticas que você fará com a análise fundamentalista.

Mas não deixe o desfile de fórmulas desencorajá-lo de usar a teoria da análise de fluxo de caixa descontado. Muitas pessoas, temendo pagar muito por uma ação, adoram como o modelo de fluxo de caixa descontado fornece uma estrutura para medir um valor razoável para uma ação. Mas a matemática apenas as assusta.

E esse é um dos motivos pelos quais recomendo que os iniciantes usem uma variedade de sites que os ajudarão a fazer a análise.

DICA

Caso queira tentar fazer outra análise FCD e ler outra explicação, eu disponibilizei uma em www.usatoday.com/money/perfi/columnist/krantz/2005-06-29-cash-flow_x.htm [conteúdo em inglês].

Sites para ajudá-lo a fazer um FCD sem toda a matemática

Dada a quantidade de cálculo necessária para a análise FCD, não é surpreendente que você possa simplesmente deixar um computador fazer todo o trabalho. Alguns sites que vale a pena conferir incluem [todos com conteúdo em inglês]:

- » **New Constructs** (www.newcontructs.com) fornece uma ferramenta FCD extremamente poderosa projetada para profissionais. O sistema calcula automaticamente o fluxo de caixa das empresas, para que você não precise nem abrir um 10-K. Embora o sistema seja projetado para profissionais, os investidores individuais podem comprar relatórios que a empresa gera usando sua metodologia.

- » **A calculadora de fluxo de caixa Moneychimp** (www.moneychimp.com/articles/valuation/dcf.htm) tenta transformar a análise do FCD em uma questão de conectar os dados. O site pede que você insira os lucros de uma empresa. No entanto, a análise funciona da mesma forma se você inserir o fluxo de caixa livre, caso prefira. Depois de preencher os espaços em branco, clique no botão Calculate, e o site calculará o valor intrínseco.

» **O fluxo de caixa descontado da Valuation Technologies** (www. valtechs.com/r2.shtml) tem uma abordagem mais de tutorial. Há muito texto que o orienta sobre o que inserir, e o site faz os cálculos para a análise do FCD.

» **A ferramenta de valuation de negócios da KJE Computer Solutions** (www. dinkytown.net/java/BusinessValuation.html) é feita com um analista fundamentalista em mente. Você pode inserir itens da demonstração do fluxo de caixa e o site o ajuda a processar os dados para chegar ao valor intrínseco.

» **Modelos de planilhas de Damodaran Online** (http://pages.stern. nyu.edu/~adamodar): Aswath Damodaran é um professor de finanças da Universidade de Nova York que realmente conhece o assunto. Melhor ainda, ele está disposto a compartilhar com você o que sabe. Se clicar na opção Tool na parte superior da tela, encontrará um tesouro de planilhas financeiras. Se clicar no link Valuation sob o cabeçalho Spreadsheets, encontrará uma seção no site chamada Focused Valuation Models, que oferece uma variedade de ferramentas de valuation predefinidas.

» **Trefis** (www.trefis.com) é um site que realiza uma análise de fluxo de caixa descontado de várias maneiras. O site pode informar quanto os produtos ou serviços individuais de uma empresa contribuem para o preço de suas ações. O melhor de tudo é que você só precisa de um código de ação para usá-lo — o computador faz todo o trabalho.

» **TransparentValue** (www.transparentvalue.com) tem uma abordagem única com o modelo FCD. Em vez de analisar o fluxo de caixa de uma empresa e indicar qual o preço das ações, o Transparent Value informa quantos produtos uma empresa deve vender para justificar o preço atual delas. Por exemplo, você pode descobrir quantos iPhones a Apple deve vender para justificar seu valuation, com base no modelo FCD. O atendimento é principalmente para profissionais, mas há informações sobre a abordagem da empresa.

Conhecendo as limitações da análise FCD

Você já ouviu a expressão "Entra lixo, sai lixo?" Essa é realmente a melhor maneira de descrever a análise FCD. Embora ela dê a impressão de que você está medindo o valor intrínseco de uma ação em relação ao centavo, é altamente baseada nas poucas suposições que você fez.

Por exemplo, você pode fazer com que praticamente qualquer ação pareça barata se aumentar a taxa de desconto. E, embora a taxa de desconto pareça ser baseada na ciência, ela também está sujeita a estimativas.

224   PARTE 3 **Fazendo Dinheiro com a Análise Fundamentalista**

NESTE CAPÍTULO

» **Compreendendo a quais dados os analistas fundamentalistas devem estar atentos no relatório anual**

» **Analisando um relatório anual e encontrando o que importa**

» **Identificando detalhes que têm um grande significado para a análise fundamentalista**

» **Sintonizando-se com informações valiosas que as auditorias compartilham sobre as empresas**

Capítulo **12**

Mensurando o Valor de uma Empresa com o 10-K

h, primavera! É a época do ano em que a maioria das pessoas está ouvindo o canto dos pássaros ou apreciando seus gramados verdes. Os fundamentalistas são como a maioria das pessoas. Durante a primavera, os investidores fundamentalistas estão correndo para ler o *relatório anual das empresas aos acionistas.* São documentos robustos, cheios de quase tudo que os fundamentalistas procuram. O relatório anual para os acionistas e o relatório anual oficial intimamente relacionado, denominado 10-K, para muitos fundamentalistas, são os documentos mais importantes que uma empresa fornece aos investidores durante todo o ano. Pense nesses relatórios anuais como o Discurso sobre o Estado da União, dos EUA, publicado pela empresa, uma fonte de informações de onde a empresa estava e para onde se dirige. Assim como o discurso do Estado da União é uma chance para o presidente despertar esperanças para a nação, o relatório anual é a chance de uma empresa acenar um pouco para si mesma. Mas o documento também é clinicamente preciso ao medir o desempenho da empresa — e da administração — durante o ano.

CAPÍTULO 12 **Mensurando o Valor de uma Empresa com o 10-K**   225

O relatório anual para os acionistas e o relatório anual 10-K são tão importantes, que estou dedicando um capítulo inteiro a eles. Embora o 10-K tenha sido abordado nos capítulos anteriores do livro, este capítulo lhe dará um roteiro sobre como ler esses documentos enormes quando eles estiverem disponíveis para leitura online, download ou até mesmo ao solicitar uma cópia impressa.

Compartilharei as técnicas usadas por fundamentalistas para pular a cobertura do 10-K e chegar ao recheio. Você também descobrirá como encontrar os dados sutis, mas importantes, enterrados nos relatórios anuais. Depois de ler este capítulo, espero que saiba exatamente o que procurar ao investigar esses documentos às vezes inicialmente intimidantes.

Familiarizando-se com o Relatório Anual

Pronto. O relatório anual aos acionistas da empresa da qual possui ações acaba de chegar em sua caixa de correio ou em seu e-mail. Você provavelmente notará muitas fotos coloridas e imagens de executivos e funcionários felizes na capa do documento. Mas, se folhear as páginas por tempo suficiente, com certeza acertará a essência do relatório, que é uma pilha de informações financeiras, isenções de responsabilidade legais e notas de rodapé aparentemente intermináveis. Você pode se sentir tentado a colocar o documento de volta na caixa de correio ou excluir o e-mail e fingir que nunca o recebeu.

Mas embora pareça ser necessário algum tipo de anel decodificador para encontrar sentido no relatório anual para os acionistas e no 10-K, depois de um pouco de orientação, você saberá exatamente o que fazer. Se já tem experiência em ler relatórios anuais, é uma boa ideia saber que tipo de coisas as empresas enterram nesses documentos e esperam que ninguém perceba.

DICA

As empresas costumavam enviar relatórios anuais para todos os investidores. Relatórios anuais em papel ainda existem hoje, mas as empresas estão rapidamente se afastando deles. Hoje, a obtenção do relatório anual depende de você. Seu corretor ou a empresa provavelmente irá notificá-lo quando ele estiver disponível. Você pode, então, acessar o documento no site da empresa ou pelo banco de dados EDGAR da SEC. Se não estiver familiarizado com o uso do EDGAR para encontrar demonstrações financeiras, revise a seção do Capítulo 4 "Familiarizando-se com o banco de dados da SEC".

Primeiro, uma palavra sobre a diferença entre o relatório anual e o 10-K

O termo *relatório anual* é um tanto impróprio. Quando os investidores mencionam o relatório anual, eles ficam confusos ou agrupam dois documentos separados com finalidades semelhantes. Existe o relatório anual para os acionistas, que geralmente é chamado apenas de relatório anual, e o relatório anual exigido pelos reguladores, geralmente referido por seu nome legal, 10-K.

Você pode observar que a maioria dos analistas fundamentalistas usa os termos *relatório anual* e *10-K* de forma intercambiável. Isso geralmente está certo, porque tanto o relatório anual para os acionistas quanto o 10-K quase sempre contêm as mesmas informações; eles apenas parecem diferentes.

DICA

Quando o termo *relatório anual* é mencionado neste capítulo, você pode presumir que estou me referindo ao 10-K, a menos que eu diga o contrário.

Apresentando o 10-K

O 10-K é o demonstrativo anual que as empresas devem registrar na SEC. Esses documentos monitorados de perto são necessários como resultado de uma empresa ter suas ações de capital aberto ou ter ações operadas em uma importante *bolsa de valores*. As empresas que têm mais de quinhentos acionistas também podem precisar apresentar um 10-K.

O 10-K é um documento que fornece aos investidores e reguladores uma atualização sobre a situação financeira da empresa a cada ano fiscal. É um relatório que não é chamativo. O documento é quase sempre impresso inteiramente em preto e branco e é muito esparso quando se trata de gráficos e outras coisas bonitas. O 10-K é o documento que os reguladores e auditores examinam para ter certeza de que a empresa está *divulgando* ou informando os investidores sobre todos os fatos materiais ou importantes acerca de seus negócios.

Destacando o relatório anual aos acionistas

O documento conhecido como relatório anual aos acionistas é essencialmente a versão glamourosa do 10-K. O relatório anual para os acionistas é geralmente um documento sofisticado e muito bem produzido que as empresas enviam aos investidores todos os anos para se gabarem um pouco. Muitas empresas fazem uma versão online, que apresenta gráficos sofisticados e páginas interativas. Geralmente, a versão impressa do relatório anual para os acionistas parece quase uma revista, com as primeiras páginas cobertas com fotos de funcionários radiantes e clientes deslumbrados, todos loucos de felicidade por usar os produtos das empresas.

Algumas empresas estão tentando eliminar a confusão entre o relatório anual aos acionistas e o 10-K, e um número crescente delas está simplesmente usando o 10-K como seu relatório anual para os acionistas, uma medida que também está economizando caixa para as empresas. Algumas empresas, como a General Electric e a Coca-Cola, parecem estar tornando o relatório anual para os acionistas um resumo de alto nível e altamente legível para os investidores. A Coca, por exemplo, chama seu relatório anual aos acionistas de seu *resumo anual*. Além de páginas com pessoas bonitas em muitos países bebendo refrigerante, o resumo anual da Coca resume as finanças em uma visão panorâmica. Há também uma versão online do resumo anual da Coca-Cola que foi projetada quase como um blog inteligente.

Se você já leu um relatório anual para os acionistas, deve ter notado que há algo no estilo *O Médico e o Monstro* acontecendo. A primeira parte do relatório anual é colorida e divertida. Continue lendo, porém, e a parte de trás fica bem séria e objetiva. Na verdade, a parte de trás do relatório anual para os acionistas é muitas vezes uma cópia carbono do 10-K, mas impressa em um papel mais bonito e com uma fonte mais moderna. Cada vez mais, as empresas estão simplesmente colocando uma pasta promocional colorida em torno do 10-K, chamada de *envoltório 10-K*, para criar um relatório anual mais barato.

Alguns fundamentalistas dizem que o relatório anual aos acionistas é um documento de marketing inútil, no entanto, isso provavelmente é um pouco de exagero. Certamente o 10-K é onde você deseja passar a maior parte de seu tempo como analista. Mas a parte de marketing do relatório anual pode conter alguns antecedentes úteis para ajudá-lo a entender uma empresa. Saiba apenas que o relatório anual para os acionistas foi redigido para lisonjear a empresa e seus executivos.

Colocando as mãos no 10-K

Obter uma cópia do relatório anual 10-K é surpreendentemente simples. O documento está disponível em vários formatos, dependendo daquilo com que você está mais acostumado, incluindo:

» **Baixando da Comissão de Valores Mobiliários — SEC:** A maneira mais direta de obter o 10-K é a partir do banco de dados EDGAR da SEC. Este é o banco de dados oficial de registros corporativos exigidos pela SEC. Baixar o relatório anual do EDGAR garante que você está olhando para o mesmo documento que os reguladores. No Capítulo 4, você pode obter instruções passo a passo sobre como fazer isso.

» **Baixando da empresa:** A maioria das empresas colocará em seu site uma versão eletrônica do relatório anual aos acionistas. Você pode visualizá-lo online ou baixar um arquivo PDF. Muitas empresas também fornecerão acesso ao 10-K no mesmo local.

» **Solicitando uma cópia impressa da empresa:** Se você é o tipo de pessoa que gosta de colocar o lápis no papel, pode ligar ou enviar um e-mail para o departamento de relações com investidores da maioria das empresas e solicitar uma cópia do relatório anual ao acionista ou 10-K, ou ambos. Algumas corretoras enviarão automaticamente aos acionistas cópias impressas desses documentos.

Dissecando as principais seções do relatório anual

A maioria dos 10-Ks segue uma lista bastante padrão de coisas a serem cobertas. Embora os 10-Ks geralmente sejam ligeiramente diferentes e alguns possam conter itens diferentes, geralmente você verá que a maioria inclui os itens básicos listados a seguir.

Negócios

Aqui, a empresa descreve em detalhes excruciantes exatamente o que vende, onde vende e como ganha dinheiro. Mesmo se achar que sabe o que uma empresa faz, dar uma olhada na seção de negócios do 10-K pode ser revelador. Por exemplo, você sabia que a Coca vende chá-verde Ayataka no Japão? Agora sabe. Aqui está outro fato sobre a Coca-Cola da seção de negócios do 10-K: 1,9 bilhão dos 57 bilhões de porções de bebidas consumidas diariamente carregam marcas pertencentes ou licenciadas pela Coca.

A seção de negócios também oferece a você, o analista fundamentalista, uma visão de alto nível do modelo de negócios da empresa. A Coca, por exemplo, vende concentrado de bebida para engarrafadoras. Cabe às empresas engarrafadoras lidar com a transformação do concentrado em bebidas digeríveis e levar as garrafas e latas às lojas. Mas a Coca também é engarrafadora e vende produtos finalizados. A Coca, em 2010, comprou os ativos norte-americanos de uma engarrafadora gigante chamada Coca-Cola Enterprises. Ao se tornar uma engarrafadora, a empresa aumentou a receita, mas prejudicou as *margens de lucro bruto*. Ela descreve isso no 10-K: "As operações de produtos finalizados geram receitas operacionais líquidas mais altas, mas menores margens de lucro bruto do que as operações de concentrado."

LEMBRE-SE

Compreender as especificidades do modelo de negócios de uma empresa é fundamental para a análise fundamentalista. Por exemplo, como a Coca vende concentrados e produtos finalizados, um fundamentalista deve tomar cuidado antes de comparar a empresa com outra empresa de bebidas que faz todo seu engarrafamento. O negócio de engarrafamento exige grandes investimentos em máquinas e caminhões, que tendem a ser menos lucrativos do que a venda de concentrado. Falando de concorrentes, na seção de negócios da 10-K, as empresas geralmente explicam todas as empresas que consideram ser seus rivais. Essa lista de rivais é muito útil para analistas fundamentalistas, porque é uma lista de *comparáveis*, ou outras empresas que competem entre si. A Coca diz quem é quem entre seus concorrentes em bebidas, incluindo Nestlé, Groupe Danone, Mondelez e Suntory Beverage.

As empresas também informarão, na seção de negócios, quem são seus principais fornecedores. Os fundamentalistas prestam atenção aos fornecedores, verificando se eles são sólidos e capazes de continuar fornecendo os materiais de que a empresa precisa. Além disso, às vezes pode ser uma ideia melhor investir nos fornecedores de uma empresa do que na própria empresa. Como não são tão conhecidos, eles podem ter um valuation mais baixo do que a própria empresa.

Fatores de risco

Os cigarros contêm advertências de saúde, assim como as montanhas-russas e até mesmo alguns alimentos. O mesmo vale para ações. As empresas devem definir claramente tudo o que pode dar errado. Muitos dos riscos são *clichês*, um verdadeiro CTRL+C/CTRL+V em juridiquês, mas às vezes esses avisos podem ser úteis na análise fundamentalista.

LEMBRE-SE

Ignorar os fatores de risco nos 10-Ks das empresas pode ser um grande erro. A seção de fatores de risco no 10-K arquivado pela Lehman Bros. em janeiro de 2008 foi incrivelmente clara. O primeiro risco indicava que a empresa sofreria se os valores dos imóveis continuassem a cair. A Lehman também apontou que não conseguir tomar empréstimos "prejudicaria nossa liquidez". Os riscos eram prescientes à medida que o mercado imobiliário caía ainda mais e ocorria uma *crise de crédito*, e a Lehman não conseguiu tomar empréstimos, causando seu colapso poucos meses depois, em setembro.

Comentários da equipe não resolvidos

Se a SEC tiver problemas com a forma como a empresa lida com sua contabilidade, você verá os detalhes descritos aqui.

Certifique-se de que esta parte do 10-K esteja em branco. Se a SEC discordar dos livros de uma empresa, é melhor encontrar outra ação na qual investir.

Propriedades

Aqui você obterá um resumo de todas as principais propriedades que a empresa possui e onde estão localizadas. A Coca, por exemplo, dá a metragem quadrada de seu complexo de escritórios de 35 acres em Atlanta, bem como discute as instalações que aluga na Geórgia.

Procedimentos legais

Você não pode abrir um negócio sem ser processado, um fato que fica dolorosamente claro nesta seção do 10-K. Aqui, é possível ver todas as ações judiciais pendentes contra a empresa e a própria estimativa da empresa sobre as chances de ganhar ou perder.

Se você estiver interessado no registro ambiental de uma empresa, este é um ótimo lugar para procurar. Você pode ver se uma empresa foi processada ou não por violação das regras ambientais.

Equipe administrativa

Curioso para saber quem dirige a empresa? Você verá um resumo aqui, com biografias de todos os principais executivos da empresa.

Gestão de capital

Os investidores estão tão acostumados a obter informações sobre ações em sites financeiros, que muitas vezes esquecem que a própria empresa fornece algumas informações básicas, mas às vezes úteis, sobre os preços das ações. Nesta seção do 10-K, as empresas geralmente fornecem um gráfico mostrando quao alto e baixo o preço de suas ações ficou em cada trimestre do ano, e o valor dos dividendos pagos. A empresa também fornece uma estimativa de quantos investidores possuem as ações.

Algumas empresas até informam quantas ações próprias emitiram ou compraram de volta. Informações sobre recompra de ações são extremamente valiosas, porque você pode descobrir se uma empresa está usando seu dinheiro na aposta de que suas ações subirão. A importância das recompras de ações para a análise fundamentalista é abordada no Capítulo 7.

Os investidores precisam consultar periodicamente o preço de uma ação depois que ela não for mais operada. Por exemplo, uma ação que você possui pode ter sido *adquirida* ou comprada por um rival. Depois que uma empresa é comprada, você não pode mais consultar o preço de suas ações na maioria dos sites de investimento, porque ela não está mais negociando ativamente. A seção da gestão de capital do 10-K pode ajudá-lo a obter uma estimativa aproximada do valor de uma ação no passado.

Dados financeiros selecionados

Aqui você encontrará uma referência útil para os dados financeiros mais importantes da empresa nos últimos cinco anos. Também pode haver alguns dados comparativos para a indústria. Esta seção do 10-K é muito importante para a análise de tendências, que é abordada com mais detalhes no Capítulo 17.

Discussão e análise da gestão

Imagine que um CEO foi colocado no banco das testemunhas para discutir, sem nenhum embelezamento, o que a empresa faz e como será seu futuro. Esse é o tom desta seção crítica do 10-K, muitas vezes chamada de MD&A (management's discussion & analysis). A empresa explica em linguagem clara qual é a situação atual do negócio.

Preste muita atenção à linguagem usada no 10-K. Quando um negócio é chamado de "desafiador" no MD&A, isso é uma pista para os fundamentalistas cavarem mais fundo.

Divulgações quantitativas e qualitativas sobre o risco de mercado

Existem muitos riscos que uma empresa enfrenta que vão além dos riscos comerciais listados anteriormente. As empresas enfrentam os riscos da alta e da queda das moedas e dos preços das commodities, por exemplo. Algumas vendem muitos produtos em países estrangeiros. Isso significa que essas empresas podem estar expostas ao risco da desvalorização das moedas estrangeiras, o que poderia prejudicar os resultados financeiros quando os lucros voltassem para casa e fossem convertidos em dólares.

Demonstrações financeiras e dados complementares

Aqui você encontrará o verdadeiro recheio do 10-K. A empresa apresenta todas as demonstrações financeiras exigidas, incluindo a demonstração de resultados (Capítulo 5), o balanço (Capítulo 6) e a demonstração dos fluxos de caixa (Capítulo 7). Na parte inferior das demonstrações financeiras, você encontrará uma descrição adicional de cada um dos itens de linha, no que é chamado de notas financeiras. Algumas empresas também podem divulgar nessas notas de rodapé se elas usaram uma forma um pouco heterodoxa de calcular qualquer um dos itens nas demonstrações financeiras.

QUAL ERA A DÚVIDA MESMO? RETIFICAÇÕES

Um dos segredinhos sujos da contabilidade é o fato de que as empresas cometem erros em suas demonstrações financeiras. Erros são muito comuns, na verdade. Não é incomum para uma empresa, muitos meses ou anos após relatar receitas e lucros, informar aos acionistas que os números estão errados e precisam ser alterados. Quando isso acontece, é chamado de *retificação*. As retificações são um dos piores inimigos dos fundamentalistas. Quando você analisa os fundamentos de uma empresa, é forçado a aceitar de alguma forma a palavra da empresa sobre a veracidade das demonstrações financeiras. Quando as finanças são retificadas, isso coloca em questão todo o trabalho que você fez analisando a empresa. Essas retificações podem ser enormes. A maior declaração negativa dos últimos anos reduziu o lucro líquido da Fannie Mae em US$6,3 bilhões em 2004, segundo a Audit Analytics. Isso deixará uma marca. Mesmo empresas bem respeitadas têm retificações — estou olhando para você, General Electric. A empresa que traz coisas boas à luz fez uma retificação de US$341 milhões em 2007. Observe quantas empresas emitiram retificações nos últimos anos e veja como elas são comuns (fonte: AuditAnalytics.com — conteúdo em inglês):

- **2014:** 667
- **2013:** 681
- **2012:** 708
- **2011:** 630
- **2010:** 634

LEMBRE-SE

Algumas das partes mais importantes do 10-K estão incluídas nas notas de rodapé. Essas várias probabilidades e objetivos são de vital importância para a análise fundamentalista. Aqui, a empresa divulgará todas as informações financeiras que sejam muito específicas ou incomuns para caber perfeitamente nas linhas e colunas das demonstrações financeiras. Em qualquer caso, você deve prestar muita atenção às notas de rodapé, como mostrarei mais adiante neste capítulo.

Mudanças e desacordos com contadores

Assim como brigar com seu chefe ou professor geralmente não é uma boa ideia, o mesmo acontece quando se trata de uma empresa e seu auditor. Se uma empresa e sua firma de contabilidade têm, digamos, diferenças de opinião sobre as finanças, você a encontrará aqui. Como analista fundamentalista, você deseja ver essa parte do 10-K em branco, e ela geralmente está assim.

Controles e procedimentos

Após os desastres contábeis da Enron e da Worldcom no início dos anos 2000, os reguladores confiaram em todas as empresas para melhorar a qualidade de suas finanças. Graças a Deus, certo? Uma das principais áreas da nova regulamentação financeira tinha a ver com os *controles* e procedimentos. Não era bom o suficiente para uma empresa acreditar que seus relatórios financeiros eram precisos. Mas as empresas tiveram de dar um passo extra para dizer se alguém poderia facilmente elaborar os livros, se quisesse. As empresas são obrigadas a ter salvaguardas em vigor para impedir a ocorrência de fraudes.

Parte III: Governança corporativa

Esta parte do relatório anual é apenas um espaço reservado para coisas que você pode encontrar no f*ormulário de referência*. Esta seção se refere essencialmente ao formulário de referência, abordado no Capítulo 9, na qual a empresa descreve quão bem o *conselho de administração* está zelando por ela e como todos estão sendo pagos.

Exposições e cronogramas de demonstrações financeiras

Qualquer coisa que não se encaixe em nenhuma das categorias anteriores é incluída nesta parte do 10-K. Itens interessantes para serem procurados aqui incluem os suculentos contratos de trabalho dados a altos executivos.

Assinatura executiva

Todos os principais executivos assinam o 10-K. E em um desenvolvimento um tanto novo, na esteira da Enron, uma lei chamada Sarbanes-Oxley exige que o CEO e o CFO certifiquem que os livros e registros são precisos, até onde sabem.

Opinião do auditor

A firma de contabilidade deve dar à empresa o Selo de Trabalho Bem Feito, ou não. A opinião do auditor sobre os livros da empresa será abordada com mais detalhes posteriormente neste capítulo.

Lidando com o Tamanho de um Relatório Anual

Ao ler o relatório anual de uma empresa, você pode começar a pensar que *Guerra e Paz* não era tão grande assim. Os relatórios anuais não apenas têm geralmente cerca de duzentas páginas, mas também estão repletos de linguagem técnica, tabelas e notas de rodapé detalhadas que farão você desejar ler sobre os Bezukhovs e os Bolkonskys, em vez de receitas e lucros.

Mas, como analista fundamentalista, ler o 10-K é uma daquelas coisas que você dominará rapidamente. Não se preocupe, você não precisa ser um contador para obter aquilo de que precisa do relatório anual. Nesta seção, apresentarei o que você deve procurar no relatório anual.

Começando pelo fim: As notas de rodapé

Ler um relatório anual é muito diferente de ler um livro. Com um romance, você provavelmente não leria a parte de trás do livro primeiro, para não estragar o final surpreendente. Mas os fundamentalistas odeiam surpresas. Talvez seja por isso que muitos começam a ler o relatório anual pelo final, pelas notas de rodapé.

Ao ler as notas de rodapé antes de qualquer outra coisa, você pode descobrir rapidamente tudo de incomum que está acontecendo na empresa. Normalmente é isso que pode influenciar mais sua opinião final sobre o futuro ou a saúde de uma empresa.

CAPÍTULO 12 **Mensurando o Valor de uma Empresa com o 10-K** 235

DICA

Alguns analistas fundamentais intencionalmente não leem nenhum comentário da administração até que tenham revisado as notas de rodapé do relatório anual. A discussão da administração, tanto no MD&A quanto no prefácio do relatório anual aos acionistas, será repleta de aspectos positivos. Você não quer que sua opinião imparcial em relação à empresa seja contaminada pelo fato de não ter tido a chance de sanar suas dúvidas.

Ao ler as notas de rodapé, você deve prestar atenção especial às áreas descritas nas seções a seguir.

Ativos e passivos que não estão no balanço patrimonial

Uma das coisas mais estranhas sobre as regras contábeis é que as empresas podem, por vários motivos, manter certos *ativos* ou *passivos* fora do balanço patrimonial. Como pode imaginar, esse é um grande problema para os fundamentalistas. O balanço é uma das demonstrações financeiras fundamentais que os analistas usam para avaliar a carga de dívida de uma empresa e o acesso ao caixa.

Às vezes, o que não está no balanço patrimonial é mais importante do que o que está nele. Considere o American International Group, ou AIG. Essa enorme seguradora quase entrou em colapso, até que o governo investiu dezenas de bilhões de dólares na empresa. Como uma seguradora poderia cair de joelhos?

A resposta estava contida em uma nota de rodapé enterrada no relatório anual de 2008 da empresa: um *credit default swap*, ou CDS. Os CDS são instrumentos financeiros extremamente complicados que são essencialmente apólices de seguro para proteger os investidores de investimentos ruins. Assim como uma apólice de seguro protege o proprietário de uma perda por incêndio, um CDS protegeria um investidor, digamos, se um tomador de empréstimo não pudesse pagá-lo. A AIG ganhou muito caixa vendendo contratos de CDS para outros investidores e cobrando prêmios deles. Mas os fundamentalistas que prestaram muita atenção às notas de rodapé viram que a AIG estava exposta a enormes passivos que não estavam no balanço patrimonial.

DICA

Os fundamentalistas que prestaram atenção às notas de rodapé da AIG economizaram muito. Quando o 10-K foi arquivado, em 28 de fevereiro de 2008, o preço das ações da AIG ainda estava sendo operado por mais de US$50 por ação. No final de 2008, depois que outros investidores entenderam os riscos dos contratos de CDS, a ação caiu para US$1,57.

Noções básicas sobre passivos de pensões

Uma das maiores minas terrestres enfrentadas por muitas empresas são os enormes benefícios de pensão que devem aos aposentados. Durante a década de 1950, muitas empresas atraíram trabalhadores talentosos com a promessa de lhes pagar grande parte de seus salários durante os anos dourados. Essas promessas voltaram para assombrar muitas empresas.

LEMBRE-SE

O tamanho das obrigações de pensão é divulgado nas notas de rodapé das empresas. Os custos de pensão podem reduzir muito o lucro restante para os acionistas. Quando a pensão de uma empresa está subfinanciada, por exemplo, ela é obrigada a desviar parte de seu lucro para financiar seu plano de pensão. Os grandes deficits de pensões podem não apenas corroer os lucros de uma empresa, mas também reduzir o quanto uma empresa pode investir em novos produtos, o que pode prejudicar o crescimento futuro.

Fica ainda mais complicado. As empresas investem grande parte dos fundos de pensão. Isso significa que, se o mercado de ações sofrer uma grande queda, como ocorreu em 2008, as empresas não apenas verão seus negócios fracassarem, mas também serão forçadas a desembolsar dinheiro para aplicar no fundo de pensão para cobrir as perdas de investimento. Por exemplo, em 2008, os planos de previdência nas maiores empresas dos EUA tinham apenas 78% do financiamento de que precisam para cobrir despesas futuras, segundo a S&P.

Esse deficit de US$308 bilhões é um impacto direto na lucratividade das empresas. Durante 2009, por exemplo, grandes empresas norte-americanas contribuíram com US$60 bilhões para seus planos de pensão, segundo o Índice S&P Dow Jones. Isso foi mais do que os US$10 bilhões com que contribuíram em 2008, de acordo com a consultoria Mercer.

LEMBRE-SE

Não presuma que um bull market ou uma economia forte resolva os passivos de pensão de uma empresa. Os passivos de pensões das empresas ainda eram apenas 81% financiados em 2014, segundo o Índice S&P Dow Jones, e isso após vários anos de forte crescimento dos lucros e aumento dos preços das ações. O custo da pensão é real — e os analistas fundamentalistas não devem ignorá-lo — em tempos bons ou ruins.

A Tabela 12-1 mostra como os passivos de pensão das empresas mudaram ao longo do tempo. Observe como o deficit em 2008 ficou tão grande, que o deficit previdenciário foi maior do que o lucro total das empresas.

TABELA 12-1 Ascensão e Queda dos Planos de Pensão

Ano	Pensão (Deficit) ou Superavit (Milhões de US$)	Porcentagem Financiada	Lucro Líquido das Empresas (Milhões de US$)
2014	-US$389.071	81,2%	US$909.093
2013	-US$224.457	87,9%	US$892.759
2012	-US$451.709	77,3%	US$777.564
2011	-US$354.654	78,9%	US$790.518
2010	-US$244.993	83,9%	US$700.503
2009	-US$260.709	81,7%	US$449.028
2008	-US$308.432	78,1%	US$132.036
2007	US$63.380	104,4%	US$587.232

Fonte: Índice S&P Dow Jones, com base no S&P 500.

LEMBRE-SE

Despesas de pensão podem reduzir severamente a lucratividade das empresas. Se as empresas contribuírem para planos de pensão, isso reduzirá a lucratividade das maiores empresas dos EUA. As pensões foram subfinanciadas por tanto tempo (desde 2008), que os investidores estão pensando que isso é normal. Mas não é. As pensões foram totalmente financiadas em 2007 — para não mencionar todos os anos entre 1991 e 2001, segundo o Índice S&P Dow Jones. Isso é potencialmente um grande passivo do qual os fundamentalistas precisam estar cientes.

Mudanças na contabilidade e no estoque

As empresas têm certa margem de manobra para decidir como manter seus livros e registros. Essa flexibilidade faz parte do sistema de contabilidade dos EUA. Mas, como analista fundamentalista, você quer ficar de olho quando as empresas fazem uma mudança em suas regras contábeis. Você deve sempre se perguntar por que uma empresa pode decidir mudar seu tratamento contábil. Também é uma boa ideia comparar o tratamento contábil de uma empresa com o de outras do mesmo setor. Fique atento quando uma empresa usar métodos contábeis que façam seu lucro parecer melhor.

CUIDADO

Desconfie se perceber que uma empresa muda a forma como contabiliza o estoque. O *primeiro a entrar, o primeiro a sair*, ou PEPS, permite que a empresa considere os produtos mais antigos em seus depósitos como os que vendeu primeiro. Em um período de aumento dos preços, os produtos mais antigos terão sido os mais baratos, de modo que o custo dos produtos vendidos pela empresa no âmbito do PEPS será menor e os lucros, maiores.

No *UEPS*, ou *último a entrar, primeiro a sair*, as empresas consideram que o esto-que mais recente é vendido. Quando os preços sobem, o UEPS tende a diminuir os lucros. Desconfie quando uma empresa muda voluntariamente de UEPS para PEPS, porque essa é uma maneira rápida e fácil de aumentar artificial-mente os resultados financeiros.

Cronograma de pagamento da dívida

Uma parte importante da análise fundamentalista é entender se uma empresa tomou muito caixa emprestado. E uma parte importante do valuation disso é saber quando a dívida de uma empresa *amadurece*, ou vence. Quando a dívida de uma empresa vence, de repente ela deve pagá-la com dinheiro ou *refinan-ciar*, substituindo a dívida por um novo empréstimo às taxas de juros atuais, que podem ser mais altas.

O Capítulo 6 mostra como usar o balanço patrimonial para descobrir quanto da carga de dívida de uma empresa vence em mais de um ano, ou a *dívida de longo prazo.* Mas as notas de rodapé fornecem ainda mais detalhes sobre quando uma empresa deve pagar suas dívidas.

Se perceber nas notas de rodapé que uma grande parte da dívida de longo prazo de uma empresa vence em treze meses e que as taxas de juros subiram, isso é uma indicação de que os lucros da empresa daí para a frente podem ser menores. Se uma empresa não pagar a dívida, pode ter de substituir aquela mais antiga por uma dívida mais recente com taxas de juros mais altas.

Efeitos das taxas de impostos

Você pode presumir que as empresas norte-americanas pagam a taxa de imposto padrão de 35%. Mas, na realidade, poucas pagam tanto. Nos EUA, as empresas devem declarar qual era sua taxa de imposto efetiva real e por que ela diferia da taxa de imposto padrão de 35%. Normalmente, a *taxa de imposto efetiva* pode ser reduzida se uma empresa fizer uma grande parte de seus negócios em países com taxas de impostos mais baixas. Ela é a taxa média em que a receita de uma empresa, antes dos impostos, foi tributada. As taxas de imposto efetivas são calculadas dividindo-se a despesa de imposto de renda de uma empresa por seu *lucro antes dos impostos*, ou EBT. O EBT é calcu-lado da mesma forma que o EBIT, descrito na seção "Indo direto ao ponto" do Capítulo 5. Mas, com o EBT, você subtrai juros, mas não impostos, da receita.

É fundamental, ao avaliar os lucros de uma empresa, comparar a taxa de imposto que a empresa disse aos investidores que usaria com a que realmente usou para medir seu lucro. É possível que as empresas aumentem artificial-mente seus lucros usando uma taxa de imposto mais baixa do que os inves-tidores esperam. Os fundamentalistas também devem prestar atenção se o resultado da alíquota de imposto de uma empresa ser menor se deve a um motivo temporário, como um incentivo fiscal de curto prazo para abrir uma fábrica em um determinado país. Se a taxa de imposto aumentar no futuro, a lucratividade da empresa pode ser afetada.

Veja o que a gestão tem a dizer sobre si mesma

O MD&A é uma das partes mais claramente escritas do 10-K. É onde a administração explica, em inglês, todos os fatores importantes que a empresa enfrenta e resume todos os elementos-chave dos quais os investidores devem estar cientes.

DICA

Para os fundamentalistas iniciantes, o MD&A é um bom lugar para começar a ler o 10-K. A administração examinará muitas das partes de seus negócios que são de maior interesse para os fundamentalistas. Algumas das coisas que você deve procurar no MD&A incluem:

Informações prospectivas

Se há uma crítica às demonstrações financeiras, é que são documentos históricos. A demonstração de resultados e o balanço, por exemplo, mostram como a empresa se saiu, não como está planejando se sair bem no futuro. Como investidor, você está mais preocupado com o futuro de uma empresa do que com seu passado. Os preços das ações tendem a subir quando uma empresa se sai melhor no futuro do que as pessoas esperam. Procure alguma indicação da empresa sobre como ela espera que seja seu desempenho no ano seguinte.

LEMBRE-SE

Não espere ver as palavras "Isto é o que nosso negócio fará no próximo ano" em letras grandes e em negrito. A administração sinaliza esse tipo de coisa de maneira mais sutil.

Examinando os riscos reais

Há toda uma discussão sobre os riscos que uma empresa enfrenta dentro de seu MD&A. Muitos investidores assumem que esta é apenas uma duplicação da seção de risco dedicada no 10-K. Mas nem sempre é o caso.

Na seção dedicada a riscos, a empresa explica todas as coisas possíveis que poderiam dar errado. Alguns podem até dizer que o CEO pode ser atingido por um raio. (Estou brincando sobre isso, mas algumas empresas vão quase tão longe.) Muitos dos riscos são bastante genéricos e provavelmente cortados e colados de outros lugares.

UMA COCA E UM RISCO

Enquanto grande parte da análise anual da Coca se concentra nas coisas interessantes que acontecem com a empresa, o 10-K da Coca destaca alguns dos riscos reais que a empresa enfrenta.

A seção de risco dedicada do 10-K da Coca fornece uma longa lista de preocupações. Mas talvez seja interessante para fundamentalistas ver quais riscos a empresa decide focar no relatório MD&A. A discussão do MD&A destaca quatro riscos distintos, que a empresa chama de "seis principais desafios". Isso inclui obesidade e estilos de vida sedentários, que a empresa, em poucas palavras, pode levar a um exame mais minucioso sobre onde refrigerantes com alto teor calórico e açúcar podem ser servidos. Em segundo lugar, a qualidade e quantidade da água. A empresa destaca que a água é sua principal matéria-prima e expressa preocupação com sua disponibilidade no futuro.

Em seguida está a evolução das preferências do consumidor, algo que a empresa aprendeu nos anos 2000, quando muitos consumidores mais jovens começaram a consumir novos refrigerantes, em vez das marcas tradicionais que seus pais consumiam. Segurança de produtos e segurança alimentar — incluindo preocupações sobre como a mudança nos padrões climáticos poderia limitar a disponibilidade de matérias-primas como açúcar ou frutas cítricas — também são apontadas. Por último, é o aumento da concorrência.

Mas, na seção de riscos do MD&A, a administração destaca alguns dos riscos e fornece mais detalhes sobre por que eles são tão assustadores. Esses riscos, eu descobri, tendem a ser mais coisas de alto nível que podem manter um CEO visionário acordado à noite.

LEMBRE-SE

Não se preocupe em concordar ou não que os riscos destacados no MD&A são realmente as maiores preocupações. O importante é que a administração pense que esses riscos são significativos. Saber o que mantém o CEO acordado durante a noite permite que você avalie a tomada de decisões de uma empresa. Por exemplo, os riscos da obesidade e da mudança de gostos explicam por que a empresa vem ampliando sua linha de 3.600 bebidas para incluir 1 mil bebidas de baixa ou nenhuma caloria.

Comparando as promessas de uma empresa com a realidade

Um dos maiores segredos de muitos fundamentalistas é sempre ter à mão o relatório anual do ano anterior ao ler do ano corrente. Ao comparar os dois relatórios lado a lado, um analista fundamentalista pode obter algumas informações interessantes sobre como uma empresa cumpre suas promessas.

DICA

Os executivos da empresa adoram fazer grandes afirmações sobre o futuro. Especialmente no brilhante relatório anual para os acionistas, uma empresa pode dizer que está investindo muito em seu futuro. Os fundamentalistas, porém, têm memória longa e a capacidade de verificar os fatos. Quando uma empresa, por exemplo, afirma em 2014 que investirá em seu futuro, você pode descobrir o que realmente aconteceu lendo o 10-K 2015. Basta consultar os gastos com pesquisa e desenvolvimento da empresa e ver como se compara aos níveis de 2014.

Estando ciente de disputas legais

Como as empresas aparentemente são processadas o tempo todo, é fácil ficar entediado com processos judiciais. A grande maioria das ações judiciais é indeferida com pouco custo para a empresa, além do tempo da equipe jurídica.

No entanto, se você estiver investindo em uma empresa envolvida em um setor que é especialmente vulnerável a ações legais, preste atenção a essa seção. A Altria, empresa controladora da fabricante de cigarros Philip Morris, é citada em tantos processos, que fornece uma tabela com o número de processos e de que tipo são. A Altria analisa também quantos dos veredictos foram decididos a seu favor.

LEMBRE-SE

Se for investir nas chamadas *sin stocks*, ou em uma empresa que fabrica produtos considerados como tendo um efeito potencialmente prejudicial à sociedade, vai querer entender os riscos de litígio que ela enfrenta.

Prestando muita atenção aos 10-Ks alterados

Você pode supor que o 10-K é praticamente esculpido na pedra e preservado para sempre. Mas muitos fundamentalistas ficam surpresos ao descobrir que as empresas modificam periodicamente os números que aparecem no 10-K e em outros documentos financeiros. É muito importante que você se lembre disso, porque é possível que os dados em um antigo 10-K estejam desatualizados e já tenham sido revisados. Você deve monitorar essas mudanças, porque elas podem afetar muito sua opinião sobre uma empresa e suas ações.

As revisões e retificações são mais comuns do que você imagina, conforme leu antes. E até mesmo as grandes empresas são conhecidas por voltar e alterar os números no 10-K para corrigir erros ou atualizar os números com dados mais precisos que se tornaram evidentes depois que o 10-K foi preenchido. Como você pode ver na Tabela 12-2, essas retificações podem envolver grandes empresas e grandes somas de dinheiro.

TABELA 12-2   Maiores Retificações Negativas entre 2005–2014

Ano	Empresa	Golpe no Lucro Líquido (US$ Milhões)
2014	KBR	US$154
2013	Quicksilver Resources	US$419,90
2012	JPMorgan Chase	US$459
2011	China Unicom	US$1.556
2010	Telecom Italia	US$717
2009	UBS	US$357
2008	TMST	US$670
2007	General Electric	US$341
2006	Navistar Int'l	US$2.377

Fonte: Audit Analytics.

A General Electric, por exemplo, fez uma série de modificações em suas demonstrações financeiras anteriores entre 2005 e 2008, incluindo uma gigante em 2007. Muitas das alterações se referem a mudanças na forma como a empresa contabilizava instrumentos financeiros complexos, também chamados de swaps, como vendas de locomotivas e motores de aeronaves.

Quando você vir uma empresa fazendo alterações nos dados financeiros que aparecem no 10-K, preste muita atenção. Como fundamentalista, você deseja ter certeza de que entende por que as mudanças foram feitas, quão significativas são e se as modificações indicam problemas mais sérios na empresa. Mais importante ainda, deseja ter uma ideia sobre se a empresa pode ter ou não resultados financeiros aumentados para ter uma boa aparência e manter o preço das ações subindo.

Examinando o Significado da Opinião do Auditor para os Investidores

Investir requer um pouco de fé. Afinal, você não tem permissão para entrar na sede de uma empresa e olhar seus livros e registros financeiros, mesmo que tenha investido na empresa. A função de supervisão é deixada para o conselho de administração. Mas o outro cão de guarda fundamental para você, como investidor, é o auditor. O trabalho da auditoria é examinar o 10-K da empresa e garantir que os livros representem com precisão a condição financeira de uma empresa.

LEMBRE-SE

Embora a empresa de auditoria seja seu cão de guarda dentro da empresa, lembre-se de que também há potencial para conflito. As firmas de auditoria são pagas pelas empresas, então há o risco de uma firma de auditoria não querer incomodar um grande cliente. É por isso que, se vir qualquer sinal vermelho levantado por uma empresa de auditoria, isso é um aviso gigante e não deve ser ignorado.

Prestando atenção às diferenças entre uma empresa e seus auditores

Quando uma empresa e seus auditores discordam em grande medida, a disputa deve ser divulgada na seção *Mudanças e Discordâncias com Contadores sobre Divulgação Contábil e Financeira*. Geralmente, você de fato não gosta de ver uma empresa brigando com seu auditor. Para um auditor discordar a ponto de colocar a roupa suja em um arquivo público, deve ser um grande negócio.

DICA

Fique atento se uma empresa anunciar abruptamente que está substituindo seu auditor. Algumas empresas que discordam de seus auditores *vão à caça de auditores* e tentam encontrar uma empresa de contabilidade que esteja disposta a aprovar os livros. Substituir um auditor antes que o 10-K seja lançado pode ajudar uma empresa a obter uma *opinião de auditoria* limpa, conforme descrito a seguir. As empresas são obrigadas a apresentar um formulário 8-K declarando que substituíram o auditor e se houve ou não um desacordo na ocasião.

Compreendendo a importância dos controles financeiros

Tanto o conselho de administração quanto a empresa de auditoria são obrigados a avaliar os controles financeiros da empresa. Você pode precisar verificar dois lugares no 10-K para obter os controles da diretoria, bem como a do auditor. Você encontrará o veredito do conselho sobre os controles internos na seção *Controles e Procedimentos* no 10-K. E, muitas vezes, a firma de auditoria anexa uma página separada chamada *Relatório de Firma de Contabilidade Pública Registrada Independente sobre Controle Interno de Relatórios Financeiros*.

Lendo a opinião da auditoria

O desastre da Enron colocou um novo medo no coração dos contadores em todos os lugares. Os supostos erros e omissões cometidos pela firma de contabilidade Arthur Andersen nas auditorias dessas empresas gigantes acabaram levando a firma de contabilidade à falência também.

Desde a queda da Arthur Andersen, as firmas de auditoria têm estado ainda mais vigilantes antes de assinar as demonstrações financeiras de uma empresa. E essa aprovação, chamada de parecer de auditoria e encontrada na seção *Relatório de Firma de Contabilidade Pública Registrada Independente* do 10-K, é crítica para a análise fundamentalista.

Nesta seção, a firma de auditoria dirá que dá sua aprovação aos livros, geralmente usando palavras como "representar de forma justa a posição financeira" da empresa. No entanto, não pare de ler aí. A firma de auditoria pode apontar algumas mudanças contábeis feitas pela empresa das quais ela acha que os investidores devem estar cientes.

DICA

Sempre procure na opinião de auditoria pelas palavras *preocupações vigentes*. Se o auditor de uma empresa disser que não é provável que ela continue em funcionamento — ou continue no mercado —, cuidado.

Normalmente, uma empresa de contabilidade não faz comentários sobre as perspectivas de uma organização. O auditor é apenas responsável por garantir que os livros sejam precisos. Portanto, quando uma empresa de contabilidade tem dúvidas de que uma organização "pode continuar" em atividade, isso é um sinal de alerta gigantesco para os fundamentalistas de que investir nessa empresa é altamente especulativo.

Essa bandeira vermelha estava acenando bem à vista no 10-K da varejista Radio Shack para o ano que terminou em 2013. "A empresa tem experimentado perdas contínuas atribuídas principalmente a uma desaceleração prolongada nos negócios, que afetou a liquidez geral da empresa e aumentou substancialmente a dúvida sobre sua capacidade de continuar em funcionamento", escreveu a firma de contabilidade PricewaterhouseCoopers no parecer de auditoria. O contador estava certo. O famoso vendedor de eletrônicos fundado em 1899 foi um dos maiores pedidos de falência em 2015.

> **NESTE CAPÍTULO**
>
> » Descobrindo o que procurar nas conferências que as empresas realizam com analistas e investidores
>
> » Avaliando a importância e o valor das notícias vindas dos executivos da empresa
>
> » Descobrindo o que acontece nas reuniões anuais de acionistas
>
> » Analisando notícias sobre empresas individuais e ações em relatórios de mídia

Capítulo **13**

Analisando os Comentários e as Declarações Públicas de uma Empresa

menos que pertença a um clube de campo exclusivo, esteja em um clube de colecionadores Rolls-Royce ou viaje a Davos para o Fórum Econômico Mundial todos os anos, você provavelmente não conhece pessoalmente os CEOs das empresas em que investe. Na verdade, você pode nunca ter ouvido a voz dos CEOs, embora esteja confiando-lhes seu dinheiro.

Com poucas exceções, a maioria dos investidores individuais não terá a chance de se sentar cara a cara com o CEO de uma empresa para discutir o futuro do negócio. A indisponibilidade relativa da gestão para os investidores é uma razão pela qual a grande maioria da análise fundamentalista é baseada no exame de perto dos relatórios financeiros escritos de uma empresa e de registros regulatórios.

Há momentos, porém, em que os membros da equipe de gestão de uma empresa falam com os investidores. A reunião mais significativa de executivos de alto nível com investidores normalmente ocorre durante teleconferências com analistas no final de cada trimestre. Essas reuniões, geralmente disponíveis a todos os investidores de forma limitada, podem conter informações críticas sobre as quais os analistas fundamentais precisam estar cientes. Há também a *assembleia de acionistas*, uma reunião anual de executivos e investidores de uma empresa. Finalmente, as empresas podem divulgar dados fundamentais importantes enquanto aparecem na mídia.

Neste capítulo, você descobrirá como estender sua análise fundamentalista para além das demonstrações financeiras para incluir o monitoramento de teleconferências, reuniões de acionistas e aparições na mídia.

Usando as Conferências com Analistas como Fonte de Informações

A cada trimestre, os investidores antecipam ansiosamente quando as empresas em que estão interessados apresentarão seus resultados financeiros. Assim que os resultados estão disponíveis, os fundamentalistas começam a examinar o *comunicado de imprensa sobre os lucros* trimestrais, conforme discutido no Capítulo 4, para ter uma ideia de como a empresa se saiu durante os três meses mais recentes.

O comunicado de imprensa é bastante completo e geralmente fornece a *demonstração de resultados*, *o balanço patrimonial* e, às vezes, a *demonstração dos fluxos de caixa*. Ainda assim, os analistas fundamentalistas podem ter dúvidas persistentes. Alguns analistas podem se perguntar, por exemplo, por que certos custos aumentaram, mas não conseguem encontrar uma razão para o aumento no comunicado de imprensa. Outros podem notar um declínio surpreendentemente grande no caixa.

É aí que entra a conferência com analistas. Normalmente, logo após a divulgação do comunicado de imprensa sobre os lucros, a empresa faz uma chamada telefônica ou transmissão pela web para os *analistas de Wall Street*, que cobrem as ações, para discutir sobre o desempenho do trimestre.

LEMBRE-SE

Embora as conferências de analistas da maioria das empresas sejam projetadas para os analistas de Wall Street, isso não significa que você deve ignorá-las. Mostrarei a você, mais adiante neste capítulo, como ouvir as conferências e até mesmo acessar as transcrições quando elas terminarem.

Compreendendo o propósito das conferências com analistas

As conferências com analistas não são uma chance para o CEO trocar receitas e histórias de golfe com analistas de Wall Street. Embora algumas dessas ligações às vezes pareçam estranhamente amigáveis, elas devem servir a vários propósitos principais, incluindo:

DICA

» **Discutir e resumir o desempenho da empresa durante o trimestre.** Normalmente, o CEO e o *diretor financeiro* leem partes importantes do comunicado de imprensa sobre os lucros e destacam itens importantes.

» **Perguntas de campo de analistas de Wall Street.** Todos os analistas que cobrem a empresa geralmente têm permissão para fazer perguntas sobre os resultados do trimestre. Muitos dos analistas também tentam extrair mais *informações prospectivas* do CEO, para ter uma ideia de como serão os resultados do próximo trimestre.

Algumas empresas estão tentando dar aos investidores regulares maior capacidade de fazer perguntas durante as conferências com analistas. A Morningstar, uma empresa de pesquisa de mercado, por exemplo, permite que qualquer investidor envie perguntas por e-mail à administração. As perguntas são coletadas e respondidas pela equipe de gestão a cada mês. É uma boa ideia ver se uma empresa que você analisa permite fazer perguntas.

» **Fornecer orientação futura.** Um dos aspectos mais amplamente assistidos da conferência com analistas é se a empresa indicará o que espera que aconteça no futuro imediato. Essa dica sobre o que a empresa acredita ser provável para os resultados financeiros futuros é chamada de *guidance*.

A sutil luz do guidance

Alguns investidores ficam surpresos ao ouvir algumas empresas fornecerem orientações sobre lucros. Pode parecer um tanto estranho pensar que os CEOs estariam dispostos a fazer promessas aos investidores sobre o futuro quando o futuro está longe de ser certo. Você pode pensar que, se um CEO disser que o próximo trimestre será forte, você obterá lucro rapidamente com as ações.

Mas o guidance não é tão misterioso quanto parece. Por um lado, muitas empresas têm uma boa ideia de como será sua *carteira de* negócios, ou negócios esperados com os clientes, com meses de antecedência. É por isso que, quando os CEOs dão guidance, eles podem não estar se adiantando tanto quanto você pensa. Alguns CEOs também podem dar orientações que acham que serão fáceis de superar. Dessa forma, mesmo que o trimestre tenha ocorrido dentro do esperado, os investidores podem ver os resultados financeiros como melhores do que o esperado e comprar as ações.

O AMIGO DO INVESTIDOR FUNDAMENTALISTA: REG FD

Durante décadas, as conferências com analistas foram quase totalmente fechadas para investidores individuais. Os analistas de Wall Street obtinham o melhor acesso aos executivos das empresas e, portanto, às melhores informações. Os analistas muitas vezes podiam, por exemplo, obter informações superiores sobre uma empresa e suas ações sendo avisados antecipadamente sobre o guidance de lucros.

Mas, na década de 1990, investidores individuais e analistas fundamentalistas começaram a reclamar da natureza unilateral das conferências com analistas. Afinal, se era possível que indivíduos executassem negócios pela internet, por que essas ligações importantes com a gestão estavam fora dos limites?

Tudo isso mudou depois que a SEC aprovou o Regulamento Full Disclosure, mais comumente chamado de Reg FD, em 2000. Essa regra estabelecia claramente que, se uma empresa fornece informações *materiais* ou importantes para analistas, elas devem ser fornecidas também ao público.

De repente, aquelas ligações individuais entre o CEO e seu analista de estimação em uma empresa de Wall Street estavam essencialmente encerradas. Uma advertência importante, no entanto, a se lembrar é a de que os executivos da empresa ainda têm permissão para compartilhar informações não públicas com a mídia, porque a missão da imprensa é distribuir informações amplamente ao público. E essa é uma das razões pelas quais os fundamentalistas devem se dedicar ao monitoramento de reportagens da mídia, conforme descrito a seguir, uma vez que pode haver tesouros na imprensa que você não conseguiria em outro lugar.

CUIDADO

O fato de uma empresa emitir orientações de lucros positivas e dizer que o futuro é brilhante não significa que os investidores tenham licença para lucrar. Muitas vezes, ao aumentar as expectativas dos investidores, se a empresa perder o guidance ou não superar nem mesmo as expectativas elevadas, o preço das ações pode sofrer.

Algumas empresas, vendo a maneira muitas vezes perversa como alguns investidores usam o guidance de lucros, não estão mais divulgando. Empresas como Berkshire Hathaway, Alphabet (anteriormente conhecida como Google), Coca-Cola, Citigroup e Ford pararam, em um ponto ou outro nos últimos anos, de dar guidance de lucros aos investidores. É uma tendência nos últimos anos as empresas não fornecerem guidance.

Se uma empresa parar repentinamente de fornecer guidance sobre lucros, há motivos para prestar atenção. Geralmente, os investidores presumem que as empresas param de fornecer guidance de lucros quando preveem um futuro difícil. Por esse motivo, normalmente, o preço das ações de uma empresa sofrerá na época em que ela para de fornecer guidance, de acordo com um relatório de pesquisa acadêmica chamado "Is Silence Golden? An Empirical Analysis of Firms that Stop Giving Quarterly Earnings Guidance" [O Silêncio é de Ouro? Uma Análise Empírica das Empresas que Pararam de Fornecer Orientações Sobre Lucros Trimestrais, em tradução livre]. Além disso, quando uma empresa para de fornecer guidance, as previsões de crescimento dos analistas para a empresa podem estar em todo o mapa e podem ser menos confiáveis. Você vai querer saber se uma empresa fornece ou não guidance ao usar as previsões de lucros dos analistas, conforme descrito no Capítulo 17.

Coisas únicas a se observar em conferências com analistas

Durante uma conferência, você vai querer ter certeza de que a equipe de gestão avalie e descreva adequadamente os resultados do trimestre recém-concluído. Esse é realmente o motivo mais básico da ligação. Mas, como analista fundamentalista, algumas das outras coisas que você deve observar incluem:

» **Tom dos executivos:** Fique atento aos CEOs e à alta administração que agem como se a empresa fosse deles, e não dos investidores. Um sinal de alerta de que uma equipe de gestão não entende que está em dívida com o público é quando os executivos ficam agitados ao responder a perguntas de analistas ou investidores.

O caso clássico do que você não quer ouvir acontecer em uma conferência com analistas ocorreu enquanto a administração da Enron discutia os resultados trimestrais da empresa em abril de 2001. Antes da descoberta da grande fraude contábil, um analista pressionou o executivo Jeff Skilling para razões pelas quais a empresa continuou a fornecer detalhes financeiros escassos no comunicado de imprensa de lucros. Skilling respondeu com raiva, direcionando palavrões ao analista. Isso não é um bom sinal.

» **Falta de disponibilidade:** Embora quase todas as empresas conduzam uma conferência com analistas, elas não são obrigadas a fazê-lo pelos reguladores. Os reguladores exigem apenas o arquivamento oportuno de documentos regulatórios, incluindo as demonstrações financeiras. Cabe à empresa decidir se realizará ou não uma conferência com analistas.

No entanto, quando uma empresa não oferece uma conferência com analistas, essa falta de diálogo é um tanto problemática para os fundamentalistas. Alguns analistas também reclamam quando as empresas fazem apenas conferências pré-gravadas e totalmente roteirizadas.

» **Respostas enviesadas:** Se perceber que a equipe de gerenciamento está constantemente evitando perguntas, recusando-se a responder a perguntas ou fornecendo respostas muito prontas, seu radar de análise fundamentalista deve começar a piscar. A administração da empresa deve ser prestativa no fornecimento de informações aos acionistas.

Obtendo acesso às conferências com analistas

Agora que leu sobre as conferências com analistas e descobriu como elas podem lhe dizer coisas que você não consegue pegar nas demonstrações financeiras, pode se perguntar como acessá-las.

Os investidores exigem cada vez mais serem incluídos nas conferências com analistas. E regulamentos bastante recentes, especialmente o Regulamento FD, descrito anteriormente, proíbem as empresas de compartilhar informações materiais apenas com analistas e insiders de Wall Street.

A maioria das empresas disponibiliza suas conferências com analistas para todos os acionistas de várias maneiras, incluindo:

» **Telefones:** Algumas empresas fornecem um número de telefone gratuito para qualquer pessoa que queira ouvir a conferência com analistas. Normalmente, porém, a menos que você seja um analista, não pode fazer perguntas. Os números de telefone estão disponíveis na parte inferior do comunicado de imprensa de lucros ou no site da empresa.

» **Reuniões online:** Um número crescente de empresas permite que os investidores ouçam chamadas em conferência usando seus computadores ou dispositivos móveis. Normalmente, você encontrará os links para as transmissões de áudio online visitando a seção de relações com investidores dos sites das empresas. Algumas empresas, incluindo a General Electric, também estão oferecendo streaming de vídeo das chamadas com investidores. Não consegue ouvir a chamada enquanto ela está acontecendo? Sem problemas. Algumas empresas também permitem baixar ou transmitir conferências anteriores com analistas.

Se não encontrar um link para a conferência de uma empresa no site dela, não presuma que não está disponível. O Yahoo Finanças também disponibiliza muitas conferências com analistas. Acesse `http://br.financas.yahoo.com` e digite o código da empresa na parte superior da tela. Depois, clique em Perfil e vá até Eventos Recentes, no lado direito.

» **Transcrições e FAQs:** Outra forma popular de as empresas compartilharem suas conferências com analistas é oferecendo uma transcrição digitada quando terminarem. Essas transcrições normalmente são postadas no site de uma empresa, na área de relações com investidores, logo após a conclusão da ligação.

As empresas geralmente conduzem conferências com analistas antes da abertura do mercado de ações, às 9h30, ou após o fechamento, às 16h. Isso é feito intencionalmente para dar às empresas a chance de explicar completamente seus resultados, antes que os investidores tirem conclusões precipitadas e comprem ou vendam as ações.

DICA

Seja altamente cético quando uma empresa decide divulgar seus lucros após o fechamento do mercado na sexta-feira. É bastante incomum fazer isso, porque deixa os investidores, por todo o fim de semana, incapazes de comprar ou vender as ações durante o horário normal do mercado de ações. Geralmente, as empresas com notícias muito ruins tentam soltá-las na sexta-feira e esperam, eu acho, que os investidores não percebam.

Se você não tem certeza sobre se o que está sendo discutido na conferência com analistas é bom ou ruim, sempre verifique o negócio após o expediente. A maioria dos sites financeiros mostra como as ações estão se comportando em negócios eletrônicas especiais que ocorrem depois que as bolsas de valores fecham, às 16h. Mas não pense que você mesmo precisa começar a operar depois do expediente. Como a liquidez de ações operadas após o expediente é muito menor do que durante o horário normal, você pode pagar mais por uma ação que está comprando ou receber menos por uma ação que está vendendo do que se esperasse.

Entrando em Sintonia com as Informações Fundamentais da Mídia

Não há dúvida de que uma grande quantidade de seus nutrientes é obtida do café da manhã, almoço e jantar. Essas três refeições principais fornecem a maior parte daquilo de que seu corpo precisa para passar o dia. Mesmo assim, há uma chance de que falte algum nutriente em sua dieta, e é por isso que algumas pessoas optam por complementar suas refeições com vitaminas.

Você pode pensar nos relatórios da mídia como vitaminas que alguns analistas fundamentais tomam. Certamente, os arquivamentos regulatórios e relatórios financeiros arquivados pelas empresas fornecem a maioria dos dados de que um analista fundamentalista precisa. Mesmo assim, pode haver alguns detalhes que não ficaram claros ou estão enterrados em documentos enormes. É assim que a mídia financeira pode complementar e potencialmente aprimorar seu conhecimento sobre uma empresa.

CAPÍTULO 13 **Analisando os Comentários e as Declarações Públicas...** 253

Reforçando sua análise fundamentalista com relatórios da mídia

Como você provavelmente já notou ao ler este livro, não há realmente uma fonte de informação que dê aos fundamentalistas tudo de que precisam para fazer seu trabalho. Obter um entendimento completo de uma empresa e do valuation de suas ações exige vascular muitos documentos, procurando tendências, discrepâncias e outras anomalias. Reportagens da mídia, disponíveis em sites financeiros, jornais, revistas, TV e rádio, podem ajudar a concretizar sua análise fundamentalista de uma empresa. Algumas das coisas em que os relatórios da mídia podem ajudá-lo incluem:

» **Notícias de última hora:** Como agências de notícias financeiras, jornais e sites competem vigorosamente entre si, há hordas de repórteres cobrindo empresas e procurando obter qualquer informação primeiro. Às vezes, essas notícias de última hora podem ter um impacto significativo sobre uma empresa e o preço das ações.

» **Interpretação:** Como muitos repórteres são designados para uma empresa específica ou treinados para estudar as demonstrações financeiras, eles podem notar algo sobre um anúncio que você deixou passar. Muitos meios de comunicação também têm acesso a ferramentas profissionais de análise fundamentalista, portanto, eles podem ser capazes de contextualizar os números usando dados que você talvez não tenha.

Os relatórios da mídia também podem tornar mais fácil avaliar rapidamente se o trimestre de uma empresa foi considerado melhor ou pior do que o esperado. Os repórteres que acompanham uma empresa geralmente sabem com antecedência o que os analistas estavam prevendo para a empresa.

» **Compreensão mais profunda das empresas e das pessoas que as dirigem:** Alguns executivos, na esperança de divulgar suas mensagens, podem se sentar com um repórter e definir mais claramente os objetivos ou metas das empresas. Perfis de executivos também podem lhe dar mais uma visão sobre a personalidade de quem dirige a empresa em que você investiu.

Algumas publicações fornecem rotineiramente perfis de executivos de empresas. É importante reconhecer quando esses perfis são apenas adulação do CEO e quando são uma análise.

» **Visão do setor:** O simples fato de ler as demonstrações financeiras não serve para mensurar a importância de uma empresa ou seus produtos. A mídia financeira, dedicada a setores específicos, pode fornecer uma boa indicação inicial sobre como o novo produto de uma empresa, por exemplo, pode ser percebido. Algumas grandes empresas também podem ter um site dedicado apenas a elas. Lê-los, e os comentários de outros leitores, pode dar a você coisas para procurar ao analisar uma empresa.

O que os fundamentalistas procuram na mídia

Dada a enxurrada de informações disponíveis para os fundamentalistas, pode ser opressor pensar que você precisa ler todos os sites financeiros, jornais e revistas, além de estudar os registros regulatórios de uma empresa.

Mas analistas experientes sabem como fazer a mídia trabalhar para eles. Em vez de ler tudo, às vezes muito material repetido, os fundamentalistas usam a mídia para se concentrar em assuntos como:

» **Novos produtos:** Um dos fatores mais difíceis para os fundamentalistas lidarem são os novos produtos das empresas. Sem um histórico financeiro para orientá-los, os analistas podem achar difícil descobrir quais novos produtos são blockbusters em potencial e quais são fracassos e desperdício de dinheiro. Os relatórios da mídia podem ajudar, oferecendo comentários de especialistas que podem colocar os novos produtos em perspectiva.

» **Más notícias:** Uma coisa que me impressiona como repórter financeiro é a habilidade dos executivos de divulgar más notícias. Eu entrevistei executivos de empresas à beira da falência, e os CEOs tentavam mostrar que estava tudo bem. Um bom jornalismo financeiro, no entanto, o ajudará a olhar além do giro corporativo e ter um bom controle quando os problemas de uma empresa são alarmantes.

» **Disponibilidade (ou disponibilidade excessiva):** Você já percebeu que os CEOs de algumas empresas estão constantemente na imprensa, enquanto outros nunca estão? Como fundamentalista, é importante monitorar esse tipo de coisa, mesmo que não haja como qualificá-lo. Quando percebe que os CEOs parecem estar na TV algumas vezes por semana, você deve se perguntar por que eles se sentem tão inclinados a contar constantemente suas histórias. Mas, ao mesmo tempo, você pode se perguntar se um executivo também está sendo excessivamente reservado.

Sendo cético em relação às afirmações dos executivos na mídia

Só porque um executivo faz uma declaração na mídia, nao pense que é verdade o que ele está dizendo. Às vezes, o meio de comunicação, ou repórter, não está qualificado ou preparado para chamar a atenção ou corrigir um executivo que faz uma declaração chamativa sobre um produto.

Afirmações ousadas feitas por CEOs nunca devem ser consideradas com confiança absoluta. A SEC, em dezembro de 2015, acusou o CEO do Oxford City Football Club por se retratar falsamente "como um dos CEOs mais poderosos e influentes da história de Wall Street, quando na verdade ele é um fraudador de ações que mistura mentiras e ameaças verbais para encher seu próprio bolso com dinheiro de investidores desavisados", de acordo com o comunicado à imprensa da SEC. A SEC acusou o CEO de induzir os investidores a pensar que a empresa era um conjunto "próspero" de times esportivos, mas a realidade, segundo ela, era muito diferente. O Oxford City Football Club estava, na verdade, "perdendo milhões de dólares a cada ano e obtendo lucro zero com seus dois times de futebol da segunda split no Reino Unido", conforme o comunicado da SEC. Um verdadeiro papo reto.

CUIDADO

Os analistas fundamentalistas devem ser especialmente cautelosos com empresas que parecem estar no negócio de emitir comunicados de imprensa. Algumas empresas, especialmente aquelas que operam no mercado amplamente desregulamentado de Pink Sheets, tentam despertar o interesse por suas ações publicando constantemente comunicados de imprensa promissores. Se os negócios forem tranquilas, o que significa que não há muitos compradores e vendedores, o preço de uma ação pode ser facilmente manipulado por comunicados de imprensa aparentemente positivos.

DICA

Se você tem medo de não ficar ciente de quando uma empresa ou seus executivos aparecem na mídia, pode configurar *alertas* eletrônicos para receber notificações por e-mail. A maioria dos mecanismos de pesquisa da web oferece esse serviço. O Bing, por exemplo, oferece um gerenciador de interesses que o notificará em seu computador ou telefone sobre acontecimentos em empresas de seu interesse. Vá para Bing.com e clique no ícone de engrenagem no canto superior direito da tela. Escolha o gerenciador de internet. No cabeçalho de finanças, você pode inserir os nomes das empresas que está seguindo.

O Google permite criar alertas com base em palavras-chave como o nome de uma empresa ou executivo que você deseja rastrear. Você receberá um e-mail quando surgir alguma notícia que mencione essas palavras-chave. Se você estiver interessado em aprender mais sobre como escanear notícias online com eficiência para obter informações sobre uma empresa, você pode obter algumas dicas em meu livro *Investing Online for Dummies*, 9ª Edição. Eu precisava fazer uma propaganda, né?!

Sabendo Quando Prestar Atenção nas Assembleias de Acionistas

Os fundamentalistas passam grande parte do tempo com o nariz enterrado nas demonstrações financeiras, mas às vezes existem coisas que precisam ser ouvidas direto da administração de uma empresa. Para alguns analistas, a assembleia anual de acionistas é a chance de interagir cara a cara com a equipe de gestão de uma empresa.

DICA

Participar de uma assembleia anual de acionistas é muito mais fácil do que conseguir um ingresso para um show da Katy Perry. Contanto que possua pelo menos uma ação de uma empresa, você recebe um ingresso para participar da assembleia anual de acionistas.

O que esperar durante a assembleia anual da empresa

A assembleia anual de acionistas é uma espécie de versão corporativa do Rock In Rio. Quase todas essas reuniões são realizadas em grandes salas de conferências ou auditórios, e não nas instalações das empresas. As empresas costumam usar essas reuniões como uma oportunidade para apresentar todos os produtos que oferecem. No formulário de referência, que é discutido detalhadamente no Capítulo 9, você pode descobrir quando e onde a assembleia de acionistas de uma empresa normalmente é realizada.

DICA

Embora as empresas geralmente não conduzam suas reuniões anuais nas matrizes, você pode ficar um pouco preocupado se uma empresa parecer sair de seu caminho para realizá-la em algum lugar que você saiba que pode ser difícil de visitar. Eles não querem se encontrar com os acionistas?

As assembleias anuais de acionistas costumam seguir um roteiro como este:

» **Introdução chamativa:** Muitas reuniões começam com uma apresentação de slides chamativa ou uma apresentação de vídeo mostrando como os produtos da empresa são legais. Há pouco valor nessas apresentações descaradamente promocionais.

» **Apresentações da administração da empresa:** O CEO e talvez o diretor financeiro e o diretor de operações podem fazer um discurso delineando seus objetivos para a empresa no ano seguinte.

Raramente há novas informações divulgadas nas assembleias anuais de acionistas. Qualquer coisa de interesse material já foi divulgada no formulário de referência ou no 10-K, explorado no Capítulo 12.

» **Perguntas e respostas dos acionistas:** Algumas empresas permitem que os acionistas se levantem e façam perguntas à equipe de gestão. Outras exigem que as perguntas sejam enviadas com antecedência e só serão repassadas à administração se forem selecionadas. Em alguns casos, os investidores que fizeram propostas para uma votação no formulário de referência podem fazer uma apresentação de suas opiniões. Essa parte da reunião costuma ser a mais divertida, pois alguns investidores pedem coisas estranhas.

Algumas coisas bem malucas podem acontecer nas reuniões anuais. Warren Buffett desempenhou um grande papel na reunião anual da Coca-Cola de 2015. O famoso investidor — e acionista de longa data da Coca — cantou um jingle da Coca-Cola enquanto tocava seu ukulele. Ele também explicou por que começou a tocar o instrumento de cordas havaiano: para impressionar uma estudante por quem ele tinha uma queda durante a faculdade. Quem disse que as reuniões anuais não são divertidas?

Curtindo o momento com a análise fundamentalista

Normalmente carentes de informações substantivas, as assembleias anuais de acionistas são geralmente planejadas para fazer com que os investidores tenham uma sensação calorosa por serem investidores. De modo geral, esse é o tipo de sentimento que você, como fundamentalista, não quer ter.

É perigoso ficar tão apegado a uma ação a ponto de você perder o foco. Apaixonar-se por uma ação, como é chamado, pode fazer com que você pare de fazer perguntas difíceis ao ter uma ação. Lembre-se: as ações não retribuem o amor.

Algumas empresas são especialmente famosas por suas reuniões anuais de acionistas. As reuniões de acionistas da Berkshire Hathaway, de Warren Buffett, são especialmente lendárias. Muitos investidores da Berkshire vão até Omaha (o CenturyLink Center foi o local da reunião de 2015) para tentar se aproximar do Oráculo de Omaha.

A reunião anual da Berkshire Hathaway é um grande negócio, quase como uma fugida de fim de semana. No encontro de 2015, os eventos incluíram um Piquenique Corporativo, jantar em churrascaria e desafio de lançamento de jornal. Também há muitas oportunidades de comprar e experimentar produtos vendidos por empresas da Berkshire, desde See's Candies a Borsheim's Fine Jewelry. Buffett geralmente se refere ao evento como "Woodstock para capitalistas".

Não sinta que precisa comparecer a uma assembleia anual de acionistas ou estará fora do circuito. Você pode votar em todos os itens importantes enviando o formulário de referência ou votando online. Além disso, a maioria das empresas fornece as apresentações da assembleia de acionistas em seus sites após o evento.

NESTE CAPÍTULO

» Analisando relatórios de pesquisa de analistas em busca de pistas sobre uma ação ser atraente ou não

» Descobrindo quais outros investidores possuem uma ação e percebendo o que eles veem nela

» Usando relatórios de agências de rating de risco para reforçar sua própria análise fundamentalista

» Descobrindo as redes sociais e como usar o conhecimento de outras pessoas para ajudá-lo

Capítulo **14**

Aproveitando a Análise Fundamentalista Feita por Outros

Os analistas fundamentalistas geralmente não viajam em matilhas ou bandos. Eles, quase por natureza, encaram o investimento como uma busca solitária. Alguns analistas até temem obter a opinião de muitas pessoas, pois os preconceitos podem desviá-los dos índices e números financeiros e fazer com que as opiniões pessoais manchem a pura objetividade.

Com isso dito, porém, parte do trabalho dos analistas fundamentalistas é pesquisar o cenário financeiro em busca de qualquer informação que possa afetar o valor de uma empresa ou mudar suas perspectivas futuras. É aí que pode valer a pena olhar para a pesquisa fundamentalista feita por outros. A análise fundamentalista das *corretoras de Wall Street* e de *agências de rating de risco* pode fornecer detalhes que talvez você tenha perdido em seu próprio trabalho. Da mesma forma, pode ser útil descobrir quais outros investidores estão comprando uma ação em que você está interessado e o que dizem sobre isso.

Certamente, como analista, você não deve deixar os movimentos dos outros ditarem o que você fará, mas as descobertas de outras pessoas podem fornecer novas informações para você ou agir como uma verificação contra si mesmo para se certificar de que não perderá nada crítico em sua análise.

Lendo Relatórios de Outros Analistas em Busca de Pistas

Pode parecer estranho sugerir que dê uma olhada em relatórios de pesquisa de outras pessoas em um livro sobre como fazer pesquisas fundamentalistas por conta própria. Afinal, talvez você esteja interessado em aprender a analisar ações porque recebeu conselhos ruins sobre investimento de um corretor ou analista no passado.

É aconselhável ser cético em relação a pesquisas vindas de qualquer outra pessoa, incluindo corretoras de Wall Street. Muitas vezes, os analistas são pagos pelas empresas, direta ou indiretamente, para gerar pesquisas e convencer outras pessoas a comprar ações. Em 2003, por exemplo, as maiores corretoras do país foram obrigadas a pagar US\$1,4 bilhão para liquidar acusações de que enganaram os investidores com pesquisas tendenciosas. É uma má reputação da qual o setor ainda não se livrou.

Dito isso, a pesquisa de analistas profissionais pode fornecer informações muito úteis para acompanhar sua própria análise fundamentalista. Você só precisa saber como ler relatórios de pesquisa de analistas e como extrair deles informações genuinamente úteis. Neste capítulo, isso é exatamente o que mostrarei a você como fazer.

Por que ler os relatórios de analistas é útil

Infelizmente, a maioria dos investidores se fixa na coisa errada ao ler os relatórios dos analistas. Os investidores costumam olhar o topo de um relatório de analistas em busca do *rating das ações* para ver se ela é considerada uma *compra*, *manutenção* ou *venda*. A simplicidade desses ratings os torna irresistíveis, e os investidores podem se sentir tentados a segui-los. Infelizmente, muitos investidores se metem em problemas e correm o risco de perder uma grande quantia de dinheiro quando seguem cegamente os ratings que leem nos relatórios dos analistas.

CUIDADO

Os ratings das ações são infames erros ou acertos. Durante 2015, por exemplo, cerca de metade das ações com ratings médios de compra ou desempenho caiu durante o ano, de acordo com dados da S&P Capital IQ. Isso significa que, mesmo que compre uma ação recomendada por um analista, é provável que ainda exista uma chance de perder ou ganhar dinheiro.

DANDO AOS RELATÓRIOS DOS ANALISTAS UMA MÁ REPUTAÇÃO

Há muito tempo, quem está familiarizado com investimentos entende que os ratings dados às ações por analistas de Wall Street devem ser ignoradas. Muitas grandes corretoras relutam em atribuir um rating negativo às ações de uma empresa. Há o temor de que a empresa possa retaliar, não dando à unidade de banco de investimento da corretora negócios lucrativos de consultoria.

O potencial para conflitos de interesse significativos se tornou muito claro no início de 2000, quando dez bancos de investimento concordaram em um acordo abrangente de US$1,4 bilhão com reguladores por supostamente divulgar relatórios de pesquisa enganosos aos investidores. Alguns analistas individuais também foram penalizados. Henry Blodget, um ex-diretor administrativo da Merrill Lynch que fez seu nome publicando relatórios elogiosos sobre empresas da internet, foi barrado do setor e recebeu uma punição monetária de US$4 milhões da Comissão de Valores Mobiliários em 2003. A SEC concluiu que essas empresas e analistas rotineiramente publicavam relatórios que encorajavam os investidores a comprar ações, dando-lhes recomendações de "compra" ou "compra forte", apesar de saberem que as empresas recomendadas tinham fundamentos que não eram sólidos. Em muitos casos, os investidores que confiaram na pesquisa e seguiram as recomendações perderam grandes somas de dinheiro. Essas cobranças são mais um motivo pelo qual você deseja saber como fazer sua própria pesquisa fundamentalista, em vez de confiar no trabalho de terceiros.

Apesar de seus problemas, os relatórios de pesquisa de analistas podem conter algumas informações sólidas. Algumas das razões pelas quais você pode querer dar uma olhada nos relatórios de analistas incluem:

» **Uma maneira de verificar novamente sua própria análise:** A maioria dos analistas que redigem esses relatórios são profissionais financeiros altamente treinados que sabem fazer tudo, desde análise de fluxo de caixa descontado, ou FCD (conforme abordado no Capítulo 11), até medição avançada de valuation. Você pode querer comparar os resultados de seu modelo FCD com aqueles criados por analistas profissionais para ver se eles estão no mesmo patamar.

» **Visão do setor:** Muitas vezes, os analistas designados para cobrir um setor estudaram a área por muito tempo ou até trabalharam em uma empresa do ramo. Essa profunda experiência no setor pode ajudá-lo a melhorar sua análise de um setor.

» **Ponto de vista divergente:** Se está convencido de que uma ação é uma compra barulhenta, pode fazer sentido procurar relatórios de analistas que sejam menos otimistas sobre essa ação. Talvez outro analista aponte coisas que você não percebeu em sua própria análise.

CUIDADO

Os relatórios dos analistas são extremamente otimistas. Por uma série de razões, os relatórios de pesquisas das corretoras de Wall Street tendem a raramente colocar um temido rating de venda em uma ação. O fato de tão poucas empresas obterem um rating de venda ressalta por que você precisa se lembrar de que, quando uma empresa de Wall Street classifica uma ação como uma manutenção, essa é, na verdade, uma recomendação bastante negativa de que você pode considerar uma venda.

Compreendendo os tipos de empresas que fazem pesquisas de ações

Nem todos os relatórios de pesquisa de analistas são criados iguais. Embora *relatório do analista* seja um termo geral usado para descrever quase todas as pesquisas de investimento geradas por analistas profissionais, há muitos tipos de pesquisa que você deve conhecer.

A primeira maneira pela qual você deve diferenciar a pesquisa em sua mente é de acordo com a fonte. Saber de onde vem a pesquisa e como a pessoa ou empresa que gera o relatório é paga é vital para entender quais podem ser os vieses e as deficiências potenciais da pesquisa. Normalmente, os relatórios de pesquisa são colocados em uma de duas categorias, incluindo:

Pesquisa de corretores

Geralmente, quando se trata de pesquisa de analistas, a primeira coisa em que os investidores pensam é na pesquisa gerada por analistas em grandes corretoras, como o Bank of America, Citigroup, Goldman Sachs e UBS. Essas grandes firmas contratam exércitos de analistas que têm um *universo de cobertura*, ou conjunto de ações, para monitorar constantemente.

CUIDADO

Nunca ignore o potencial conflito de interesses quando se trata da pesquisa de corretores. Muitas das firmas de Wall Street que realizam pesquisas sobre empresas também têm *braços em bancos de investimento*. As partes de bancos de investimento dessas firmas recebem taxas lucrativas ao realizar serviços para empresas, como a venda de ações ou títulos para investidores. Se uma corretora fizesse uma pesquisa negativa, isso poderia perturbar a administração e prejudicar o futuro negócio do banco de investimento.

Felizmente, se você prestar atenção, poderá detectar sinais de conflitos potenciais na pesquisa dos corretores. Na parte inferior dos relatórios de pesquisa, você encontrará uma série de posicionamentos importantes. Em uma seção, a corretora deve informar se a empresa recebe ou não negócios do banco de investimento da empresa coberta no relatório. Os analistas também devem dizer se possuem pessoalmente ações da empresa. A corretora deve divulgar qual porcentagem de todos os seus ratings são de compra, manutenção ou venda. Claramente, você sabe que deve ficar com o pé atrás ao ler os relatórios dessa empresa se ela só dá ratings de compra.

LEMBRE-SE

Só porque um analista trabalha em uma grande corretora não significa que a pesquisa seja ruim. Alguns desses analistas têm acesso a recursos que lhes permitem pesquisar profundamente as empresas e conseguir grandes insights. Esteja ciente de que existe o potencial para um conflito.

Pesquisa independente

As empresas de Wall Street não são as únicas que fornecem pesquisas sobre ações. Analistas não ligados a uma grande empresa de Wall Street são normalmente agrupados na categoria chamada *pesquisa independente*.

Por definição, *pesquisa independente* é considerada uma análise que vem de uma empresa que não tem uma unidade de banco de investimento. Como você leu antes, a coexistência de pesquisas e bancos de investimentos algumas vezes foi problemática no passado.

A pesquisa independente geralmente vem de firmas de pesquisa *boutique*, que podem ser operadas por um analista ou uma equipe de analistas que podem ter experiência específica, com um determinado setor ou tipo de análise fundamentalista. Outra pesquisa independente vem de empresas de *pesquisa quantitativa*, que criam programas de computador automatizados para estudar diferentes ações usando uma série de testes.

CAPÍTULO 14 **Aproveitando a Análise Fundamentalista Feita por Outros**   263

Nem todas as pesquisas independentes vêm de pequenas empresas de pesquisa. Na verdade, um dos maiores fornecedores desse tipo de material é a S&P Capital IQ, uma empresa de pesquisa de investimentos que fornece dados e informações sobre ações, títulos e outros investimentos. A pesquisa da S&P Capital IQ é considerada independente, pois a empresa não faz investimento em bancos.

CUIDADO

Mas só porque a pesquisa vem de uma empresa de pesquisa independente, não pense que é melhor do que aquela de uma corretora. Na verdade, após o acordo com as empresas de Wall Street, a qualidade das pesquisas de algumas corretoras melhorou significativamente. Da mesma forma, algumas das pesquisas de firmas independentes erraram feio. Você deve julgar se deve ou não ouvir a pesquisa dos analistas com base em quão boa ela foi no passado, e não por ser independente ou não.

Identificando os principais tipos de pesquisa de analistas

Assim como existem muitos tipos de livros, existem muitos tipos de relatórios de pesquisa de analistas. Como fundamentalista, existem dois tipos principais de relatórios com os quais você precisa se preocupar, incluindo:

» **Relatórios de análise:** Os *relatórios de análise* são geralmente longas pesquisas que um analista publica para expor tudo o que os investidores precisam saber sobre a empresa, o setor e as ações. Eles costumam ser lançados quando um analista *inicia* a cobertura de uma ação ou começa a acompanhar regularmente uma empresa. Alguns analistas costumam publicar relatórios de análise todos os anos, nos quais dão uma visão abrangente do ano recém-concluído para a empresa e preveem o que pode acontecer no próximo ano. Esses relatórios de análise geralmente estão repletos de estatísticas do setor, o que pode ser útil quando você se aprofunda em como fazer a análise do setor no Capítulo 16.

Os relatórios de análise podem ser maneiras excelentes para os analistas se atualizarem sobre uma empresa ou setor que não conheciam antes.

» **Relatórios periódicos:** Se os relatórios de análise são longos e abrangentes, os *relatórios periódicos* são exatamente o oposto. Os analistas geralmente elaboram relatórios periódicos rápidos após grandes eventos em uma empresa, como a divulgação de lucros ou o anúncio de um novo produto significativo.

Os relatórios periódicos são como um episódio de uma novela: a menos que você esteja acompanhando (e lendo relatórios anteriores), pode não ser capaz de acompanhar o que está acontecendo em um relatório periódico recém-lançado. Pode ser uma boa ideia revisar o relatório de análise de um analista junto com o relatório periódico.

Como ler nas entrelinhas dos relatórios

Depois de determinar se um relatório de pesquisa é ou não um relatório de análise ou periódico, é hora de começar a ler com mais atenção. Como o incentivei a ignorar o rating das ações na maioria dos relatórios de pesquisa, você pode estar se perguntando em que deveria prestar atenção.

Alguns dos principais dados que deve procurar em um relatório incluem:

» **Comparações inteligentes de uma empresa com seus pares:** Com frequência, os analistas serão designados para cobrir uma indústria inteira, incluindo os grandes baluartes do negócio e os pequenos emergentes. Às vezes os analistas são capazes de identificar os pontos fortes e fracos de uma empresa que não são imediatamente aparentes ao estudar as demonstrações financeiras.

» **Análise aprofundada da demanda por produtos de uma empresa:** Os melhores analistas executam o que chamamos de *canais de parametrização*. Em um canal de parametrização, um analista ligará para os clientes e fornecedores de uma empresa para ver como um determinado produto está fluindo através do canal de distribuição. Os analistas podem descobrir, por exemplo, que os varejistas estão reduzindo os preços dos produtos de uma empresa apenas para retirá-los das prateleiras. Isso não é um bom sinal. Pelo contrário, um fornecedor pode dizer que uma empresa está encomendando uma grande quantidade de matéria-prima, o que pode indicar que a empresa está aumentando a produção.

» **Previsão para crescimento de longo prazo:** Um dos aspectos mais difíceis da análise fundamentalista é obter uma expectativa realista para o futuro. No Capítulo 17, eu lhe darei algumas dicas sobre como estimar a taxa de crescimento esperada de uma empresa para os próximos cinco anos. Mas não é uma má ideia verificar os relatórios de pesquisa dos analistas para ver quais previsões de crescimento de cinco anos eles têm.

» **Exploração do valuation de uma ação:** Entender como medir se uma ação está barata ou cara é uma das principais coisas que os investidores tentam fazer. Existem muitas maneiras de tentar medir o valuation de uma ação, incluindo olhar para os índices de preço/lucro (Capítulo 8) e realizar a análise do fluxo de caixa descontado (Capítulo 11). Ambas as análises, no entanto, estão sujeitas a várias estimativas e suposições.

Às vezes, pode ser útil examinar as premissas e os resultados do valuation determinados por analistas profissionais. Mesmo que os resultados não concordem com suas descobertas, você pode comparar o que eles mediram com o que você mediu, ver por que há uma diferença e ajustar seu modelo, se necessário.

DICA

Se você está precisando de ajuda com o modelo de fluxo de caixa descontado, os relatórios de ações da S&P Capital IQ podem ser úteis. A grande maioria desses relatórios, que podem ser obtidos usando-se as instruções que ofereço a seguir, fornece a *taxa de desconto* das ações e a *taxa de crescimento terminal*. A taxa de desconto é a taxa de retorno que os investidores exigem em troca de colocar seu dinheiro em risco ao entregá-lo à empresa. A taxa de crescimento terminal é o quanto os lucros e o fluxo de caixa da empresa devem crescer em longo prazo. Tanto a taxa de desconto quanto a taxa de crescimento terminal podem ter um efeito importante sobre os resultados da análise FCD, e ambas são um tanto difíceis de calcular.

CUIDADO

Os relatórios de pesquisa dos analistas podem ser muito úteis quando seus insights o ajudam a melhorar sua própria análise fundamentalista. Mas também há um lado negativo nesses relatórios, especialmente quando os autores estão apoiando ou promovendo uma ação. Pode ser difícil, até que seja tarde demais, saber quando um relatório está sendo mais promocional do que perspicaz. Algumas coisas a serem observadas, no entanto, incluem relatórios que tentam dizer que as más notícias recentes não são tão terríveis, sem justificativa. Além disso, suspeite de relatórios de analistas que tentam dizer que uma empresa é tão bem administrada ou bem posicionada que não está sujeita aos altos e baixos da economia. Como você descobrirá no Capítulo 15, todas as empresas estão sujeitas às marés típicas da economia em geral.

Obtendo os relatórios dos analistas

Agora você provavelmente está cansado de ler sobre relatórios de analistas e está doido para colocar as mãos em alguns. O acesso aos relatórios dos analistas é fácil e pode até ser gratuito, dependendo da corretora que você usa. Existem quatro maneiras principais de obter esses relatórios:

» **Sua corretora:** Se você é cliente de grandes firmas de Wall Street, uma das vantagens que tem é o acesso aos relatórios dos analistas. Você mesmo pode acessar os relatórios ou pedir uma cópia ao seu corretor.

E se estiver com uma corretora online de baixo custo? Você ainda está com sorte. A grande maioria das corretoras online fornece pesquisas tanto das firmas de Wall Street quanto de empresas de pesquisa independentes. Charles Schwab, por exemplo, fornece acesso aos relatórios de pesquisa da S&P Capital IQ, bem como acesso ao seu próprio modelo de pesquisa quantitativa, denominado Schwab Equity Ratings. A TD Ameritrade também fornece acesso gratuito aos relatórios da S&P Capital IQ.

» **Diretamente dos fornecedores de pesquisas:** A maioria das firmas de pesquisa boutique e até mesmo os maiores fornecedores de pesquisa independentes lhe venderão suas pesquisas. A New Constructs (www.

newconstructs.com — conteúdo em inglês), que usa análise fundamentalista para avaliar ações, oferece acesso a seus relatórios a partir de US$49 por mês.

» **Revendedores de pesquisas:** Várias empresas criaram sites que permitem que você compre e solicite uma variedade de relatórios de pesquisa de analistas. A Reuters, por exemplo, permite que você insira o código de uma ação para ver quais pesquisas de analistas estão disponíveis e comprá-las, se quiser. Ela fornece os relatórios de analistas em `https://www.reuters.com/markets/stocks` [conteúdo em inglês]. A maioria dos relatórios custa entre US$10 e US$100, mas alguns podem ser gratuitos ou custar mais.

» **Sites de resumo de pesquisas de analistas.** Vários sites permitem que você consulte os resumos de alto nível dos relatórios de analistas. A maioria deles fornece a recomendação média de todos os investidores que seguem uma ação, o que pode ser mais valioso do que apenas a opinião de um analista. Por exemplo, o MSN Money (`http://msn.com/en-us/money` — conteúdo em inglês) permite consultar a split dos ratings de ações para ações individuais. Insira o nome ou código da empresa no campo Search Quotes. Clique no nome da empresa quando ele aparecer e, em seguida, clique na guia Analysis. Você verá as estimativas dos analistas no lado direito da tela.

Interpretando Relatórios de Agências de Rating de Risco

Os investidores em ações geralmente esquecem o fato de que não estão sozinhos no financiamento de uma empresa. Geralmente, as empresas obtêm o caixa de que precisam para operar tanto de investidores em ações quanto de investidores em títulos. Enquanto os investidores em ações olham para os relatórios de pesquisa de analistas, os investidores em títulos prestam mais atenção aos relatórios das agências de rating de risco.

Se os investidores em ações prestam muita atenção aos analistas de ações, os investidores em títulos marcham na direção de um grupo diferente de analistas: as agências de rating de risco. Estas, incluindo Moody's, Standard & Poor's e Fitch Ratings, veem as empresas de maneira muito diferente de como o fazem os analistas de ações. O papel das agências de rating de risco é avaliar até que ponto as empresas são capazes de honrar o dinheiro que pegaram emprestado com a venda de títulos.

O papel dos relatórios emitidos por agências de rating de risco

Se você já comparou o relatório de uma agência de rating com de um analista de ações, mesmo para a mesma empresa, pode ter se surpreendido com o quão diferentes eles são. Os relatórios de crédito e de ações examinarão os índices financeiros populares, como o índice dívida/patrimônio líquido e vários índices de cobertura de juros, discutidos no Capítulo 8.

Mas, enquanto os relatórios de pesquisa de analistas de ações tentam ajudar os investidores a ganhar dinheiro, os relatórios das agências de rating de risco estão preocupados principalmente em ajudar os investidores a obter seu dinheiro de volta, com juros.

Os investidores em títulos são muito diferentes dos investidores em ações. Eles estão emprestando caixa a uma empresa e não obtêm nenhuma vantagem se a empresa se sair melhor do que o esperado. Os investidores em títulos simplesmente desejam receber o caixa que emprestaram. Por esse motivo, os analistas de crédito veem as empresas de maneira muito diferente dos analistas de ações. Por exemplo, analistas de crédito têm pouco interesse no valuation das ações de uma empresa. Os investidores em títulos não se importam se uma ação está sobrevalorizada, contanto que a empresa possa pagar seus juros e eles recebam o caixa de volta.

Mas, embora as empresas de rating atendam aos detentores de títulos, não aos detentores de ações, os fundamentalistas interessados nas ações de uma empresa podem se beneficiar dos relatórios. Alguns dos aspectos que podem ser especialmente valiosos são:

» **O rating:** As agências de rating de risco atribuem várias notas às empresas. Essas notas em forma de letras tentam fornecer aos investidores uma maneira rápida de determinar a probabilidade de uma empresa saldar sua dívida ou, ao contrário, entrar em *default* ou deixar de pagar juros. Esses ratings também determinam quanto as empresas devem pagar para obter um empréstimo. O rating pode determinar os custos de empréstimos de uma empresa — o que, por sua vez, pode afetar diretamente sua lucratividade. A Tabela 14-1 resume os ratings da Moody's e da S&P, e o que eles significam.

Assim como você deve manter um pé atrás com as ações classificadas por um analista de ações, também deve ser cuidadoso com o rating de uma empresa. Como as agências de rating de risco são pagas pelas empresas para fornecer seus ratings, há muito suspeita-se que os ratings dão às empresas uma grande margem de manobra. A análise por trás do rating, em vez de apenas o rating em si, tem mais valor para os analistas fundamentalistas.

» **Análise de quanto e com que frequência a empresa pede empréstimos:** As agências de rating de risco ficam atentas, e às vezes se preocupam quando uma empresa toma mais dinheiro emprestado com a venda de títulos adicionais. As novas emissões de títulos são monitoradas e exploradas na maioria dos relatórios das agências de rating de risco.

» **Valuation de risco:** Embora as próprias empresas identifiquem os riscos enfrentados por seus negócios em seus *relatórios anuais*, conforme descrito no Capítulo 12, geralmente é melhor obter essas informações de um relatório de agência de rating. Os investidores em títulos são um grupo muito nervoso, porque estão petrificados por não receberem seu dinheiro de volta. Como resultado, as agências de rating de risco gastam muito tempo investigando coisas que podem dar errado em uma empresa, em vez do que pode dar certo.

TABELA 14-1   Sopa de Letrinhas: Significado dos Ratings

Qualidade da Dívida	Moody's	S&P
Melhor	Aaa	AAA
Alta	Aa	AA
Média superior	A	A
Média	Baa	BBB
Média inferior	Ba	BB
Baixa	B	B
Ruim	Caa	CCC
Altamente especulativa	Ca	CC
Extremamente ruim	C	C
Em default	C	D

A MORTE DA EMPRESA COM RATING AAA

Grande parte dos consumidores foi à farra de crédito desde os anos 1980, e o mesmo aconteceu com as empresas. O boom de empréstimos fica evidente conforme o número de empresas com o cobiçado rating AAA continua a cair. A General Electric, que tinha seu rating AAA da Standard & Poor's desde 26 de abril de 1956, viu seu rating cair para AA+ em março de 2009. O rebaixamento da GE foi espantoso, porque a empresa tinha o rating AAA mais duradoura já registrada até então.

Depois que a S&P derrubou a GE, apenas cinco empresas não financeiras dos EUA ainda foram classificadas como AAA pela S&P, incluindo Automatic Data Processing, Microsoft, Pfizer, ExxonMobil e Johnson & Johnson. A Pfizer foi destituída de seu rating AAA, e a ADP perdeu sua pontuação de crédito máxima em 2014.

A Tabela 14-2 mostra como o número de empresas AAA está despencando.

Existem muitas hipóteses sobre o motivo pelo qual as empresas com rating AAA estão desaparecendo. Talvez uma das melhores explicações para um analista fundamental seja como as empresas têm cada vez mais optado por tomar mais empréstimos ou se *alavancar*. Ao usar mais dinheiro emprestado, as empresas podem aumentar sua lucratividade para os investidores que estudam o *retorno sobre o patrimônio líquido*. Você pode descobrir como uma empresa pode usar a dívida para aumentar sua lucratividade no Capítulo 8.

TABELA 14-2   **Empresas com Rating AAA Estão Cada Vez Mais Difíceis de Encontrar**

Ano	Número de Empresas Não Financeiras com Rating AAA
1980	61
1990	37
2000	16
2005	6
2008	6
2015	3

Fonte: Standard & Poor's.

Obtendo acesso ao rating

Se você pensa que obter relatórios de analistas de ações é complicado, isso é moleza em comparação com obter um relatório das agências de rating de risco. De modo geral, você precisará entrar em contato diretamente com seu corretor para obter uma cópia do relatório de rating.

No entanto, existem alguns recursos online que o ajudarão a obter aquilo de que você precisa dos relatórios:

DICA

- » **Sites de agências de rating de risco:** Tanto o site da Moody's www.moodys.com quanto o da S&P www.standardandpoors.com [ambos com conteúdo em inglês] permitem que se procure o rating da maioria das ações. Você só tem que se registrar, o que é gratuito. Se precisar dos relatórios completos, deverá entrar em contato com as agências você mesmo.

  Tanto a Moody's quanto a S&P fornecem acesso gratuito a algumas de suas análises mais amplas sobre as tendências do mercado de crédito. Esses relatórios também podem ser úteis para a análise fundamentalista de ações, porque eles apontam muitas das preocupações que os investidores em títulos têm com a economia em geral.

- » **Relatórios da mídia:** A maioria dos principais veículos de notícias tem acesso em tempo real aos relatórios completos das agências de rating de risco e publicam regularmente histórias sobre eles. Os meios de comunicação também têm acesso ao pessoal das agências de rating e podem fazer perguntas que vão além do que está contido nos relatórios. Por exemplo, quando o rating da ADP foi cortado pela S&P, houve muitos relatos da mídia fornecendo um resumo das principais informações do relatório. Se deseja revisar como usar as notícias para reforçar sua análise fundamentalista, volte ao Capítulo 13.

Percebendo quando o rating de uma empresa é suspeito

Nunca é uma boa ideia considerar o relatório de qualquer analista sobre uma empresa como um fato indiscutível. Os relatórios dos analistas são baseados em uma grande dose de suposições, e os das agências de rating de risco e os ratings não são exceções. Os fundamentalistas precisam ler esses relatórios e decidir se concordam ou discordam. É possível também descobrir quando outros investidores estão céticos em relação aos ratings que as agências de crédito deram a uma empresa.

PAPO DE ESPECIALISTA

A dívida das empresas, incluindo seus títulos, é operada durante o dia, como as ações. Assim como os investidores em ações compram e vendem ações o dia todo, os investidores em títulos compram e vendem títulos de dívida de empresas. O vaivém constante determina o preço dos títulos, assim como o negócio determina o preço de uma ação.

Os analistas experientes sabem como verificar o preço da dívida de uma empresa e compará-lo com os preços da dívida emitida por outras empresas com ratings semelhantes. Se os preços dos títulos são drasticamente mais baixos do que os das dívidas emitidas por empresas com as mesmas ratings, os analistas fundamentalistas sabem que os investidores acham que o rating da empresa é muito alta. Da mesma forma, se os preços dos títulos de uma empresa forem mais altos do que seus pares com os mesmos ratings, os investidores estão dizendo que acham que os ratings são muito baixos.

LEMBRE-SE

Se você está investindo em ações de uma empresa, por que deveria se preocupar se o rating da dívida é muito alto? Se uma agência de rating finalmente decidir diminuir o rating de uma empresa, ou *rebaixá-la*, isso poderia aumentar os custos de empréstimos no futuro. Custos de empréstimo mais altos podem aumentar a *despesa de juros* e diminuir seu lucro líquido no futuro. E o lucro líquido, como você descobriu no Capítulo 5, é extremamente importante para os analistas fundamentalistas.

Existem várias maneiras de descobrir como os títulos de uma empresa estão sendo operados para determinar se os investidores acham que o rating pode cair.

PAPO DE ESPECIALISTA

Um método para ver se os investidores em títulos confiam nos ratings é consultar os preços dos títulos usando o site TRACE, operado pela Autoridade Regulatória da Indústria Financeira, ou FINRA [Financial Industry Regulatory Authority, no original]. Você pode inserir o nome de qualquer empresa e ver os preços dos títulos aqui: `http://finra-markets.morningstar.com/MarketData/Default.jsp` [conteúdo em inglês].

Para começar, insira o nome ou código do emissor do título no espaço Issuer Name or Symbol/CUSIP sob o cabeçalho Quick Search (certifique-se de que "Corporate" esteja selecionado, já que estamos falando sobre títulos de empresas). Clique no botão Pesquisar e verá uma lista de todos os títulos, junto dos preços e rendimentos. Você vai querer comparar os rendimentos com os de títulos vendidos por concorrentes com ratings semelhantes.

DICA

Há uma maneira fácil de descobrir quais empresas são emissoras de títulos comparáveis à empresa que você está analisando. Você pode usar o próprio site da Moody's. É grátis; só precisa se registrar. A seguir está o passo a passo sobre como ver os concorrentes de uma empresa e seus ratings de títulos:

1. **Faça login em moodys.com.**

   Você só precisa inserir seu nome de usuário e sua senha.

2. **Pesquise o rating da empresa.**

   Digite o nome ou o código da empresa na caixa de pesquisa no canto superior esquerdo da tela. Clique no nome da empresa quando ele aparecer.

3. **Clique na guia Peer Group.**

   Ao fazer isso, verá uma lista de todas as empresas que competem com a que você está estudando e seus ratings.

4. **Interprete os resultados.**

   Pesquise na lista por empresas que tenham ratings de longo prazo semelhantes à empresa que você está estudando. Volte para o sistema TRACE, insira os títulos dos concorrentes e veja como eles estão sendo avaliados. Se os rendimentos dos títulos vendidos pela empresa em que você está interessado e seus rivais são muito diferentes, o mercado está dizendo algo sobre sua fé nos ratings.

Encontrando Dados Fundamentais sobre Empresas nas Redes Sociais

Até este ponto neste capítulo, você aprendeu como obter análises fundamentalistas de profissionais. Os analistas que redigem relatórios de pesquisa de ações e os relatórios que acompanham os ratings tendem a fazer esse tipo de coisa em tempo integral.

Mas há um interesse crescente em usar a chamada *sabedoria do povo*, ou a opinião coletiva de um grande grupo de investidores e analistas, para aprender mais sobre empresas e investimentos. A ideia é a de que um analista pode fazer uma suposição incorreta ou ser influenciado por preconceitos. Porém, se você reunir as opiniões de centenas de analistas, consumidores e outros interessados em uma empresa, a esperança é a de que a sabedoria coletiva seja valiosa, e os preconceitos, diluídos.

É aí que entra o *investimento social*. Ele é a versão financeira de sites de redes sociais, como Facebook, LinkedIn e Twitter. Assim como as redes sociais permitem conhecer novas pessoas e compartilhar fotos e ideias, o investimento social é uma forma baseada na internet de se conectar com outros investidores e compartilhar ideias, incluindo a análise fundamentalista.

QUANDO UM CEO NÃO CONSEGUE RESISTIR AO INVESTIMENTO SOCIAL

Não presuma que as únicas pessoas que circulam nos fóruns de ações são analistas e investidores frustrados. No final dos anos 1990, John Mackey, o cofundador e CEO da loja de alimentos naturais Whole Foods Market, começou a postar no quadro de mensagens do Yahoo Finance dedicado à empresa. Mas ele não anunciou "Olá a todos, sou o CEO". Em vez disso, Mackey respondeu às postagens usando o pseudônimo rahodeb, que é o nome de sua esposa (Deborah) escrito ao contrário. Os comentários de Mackey variaram de respostas a perguntas ou críticas à empresa a alguns comentários críticos sobre a Wild Oats Market, uma empresa rival que a Whole Foods acabou comprando.

Depois que a postagem de Mackey foi descoberta, o assunto foi analisado pela Comissão de Valores Mobiliários. Nenhuma punição foi recomendada. Mas, desde então, os CEOs estão muito mais cuidadosos com o que dizem — mesmo usando um pseudônimo maneiro.

As origens do investimento social

O investimento social tem suas raízes no final da década de 1990 com o conceito bastante primitivo e bruto de *fóruns de ações*. Esses sites permitiam que os investidores compartilhassem anonimamente ideias e palpites sobre ações. Quando os fóruns de ações começaram, eles foram uma oportunidade única para os investidores se reunirem e compartilharem ideias.

No entanto, os problemas óbvios com esses fóruns de ações rapidamente os transformaram no equivalente em investimentos às fofocas de bastidores. *Touts*, ou investidores que promovem artificialmente uma empresa, especulam sobre o futuro de uma empresa com a esperança de se desfazer de suas participações lucrando em cima de investidores ingênuos. Da mesma forma, os *shorts*, ou os investidores que apostam na queda de ações, podem facilmente espalhar falsos rumores sobre uma empresa para baixar o preço delas.

CUIDADO

Os fóruns de ações estão repletos de todas as coisas que você, como analista fundamentalista, está tentando evitar. Em vez de análises baseadas em fatos, dados e analistas, os fóruns estão repletos de amadores apenas tentando espalhar falsos rumores e alegações infundadas sobre ações. Esse tipo de boato em fóruns de ações é especialmente problemático com ações que não são operadas nas *grandes bolsas de valores*.

Desde então, o investimento social evoluiu bastante. Hoje, existem redes sociais, que discutirei em breve, que permitem ver os negócios em tempo real feitos por outros investidores. Esses sites permitem encontrar outros investidores que têm estratégias de investimento semelhantes, como análise fundamentalista e notas de corretagem e relatórios de análise. Há outros tipos de redes sociais que compilam as ideias de investimento de muitos outros investidores em um único relatório, que também discutirei nesta seção.

Por que vale a pena prestar atenção aos não profissionais

Pode parecer contraintuitivo e até um pouco amador prestar atenção ao que investidores leigos pensam sobre uma ação. Isso é basicamente verdade. Mas, como analista fundamentalista, você quer ter certeza de ter examinado por todos os ângulos uma empresa e ações. Se um não profissional pode direcioná-lo para uma lacuna em sua análise fundamentalista, isso pode ser bom para você.

Algumas das áreas em que o investimento social pode valer a pena para um analista fundamentalista incluem:

» **Informações de demanda local:** Algumas redes sociais permitem que os investidores compartilhem informações potencialmente valiosas, como o quão lotadas as localizações de uma rede de restaurantes estão em várias cidades ou quão ocupadas estão as lojas de um varejista. Esse tipo de informação, se confiável, pode servir ao mesmo propósito que a parametrização de canal de um analista.

» **Visão do setor:** Às vezes, os investidores que participam de sites de investimento social podem trabalhar em empresas que compram equipamentos de uma empresa na qual você está interessado. Seus comentários sobre a qualidade dos produtos de uma empresa ou a demanda pelos produtos podem ser úteis.

» **Roupa suja dos funcionários:** Às vezes, os funcionários fazem login em sites de investimento social e fornecem dados que podem ser úteis na análise fundamentalista. Por exemplo, entre 1997 e 2001, houve mais de cem posts em um quadro de mensagens sobre a Enron, muitos deles delineando problemas potenciais na empresa, de acordo com a pesquisa de James Felton e Jongchai Kim em seu artigo "Avisos do Quadro de Mensagens da Enron". Alguns foram surpreendentemente prescientes, incluindo um em abril de 2001 que disse que a Enron "não é nada mais do que um castelo de cartas". Na época dessa postagem, a maioria dos analistas de Wall Street classificou a Enron como uma "compra" ou "compra forte".

Conectando-se às redes sociais

Ao contrário da análise de demonstrações financeiras, as redes sociais não requerem nenhum treinamento. Basta entrar em um site e começar. Alguns fóruns e redes sociais a serem considerados incluem:

» **Fóruns de ações:** Os fóruns de ações mais populares incluem aqueles hospedados pelo Yahoo Finanças (br.financas.yahoo.com) e o Silicon Investor (siliconinvestor.com). Novamente, esses fóruns de ações estão cheios de desinformação, então entre com cuidado. Existem opções melhores agora.

» **Twitter:** O Twitter surgiu como o lugar certo para investidores que querem falar sobre ações. O serviço online permite que investidores enviem mensagens curtas sobre seus investimentos ou ideias sobre empresas. É fácil ficar sobrecarregado com o Twitter devido ao grande volume de mensagens, ou *tuítes*. Apenas saiba que os investidores têm um truque: ao tuitar sobre uma empresa específica, eles colocam um cifrão e, em seguida, o código de ação. Portanto, se você quiser ver todos os tuítes sobre a General Electric, por exemplo, pesquise $GE no Twitter.

» **Sites de corretoras:** As corretoras de descontos online não medem esforços para adicionar recursos de rede social a seus sites. TradeKing permite que seus membros compartilhem ideias de investimento uns com os outros. O que esses sites oferecem, e que os torna mais confiáveis que os fóruns de ações, é a possibilidade de ver as participações reais dos membros. Desse modo, se um investidor está promovendo uma ação, você pode ver se a pessoa possui ou está comprando a ação. Você também pode ver o quão bem-sucedido é esse investidor. A TD Ameritrade, por sua vez, oferece uma guia Social Signals para seus clientes. Se clicar nessa guia, verá uma tela mostrando mensagens relevantes no Twitter sobre a ação. A TD Ameritrade também lhe dirá se esses tuítes são positivos ou negativos.

» **Sites de compilação e redes sociais dedicadas:** Alguns sites evitam que você tenha de ler milhares de mensagens postadas por vários membros nas redes sociais. O Market Prophit (`www.marketprophit.com`) vasculha o Twitterverso para mostrar quais ações estão sendo mais comentadas no Twitter e o que as pessoas estão falando sobre elas.

276 PARTE 3 **Fazendo Dinheiro com a Análise Fundamentalista**

StockTwits (www.stocktwits.com) é outro site que tenta resumir tudo o que está sendo discutido no Twitter sobre ações específicas [ambos com conteúdo em inglês].

Outro site extremamente valioso para analistas fundamentalistas é o Estimize (www.estimize.com — conteúdo em inglês). O site, de uso gratuito, permite que os investidores insiram seus palpites sobre o que uma empresa ganhará nos próximos trimestres e anos. É um valuation útil porque fornece algo mais, além dos analistas de Wall Street, para comparar suas estimativas.

Seguindo os passos dos grandes investidores

Se monitorar a análise fundamentalista de investidores amadores não é tão atraente, você ainda pode estar curioso para saber o que os Warren Buffetts de todo o mundo estão fazendo. Às vezes, esses profissionais vão ao Twitter para compartilhar suas opiniões. O endereço de Buffett no Twitter é http://twitter.com/WarrenBuffett. Carl Icahn, outro investidor conhecido por fazer seu dever de casa, está ativo no Twitter em http://twitter.com/Carl_C_Icahn.

Mas há outra maneira de ver o que os grandes investidores estão pensando. Usando documentos financeiros, você pode estender sua análise fundamentalista para descobrir o que outros investidores famosos estão fazendo com seu dinheiro. E, sim, pode descobrir se uma ação em que está interessado pertence a investidores famosos, incluindo Warren Buffett, ou a gestores de portfólio de fundos de investimento conhecidos que usam análise fundamentalista.

Descobrindo quem são os maiores investidores de uma empresa

Algumas empresas listam todos os investidores que têm as maiores participações em suas empresas em seu *10-K*, ou no relatório anual exigido pelos reguladores, conforme discutido no Capítulo 12. Outros podem incluir as informações em seu formulário de referência, discutido no Capítulo 9. Vale a pena conferir ambos os lugares.

Mas, se não conseguir nada, é hora de descobrir sobre um processo regulatório chamado *13F-HR*. Os grandes investidores institucionais são obrigados a usar o 13F-HR quando adquirem participações significativas em empresas de capital aberto.

DICA

Acompanhar os registros 13F-HR de seus investidores favoritos pode ser uma ótima maneira de descobrir que tipo de ações eles estão comprando. Muitos investidores têm como passatempo seguir os investimentos de Buffett, por exemplo, verificando os registros 13F-HR da Berkshire Hathaway.

Você pode acessar os registros 13F-HR gratuitamente no banco de dados EDGAR da SEC, e no Capítulo 4 há instruções passo a passo sobre como acessar esses arquivos.

Acompanhando os passos de investidores famosos usando a Morningstar

Talvez esteja interessado em descobrir o que alguns de seus administradores de fundos de investimento favoritos, que usam a análise fundamentalista, possuem. Talvez você não queira navegar no site da SEC para descobrir os movimentos de outros analistas fundamentalistas.

DICA

A empresa de pesquisa de investimentos Morningstar torna muito fácil pesquisar quem são os maiores proprietários de uma ação, bem como os maiores investimentos de grandes gestores de dinheiro.

Para pesquisar os maiores proprietários de uma ação, acesse Morningstar.com [conteúdo em inglês]. Insira o código da ação da empresa de seu interesse na parte superior da página e clique no nome da empresa quando ele aparecer. Por fim, clique na guia Ownership no topo da página para obter detalhes sobre os maiores proprietários de uma ação.

E se quiser descobrir o que seu administrador de fundos de investimento favorito possui? É o mesmo procedimento básico. Basta inserir o nome do fundo de investimento ou o código do fundo em Morningstar.com e clicar no nome do fundo quando ele aparecer. Em seguida, clique na guia "Portfolio" na página. Por fim, clique na guia "Holdings" na parte superior da tela.

DICA

Monitorar a compra e venda de ações pelos executivos e diretores de uma empresa também pode ser revelador. No Capítulo 17, você pode ler mais sobre esses negócios legais com *informações privilegiadas* e como isso pode ser incorporado à análise fundamentalista.

> **NESTE CAPÍTULO**
>
> » Percebendo como a condição da economia pode ser um fator em sua análise fundamentalista
>
> » Compreendendo como os ciclos da economia desempenham um papel na lucratividade de uma empresa
>
> » Analisando e acessando os principais dados econômicos divulgados pelo governo
>
> » Usando indicadores econômicos "leading" para ajudá-lo a ter uma ideia melhor do futuro de uma empresa

Capítulo **15**

Realizando uma Análise "Top-Down"

Mesmo a melhor empresa ou investimento pode ser prejudicado por uma economia ruim. Essa verdade foi demonstrada de maneira brutal durante o declínio do mercado de ações, que começou em 2007, quando os preços de todos os tipos de ações foram afetados, sem levar em conta o que a análise fundamentalista diria. Da mesma forma, as ações se beneficiaram muito com o período de nove anos de queda nas taxas de juros de curto prazo, que não terminou até 2015.

Esta é a dura realidade: as empresas estão sujeitas aos caprichos da economia em geral. Não é bom o suficiente apenas entender uma empresa por dentro e por fora. Você precisa entender os fatores macroeconômicos mais amplos que podem afetar o rumo das empresas. Compreender os altos e baixos da economia e o *ciclo de negócios* resultante é o que se chama de análise top--down [de cima para baixo]. A análise top-down é um complemento essencial para a análise fundamentalista, ajudando-o a garantir que está investindo nas empresas certas pelo preço certo e no momento oportuno.

Este capítulo mostrará como a saúde da economia em geral é um fator na saúde das empresas. Você também descobrirá como as mudanças na economia podem afetar a maneira como você aplica a análise fundamentalista. Mostrarei alguns dos dados econômicos mais importantes e até mesmo como alguns deles, chamados de *indicadores lead*, podem ajudar a prever o futuro.

Incluindo o Monitoramento da Economia na Análise Fundamentalista

Não há dúvida de que o objetivo principal da análise fundamentalista é compreender profundamente o funcionamento interno das empresas. Os investidores que praticam a análise fundamentalista estão tentando encontrar as empresas que mais se beneficiam, considerando o ambiente econômico atual.

LEMBRE-SE

É fundamental reconhecer que as mudanças na economia podem ter grandes efeitos nas empresas e alterar drasticamente sua análise fundamentalista. Uma grande crise econômica, por exemplo, pode fazer com que a receita e os lucros de uma empresa despenquem, virando todas suas expectativas para a empresa de cabeça para baixo.

Como a economia tem um efeito predominante sobre uma empresa

A recessão que começou no final de 2007, por mais dolorosa que tenha sido, forneceu aos analistas fundamentalistas um lembrete surpreendente de como os fundamentos de uma empresa são importantes para a economia.

Quando a economia desacelera e os consumidores e empresas diminuem a quantidade de coisas que compram, as demonstrações financeiras das empresas sofrem um impacto direto. Menos gastos por consumidores e empresas se traduzem diretamente em menos receitas e lucros estas. E *receitas* e *lucros* são precisamente as coisas que os analistas passam o tempo observando.

Às vezes, uma queda na atividade empresarial pode ser rápida e mortífera, como foi o caso em 2007 e 2008. A Tabela 15-1 mostra como o lucro por ação de alguns membros do índice Standard & Poor's 500 caiu em números surpreendentes em 2008, conforme a recessão devastou a economia e os negócios. Você pode adivinhar que muitos analistas fundamentalistas em 2007 não esperavam ver o lucro despencar daquele jeito.

QUANDO A ECONOMIA AFETOU BUFFETT

Pode ser tentador pensar que suas habilidades de análise fundamentalista são tão à prova de balas, que você será capaz de encontrar ações que desafiam a gravidade e se dão bem, mesmo quando a economia está ruim. E é verdade. Um punhado de ações subiu mesmo durante 2008, quando o índice S&P 500 despencou 38,5%.

Mas antes que você pense que sua análise fundamentalista pode elevá-lo acima dos problemas da economia, considere que até Warren Buffett enfrentou problemas durante 2008. A Berkshire Hathaway, de Buffett, registrou uma queda de 9,6% em seu *valor contábil*, o pior ano da empresa em sua história desde 1965. O valor contábil é a diferença entre o valor dos ativos e passivos da empresa e a maneira como os investidores da Berkshire Hathaway tendem a avaliar o desempenho.

Os investidores na Berkshire Hathaway também não foram poupados. O valor das ações da empresa caiu 31,8% durante 2008, já que o preço por ação das ações Classe A da Berkshire Hathaway despencou de US$141.600 para US$ 96.600. Eita!

Buffett, em sua carta de 2008 aos acionistas, explica claramente como os problemas na economia podem se traduzir em desaceleração das empresas, mesmo aquelas com fundamentos excelentes. "No quarto trimestre, a crise de crédito, juntamente com a queda dos preços das casas e das ações, produziu um medo paralisante que dominou o país. Seguiu-se uma queda livre na atividade empresarial, avançando a um ritmo que nunca havia testemunhado antes." Bem dito.

TABELA 15-1   ## Grandes Quedas nos Lucros em Meio à Recessão

Empresa	Lucro por Ação 2007	Perda por Ação
Symantec	US$0,37	–US$7,52
Tellabs	US$0,15	–US$2,33
American International Group	US$2,39	–US$37,8
AES	US$1,82	–US$0,14
Apartment Investment & Management	US$2,98	–US$0,28
Standard & Poor's	US$82,54	US$49,50

Fontes: S&P Capital IQ, lucro diluído no ano civil.

Mas o oposto também é verdadeiro. Depois que o governo dos EUA tomou medidas quase sem precedentes para impulsionar a economia após 2009, as empresas foram grandes beneficiárias. As empresas no Standard & Poor's 500 relataram uma receita operacional nitidamente mais alta a partir de 2010, quando a economia encontrou seu equilíbrio, de acordo com o Índice S&P Dow Jones. O lucro operacional aumentou a cada trimestre entre o primeiro de 2010 e o segundo de 2012 — e depois teve outro surto de crescimento a cada trimestre entre o primeiro de 2013 e o terceiro de 2014.

Maneiras pelas quais a economia pode alterar sua análise fundamentalista

Incorporar a saúde da economia em sua análise fundamentalista pode parecer uma tarefa difícil. Como você pode considerar algo tão grandioso quanto o crescimento econômico dos EUA quando está debruçado sobre as demonstrações financeiras de uma empresa?

Ainda assim, é importante reconhecer que a economia pode ter efeitos significativos nos negócios, especialmente no que diz respeito a:

LEMBRE-SE

» **Capacidade de honrar as dívidas:** O nível de dívida de uma empresa pode parecer muito administrável durante tempos econômicos normais. Na verdade, conforme apontado no Capítulo 8, as empresas que têm um pouco de dívida costumam gerar retornos mais elevados para os investidores em ações. Mas essa dívida pode voltar para assombrar as empresas quando a economia desacelerar.

Pode ser mais fácil entender como uma economia ruim pode transformar dívidas em veneno para uma empresa, se pensarmos em uma hipoteca. Digamos que um jovem casal que ganhe US$50 mil por ano assuma o pagamento de uma hipoteca de US$1 mil por mês. Isso realmente não é muito oneroso. Mas se um dos dois perder o emprego e a renda do casal cair para US$25 mil por ano, de repente o pagamento da hipoteca se tornará uma tarefa complexa ao longo dos meses. O mesmo conceito é válido para uma empresa. Se a economia fizer com que o lucro líquido caia, o que antes era um nível de dívida administrável pode se tornar difícil.

Capacidade de contrair empréstimos: Durante a crise de crédito, que se intensificou em 2008, muitas empresas não conseguiam mais empréstimos a *taxas de juros* favoráveis ou sequer contraí-los. Essa *indisponibilidade de capital* fez com que muitas empresas *financiassem*, ou pagassem, suas despesas e melhorias necessárias com seus saldos de caixa. E se eles não tivessem muito caixa? Bem-vindos ao tribunal de falências.

O contrário aconteceu a partir de 2010. As taxas de juros de curto prazo foram mantidas em quase 0% por cerca de sete anos, incentivando as empresas a tomar empréstimos. Tudo isso mudou no final de 2015, quando o Federal Reserve aumentou as taxas de juros de curto prazo. O Federal Reserve é o banco central dos Estados Unidos. Ele tem o poder de tomar decisões que podem afetar a receita e os lucros das empresas e, portanto, é uma das forças mais poderosas em que os fundamentalistas precisam ficar de olho. Os fundamentalistas precisam considerar essa mudança importante em seus modelos, conforme discutido posteriormente neste capítulo.

DICA

Durante contrações econômicas severas, as empresas com acesso a grandes somas de dinheiro muitas vezes conseguem fazer movimentos para melhorar sua posição quando a economia finalmente se recupera. Walt Disney, por exemplo, investiu pesadamente para atualizar e expandir seus parques temáticos em meio à recessão de 2008. Quando a economia melhorou, a empresa se beneficiou muito, pois os parques conseguiram aumentar os preços e a lucratividade.

Algumas empresas também podem usar seu dinheiro para comprar concorrentes mais fracos, dando-lhes maior participação de mercado quando a economia melhorar.

» **Estrutura de custos:** Algumas empresas conseguem ajustar seus custos e suas despesas rapidamente durante uma recessão, geralmente dispensando funcionários. No entanto, outras empresas, que *exigem muito capital* ou dependem de instalações grandes e caras, podem ter mais dificuldade em reduzir seus custos gerais. Fechar uma fábrica ou instalação pode levar mais tempo do que apenas dar cartões-presente a um monte de funcionários.

» **Dependência de uma economia forte:** Algumas indústrias estão mais sujeitas à saúde da economia. Por exemplo, empresas que fabricam *bens de consumo duráveis*, como residências, eletrodomésticos e automóveis, costumam ter a maior queda nos negócios à medida que os gastos com esses itens caros diminuem. Empresas com lucros intimamente ligados à economia são descritas como *cíclicas*. O conceito de ciclicidade nos negócios será discutido com mais detalhes no Capítulo 16.

Como as taxas de juros podem alterar o valor das empresas

A condição em que se encontra a economia pode ter efeitos profundos sobre o valor de uma empresa — ou de suas ações. Conforme mostrado antes, os lucros e o fluxo de caixa das empresas podem ser reféns dos altos e baixos da economia. Os valuations das empresas se baseiam em grande parte no grau de lucratividade de uma empresa, como você descobriu no Capítulo 5.

CAPÍTULO 15 **Realizando uma Análise "Top-Down"**   283

Mas há outro fator que você precisa saber quando se trata de incorporar a saúde da economia na análise fundamentalista: as taxas de juros. Talvez esteja intrigado sobre por que as ações costumam saltar quando o Federal Reserve, o banco central dos EUA, reduz as taxas de juros de curto prazo. Se a redução nas taxas de juros de curto prazo, ou as taxas que os bancos geralmente cobram uns dos outros, fizer com que as taxas de juros dos empréstimos de longo prazo caiam, isso pode afetar o valor das empresas.

PAPO DE ESPECIALISTA

A maioria das pessoas presume que taxas de juros mais baixas são boas para as ações porque as empresas podem tomar dinheiro emprestado a uma taxa mais acessível. Isso é verdade. Taxas de juros mais baixas podem reduzir as despesas com juros de uma empresa e aumentar o lucro. As empresas também podem pedir mais dinheiro emprestado para expandir suas operações ou construir novas lojas, o que pode aumentar os lucros futuros.

Mas a análise fundamentalista mostra um motivo mais sofisticado pelo qual as mudanças nas taxas de juros afetam o valor das ações. Lembre-se de que uma forma de medir o valor de uma ação é o *modelo de fluxo de caixa descontado*, ou FCD, que é abordado em detalhes no Capítulo 11.

Como deve recordar, o valor de uma ação hoje, ou seu *valor presente*, é uma função dos fluxos de caixa futuros esperados em dólares de hoje. Vai lá. Leia aquela frase mais uma vez. Eu não me importarei. Acredite ou não, é mais fácil explicar por que as taxas de juros são críticas na análise fundamentalista usando a fórmula que você descobriu no Capítulo 11. É mais ou menos assim:

Valor presente = valor futuro / (1 + taxa de juros) ^ tempo

DICA

Se ainda não leu o Capítulo 11, algumas das explicações sobre as taxas de juros podem parecer bastante técnicas. Ajudará muito se ler o Capítulo 11, eu prometo.

Imagine que você investe em uma empresa que sabe que gerará US$10 mil em dinheiro daqui a 20 anos. Considere por um momento que as taxas de juros nas contas de poupança são de 5%. Isso significa que você pode exigir um retorno de 8% em troca de investir seu dinheiro suado na empresa. O valor presente da empresa é de US$2.145 agora, usando uma fórmula semelhante a esta:

Valor presente (US$2.145) = US$10 mil / (1 + 0,08) ^ 20

Agora imagine que a economia comece a desmoronar e o Federal Reserve reduza as taxas de juros. A taxa de juros do caixa em uma conta de poupança cai para 1%. Agora você pode exigir um retorno de 4% sobre o caixa investido na empresa. Apenas essa mudança aparentemente pequena nas taxas de juros faz com que a empresa valha US$4.564, ou mais do que o dobro de quando as taxas de juros eram mais altas.

LEMBRE-SE

Tenha cuidado para não confundir as taxas de juros de curto prazo estabelecidas pelo Federal Reserve com as taxas de juros de longo prazo estabelecidas por investidores e credores. Embora as taxas de juros de curto prazo afetem as taxas de juros de longo prazo, elas nem sempre se movem em sincronia.

Analisando os Indicadores que Afetam a Saúde da Economia

Quando se trata de analisar uma empresa, você pode focar dentro de uma margem de precisão razoável. As demonstrações financeiras das empresas permitem que você analise as operações de uma empresa e tenha uma boa ideia do que está acontecendo.

Mas, quando se trata de economia, por onde começar? Afinal, ao analisar a economia, você não está apenas examinando o desempenho de uma única empresa, mas de dezenas de empresas, consumidores e muitas outras variáveis.

É por isso que você pode pensar na economia como um espécime de laboratório. Os médicos, tentando entender a criatura, podem colocar sondas e sensores em todo o espécime para tentar entrar em sintonia com seus sinais vitais. Economistas e investidores também tentam monitorar de perto a saúde da economia, rastreando uma variedade de indicadores que revelam pistas.

Conhecendo o ciclo de negócios

Expansões são inevitavelmente seguidas por retrações. Depois que as coisas ficam muito ruins, empresas e empreendedores inteligentes inevitavelmente lançam novas ideias, e a economia volta a funcionar antes de superaquecer. Essa constante expansão-retração é característica do sistema *capitalista* e é chamada de ciclo de negócios. Isso torna as coisas interessantes, você não acha?

Os analistas fundamentalistas geralmente dividem o ciclo de negócios em cinco *fases* principais, incluindo:

» **Expansão:** Nesse ponto, a economia está começando a ganhar força. A atividade econômica está aquecendo, talvez após uma recessão, e às vezes impulsionada por taxas de juros mais baixas.

» **Pico:** A economia está funcionando a todo vapor. Hotéis e aviões estão lotados. Boa sorte para encontrar um assento vazio do meio. As empresas estão comercializando o máximo de produtos que conseguem.

- **Contração:** Ai, ai. A atividade empresarial começa a desacelerar a partir dos níveis de pico insustentáveis, devido a algum evento negativo. As empresas começam a cortar custos, muitas vezes dispensando funcionários. Em 2007, a atividade de negócios começou a desacelerar depois que os empréstimos para compradores de imóveis começaram a diminuir e os preços das casas caíram, fazendo com que os consumidores se sentissem mais pobres.

- **Queda:** Quando parece que há más notícias sobre a economia e as coisas só estão piorando, a economia pode ter chegado ao fundo do poço.

- **Recuperação:** Eventualmente, a demanda atinge o fundo, e os consumidores e empresas começam a gastar. A maior demanda por produtos permite que as empresas contratem de volta trabalhadores e aumentem a produção. A economia volta a se expandir, de modo que o ciclo recomeça.

NÃO É UMA RECESSÃO ATÉ O NBER DIZER

Como saber se a economia está em recessão ou ainda pior? A velha regra era: se seu vizinho estava desempregado, a economia estava em *recessão*, e se você estava desempregado, era uma *depressão*. Os analistas fundamentalistas, porém, precisam de um indicador melhor.

E é aí que entra o National Bureau of Economic Research, ou NBER, que é uma organização privada e sem fins lucrativos, fundada em 1920, que pesquisa a saúde da economia. Uma das funções do NBER é anunciar oficialmente quando uma recessão começa e termina. Você pode ver aqui, `http://wwwdev.nber.org/ cycles/cyclesmain.html` [conteúdo em inglês], quando toda expansão e contração de negócios nos EUA começou.

Embora o NBER seja extremamente útil, ele tem seus limites. Uma das maiores críticas é que o NBER não anuncia oficialmente o início de uma recessão até que a economia esteja se contraindo há algum tempo. Por exemplo, o NBER não determinou que dezembro de 2007 foi o pico da atividade econômica até novembro de 2008. Nossa, valeu mesmo, pessoal! É por isso que, como analista fundamentalista, você não pode contar apenas com o NBER para sinalizar quando tempos difíceis estão chegando.

Usando estatísticas do governo para acompanhar os movimentos da economia

Quando se tratam de estatísticas econômicas, infelizmente, não há um único número ou mesmo fonte que lhe dê tudo de que você precisa saber. Até que um economista abra uma empresa chamada Indicadores Econômicos Para Todos, cabe a você, como analista fundamentalista, saber quais dados econômicos são importantes e onde obtê-los. A seguir está uma lista com algumas estatísticas importantes da atividade econômica, ou *indicadores econômicos*, que deve conhecer.

» **Produto interno bruto, ou PIB:** O *PIB* é, sem dúvida, a medida mais popular da economia de um país. Ele mede como uma economia está se desenvolvendo ao calcular o consumo, os investimentos, os gastos do governo e a diferença entre exportações e importações dentro das fronteiras de uma nação. O PIB dos EUA está disponível no Departamento de Análise Econômica do Departamento de Negócio dos EUA em `www.bea.gov` [conteúdo em inglês].

» **Inflação:** Seus avós já lhe contaram como conseguiam comprar uma caixa de leite por um centavo? O motivo pelo qual a embalagem de leite nos EUA agora custa US$1 ou mais é a *inflação* ou o aumento dos preços. A inflação é crítica para a análise fundamentalista, pois está ligada às taxas de juros. Por exemplo, se a inflação começar a subir incontrolavelmente, o Federal Reserve pode precisar aumentar as taxas de juros de curto prazo para desacelerar a demanda, o que pode prejudicar o valor das empresas.

As principais medidas de inflação incluem o *Índice de Preços ao Consumidor, Índices de Preços ao Produtor* e os *salários.* Essas medidas acompanham o aumento dos preços dos bens de consumo, bens industriais e salários dos funcionários. A *deflação* ocorre quando os preços caem. Cada uma dessas medidas está disponível no Escritório de Estatísticas do Trabalho do Departamento de Trabalho dos EUA em `stats.bls.gov` [conteúdo em inglês].

» **Taxas de juros:** Você deve manter pelo menos um olho nas *taxas de juros* o tempo todo enquanto realiza sua análise fundamentalista. O Federal Reserve mostra como estão as taxas de juros de curto prazo, com base na *taxa de fundos federais pretendida,* em `www.federalreserve.gov/fomc/fundsrate.htm` [conteúdo em inglês].

> **Atividade econômica regional:** Às vezes pode ser útil ver quais partes do país estão se saindo melhor — ou pior — do que outras. Informações desse tipo de atividade econômica regional, nos EUA, são fornecidas pelo Federal Reserve em seu Resumo de Comentários sobre as Condições Econômicas Atuais, conhecido como "Livro Bege". Você pode acessar esses relatórios aqui: `www.federalreserve.gov/FOMC/BeigeBook/2014/` [conteúdo em inglês].

Prevendo o Futuro Usando Indicadores Econômicos Leading

Embora os analistas fundamentalistas possam apreciar o valor dos indicadores econômicos, há um grande problema. Quase todos os indicadores econômicos são *retrospectivos*, o que significa que refletem o que aconteceu, e não o que provavelmente acontecerá no futuro. Uma análise fundamentalista de sucesso trata de prever com precisão o que pode acontecer com os lucros e as receitas de uma empresa nos próximos anos ou décadas. Você vai querer prestar atenção aos principais indicadores econômicos, ou àqueles que são mais reveladores sobre como a economia pode parecer no futuro.

Prestando atenção ao Índice Econômico Leading do Conference Board

Tentar descobrir o que há de errado com a economia é como determinar por que um bebê está doente. Você pode saber que o bebê não está bem, a julgar por uma febre de 40 graus, mas não é como se você pudesse perguntar o que dói e obter uma resposta coerente.

Da mesma forma, determinar o que aflige a economia ou, mais complicado ainda, o que pode adoecê-la no futuro é igualmente problemático. A economia pode mostrar sinais de doença, com fraqueza em muitos dos indicadores discutidos antes, mas pode ser difícil identificar a origem dos problemas.

DICA

Não se sinta mal se não for muito bom em prever quando a economia está desmoronando ou melhorando. Mesmo os principais economistas costumam fazer previsões ruins sobre a direção da economia.

O *Índice Econômico Leading do Conference Board* tenta dar a todos uma maneira de ver o que está afetando a economia e se as coisas estão melhorando ou piorando. O indicador obtém uma leitura prospectiva da economia examinando os dez fatores a seguir:

» **Oferta de moeda real:** O número de dólares no sistema econômico pronto para ser emprestado e gasto. A oferta de dinheiro é como a lubrificação da economia. O suprimento de dinheiro tem o mesmo papel que o óleo do motor em um motor de carro.

» **Spread da taxa de juros:** Mede o custo de tomar dinheiro emprestado. Quando consumidores e empresas podem tomar empréstimos a taxas acessíveis, a atividade econômica tende a se recuperar.

» **Expectativas do consumidor:** Quando os consumidores estão preocupados com seus empregos e seu futuro financeiro, eles cortam gastos. Isso desacelera a economia.

» **Novos pedidos dos fabricantes de bens de capital não relacionados à defesa:** Se as empresas estiverem se sentindo melhor com relação ao futuro, elas podem comprar novos equipamentos e planejar uma expansão.

» **Novos pedidos dos fabricantes de bens de consumo e materiais:** As empresas que estão aumentando a produção precisam comprar mais ingredientes para alimentar suas fábricas.

» **Média semanal de pedidos iniciais de desemprego:** As empresas cortam empregos quando não veem a atividade econômica melhorando. Além disso, mais pessoas desempregadas significam menos consumidores para comprar bens e serviços.

» **Licenças de construção:** As empresas devem obter licenças para construir novas propriedades, portanto, uma desaceleração nas licenças indica uma visão menos otimista do futuro.

» **Média de horas semanais de fabricação:** Os grandes fabricantes podem pedir aos trabalhadores que reduzam suas horas se precisarem cortar custos ou fazer com que os funcionários façam horas extras se esperarem um boom na demanda.

» **Preços das ações:** Os investidores geralmente começarão a comprar ações se esperarem que a economia se recupere em cerca de seis meses. Observar os movimentos do mercado de ações é um indicador precioso e valioso dos ciclos econômicos. Discutirei isso mais detalhadamente a seguir.

» **Índice de entregas do fornecedor:** Uma das primeiras coisas que as empresas fazem quando esperam que as coisas melhorem é fazer pedidos aos fornecedores.

DICA

O Conference Board (www.conference-board.org) disponibiliza seu Índice Econômico Leading gratuitamente, como um comunicado à imprensa, aqui: www.conference-board.org/data/bcicountry.cfm?cid=1 [conteúdo em inglês].

Usando o mercado de ações como seu sistema de alerta econômico antecipado

Se está procurando um aviso antecipado de quando a economia está indo descarga abaixo ou prestes a melhorar, é bom ficar de olho no bom e velho mercado de ações. Como os investidores estão sempre olhando para o futuro, tradicionalmente, o mercado de ações sinaliza com cerca de três a seis meses de antecedência em que direção a economia irá.

LEMBRE-SE

Mais uma vez, o mercado de ações demonstrou seu poder preditivo em 2007. O Standard & Poor's 500 atingiu seu pico de mercado em outubro de 2007 e começou a cair drasticamente a partir desse ponto. Os investidores que perceberam o pico do mercado de ações em outubro de 2007 foram informados de que a economia estava em dificuldades mais de um ano antes de o NBER fazer o anúncio formal.

Se estiver interessado em saber mais sobre como usar os índices do mercado de ações para ajudá-lo a ver para onde a economia está caminhando, consulte o Capítulo 19, no qual examino as técnicas usadas por analistas técnicos.

4
Aprimorando-se com a Análise Fundamentalista

NESTA PARTE . . .

Confira o setor de uma empresa.

Identifique tendências que podem se desenvolver nos negócios de uma empresa.

Evite armadilhas financeiras reconhecendo empresas com sinais de perigo nos quais vale ficar de olho.

NESTE CAPÍTULO

» Compreendendo como o valor de uma empresa pode ser afetado pelo setor em que ela está inserida

» Entrando em sincronia com as características únicas de diferentes setores

» Comparando os fundamentos de uma empresa e os de seu setor para obter um melhor insight

» Percebendo a importância do conceito de participação de mercado para impulsionar o lucro de uma empresa

Capítulo **16**

Explorando os Fundamentos de um Setor

Se quiser saber o que seus filhos estão fazendo na escola, basta olhar para os amigos deles e terá uma boa ideia. Também é comum que os funcionários de uma empresa adotem um comportamento semelhante, chamado de *cultura corporativa*.

Por mais estranho que possa parecer, você pode aprender um pouco sobre as empresas também examinando com quem elas estão associadas. Muitas vezes, empresas no mesmo ramo de trabalho, ou setor, têm características financeiras e idiossincrasias semelhantes. O setor em que a empresa está inserida também pode contribuir para o desempenho do preço das ações, pois os investidores aplicam valuations comparáveis a diferentes empresas no mesmo negócio.

Entender que tipos de empresas se relacionam é uma peça importante do quebra-cabeça da análise fundamentalista. Embora possa analisar uma empresa individual revisando suas demonstrações financeiras, é vital entender o ambiente em que ela opera e a dinâmica do setor em funcionamento.

Neste capítulo, você descobrirá os prós e contras da *análise do setor*. Você não apenas verá como a indústria de uma empresa pode influenciar seu valor, mas também como a fortuna de uma empresa pode aumentar e diminuir junto com o *ciclo de negócios*. Outro aspecto importante da análise do setor é determinar o desempenho de uma empresa em relação a seus pares. O tópico crucial da *participação no mercado* também é discutido, pois mostra como empresas menores podem se beneficiar se conseguirem roubar negócios de seus rivais maiores e mais consolidados.

Percebendo como o Setor de uma Empresa Pode Influenciar Seu Valor

A ascensão e queda de empresas e indústrias seguem um roteiro bastante padronizado. Geralmente, as coisas começam quando os empresários ficam frustrados com produtos existentes que não parecem se adequar a algum tipo de necessidade que eles têm. Ao mexer na mesa da cozinha ou na garagem, esses empreendedores podem criar o protótipo de um produto e muitas vezes literalmente vendê-lo na traseira de seus carros.

Antes que você perceba, essa pequena empresa cresce, e o produto pode se tornar tão popular, que ameaça a sobrevivência das empresas que venderam os produtos indesejáveis. Setores inteiros nascem, e às vezes são destruídos, por essa convulsão constante em nosso sistema econômico.

LEMBRE-SE

Você quer estar ciente sobre quando uma empresa na qual está investindo pode ser ameaçada por outra, revolucionária, ou por uma nova tecnologia. Quase da noite para o dia, todas as receitas e os lucros nas demonstrações financeiras podem não ser significativos se o *modelo de negócios*, ou a forma como a empresa ganha dinheiro, for virado de cabeça para baixo. Isso geralmente é chamado de *interrupção*.

O ataque constante contra as indústrias estabelecidas faz parte de nosso sistema *capitalista*. Lembre-se de que as viagens aéreas ameaçam as ferrovias, os computadores pessoais ameaçam os grandes sistemas de mainframe usados nos negócios, e a internet é um ataque à mídia tradicional. A batalha para que empresas e setores inteiros permaneçam relevantes à luz das novas maneiras de fazer as coisas é algo que você precisa levar em conta em sua análise fundamentalista.

A ASCENSÃO E A QUEDA DOS SETORES

Uma das maiores ameaças à análise fundamentalista é o perigo constante de alguém surgir com um novo negócio inovador que coloque em risco a velha maneira de ganhar dinheiro no setor. Um dos exemplos clássicos disso é o que aconteceu na fotografia. Eastman Kodak se tornou uma empresa de primeira linha graças ao seu domínio da fotografia, que dependia de filmes e processamento químico caros. Os rivais que tentaram enfrentar a Eastman Kodak tiveram dificuldade em competir.

Mas, no início dos anos 1990, a Kodak viu seu setor virar virtualmente de cabeça para baixo. De repente, empresas gigantes de eletrônicos abriram caminho para o negócio da fotografia com a tecnologia digital. No início, a qualidade da foto das câmeras digitais era muito ruim, mas isso mudou rapidamente, e em 2008, 65% dos lares dos EUA tinham pelo menos uma câmera digital. As vendas de câmeras químicas se tornaram apenas uma fatia do mercado. De repente, a Kodak enfrentou dezenas de novos concorrentes, como Sony e Casio, que nunca havia enfrentado antes. A Kodak, incapaz de competir, parou de vender câmeras digitais em 2012. Ela também entrou com pedido de concordata no mesmo ano.

Mas todo o setor foi interrompido — novamente. Desta vez, os fabricantes de câmeras digitais foram os que ficaram na defensiva. As vendas de câmeras digitais estagnaram à medida que os smartphones com câmeras integradas assumiram o controle. As câmeras digitais mostram como os negócios podem ser cruéis e estar em constante mudança.

O que há em um setor?

Se disser a alguém em Los Angeles que está no "setor", eles podem presumir que você está no ramo do cinema e tentar fazer com que você leia um roteiro. Em Detroit, pessoas do setor de Motor City estão envolvidas na fabricação de carros.

Mas quando se trata de análise fundamentalista, o termo *setor* tem um significado muito preciso. Em seu nível mais básico, o setor de uma empresa é a linha de negócios em que ela se encontra. Mas essa não é uma definição científica o suficiente para analistas fundamentalistas; eles são pessoas muito precisos, se você ainda não percebeu.

Em vez de apenas dizer, por exemplo, que a Ford está no setor automotivo, analistas fundamentalistas dividem as coisas em mais detalhes. A maioria dos fundamentalistas usa um padrão de rating denominado *Padrão Global de Rating Industrial*, ou *GICS* [Global Industry Classification Standard, no original], para colocar as empresas em seus lugares. O GICS coloca cada empresa em um *setor, grupo industrial, indústria* e *subindústria.* O GICS foi cocriado pela Standard & Poor's e pela MSCI, duas empresas especializadas na criação de formas de classificar empresas.

Se você já viu bonecas russas ou bonecas matryoshka, sabe exatamente como o GICS funciona. O setor é o maior rating, dentro do qual se enquadram o grupo industrial, a indústria e a subindústria. Assim como você abre a maior matrioska e encontra uma menor, e assim por diante, o mesmo acontece com o GICS. Depois de ver em que setor uma empresa está, pode ver em qual grupo, indústria e subindústria ela está. Todos esses ratings se encaixam perfeitamente umas nas outras.

A Ford é um bom exemplo de como todo esse material do GICS funciona. A empresa se enquadra no setor *Bens de Consumo Discricionário*, que contém todos os tipos de grupos da indústria que fabricam itens caros que os consumidores compram, como bens de consumo duráveis. Indo mais longe, você descobre que a Ford entra no grupo industrial de Automóveis e Componentes, que contém as indústrias de componentes e montadoras. Em seguida, a Ford se insere na indústria de *Automóveis*, que inclui duas subindústrias: fabricantes de automóveis e fabricantes de motocicletas. E a Ford fabrica carros e caminhões, então vai para a subindústria de Fabricantes de Automóveis.

O sistema GICS é bastante abrangente. A Tabela 16-1 mostra quantos setores, grupos industriais, indústrias e subindústrias existem.

TABELA 16-1   ## Detalhando o GICS

Tipo de Rating	Número de Tipos
Setores	10
Grupos industriais	24
Indústrias	68
Subindústrias	154

Fonte: Standard & Poor's, `http://www2.standardandpoors.com/spf/pdf/index/SP_` `Global_Sector_Indices_Factsheet.pdf?vregion=us&vlang=en.`

Assim como os cientistas mudam periodicamente seus ratings para abrir espaço para novos desenvolvimentos em relação aos corpos celestes, o mesmo se aplica às indústrias. Ainda estou chocado que os cientistas tiraram o título de planeta de Plutão. O GICS também muda um pouco com o tempo. Às vezes, indústrias, por exemplo, são adicionadas, excluídas ou fundidas para refletir as mudanças na economia. Às vezes, empresas individuais também são transferidas de diferentes indústrias ou subindústrias.

DICA

Provavelmente é mais fácil ver como todos esses setores do GICS, grupos industriais, indústrias e subindústrias se encaixam olhando para uma tabela. Existem literalmente milhares de subindústrias, mas a Tabela 16-2 fornece um pequeno resumo da aparência da estrutura básica do GICS.

TABELA 16-2   **Uma Pequena Peça do Quebra-cabeça GICS**

Setor	Grupo Industrial	Indústria	Subindústria
Energia	Energia	Equipamentos e serviços de energia	Perfuração de petróleo e gás
		Petróleo, gás e combustíveis	Petróleo e gás integrado
Materiais	Materiais	Produtos químicos	Produtos químicos básicos
		Recipientes e embalagens	Recipientes de metal e vidro
Industrial	Bens de capital	Aeroespacial e defesa	Aeroespacial e defesa
	Transporte	Rodoviário e ferroviário	Ferrovias
Bens de consumo discricionário	Automóveis e componentes	Automóveis	Fabricantes de automóveis
			Fabricantes de motocicletas
Produtos básicos de consumo	Alimentos, bebidas e tabaco	Bebidas	Cervejeiros
Assistência médica	Equipamentos e serviços de assistência médica	Equipamentos de assistência médica suprimentos	Equipamentos de assistência médica
	Produtos farmacêuticos, biotecnologia e ciências da vida	Biotecnologia	Biotecnologia
Serviços financeiros	Bancos	Bancos comerciais	Bancos diversificados
	Seguro	Seguro	Corretores de seguro
Tecnologia da informação	Software e serviços	Software	Software de aplicativos
Serviços de comunicação	Serviços de comunicação	Serviços de comunicação diversificados	Serviços de comunicação sem fio
Serviços de utilidade pública	Serviços de utilidade pública	Serviços de eletricidade	Serviços de eletricidade

Fonte: Standard & Poor's.

Acompanhando os altos e baixos dos setores

Assim como a economia se expande e se contrai com o ciclo de negócios, conforme discutido no Capítulo 15, os setores também passam por altos e baixos. Alguns setores, por exemplo, tendem a ver seus negócios subir e cair junto com a economia. Essas são chamadas de empresas *cíclicas* e incluem indústrias como as montadoras. Depois, há setores que tendem a ser *não cíclicos*, o que significa que seu desempenho tende a não ser tão conectado ao formato da economia. A indústria de assistência médica é um bom exemplo de um setor que geralmente não é cíclico. Você não cancelará a consulta médica só porque a economia desacelerou um pouco, não é?

DICA

Alguns analistas fundamentalistas usam a análise da indústria como uma pista sobre em que ponto do ciclo de negócios está a economia. Prestando atenção em quais indústrias (ou setores) estão apresentando os melhores resultados, ou os preços das ações mais fortes, você pode obter uma dica de para onde a economia está caminhando.

É possível ver como diferentes setores e ações tendem a apresentar desempenho superior durante as diferentes partes do ciclo de negócios na Tabela 16-3.

TABELA 16-3 Usando Setores para Monitorar a Economia

Durante Este Ponto do Ciclo de Negócios...	... Este Setor Começa a Se Sair Bem
Expansão inicial	Bens de consumo discricionário
Pico inicial	Materiais
Pico tardio	Industrial
Expansão tardia	Energia
Contração inicial	Assistência médica
Queda inicial	Produtos básicos de consumo
Queda tardia	Serviços de utilidade pública e financeiros
Contração tardia	Tecnologia da informação

Fonte: Standard & Poor's.

Você pode rever as diferentes fases do ciclo de negócios no Capítulo 15.

Como Monitorar o Desempenho dos Setores

Se quiser saber como está uma empresa individual ou suas ações, é relativamente simples. As demonstrações financeiras de uma empresa, conforme descrito no Capítulo 4, podem ser extraídas com bastante facilidade. Você pode obter cotações de ações de praticamente qualquer empresa com sua corretora ou em sites financeiros.

Mas e se quiser saber como está indo todo um setor? Como você identifica qual setor está liderando a economia ou o mercado de ações? Isso é o que lhe mostrarei.

Mantendo o controle sobre os fundamentos de um setor

Não há nada que o impeça de medir a receita e os lucros de um grupo de empresas em uma indústria. Se você realmente quisesse registrar como as empresas de um setor estão se saindo, poderia, em teoria, fazê-lo manualmente. Você pode obter uma lista de todas as empresas de um setor e abrir as demonstrações financeiras de cada empresa e somar tudo. Mas, cara, isso seria um grande trabalho, e você pode evitá-lo.

É muito mais fácil usar empresas que rastreiam esses tipos de coisas de perto para obter dados fundamentais sobre setores. A S&P é uma das empresas com enormes bancos de dados dedicados a rastrear todos os lucros relatados pelas empresas e compilá-los em um recurso que você, como analista fundamentalista, pode usar. Todos os lucros das empresas em todos os dez setores são compilados e fornecidos a você em http://us.spindices.com/indices/equity/sp-500 [conteúdo em inglês]. Nesse site, clique no botão Additional Info e escolha Index Earnings. Uma planilha aparecerá na tela e o deixará boquiaberto com todos os tipos de dados da indústria.

Você ficará surpreso com a rapidez com que pode processar os dados do setor de centenas de empresas usando as informações da S&P. Por exemplo, você pode não apenas ver a rapidez com que os lucros nos setores aumentaram ou caíram nos últimos dois anos, mas tambem pode monitorar a rapidez com que os analistas esperam que os lucros aumentem ou diminuam no futuro. A S&P também fornece dados que mostram o índice preço/lucro médio das empresas do setor. No Capítulo 8, você pode revisar como interpretar o índice P/L. Alguns dos dados da S&P se parecem com o que você vê na Tabela 16-4.

TABELA 16-4 Explorando os Fundamentos dos Setores

Setores S&P	P/L de 2015	% de Crescimento Projetado para 5 Anos
Bens de consumo discricionário	19,2	11,2%
Produtos básicos de consumo	20,9	20,2
Energia	S/N (grande perda)	-2%
Serviços financeiros	13,9	9,6%
Assistência médica	19,8	11,7%
Industrial	16,5	11%
Tecnologia da informação	18,8	13,7%
Materiais	25,2	10,9%
Serviços de comunicação	12,7	6%
Serviços de utilidade pública	15,4	5,2

Fonte: Standard & Poor's com base nos lucros operacionais.

Esse gráfico útil, que é atualizado regularmente, mostra que em 2015, os investidores pagavam mais pelas ações de materiais, mostrado pelo P/L 25,2. Mas esperava-se que a tecnologia da informação fosse o responsável pelo crescimento.

Ao avaliar o lucro e o crescimento de empresas individuais, conforme discutido no Capítulo 5, é uma boa ideia comparar os resultados com os do setor. Isso pode ajudá-lo a identificar empresas que estão indo à frente de seus pares.

Acompanhando o desempenho das ações dos setores

Estudar os fundamentos dos setores, como o crescimento dos lucros, é apenas uma parte da análise do setor. Para obter uma imagem completa de como os setores estão se saindo, também é importante monitorar as mudanças nos preços das ações.

DICA

O mercado de ações pode dar um sinal antecipado de para onde a economia está se encaminhando em três a seis meses no futuro, conforme mostrado no Capítulo 15. Você pode aplicar o mesmo sinal de alerta precoce do mercado à análise do setor. Quando você começa a ver as ações de um setor subindo ou caindo, por exemplo, isso indica que os investidores acham que os fundamentos do setor seguirão o mesmo caminho.

Se você realmente deseja se manter ocupado um fim de semana inteiro, pode obter cotações de preços para todas as ações de um setor. Mas por que ter tanto trabalho se outra pessoa pode facilitar isso? Existem algumas fontes que fornecem dados úteis de desempenho da indústria, incluindo:

>> **Resumo de como os setores se saíram ao longo do tempo:** A Standard & Poor's fornece o desempenho de todos seus índices setoriais em uma base diária, mensal, trimestral e acumulada no ano. É possível baixar os dados em uma planilha para análise posterior. Acesse o site `http://us.spindices.com/indices/equity/sp-500`. Mas, desta vez, depois de clicar no botão Additional Info, clique em S&P 500 GICS Scorecard.

>> **Informações diárias sobre a indústria:** O Yahoo! Finanças fornece uma página de análise do setor que mostra quais setores estão se saindo melhor ou pior durante um dia de negócio. Os dados estão disponíveis aqui: `http://br.financas.yahoo.com/screener/`.

>> **Visualização gráfica dos dados do grupo industrial:** Se você está procurando uma maneira fácil de ver quais grupos do setor estão liderando ou perdendo tempo, o *USA Today* fornece um grande gráfico informativo todas as segundas-feiras. O gráfico permite que você encontre rapidamente quais grupos industriais estão avançando ou ficando para trás. Às vezes não há nada como abrir um mapa do mercado de ações na sua frente.

Usando fundos operados em bolsa para monitorar setores e indústrias

Fundos operados em bolsa, ou *ETFs* [Exchange-Traded Funds, no original], são uma das coisas mais interessantes que podem acontecer ao negócio de investimento. Os investidores que desejam investir em uma cesta de ações, por exemplo, podem comprar apenas um ETF e distribuir seu dinheiro em dezenas, centenas ou até milhares de ações individuais.

Mas o que ETFs têm a ver com análise fundamentalista? Os ETFs são ferramentas excelentes para obter informações em tempo real sobre indústrias e setores. Como a maioria dos ETFs rastreia vários *índices* de ações ou cálculos matemáticos que medem o valor de um grupo de ações, eles também podem ser extremamente úteis no monitoramento de setores.

A beleza de usar ETFs como uma forma de ver como um setor ou indústria está se saindo é que você pode obter cotações de ações em tempo real em ETFs como faria com qualquer ação. Basta inserir o código da ação do ETF em um site financeiro para obter um preço. Os preços dos ETFs mostram como os setores estão se saindo. Muitos sites financeiros também fornecem detalhes fundamentais sobre o ETF, dando-lhe uma visão mais aprofundada de como

CAPÍTULO 16 **Explorando os Fundamentos de um Setor** 301

as coisas estão indo na indústria. A Tabela 16-5 lista alguns ETFs que rastreiam todos os setores. Se estiver interessado em aprender mais sobre ETFs, considere o livro *Investing in ETFs For Dummies*.

TABELA 16-5 **ETFs que Permitem Analisar os Setores**

Setores S&P	Código ETF
Bens de consumo discricionário	XLY
Produtos básicos de consumo	XLP
Energia	XLE
Serviços financeiros	XLF
Assistência médica	XLV
Industrial	XLI
Tecnologia da informação	XLK
Materiais	XLB
Serviços de utilidade pública	XLU

Fonte: sectorspdr.com.

Adicionando a Análise da Indústria à Sua Abordagem Fundamentalista

Você pode ter odiado quando os professores anunciaram, no primeiro dia de aula, que planejavam usar a temida curva. A curva é bastante brutal, porque obter 90% em um teste não significa automaticamente que você tira A. Se metade da classe também tira 90%, você pode muito bem terminar com C.

A mesma mentalidade de curva se aplica à análise do setor. Às vezes, não é bom o suficiente para uma empresa apresentar receitas, lucros e fluxo de caixa fortes. Se o restante do setor está indo tão bem ou melhor, mesmo um desempenho aparentemente notável de uma empresa pode não ser impressionante.

As empresas não podem ser analisadas isoladamente, mas, sim, em relação aos seus pares.

Avaliando as finanças de uma empresa em relação às de seu setor

Sempre que procurar um dado financeiro, a primeira coisa que deve surgir em sua cabeça como analista fundamentalista é: "O que isso significa?"

Geralmente, nenhum dado financeiro é significativo por si só. Os índices financeiros, abordados no Capítulo 8, são especialmente irrelevantes por si próprios. Tradicionalmente, a análise fundamentalista requer que você compare os dados financeiros de uma empresa com seus resultados históricos ou com outras empresas do setor ou da indústria.

Praticamente todos os dados financeiros que você pode extrair das demonstrações financeiras podem ser comparados com os de outras empresas de um setor. Você pode comparar os dados da empresa com os dados do setor para obter uma visão melhor sobre a empresa:

» **Colocando as empresas em seus devidos lugares.** Avaliar os dados financeiros de acordo com as médias da indústria dá uma ideia melhor da posição de uma empresa em seu respectivo campo. A empresa é o maior player em um setor ou o mais valioso? Descubra comparando a receita com a receita total da indústria ou valor de mercado. O Wells Fargo, por exemplo, foi o banco diversificado mais valioso em 2015, com um valor de mercado de US$283 bilhões. Mas o JPMorgan Chase era maior em receita.

» **Medindo o valuation de uma ação.** Uma coisa é saber quanto os investidores pagam por uma ação. Isso é bastante simples usando-se as técnicas de valuation no Capítulo 8, na seção "Controlando o valuation de uma empresa". Mas, depois de medir o P/L de uma ação, você pode comparar o P/L com o valuation da indústria ou do mercado de ações para ter uma ideia de quão bem avaliada é uma ação.

» **Confiando, mas verificando.** Você pode avaliar as demonstrações feitas pela administração de uma empresa usando a análise do setor. Aqui está um exemplo: os varejistas em dificuldades adoram culpar o clima por um trimestre ruim. Usando a análise fundamentalista, você pode ver se outros varejistas também tiveram dificuldades. Esta etapa extra pode dizer se os varejistas estão sofrendo com a Mãe Natureza... ou apenas dando desculpas.

PAPO DE ESPECIALISTA

Algumas empresas, especialmente empresas de manufatura, adoram falar sobre como são enxutas e cruéis. Uma maneira de verificar a eficiência de uma empresa é comparando sua *rotatividade de estoque em dias*, ou a rapidez com que uma empresa limpa o estoque de seus depósitos, para a indústria. Um sistema de produção mais eficiente teria uma rotatividade rápida, portanto, a rotatividade de estoque em dias deveria ser pequena. A fórmula é:

Rotatividade de estoque em dias = estoque médio / custo dos produtos vendidos * 365

Deixe-me mostrar a você usando uma empresa real: a montadora Ford. Para obter o estoque médio da Ford em 2014, adicione seu estoque do final de 2013 (US$7.708 milhões) ao seu estoque no final de 2014 (US$7.866 milhões) e divida por dois. Para a Ford, isso é US$7.787 milhões.

Agora divida o estoque médio da Ford pelo custo dos produtos vendidos em 2014, que foi de US$123.516 milhões. Você deveria ter obtido 0,63. Agora, multiplique isso pelo número de dias do ano, ou 365, e você terá 23,01.

O que tudo isso significa? A Ford em 2014 mexeu no estoque a cada 23 dias.

Como a rotatividade de estoque da Ford em dias se compara ao do setor? É melhor do que o da General Motors, que rodou seu estoque a cada 37 dias em 2014. Também é impressionante entre o setor de bens de consumo discricionários — que tem uma rotatividade de estoque média de 30 dias, de acordo com a Thomson Reuters.

Você não precisa calcular os índices financeiros para todas as empresas de um setor para obter uma base de comparação. A Thomson Reuters fornece dados do setor em www.reuters.com/finance/stocks. Tudo o que você precisa fazer é inserir o código da ação da empresa que está estudando, clicar no botão de pesquisa, clicar no nome da empresa e, em seguida, clicar na guia Financials.

Uma coisa a se ter em mente, porém, é que às vezes você precisa converter os índices do setor gerados por sistemas como a Thomson Reuters para corresponder ao seu método de cálculo. Por exemplo, a Thomson Reuters não converte a rotatividade de estoque em dias, como fiz antes. Para o setor de consumo discricionário, a Thomson Reuters apresenta uma taxa de rotatividade de 12,05. Para converter isso em rotatividade de estoque em dias, basta dividir 365 por 12,05.

Descobrindo quem são os concorrentes de uma empresa

Às vezes você pode começar a se interessar em aprender mais sobre uma indústria ou setor. Talvez você queira realizar uma análise fundamentalista em várias empresas que são concorrentes daquela que você está estudando.

Existem várias maneiras pelas quais os analistas fundamentalistas podem obter uma lista das outras empresas em uma indústria, incluindo:

» **O 10-K:** A maioria das empresas fornecerá uma lista de todas as empresas que consideram ser suas arquirrivais em seu 10-K, ou o relatório anual exigido pelos reguladores. Volte ao Capítulo 12 para refrescar sua memória sobre onde essas informações estão localizadas nesse documento financeiro bastante extenso.

» **Ferramentas de pesquisa online:** Vários sites financeiros líderes fornecem uma lista de todas as empresas que competem entre si em um determinado setor. Insira qualquer código de ação no Yahoo! Finanças, em br.financas. yahoo.com, e clique no nome da empresa quando ele aparecer. Em seguida, clique no link "Concorrentes" no lado esquerdo da página e você encontrará uma lista dos principais rivais e alguns de seus dados fundamentais.

Considerando dados específicos do setor

Os índices financeiros estão entre as ferramentas favoritas dos analistas fundamentalistas. Estudando os índices financeiros, você pode determinar rapidamente se uma empresa pegou muito caixa emprestado ou não, se desperdiçou muito caixa ou se não está crescendo muito. A maioria dos índices populares que funcionarão na maioria das vezes é discutida no Capítulo 8.

Mas, ao realizar uma análise do setor, às vezes os índices favoritos não são suficientes. Algumas indústrias podem ter características exclusivas, que requerem análises adicionais.

As empresas do setor financeiro são um excelente exemplo de como a análise do setor pode precisar ser ajustada para lidar com diferentes setores. A maioria das medidas tradicionais de fluxo de caixa livre e técnicas de queima de caixa, discutidas no Capítulo 7, simplesmente não se aplica às finanças. Os bancos e as corretoras muitas vezes têm dinheiro em depósito de seus clientes. Esse dinheiro não pode ser usado para financiar operações.

CAPÍTULO 16 **Explorando os Fundamentos de um Setor** 305

Devido à maneira especial como a análise fundamentalista deve ser aplicada a certos setores, os analistas costumam adotar métodos exclusivos. Essas *medidas financeiras específicas do setor* podem ajudá-lo a analisar melhor algumas das peculiaridades de certas indústrias.

PAPO DE ESPECIALISTA

Novamente, o setor financeiro é um ótimo exemplo. Muitos analistas financeiros sabem que para ver realmente o quão forte é um banco financeiramente, eles devem examinar seu capital *Nível 1* e *Nível 2*. O Nível 1 é considerado uma medida muito mais confiável do poder financeiro de permanência do que o capital de Nível 2. O capital de Nível 1 inclui ações ordinárias e reservas de caixa — o que os reguladores consideram ser a base financeira de uma instituição financeira. Os bancos devem divulgar quanto capital de Nível 1 e Nível 2 eles possuem, mas para obter essas informações é necessário examinar as *notas de rodapé* das demonstrações financeiras.

Os analistas fundamentalistas especializados em empresas financeiras também estudam medidas específicas do setor, como o nível de empréstimos de um banco que estão vencidos há noventa dias, empréstimos que foram completamente cancelados e o nível de reservas que um banco tomou para cobrir os empréstimos se as coisas derem errado.

Alguns dos analistas fundamentalistas que se deram ao trabalho de fazer análises específicas da indústria viram que muitos dos bancos eram menos sólidos do que os índices tradicionais implícitos.

Fazendo um balanço dos custos das matérias-primas

Grande parte da análise fundamentalista se concentra no resultado final. Você avalia os resultados financeiros de uma empresa e vê quantos *ativos* e *passivos* ela acumula depois de vender bens e serviços aos clientes.

Mas a análise da indústria o incentiva a examinar uma empresa, quase da mesma forma que os executivos que a dirigem fariam. Isso inclui prestar atenção a quanto uma empresa deve pagar por suas matérias-primas. Como você sabe por meio da análise das demonstrações de resultados, a quantidade de dinheiro que uma empresa gasta para comprar matérias-primas usadas na fabricação de produtos é considerada um custo direto e está incluída em seu *custo dos produtos vendidos*, ou *CPV*. Quanto mais uma empresa paga por matérias-primas, maior seu CPV e menor seu lucro.

LEMBRE-SE

Às vezes, o aumento da demanda por uma commodity, como energia ou produtos agrícolas, pode elevar o preço das matérias-primas. Como analista fundamentalista, se observar os preços das matérias-primas subindo, isso pode ser uma indicação de que uma empresa ou indústria que compra esses ingredientes poderá ver seus lucros futuros caírem.

A Bloomberg mantém uma lista atualizada de muitas commodities que empresas usam como matéria-prima. Você consegue acessar essa informação em `www.bloomberg.com/markets/commodities` [conteúdo em inglês].

Lembre-se: só porque os preços de uma commodity da qual uma empresa depende estão subindo, não significa que os lucros cairão imediatamente. Muitas empresas usam *hedge*, ou instrumentos financeiros complexos, que lhes permitem travar os preços das matérias-primas por muitos meses ou até anos. As companhias aéreas fazem isso o tempo todo com combustível de aviação. Você pode descobrir se, ou como, uma empresa está controlando o risco de preços mais altos de commodities no 10-K.

É meu! Prestando atenção à participação de mercado

Uma das maneiras mais dramáticas de prestar atenção ao que está acontecendo no setor de uma empresa é por meio da participação de mercado, que informa quanto de uma determinada linha de negócios uma empresa controla.

Você pode medir a participação de uma empresa em grandes setores ou em subconjuntos menores da indústria. Por exemplo, se está estudando uma empresa de software em nuvem, pode querer descobrir qual é a participação da empresa no setor geral. Ou pode fazer uma busca detalhada e descobrir que porcentagem do mercado de software de navegador da web uma empresa tem.

Embora a participação de mercado possa ser medida em mercados muito precisos, esse nível de análise da indústria geralmente requer uma análise que vai além do que está disponível nas demonstrações financeiras. Às vezes você precisa consultar empresas de pesquisa de mercado especializadas se quiser saber qual a porcentagem das vendas totais de um tipo de produto que uma empresa possui.

Por exemplo, voltando ao exemplo de software, os principais fabricantes de navegadores da Web, incluindo Microsoft (Edge e Internet Explorer), Mozilla (Firefox), Google (Chrome) e Apple (Safari), podem ou não divulgar o que estimam ser sua participação de mercado. Existem empresas que estimam a participação de mercado para esse tipo de software.

Ainda assim, usando a análise fundamentalista comum, você pode ter uma boa ideia sobre quando outras empresas estão comendo o almoço umas das outras, por assim dizer. Você pode usar as demonstrações financeiras para monitorar mudanças na receita, por exemplo, para ver quem está se beneficiando com a fraqueza de alguns dos participantes do negócio.

A análise da participação de mercado demonstra o fato contraintuitivo de que uma empresa pode ser capaz de aumentar o lucro, mesmo em um ambiente econômico difícil, se for capaz de roubar negócios de rivais.

A Tabela 16-6 apresenta uma demonstração simples de como você pode ver se uma empresa em um setor está tirando negócios de outros participantes. A tabela mostra a receita total informada por três grandes varejistas: Walmart, Target e Amazon.com.

TABELA 16-6   ## Batalha entre os Três Principais Varejistas

Empresa	Receita de 2014 (Milhões de US$)	% do Total	Receita de 2010 (Milhões de US$)	% do Total
Walmart	US$485.651	75%	US$421.849	80,6%
Target	US$72.618	11,2%	US$67.390	12,9%
Amazon	US$88.988	13,7%	US$34.204	6,5%
Total	US$647.257		US$523.443	

Fonte: S&P Capital IQ, com base no ano fiscal de cada empresa.

O exame dessa tabela mostra como a Amazon, que era uma varejista menor que as outras duas em 2010, pode ter lucrado ao entrar no negócio geral. A fatia da Amazon da receita total gerada pelos três grandes varejistas dobrou entre 2010 e 2014 para 13,7%. A Amazon até ultrapassou a Target em receita em 2014. Enquanto isso, o Walmart ainda é o maior, mas viu sua participação total na receita entre esses gigantes cair para 75%.

Usar a receita total para medir a participação de mercado de uma empresa é uma espécie de instrumento de análise financeira contundente. As empresas podem gerar receita de muitos negócios diferentes. As empresas listadas na Tabela 16-6, por exemplo, não vendem exatamente as mesmas coisas. A Amazon é principalmente uma varejista, mas também tem um grande negócio em que gerencia operações online e em nuvem para outras empresas. Mas a análise pode dar uma ideia das mudanças entre os participantes do setor e de como esse tipo de análise do setor é realizado.

308   PARTE 4 **Aprimorando-se com a Análise Fundamentalista**

NESTE CAPÍTULO

» Compreendendo por que as tendências financeiras são importantes na análise fundamentalista

» Descobrindo vários métodos populares para identificar tendências nos fundamentos de uma empresa

» Identificando tendências em informações privilegiadas de negócios e o que elas indicam

» Usando rastreadores computadorizados para identificar tendências nas empresas e na indústria

Capítulo **17**

Identificando Tendências com a Análise Fundamentalista

É uma pena que as demonstrações financeiras não venham com bolas de cristal. Seria muito mais fácil adivinhar o futuro da empresa se você pudesse apenas olhar para uma esfera de vidro transparente, em vez de vasculhar as demonstrações financeiras.

Prever os lucros e as receitas futuras de uma empresa é uma grande parte do que os analistas fundamentalistas tentam fazer. Ninguém pode prever o futuro — mesmo se você tiver uma bola de cristal. Mas a análise fundamentalista fornece ferramentas que você pode usar para adivinhar quão lucrativas as empresas podem ser no próximo ano ou nos anos seguintes. Essa informação, espero, o ajudará a determinar se vale a pena fazer um determinado investimento.

Monitorar as tendências financeiras é um aspecto importante para tentar prever o futuro de uma empresa. Estudar o desempenho de uma empresa, embora não seja necessariamente garantia de seu futuro, pode dar uma ideia decente do que esperar. Pelo menos é um lugar por onde começar.

Este capítulo se aprofundará ainda mais em como analisar os fundamentos históricos de uma empresa para obter uma expectativa decente para o futuro. Especificamente, você examinará como construir uma *análise de número-índice de longo prazo* e uma *análise de média móvel*. Você também descobrirá se os insiders — os executivos e diretores de uma empresa — estão sinalizando uma tendência ao comprar ou vender ações de suas empresas. Por fim, obterá uma introdução às *ferramentas computadorizadas de triagem de ações*, bancos de dados populares usados por fundamentalistas para encontrar investimentos que podem ter potencial e valer mais estudos.

Compreendendo a Importância das Tendências

Os historiadores gostam de dizer que, embora a história não se repita, ela definitivamente rima. A mesma ideia se aplica quando se trata de pesquisar tendências ou padrões nos fundamentos de uma empresa. As empresas que experimentam alta lucratividade e têm *grandes barreiras de entrada* geralmente são capazes de se proteger contra a devastação da concorrência e entregar resultados sólidos aos investidores ao longo do tempo. Os analistas fundamentalistas que acompanham o histórico de longo prazo de uma empresa, ou tendência, podem obter uma estimativa decente do que o futuro reserva. A *análise de tendências*, portanto, pode ser uma parte essencial da análise fundamentalista.

LEMBRE-SE

Diz-se que empresas que são muito difíceis ou muito caras para começar do zero têm grandes barreiras de entrada. Barreiras de entrada também podem ser os obstáculos regulatórios que devem ser eliminados antes que uma nova empresa entre no mercado. Outra barreira pode ser a existência de uma empresa na área com uma marca ou tecnologia dominante. As empresas que desfrutam de barreiras de entrada tendem a ter finanças mais estáveis e previsíveis, porque a concorrência é menos ameaçadora.

Quando as tendências podem revelar muito sobre o futuro de uma empresa

Todo mundo tem um dia ruim de vez em quando, senão um mês ou mesmo um ano. O mesmo vale para as empresas. Não é incomum que uma empresa passe por uma fase difícil, talvez devido a uma desaceleração econômica inesperada ou o fracasso de um novo produto. O lucro líquido ou a receita de uma empresa ou ambos podem sofrer um grande golpe em qualquer ano.

Quando um ano ruim é motivo de preocupação? Os investidores que não realizam análises de tendências podem cometer o erro comum de colocar muito foco nos dados mais recentes de uma empresa. Se uma empresa relatar um trimestre ruim, por exemplo, alguns investidores podem tirar conclusões precipitadas e assumir que o jogo acabou para a empresa e que seus lucros estão prestes a entrar em queda livre. O oposto também é verdadeiro: a análise de tendências pode evitar que você fique excessivamente otimista sobre uma empresa que está apenas em uma onda de sucesso recente.

DICA

A análise de tendências também pode salvá-lo do pensamento míope e de curto prazo. Estudar distorções históricas drásticas no mercado — para podemos olhar para trás agora e saber o que realmente aconteceu — ilustra a importância da análise de tendências.

Volte a 2002. Apenas para refrescar sua memória, naquele ano, as empresas de tecnologia estavam sofrendo uma queda dramática em seus negócios. Os gastos com tecnologia despencaram em 2002 quando as empresas se quebraram. As ações de tecnologia começaram a cair em 2000, e continuaram a cair durante anos, à medida que os investidores imaginavam que os melhores dias do setor haviam acabado. Muitos anos depois, sabemos como esse pensamento estava errado. O setor de tecnologia permitiu um grande ganho para os investidores ao longo da década de 2010.

Mas isso não estava tão claro em meio à crise tecnológica. Mesmo a Oracle, fabricante dominante de software corporativo, não foi poupada pela destruição tecnológica. Depois de anos apresentando forte crescimento dos lucros, a Oracle surpreendeu os investidores em 18 de junho de 2002 com resultados financeiros atipicamente fracos para o ano fiscal encerrado em 31 de maio de 2002. A empresa registrou *lucro operacional*, ou lucro antes de juros e imposto de renda, de US$3,6 bilhões. Isso foi uma queda de 5,5% em relação aos US$3,8 bilhões que a empresa divulgou no ano fiscal de 2001. Alguns investidores, concordando com o argumento da morte da tecnologia, não gostaram do que viram. Eles pensaram que o futuro da Oracle era sombrio.

LEMBRE-SE

Mas os analistas que se deram ao trabalho de examinar a tendência de longo prazo da Oracle não se incomodaram. Na verdade, os resultados de 2002 foram a anomalia, uma interrupção no que havia sido muitos anos de crescimento constante. Ao estudar os cinco anos anteriores do lucro operacional da Oracle, os fundamentalistas viram que a empresa tinha uma *taxa de crescimento anual composta*, ou *CAGR*, de 30,6% entre o ano fiscal de 1997 (encerrado em 31 de maio de 1997) e o de 2001 (encerrado em 31 de maio de 2001). A Tabela 17-1 mostra como a receita operacional estável da Oracle apontava para uma desaceleração em 2002.

TABELA 17-1 **Resultados Constantes da Oracle**

Ano Fiscal	Lucro Operacional (Milhões de US$)
1997	US$1.299,80
1998	US$1.411,30
1999	US$1.872,90
2000	US$3.080
2001	US$3.777

Fonte: S&P Capital IQ.

PAPO DE ESPECIALISTA

Espero que esteja se perguntando como calcular o CAGR, porque estou prestes a mostrar-lhe. Faremos uma pausa em nossa história para falar sobre o CAGR, que é uma ferramenta que você usará quando quiser ver como foi o crescimento de uma empresa durante um período de tempo. O CAGR é calculado usando-se a mesma fórmula de *valor presente* que você descobriu no Capítulo 11, apenas um pouco reorganizada. A fórmula se parece com:

CAGR = (último valor / valor inicial) ^(1 / número de anos)

Caramba! Eu sei o que está pensando: essa é uma fórmula horrorosa. Você tem razão: ela não ganhará nenhum concurso de beleza. Mas, usando os dados da Oracle como exemplo, não será tão ruim. Tudo que você precisa saber é:

» **Último valor:** Esse é o resultado financeiro do último ano que você está estudando. Para a Oracle, é o lucro operacional do ano fiscal de 2001, ou US$ 3.777 milhões.

» **Valor inicial:** Aqui está o valor financeiro inicial. Para a Oracle, este é o lucro operacional do ano fiscal de 1997, ou US$1.299,8 milhões.

» **Número de anos:** A soma dos anos em que você está calculando o retorno médio. Isso é um pouco complicado. Embora estejamos analisando cinco anos da história financeira da Oracle, na verdade existem apenas quatro anos completos de crescimento: de 1997 a 1998, de 1998 a 1999, de 1999 a 2000 e de 2000 a 2001.

A fórmula resultante é semelhante a esta:

CAGR = (3777 / 1299,8) ^ (1/4) — 1

Depois de calcular esses números, você deve chegar a 0,306. Para converter isso em uma porcentagem, 30,6%, multiplique por 100. Isso significa que o lucro operacional da Oracle tem crescido, em média, robustos 30,6%.

LEMBRE-SE

O código ^ diz a você para elevar o número do conjunto anterior de parênteses a uma potência. A maioria das calculadoras o ajudará a fazer isso usando uma tecla, geralmente rotulada como y^x.

Se você e a matemática não se dão bem, este pode ser outro motivo pelo qual você pode querer investir em uma calculadora financeira, como a HP 12C da Hewlett-Packard. A calculadora pode solucionar esses problemas de valor presente com apenas algumas teclas.

Tentando prever o futuro usando tendências

Tentar prever o que uma empresa pode ganhar no futuro é extremamente difícil. Muitos analistas de Wall Street recebem muito caixa para tentar prever receitas e lucros futuros.

DICA

A análise de tendências históricas pode ser uma maneira útil de abordar essa tarefa extremamente difícil de previsão. Seguindo o exemplo da Oracle, você pode ver como a previsão de tendências — junto de algumas estimativas — poderia ser usada para se ter uma ideia decente de como as coisas seriam após o declínio da tecnologia em 2002.

Acontece que os resultados decepcionantes do ano fiscal de 2002 foram seguidos por outro ano difícil. O lucro operacional caiu mais 3,7% no ano fiscal de 2003, cimentando as crenças dos céticos de que até mesmo as maiores empresas de tecnologia haviam atingido um limite e o crescimento havia acabado.

A análise de tendências, entretanto, ajudaria a saber que o crescimento não acabou, estava apenas moderando um pouco. Imagine que em 2002, quando as coisas pareciam sombrias, você decidiu que os dias de aumento do lucro operacional da Oracle em 30% poderiam ter terminado. Mas e quanto à metade disso? Não seria possível um crescimento de 15%?

Embora 15% de crescimento não sejam 30%, isso ainda é um crescimento notável para uma empresa do tamanho da Oracle. Uma previsão de crescimento de 15%, em um momento em que as empresas de tecnologia estavam passando por dificuldades em 2002, teria parecido estranha. Mas, na realidade, você não estaria longe do que realmente aconteceu. A taxa de crescimento anual composta média da Oracle entre o ano fiscal de 2003 e o de 2015 foi de 12,6%, conforme mostrado na Tabela 17-2. Não, isso não é um crescimento de 30%, mas ainda é uma forte porcentagem de dois dígitos que muitas empresas adorariam atingir.

TABELA 17-2   ## O Crescimento da Oracle Não Estava Morto

Ano Fiscal	Lucro Operacional (Milhões de US$)
2003	US$3.440
2004	US$3.918
2005	US$4.377
2006	US$4.958
2007	US$6.133
2008	US$8.009
2009	US$8.555
2010	US$9.867
2011	US$12.729
2012	US$14.057
2013	US$14.432
2014	US$14.983
2015	US$14.289

Fonte: S&P Capital IQ.

Prestar muita atenção às tendências financeiras da Oracle poderia ter sido muito lucrativo. Enquanto outros investidores entraram em pânico e venderam, você poderia ter encontrado valor. Se tivesse investido em ações da Oracle em 18 de junho de 2002, logo após o anúncio dos resultados mais baixos, e mantido até o final do ano fiscal de 2015 (encerrado em 31 de maio de 2015), teria ganhado mais de 384%. O mercado, durante o mesmo período, subiu apenas 103%. Nada mal para uma empresa "morta", não é?

UMA PALAVRINHA SOBRE RESULTADOS RETIFICADOS E TENDÊNCIAS

Sempre que você realiza uma análise de tendência de longo prazo, como tem praticado neste capítulo, é imperativo extrair todos os dados do relatório anual ou trimestral mais recente de uma empresa. E isso é devido a um segredinho sujo conhecido como *retificações*.

De vez em quando, as empresas podem aparecer e dizer: opa, lembra quando dissemos que fizemos X em 2015? Esquece isso. Na verdade, fizemos Y. Se a retificação, ou mudança nos resultados financeiros anteriores, for grande o suficiente, ou *relevante*, a empresa pode emitir uma declaração formal. Mas outras vezes, se forem mudanças pequenas, ela pode simplesmente alterar os números nas últimas demonstrações financeiras.

As retificações são outra razão pela qual o relatório anual exigido pelos reguladores, ou 10-K, é um de seus melhores amigos na análise fundamentalista. A parte do 10-K chamada *Dados Financeiros Selecionados* é uma fonte muito útil dos dados mais recentes, incluindo quaisquer retificações. A maioria das empresas fornece os números mais atualizados para os principais elementos da demonstração do resultado, incluindo receita, lucro operacional, lucro líquido e itens de balanço que remontam a pelo menos cinco anos.

DICA

Ao prever o lucro futuro de uma empresa, geralmente é melhor usar o lucro operacional, como fiz no exemplo da Oracle. O lucro operacional elimina cobranças e lucros únicos, que são impossíveis de prever, não se repetem e podem atrapalhar uma análise histórica.

Observe que o lucro operacional da Oracle caiu novamente, 4,6%, em 2015. Os analistas precisarão decidir se isso será um problema temporário, como foi durante a crise tecnológica no início dos anos 2000, ou se algo mais preocupante está acontecendo. Continue lendo e verá algumas outras maneiras de analisar o crescimento (especialmente as médias móveis) para ajudá-lo a obter uma expectativa razoável para o crescimento da empresa agora.

Tentando prever o futuro usando a análise de número-índice

Após a tremenda desaceleração nos negócios que muitas empresas sofreram em 2008, os fundamentalistas começaram a se perguntar sobre o valor da previsão baseada na análise de tendências. Afinal, como confiar em uma análise histórica quando um ano ruim pode surgir e destruir todo o modelo?

Uma maneira de garantir que sua análise fundamentalista tenha um horizonte de tempo de longo prazo é usando a análise de número-índice. Apesar do nome sofisticado, é apenas uma maneira de ver como os resultados financeiros de uma empresa estão mudando ao longo do tempo. Essa análise inclui altos ou baixos drásticos recentes, mas também permite ver a tendência mais ampla e de longo prazo. Você descobriu como aplicar a análise de número-índice ao *balanço patrimonial* no Capítulo 6.

A análise de número-índice, porém, também pode ser aplicada à demonstração de resultados para ajudar a prever a taxa de crescimento de uma empresa no futuro. A análise tenta ajudá-lo a colocar em perspectiva os declínios de curto prazo nos negócios.

PAPO DE ESPECIALISTA

Para realizar uma análise de número-índice, você só precisa escolher um ano para atuar como ponto de partida, ou *ano-base*. Então divida os resultados de cada ano pelo ano-base e multiplique por 100 para obter o número-índice para o ano.

Por exemplo, imagine usar o lucro operacional do ano fiscal de 2000 da Oracle, US$3.080 milhões, como ano-base. Para calcular o número-índice para o ano fiscal de 2001, simplesmente divida o lucro operacional daquele ano, de US$3.777, pelo do ano-base, de US$3.080, multiplique por 100, e você terá 122,6. A Tabela 17-3 mostra como a análise do índice coloca em perspectiva a desaceleração da Oracle no ano fiscal de 2002 e 2003. Apesar da crise, o lucro operacional da Oracle continuou a crescer. O número-índice nunca caiu abaixo do ano-base de 2000.

TABELA 17-3 **O Número-índice da Oracle Conta Toda a História**

Ano Fiscal	Análise de Número-índice de Lucro Operacional Usando o Ano Fiscal de 2000 como Ano-base
2000	100
2001	122,6
2002	115,9
2003	111,7
2004	127,2
2005	142,1
2006	161
2007	199,1
2008	260

DICA

Se estiver revirando os olhos pensando que o crash das ações de tecnologia foi há tanto tempo que não é mais relevante, preste atenção. O crash das ações de tecnologia pode ter quase duas décadas, mas as lições desse período estão entre as melhores já ensinadas aos investidores. Foi um dos maiores deslocamentos de mercado da história com os quais os analistas fundamentalistas poderiam lucrar — e lucraram.

Aplicando médias móveis à análise fundamentalista

Outra técnica usada em previsões de longo prazo na análise fundamentalista é a *média móvel*. Com essa análise, os investidores tentam suavizar solavancos incomuns nos resultados de uma empresa. Uma média móvel tem a mesma função que o cinto de segurança quando o avião passa por turbulência.

DICA

As médias móveis podem ser aplicadas aos resultados anuais ou trimestrais, com base na volatilidade dos lucros da empresa.

Para conduzir uma análise de média móvel, primeiro você deve escolher quantos anos deseja incorporar. Um período de tempo comum seria de três anos. Você soma os resultados da empresa ao longo de blocos de três anos e, em seguida, divide pelo número de anos, ou 3. A Tabela 17-4 mostra como seria uma análise de média móvel de três anos no lucro operacional da Oracle.

TABELA 17-4   Acompanhando os Movimentos da Oracle

Término do Ano Fiscal	Média Móvel do Lucro Operacional de Três Anos no Final de... (Em Milhões de US$)
2011	US$10.383
2012	US$12.217
2013	US$13.739
2014	US$14.491
2015	US$14.568

Usando essa análise, você pode ver que a taxa de crescimento composta anual média da empresa está realmente começando a desacelerar. A taxa de crescimento composta média da Oracle com base em cinco períodos de média móvel é de 8,8%. Essa pode ser uma base razoável para fazer uma previsão de crescimento voltada para o futuro.

Encontrando Tendências nas Informações Privilegiadas

No que é uma das duras realidades da análise fundamentalista, não importa o quão cuidadosamente examine as demonstrações financeiras de uma empresa, você provavelmente nunca saberá mais do que o CEO. Afinal, ele está em contato constante com os clientes, fornecedores e funcionários da empresa e tem acesso a dados financeiros que você nunca verá.

É por isso que você vai querer saber como observar as tendências do que os principais executivos fazem quando se tratam de ações de suas empresas. Executivos e diretores de uma empresa têm permissão para comprar e vender suas ações, o que se chama de uso de *informações privilegiadas legais* [legal insider trading, no original], desde que sigam regras de transparência específicas. Porém, a busca por tendências nas transações de executivos às vezes pode alertá-lo para alguns problemas.

LEMBRE-SE

O uso de insider trading legal é bem diferente do uso de *insider trading ilegal*. Quando os executivos ou diretores de uma empresa usam o conhecimento de informações relevantes, não públicas ou dados financeiros importantes que não foram compartilhados com todos, eles correm o risco de fazer negócios ilegais com informações privilegiadas. Muitos executivos tentam evitar a aparência de negócios ilegais com informações privilegiadas, instruindo seus corretores a vender as ações da empresa que possuem em um horário pré-programado a cada ano. Essas vendas não são particularmente úteis para nós porque são feitas de forma robotizada, não com base em informações mantidas pelos executivos e diretores da empresa.

Quando um CEO é otimista, você também deve ser?

Você já foi a um restaurante e percebeu que os funcionários, no intervalo do almoço, também estão comendo a comida feita ali? É reconfortante ver as pessoas responsáveis por uma empresa usando os produtos dela.

Os analistas fundamentalistas têm a mesma ideia ao olhar para as empresas. Muitas vezes é considerado um sinal positivo quando a alta administração de uma empresa, incluindo o CEO, está comprando ações dessa empresa. No mínimo, é reconfortante saber que o CEO também pode perder dinheiro se as coisas não derem certo.

Não é apenas uma teoria. Ações de empresas comandadas por um executivo com 5% ou mais das ações em circulação venceram o amplo mercado, segundo estudo publicado em 2014 por Ulf von Lilienfeld-Toal, da Universidade de Luxemburgo, e Stefan Ruenzi, da Universidade de Mannheim. Se os executivos possuíam ainda mais ações — 10% ou mais —, elas tiveram um desempenho ainda melhor.

CUIDADO

Mesmo os CEOs não são perfeitos. Às vezes, o otimismo do próprio CEO pode levar a investimentos não tão bons nas ações de suas empresas. Em 1998, a então dominante vendedora de PCs, a CompUSA, começou a reportar lucros menores, e o preço das ações estava caindo. Mas James Halpin, um experiente varejista e CEO da CompUSA na época, não poderia ter sido mais otimista em relação à empresa. Ele gastou US$3 milhões do próprio caixa comprando 200 mil ações da empresa. "Não acordei uma manhã e disse 'Puxa, tenho estes US$3 milhões... o que vou fazer com isso?'", Halpin disse ao *Investor's Business Daily* em 1998. "Pessoas (insiders) vendem ações por uma série de razões. Mas elas as compram por apenas uma."

Acontece, porém, que o futuro da empresa não era tão brilhante. A empresa substituiu Halpin alguns anos depois. Por fim, a empresa acabou vendendo a maioria de suas lojas e sendo vendida.

Prestando atenção quando uma empresa comprar suas próprias ações

Alguns investidores acham que o sinal de alta definitivo é quando as empresas anunciam que estão comprando de volta suas próprias ações. O que poderia ser mais otimista do que uma empresa investindo em si mesma, certo? Às vezes, quando uma empresa se sente especialmente cheia de dinheiro e considera o preço de suas ações barato, ela pode planejar comprar ações em circulação.

CUIDADO

Acontece, porém, que as empresas erraram a mão na hora de comprar suas próprias ações. As empresas gastaram um recorde de US$158 bilhões recomprando suas ações no segundo trimestre de 2007, apenas para pagar os preços de pico antes do gigantesco bear market. Enquanto as empresas estavam pagando por suas ações, o Standard & Poor's 500 atingiu seu pico de bull market em 9 de outubro de 2007 e começou a cair em um dos piores mercados em baixa desde a Grande Depressão. Que timing, hein! A Tabela 17-5 mostra quanto as empresas gastaram recomprando suas ações nos últimos anos.

TABELA 17-5 Conferindo a Alta e a Queda da Recompra de Ações

Ano	Recompras (Bilhões de US$)
2014	US$553,30
2013	US$475,60
2012	US$399
2011	US$101,30
2010	US$298,80
2009	US$137,60
2008	US$339,70
2007	US$589,10
2006	US$431,80
2005	US$349,20
2004	US$197,50
2003	US$131,10
2002	US$127,30
2001	US$132,20
2000	US$150,60

Fonte: Standard & Poor's com base no S&P 500.

O ano de 2007 não foi o primeiro em que as empresas tiveram um péssimo momento para comprar suas próprias ações. As recompras de ações dispararam no primeiro trimestre de 2000, encerrado em março, exatamente quando o mercado estava em alta e prestes a entrar em colapso.

Observe que as recompras estavam disparando novamente em 2012, 2013 e 2014, enquanto o bull market crescia. Veremos se o momento delas é melhor desta vez — ou se as empresas novamente estavam desperdiçando caixa em ações que os investidores prefeririam receber como dividendos.

Além do mau momento, existem outros riscos nas recompras de ações. Quando as empresas usam dinheiro para comprar suas próprias ações de volta, é dinheiro que não foi usado para investir em produtos futuros ou mesmo para reduzir a carga de dívida da empresa. Os investidores também preferem receber dinheiro extra como dividendo a ver a empresa pagando por ações sobrevalorizadas dela mesma.

Prestando atenção quando os insiders venderem

Quando os insiders vendem ações, isso quase instantaneamente chama a atenção dos investidores, que podem temer que os executivos saibam de algo que eles não sabem quando há muitas vendas em andamento.

LEMBRE-SE

Não presuma que, apenas porque a equipe de gestão está vendendo ações, você também deve se desfazer de suas participações. Os CEOs podem vender suas ações por vários motivos, como pagar uma faculdade, um carro novo ou a reforma da casa. Mas, quando você vê uma enxurrada de vendas em uma empresa ou setor, vale a pena ficar com o pé atrás.

Muitos investidores ficaram chocados e surpresos com o colapso dramático dos negócios imobiliários e das ações das construtoras a partir de 2005. Todos ficaram de olho nos principais executivos das principais empresas de construção residencial. Muitos desses executivos, como um grupo, venderam 4,8 milhões de ações em julho de 2005, segundo a Thomson Reuters. Esse foi o maior nível de vendas no setor desde que a Thomson começou a manter registros, em 1990. O momento não poderia ter sido melhor, já que as ações das construtoras atingiram o pico em 20 de julho de 2005.

Como rastrear vendas dos insiders

Agora que viu como pode ser revelador observar o que os insiders estão fazendo, acredito que mal possa esperar para começar a ver como eles vivem. Mas aqui está o problema: você provavelmente não pode ligar ou enviar um e-mail para os CEOs das empresas em que está investindo e perguntar se eles estão comprando ou vendendo ações.

A análise fundamentalista, novamente, é sua maneira de obter a história completa. Existem duas maneiras principais de rastrear a compra e venda de informações privilegiadas nas empresas, incluindo:

» **Registros regulatórios das empresas:** Considerando o quão sensível é o tópico das informações privilegiadas, você pode imaginar o quão regulamentado é. Há toda uma série de documentos que os executivos devem fornecer à Comissão de Valores Mobiliários ao comprar ou vender ações da empresa.

O formulário mais comum contendo registros de informações privilegiadas é o *Formulário 4*. Quando um executivo compra ou vende ações, essa atividade deve ser relatada no Formulário 4 em dois dias úteis. Os documentos do Formulário 4 estão disponíveis no banco de dados EDGAR da SEC. Volte para o Capítulo 4 se quiser refrescar sua memória sobre como obter arquivos regulatórios do EDGAR.

> **Sites financeiros:** Vários sites financeiros o poupam do trabalho de desenterrar os arquivos do Formulário 4 por conta própria e compilam todas as compras e vendas de insiders em um só lugar.
>
> O site da Nasdaq fornece dados abrangentes de negócio com informações privilegiadas. No Nasdaq.com, digite o código da ação e clique no nome da empresa quando ele aparecer. Em seguida, role para baixo e clique na opção Insiders (SEC Form 4), localizada à esquerda da página. Você obterá um resumo de quantas compras e vendas internas estão acontecendo. Você também pode detalhar e obter os nomes dos executivos que compram e vendem.

Projetando Rastreadores para Identificar Empresas

Com milhares de ações e empresas para escolher, pode ser intimidante para um fundamentalista escolher quais ações começar a estudar. Afinal, a análise completa das ações de apenas uma empresa pode levar horas. Não é humanamente possível analisar todas as empresas disponíveis.

Mas há uma solução — e, você adivinhou, não é humana. É uma técnica de computador chamada *rastreamento de ações*. Os fundamentalistas costumam usar ferramentas de rastreamento de ações para ajudá-los a examinar as demonstrações financeiras de milhares de empresas, literalmente, com o apertar de alguns botões. Essas ferramentas examinam bancos de dados enormes, contendo dados fundamentais sobre ações, para selecionar aqueles que atendem às características que você procura.

DICA

As ferramentas de rastreamento de ações ajudam os analistas a encontrar ações, assim como os serviços de namoro online ajudam os solteiros a encontrar parceiros potenciais. Com os serviços de namoro online, você pode inserir a cor dos olhos ou os hobbies que deseja que seu cônjuge tenha. O sistema, então, apresenta uma lista de pessoas com essas características. As ferramentas de rastreamento de ações não são tão românticas, a menos que você ache as calculadoras bonitas. Mas elas são úteis. Se estiver em busca de ações com retornos sobre o patrimônio líquido maiores do que a média da indústria, por exemplo, a ferramenta mostrará quais ações se encaixam.

Exemplos do que o rastreador pode dizer

O rastreamento é a maneira fundamental dos analistas de estreitar a busca por empresas que tenham todas as características que procuram. Ao instruir cuidadosamente a ferramenta de rastreamento para filtrar o universo de todas as ações apenas para aquelas com certas características, os analistas podem obter uma lista mais curta de fortes candidatos que merecem mais atenção.

Normalmente, os rastreadores de ações se enquadram em uma das várias categorias, incluindo aquelas que procuram:

- » **Ações baratas:** Ao procurar ações com valuations maiores em relação à sua indústria, como índices preço/lucro ou índices preço/valor patrimonial, os investidores podem localizar oportunidades de negócios.
- » **Empresas de rápido crescimento:** Os investidores que gostam de encontrar empresas que parecem ter o momentum ao seu lado muitas vezes procuram aquelas com fortes lucros ou crescimento de receita.
- » **Empresas eficientes:** Empresas com altos *índices de eficiência*, como *rotatividade de contas a receber*, geralmente são as que administram seus recursos da melhor maneira. O Capítulo 8 discute os índices de eficiência e outros que você pode decidir incluir em um rastreador.
- » **Empresas bem administradas:** Índices como retorno sobre o patrimônio líquido e *retorno sobre os ativos*, especialmente em comparação com seus pares, podem dar aos analistas fundamentalistas uma ideia de quais empresas têm um bom par de mãos ao volante.
- » **Solidez financeira:** Empresas com balanços patrimoniais excelentes, cheios de caixa e sem dívidas, podem estar bem posicionadas para enfrentar uma crise econômica.

DICA

Você pode construir rastreadores que localizem empresas com boa pontuação em todas essas áreas listadas. Alguns analistas profissionais selecionam empresas com base em dezenas de critérios.

Instruções passo a passo sobre como criar um exemplo de rastreador

Agora você está pronto para parar de ler sobre rastreadores e começar a criá-los. Nesta seção, darei um exemplo de um rastreador básico: uma lista das maiores empresas, com base no *valor de mercado*, que são grandes holdings e que também geram retorno sobre o patrimônio líquido superior a 15%.

LEMBRE-SE

Usarei a ferramenta de rastreamento da Morningstar para este exemplo, mas ela não é a única ferramenta disponível. Vários sites oferecem ferramentas de rastreamento; alguns são gratuitos, e outros exigem uma assinatura. A Tabela 17-6 mostra algumas das ferramentas disponíveis que são úteis para analistas fundamentalistas. Se o rastreamento online lhe interessa e você deseja saber mais detalhes sobre as ferramentas disponíveis, dê uma olhada em meu livro *Investing Online For Dummies*, 9ª Edição — sim, outra propaganda descarada.

TABELA 17-6   Alguns dos Melhores Rastreadores de Ações

Nome do Rastreador	Site
Finviz.com	www.finviz.com/screener.ashx
Google Finance	www.google.com/finance
Morningstar's Stock Screener	screen.morningstar.com/StockSelector.html
MSN Money's Stock Screener	www.msn.com/en-us/money/stockscreener
Reuters Stock Screener	http://stockscreener.us.reuters.com/Stock/US/Index?quickscreen=gaarp
Zacks Investment Research's Screening tool	www.zacks.com/screening/stock-screener

Construir esse exemplo de rastreador requer que se sigam estas etapas:

1. **Faça login no sistema de rastreamento. Você pode experimentar a ferramenta de rastreamento da Morningstar em screen.morningstar. com/StockSelector.html [conteúdo em inglês].**

2. **Defina seu primeiro critério. Aqui você diz ao rastreador para encontrar apenas as empresas com as maiores *capitalizações de mercado*. Você pode revisar o que é a capitalização de mercado no Capítulo 3.**

   Na quarta linha da tela, intitulada "Minimum market capitalization", você pode instruir o rastreador a filtrar seus resultados para empresas com valores de mercado de US$10 bilhões ou mais.

3. **Defina o segundo critério. Aqui você deseja limitar sua lista a empresas com retorno sobre o patrimônio líquido estelar de 15%. Role para baixo na ferramenta de rastreamento para a seção Company Performance e altere o campo "Return on equity (ROE) greater than or equal to" para 15%.**

4. **Defina o terceiro critério. Para limitar sua pesquisa a grandes empresas principais — aquelas que você pode encontrar no Standard & Poor's 500 —, vá para a seção Stock Basics e altere o campo "Morningstar equity style box" para "Large Core".**

5. **Execute o rastreador. Para ver os resultados, basta rolar até a parte inferior da tela e escolher a guia Show Results. Você obterá uma lista de empresas que seriam um bom lugar para começar uma análise mais aprofundada.**

326 PARTE 4 **Aprimorando-se com a Análise Fundamentalista**

NESTE CAPÍTULO

» Descobrindo por que ignorar a análise fundamentalista o expõe a perdas nos investimentos

» Explorando bolhas especulativas do passado para ver quais dados fundamentais forneciam sinais

» Entendendo por que decisões de investimento ruins são tão difíceis de superar

» Considerando algumas das trapaças financeiras que as empresas podem praticar e como as identificar

Capítulo **18**

Evitando Fracassos Financeiros com a Análise Fundamentalista

E m muitos esportes, simplesmente não cometer erros pode ser a melhor maneira de vencer. No tênis, por exemplo, os erros que você comete são chamados de erros não forçados. Muitos erros não forçados geralmente dão aos oponentes uma vitória fácil, mesmo que eles não sejam tão bons.

Reduzir o número de erros cometidos também é importante nos investimentos. Como você descobrirá neste capítulo, cometer muitos erros não forçados ao escolher os investimentos errados pode afundar seus retornos. A análise fundamentalista, embora não seja perfeita, pode ser uma ferramenta vital para evitar pelo menos alguns desastres colossais.

Cometer grandes erros ao investir pode colocá-lo em um buraco profundo, de onde talvez seja impossível de sair em tempo hábil. Se a análise fundamentalista o impede de cometer apenas um erro, já vale bem a pena.

Parte do processo de mitigar erros é evitar empresas cujos fundamentos não são sólidos por vários motivos. Às vezes, você pode não saber com certeza se uma empresa está prestes a falir, mas a análise fundamentalista pode fornecer ferramentas que, pelo menos, sinalizem algo que não cheire bem ou se existem sinais de alerta comuns nos relatórios financeiros da empresa. Ao ficar com empresas que têm *lucros de alta qualidade* ou resultados relatados que refletem com precisão a saúde dos negócios, você pode percorrer um longo caminho para evitar as muitas armadilhas em que é tão fácil cair.

Descobrindo os Perigos de Não Usar a Análise Fundamentalista

Pode parecer um truque de marketing em um livro sobre análise fundamentalista alegar que não a usar pode ser perigoso. Talvez a palavra *perigoso* seja um pouco forte, afinal, você provavelmente não morrerá se não ler a demonstração de resultados ou o balanço patrimonial de uma empresa antes de investir nela.

Mas, se está assumindo o risco de selecionar e investir em empresas individuais, não ter um conhecimento de análise fundamentalista pode expor seu portfólio a alguns problemas. Comprar ações individuais porque acredita que as perspectivas da empresa são fortes pode levá-lo a pagar por valuations altíssimos para empresas não testadas com fundamentos instáveis. Essa é uma receita para retornos insatisfatórios, como você verá ao longo do capítulo.

Por que investir em empresas individuais é um negócio arriscado

Ao investir em empresas individuais, você está se expondo a *riscos específicos*, que são os riscos exclusivos de uma determinada empresa. Por exemplo, se houver um surto de *E. coli* em uma rede de restaurantes, isso não é um problema para outros restaurantes ou empresas em outros setores. É um problema apenas para aquele restaurante — e seus investidores. O risco específico é muito diferente do *risco sistêmico*, ou risco enfrentado por todas as empresas.

Por exemplo, se houver uma crise de crédito, como ocorreu em 2008, esse é um risco sistêmico que afetará (e afetou) quase todas as ações. No entanto, se você tem uma empresa que fabrica widgets e descobriu que esses widgets causam câncer, isso é um risco específico para essa empresa.

Ao usar a análise fundamentalista para escolher empresas individuais para investir, dependendo do que mais está em seu portfólio, você pode estar exposto a um risco específico. Em outras palavras, se uma empresa na qual você investe der um passo em falso, você sofrerá uma perda que outros investidores não sofrerão. A Tabela 18-1 mostra como o risco de investimento, medido por uma medida estatística chamada *desvio-padrão*, é muito maior ao investir em ações individuais, em vez de um *índice* amplo como o Standard & Poor's 500.

TABELA 18-1   Ações Individuais São Mais Arriscadas por Natureza

Ação	Retorno Anual Médio	Risco Anualizado (Desvio-padrão)
Boeing	15,5%	30,2
McDonald's	12,6%	21,4
Int'l Bus. Machines	8,1%	24,8
General Electric	11,1%	23,9
S&P 500	11,6%	15

*Fonte: Index Funds Advisors (*www.ifa.com *— conteúdo em inglês).*

Ao investir em um amplo fundo de investimento ou fundo operado em bolsa, que tem centenas de empresas diferentes, você pode reduzir ou *diversificar* sua exposição a riscos específicos. Por possuir ações de muitas empresas, se uma delas tropeçar, o impacto financeiro é diluído por suas outras participações. Se a análise fundamentalista parecer muito problemática, provavelmente é melhor investir em um fundo de investimento diversificado com despesas baixas. A maioria dos investidores obtém os melhores resultados investindo em *fundos de índice* diversificados ou fundos que têm todas as ações em índices populares do mercado de ações.

O desvio-padrão é um método estatístico usado para medir o risco de uma ação medindo o quanto ela tende a subir e cair. Quanto maior o desvio-padrão, maior o risco da ação. Você quer ter certeza de que está obtendo o maior retorno pela quantidade de risco que assume. O risco extra da maioria das ações não compensa. A Boeing, por exemplo, entregou um retorno médio anual de 15,5%, que é 33,6% maior do que o S&P 500. Mas, para obter esse retorno extra, os investidores assumiram um risco 101% maior. Essa não é uma boa troca.

Ignore os fundamentos por sua própria conta e risco

É fácil ficar apaixonado por uma empresa e suas ações. A história típica provavelmente é mais ou menos assim: você pode comprar um par de sapatos e decidir investir na empresa que os fabrica. Alguns investidores fundamentalistas acreditam que é uma boa ideia investir em empresas que fazem coisas de que eles gostam ou entendem. Não há dúvida de que ter um conhecimento profundo de uma indústria, conforme discutido no Capítulo 16, pode ser uma parte vital da análise fundamentalista.

Só porque você investe em uma empresa que faz produtos que você entende ou até mesmo usa, não significa que ganhará dinheiro com isso. Um dos grandes exemplos do perigo de comprar o que você conhece é a Zynga, fabricante de jogos online como *FarmVille* e *Palavras com Amigos*. Durante 2011 e 2012, esses jogos eram a coisa mais legal do mundo. A Zynga tinha um relacionamento especial com o Facebook — o que permitia que as pessoas se gabassem de suas incríveis realizações com esses jogos e contassem a seus 10 mil amigos mais próximos, que se importavam profundamente. O ator Alec Baldwin foi até expulso de um avião porque não queria parar de jogar *Palavras com Amigos*.

Os investidores, apostando que a Zynga poderia ser a próxima Electronic Arts, abocanharam ações da empresa nos meses após terem sido oferecidas ao público pela primeira vez em uma *oferta pública inicial* em dezembro de 2011. As ações saltaram 45% nos primeiros três meses. Por um tempo, o investimento parecia um verdadeiro vencedor, e os investidores empurraram as ações até quase US$15 por ação em março de 2012.

OS PERIGOS DAS OFERTAS PÚBLICAS INICIAIS

Se há algo que faz com que os investidores muitas vezes desliguem suas habilidades de raciocínio e análise fundamentalista, esse algo são os IPOs. Com um IPO, uma empresa que antes era privada oferece suas ações ao público pela primeira vez. Muitas vezes, há uma grande agitação e entusiasmo quando as ações de uma empresa estão ao alcance do público.

Alguns investidores adoram comprar IPOs, praticamente sem ver. Não é porque faltam informações sobre IPO. As empresas que estão abrindo o capital pela primeira vez devem fornecer a todos os interessados em investir um documento regulamentar denominado *prospecto*, que é um arquivo gigantesco de informações regulatórias que são como o 10-K, o 10-Q e o formulário de referência, todos reunidos em um. Os prospectos contêm todas as demonstrações financeiras que você poderia desejar.

Mas, muitas vezes, as novas empresas que abrem o capital têm uma história tão positiva, que os investidores não conseguem se aguentar. Aqui está um fato surpreendente: um grande número de empresas nem mesmo são lucrativas quando estão lançando seus IPOs. Em 2014, por exemplo, 83% de todas as empresas de tecnologia que lançaram um IPO perderam dinheiro, segundo Jay Ritter, professor de finanças da Universidade da Flórida. Também não é um fenômeno recente. E veja só: em 2000, 80% das empresas que vendiam ações ao público não eram lucrativas. Os investidores, porém, rotineiramente ignoram os fundamentos e compram esses IPOs de qualquer maneira.

Como você provavelmente já deve ter adivinhado, os investidores que compram IPOs sem entender os fundamentos geralmente ficam profundamente desapontados. Os investidores que compraram IPOs entre 1980 e 2013 e mantiveram as ações por três anos acabaram ficando 18,4% abaixo do restante do mercado de ações, segundo Ritter.

Alguns fracassos de IPO são especialmente impressionantes. Um que vem à mente é o Etsy, um varejista online onde os artesãos podiam vender itens feitos à mão e que vendeu ações ao público pela primeira vez em abril de 2015. As empresas online eram a moda novamente em Wall Street em meados da década de 2010, já que os investidores viram o sucesso da Amazon.com e esperavam achar o próximo varejista online sensacional. A Etsy alcançou 88% em seu primeiro dia de negócio, fechando a US$30 por ação. Mas, novamente, os investidores se condenaram ao pagar caro por um negócio arriscado. As perdas da empresa continuaram a se acumular em 2015, e as ações da Etsy caíram para cerca de US$9 por ação em dezembro de 2015, com uma perda esmagadora de 70% para os investidores que compraram no primeiro dia da ação.

CAPÍTULO 18 **Evitando Fracassos Financeiros com a Análise Fundamentalista** 331

Mas os investidores que ignoraram os sinais fundamentais que mostravam que o crescimento dos lucros da Zynga não duraria muito foram os mais afetados. As ações começaram a oscilar no início de 2012 e despencaram para quase US$2 por ação no final do mesmo ano.

Por que sair de um buraco é tão difícil

Um dos principais motivos pelos quais você deseja usar a análise fundamentalista é que os erros de investimento são incrivelmente difíceis de recuperar. Muitas vezes, quando as empresas começam a oscilar, elas têm dificuldade em recuperar o controle. Quando você investe em uma ação individual, está apostando que a *governança corporativa* de uma empresa, abordada no Capítulo 9, será forte o suficiente para expulsar a equipe de gestão com problemas antes que as coisas saiam do controle. Mas você também precisa ter fé de que o conselho de administração trará um substituto qualificado para arrumar a empresa.

Esse é apenas o risco comercial de cometer um erro ao investir. Não se esqueça da crueldade matemática quando se trata de sair de um buraco nos investimentos. A Tabela 18-2 mostra como é difícil compensar perdas drásticas.

TABELA 18-2 Sair de um Buraco É Muito Difícil

Se Suas Perdas com Ações São de...	... para Se Recuperar, Você Precisa de um Retorno de...
10%	11,1%
20%	25%
30%	43%
50%	100%
90%	900%

DICA

Como grandes perdas podem ser difíceis, se não impossíveis, de recuperar, alguns analistas fundamentalistas tomam emprestadas técnicas da análise técnica e reduzem suas perdas. A análise técnica, abordada com mais detalhes no Capítulo 19, muitas vezes exige que os investidores vendam uma ação se ela cair 10% ou mais de seu preço de compra, para evitar perdas devastadoras.

Evitando bolhas e manias

De vez em quando, os investidores em ações perdem de vista os fundamentos. Bolhas, ou períodos de tempo em que os preços dos investimentos ficam inflacionados em comparação com seu valor fundamental, são uma realidade em uma economia de mercado. Quando o público tem permissão para definir os preços dos ativos em um leilão aberto, é inevitável que os preços no curto prazo sejam empurrados para níveis que são difíceis de justificar com razão.

DICA

Quando você começa a ouvir outras pessoas que não sabem como estudar os lucros e as receitas de uma empresa dizendo quais ações comprar, o mercado pode muito bem estar em uma bolha. *Caveat emptor* ["Toma cuidado, comprador", em latim].

Às vezes, todo o mercado de ações entra em uma bolha. Às vezes, uma parte específica do mercado de ações fica em chamas. E, às vezes, apenas algumas ações ou tipos de ações veem seus preços subirem para a estratosfera. Ter autocontrole para evitar esses investimentos com preços inflacionados é extremamente difícil, pois todos ao seu redor que estão comprando-os continuam ganhando. Mas a análise fundamentalista pode fornecer algumas coisas a serem observadas, já que os preços podem estar se adiantando.

Índice preço/lucro inflacionado

Quando os investidores começam a perder a disciplina e a perseguir ações, você pode começar a notar que os índices P/L estão inflando. A média de longo prazo para P/Ls (com base nos lucros operacionais) desde 1988 é 18, então, quando você notar que o P/L de uma empresa fica dramaticamente mais alto do que isso, vai querer ficar atento. Você vai querer analisar o valuation de uma ação, incluindo seus índices P/L e PEG, para obter uma compreensão de quão rico é o preço.

DICA

Se estiver interessado em tentar descobrir quando o P/L de uma ação individual está começando a ficar alto, uma abordagem é sugerida pela BetterInvesting, um grande grupo de clubes de investimento. A BetterInvesting fornece software eletrônico e formulários em papel que ajudam a medir o quão elevado é o P/L de uma ação em relação às previsões de lucros e seu P/L histórico. Uma ação é considerada uma "compra" quando seu P/L cai para um terço inferior de sua faixa histórica. As ações são consideradas uma "venda" quando o P/L fica no terço superior da faixa histórica. A metodologia fornece uma maneira de avaliar P/Ls usando o valuation histórica de uma empresa.

Queda do rendimento dos dividendos

O *dividend yield* de uma ação, ou dividendo anual dividido pelo preço da ação, pode lhe dar um alerta sobre uma ação que pode fazer parte de uma bolha. Quando o dividend yield de uma ação cai bem abaixo da média na indústria, ou do que é pago por outras empresas, você pode começar a se perguntar se os investidores estão pagando muito por promessas. Da mesma forma, pode suspeitar se uma empresa for a única em uma indústria a não pagar dividendos.

Quanto mais os investidores pagam por uma ação, mais o rendimento dos dividendos cai, porque o denominador do cálculo fica maior. Essa realidade matemática torna o dividend yield um indicador decente no qual prestar atenção. Você pode consultar os dividends yield pagos por outras empresas para ver qual é a norma.

DICA

Os dividends yield costumam ficar muito baixos quando os investidores ficam entusiasmados demais com as perspectivas do mercado de ações, como aconteceu em 2007 e 2000, conforme mostrado na Tabela 18-3. Os dividends yield anuais têm sido de 2,5%, em média, desde 1988. Se o dividend yield cair drasticamente abaixo de 2,5%, isso é um sinal de alerta para se prestar atenção.

TABELA 18-3 **Quando os Dividends Yield Caírem, Tome Cuidado**

Ano	Dividend Yield da S&P 500
2014	2,3%
2010	2,3%
2007	2%
2000	1%
1990	3,5%
1980	4,5%

Fonte: Índice S&P Dow Jones.

Não presuma, porém, que, quando o dividend yield do mercado — ou de uma ação — ficar anormalmente alto, é uma compra certeira. Quando o dividend yield de uma ação fica muito alto, isso pode ser um sinal de que as empresas em geral — ou a empresa específica — estão prestes a cortar os dividendos ou enfrentar sérias dificuldades financeiras.

AS BOLHAS PODEM VIR DO NADA

Certamente há um "tipo" de ação que acaba sendo pego em uma bolha. Na maioria das vezes, isso acontece em uma indústria que parece ilimitada com possibilidades que capturam a imaginação do público desinformado. A bolha de ações da internet no final da década de 1990 foi o exemplo clássico do tipo de ação com potencial para se tornar uma bolha. Os investidores tinham um otimismo infinito em relação ao que a internet e as empresas relacionadas poderiam realizar. A própria internet provou ser uma inovação gigante e mudou completamente os negócios globais. Mas a maioria dos investidores de empresas de internet sofreu quedas massivas de ações ou desapareceram completamente.

Alguns investidores, porém, calculam incorretamente que podem evitar bolhas se apenas evitarem as ações exageradas que estão nas notícias ou os favoritos dos day traders. Mas simplesmente não é o caso. Não é o tipo de investimento em si que determina se ele está em uma bolha perigosa. Qualquer ação, título, colecionável ou mercadoria pode se encontrar em uma bolha. É o valuation, ou preço que está pagando, que determina se você é ou não um dos investidores ajudando a inflar uma bolha de investimento.

As bolhas podem acontecer em qualquer mercado. Um dos melhores exemplos recentes ocorreu em 2008. Os investidores ficaram tão preocupados com a saúde do sistema bancário durante a crise financeira, que queriam possuir ativos tangíveis, como petróleo bruto. O preço do petróleo subiu mais de 147% entre o início de 2007 e meados de 2008. Os fundos de investimento de energia aumentaram à medida que os investidores entraram no boom do petróleo. Os investidores perceberam que o petróleo sempre teria demanda e oferta relativamente escassa. Ele era uma coisa certa — ao contrário das ações de empresas de risco, pensavam os investidores.

Mas essa confiança levou a uma bolha de proporções gigantescas. Em primeiro lugar, a demanda da China, devoradora de petróleo bruto, e também da Europa esfriou em 2014. Para piorar as coisas, os preços da bolha do petróleo incentivaram o desenvolvimento de uma nova tecnologia para extrair petróleo do solo. O resultado foi um excesso de oferta em 2014 e 2015. Oferta demais e demanda insuficiente significam uma coisa: preços drasticamente mais baixos. Os preços no final de 2015 caíram mais de 90% em relação aos níveis em junho de 2008.

Aqui está o resultado das bolhas: elas acontecem em qualquer lugar e a qualquer hora. Quando outros investidores dizem que um investimento é uma aposta certa, lembre-se de que todo o entusiasmo já está embutido no preço do ativo.

Índice preço/valor patrimonial disparando

Se você perguntar a um investidor e a um contador quanto vale uma empresa, eles abordarão a questão de maneiras muito diferentes. O contador pode começar a contar todos os *ativos*, ou coisas que a empresa possui, e subtrair todos os *passivos* ou coisas que deve. Ao subtrair os passivos dos ativos, o contador chegaria ao *valor contábil* da empresa. Isso, o contador atestaria, é o valor dela.

Os investidores, porém, abordam a questão do valuation de forma muito diferente. Eles podem tentar descobrir quanto outra pessoa estaria disposta a pagar pela empresa. O preço pelo qual uma empresa venderia, o investidor poderia dizer, é o quanto ela vale.

PAPO DE ESPECIALISTA

O que acontece quando contadores e investidores discordam? Você viu isso no *índice preço/valor patrimonial*, que foi abordado com mais detalhes no Capítulo 8. Se os investidores e contadores concordarem com o valor de uma empresa (o que raramente fazem), a relação preço/patrimonial da ação será 1. Se os investidores acharem que a empresa vale mais do que o que os contadores estão dizendo, o índice será maior do que 1. Se os investidores acharem que o valor da empresa é menor do que os contadores afirmam, o preço/valor patrimonial será inferior a 1.

Quando você vê o preço/valor patrimonial de uma empresa disparar, pode ser uma indicação de que suas ações estão em uma minibolha. Wynn Resorts, por exemplo, era uma ação que não poderia dar errado no final de 2012, 2013 e início de 2014. Os investidores estavam entusiasmados com a expansão agressiva da operadora de cassino no paraíso asiático dos jogos em Macau. Eles dobraram a relação preço/valor patrimonial da empresa para cerca de 6,6 em 2011 e, em seguida, o levaram para 175 em 2014, conforme mostrado na Tabela 18-4. Os investidores, porém, descobriram da maneira mais difícil que comprar ações caras pode ser perigoso.

TABELA 18-4   **O Preço/Valor Patrimonial da Wynn Resorts Conta a História**

Ano	Preço/Valor Patrimonial (Com Base nos Valores Contábeis do Final do Ano)	Preço das Ações no Final do Ano
2014	175	US$148,76
2013	29,6	US$194,21
2012	25,7	US$112,49
2011	6,6	US$110,49
2010	3,7	US$103,84

Fonte: S&P Capital IQ.

As ações da Wynn começaram a despencar em 2014, caindo 23,4% — um grande choque para os investidores, porque o mercado subiu mais de 11% naquele ano. As coisas ficaram terrivelmente feias no final de 2015, quando as ações despencaram mais 57%, para cerca de US$60 cada.

CUIDADO

Aqui está um dos maiores problemas com o uso de análise fundamentalista para evitar grandes quedas de ações: o tempo. Os valuations das ações podem permanecer altos por algum tempo e corrigir com pouco aviso. Considere a Wynn. Em 2012, a relação preço/valor patrimonial da empresa disparou para cima em 20 pontos. Apesar do valuation mais alto, as ações continuaram a disparar mais de 70% no ano seguinte. O acerto de contas não aconteceu até 2014 e foi totalmente brutal em 2015. Esta é outra razão pela qual nenhum indicador fundamental pode ser totalmente confiável, e é outra razão pela qual, para muitos investidores, frustrados pelo tempo necessário para escolher as ações, seria melhor simplesmente comprar e manter uma cesta diversificada de ações.

A lucratividade perde o sentido

Quando você começa a notar ações de empresas que perdem dinheiro subindo para a estratosfera, é hora de ficar alerta. O valor fundamental de uma empresa é baseado em seus lucros e no fluxo de caixa. Então, se uma empresa não tem lucro, não tem valor fundamental. Se seu trabalho de análise fundamentalista diz que uma empresa pode justificar seu valuation, isso é uma coisa. Mas se você acha que uma empresa nunca pode gerar lucros, deve ficar longe dela, mesmo que as ações estejam subindo.

Encontrando e Evitando Bandeiras Vermelhas Financeiras

Apesar de todas as proteções fornecidas aos investidores, a compra de ações ainda é, em grande parte, um esforço do comprador, que deve ser cauteloso. Esse é especialmente o caso ao comprar uma grande participação em uma única empresa individual. Se a administração da empresa cometer um erro, seja honesta ou desonestamente, os acionistas podem pagar o preço.

LEMBRE-SE

Não tenho como enfatizar isso o suficiente. Quando você compra ações ordinárias de uma empresa, é o último na fila para quaisquer ativos que possam sobrar se a empresa for vendida. Funcionários e detentores de títulos são pagos primeiro, geralmente deixando sem nada os investidores em ações da empresa falida.

Ficando de olho em trapaças

Todos os tipos de trapaças, tanto as que estão extrapolando os limites quanto as que são francamente fraudulentas, costumam deixar os investidores se sentindo enganados e pegos desprevenidos. Muitos investidores, sentindo que não há outro recurso, podem se unir para processar uma empresa ou sua equipe de gestão em uma *ação coletiva judicial*. A Tabela 18-5 mostra como o número de ações coletivas judiciais tende a aumentar em meio a um bear market de ações, como em 2001 e 2008. Observe também como os processos caíram em 2012, à medida que o mercado de ações continuou estável.

TABELA 18-5 **A Ira dos Acionistas Segue o Mercado de Ações**

Ano	Número de Ações Coletivas por Fraude
2014	170
2013	166
2012	151
2011	188
2010	175
2009	165
2008	223
2007	177
2006	120
2005	182
2004	239
2003	228
2002	265
2001	498

Fonte: Stanford Securities Class Action Clearinghouse.

A lógica por trás das trapaças

A tentação de manipular os livros ou fazer com que as demonstrações financeiras pareçam melhores do que a realidade é muito grande. As equipes de gerenciamento que dirigem as empresas têm muito em jogo no que diz respeito aos resultados financeiros. Um trimestre decepcionante pode minar a confiança dos investidores no plano da empresa e derrubar o preço das ações.

Como os executivos e membros do conselho de administração muitas vezes possuem grandes partes das ações da empresa, eles não querem ver o valor de suas participações cair. A grande maioria da remuneração dos executivos é frequentemente vinculada ao preço das ações de suas empresas. Se a ação cair, eles simplesmente sofrerão uma queda massiva nos pagamentos.

A flexibilidade no sistema de contabilidade pode dar aos executivos a margem de manobra de que precisam para adicionar legalmente um centavo ou dois por ação aos lucros, ajudando-os a garantir que atendam às demandas cada vez maiores de Wall Street. Alguns executivos pensam que apenas alguns centavos aqui ou ali não farão mal a ninguém.

As artimanhas financeiras usadas pelas equipes de gestão podem ser muito difíceis de ser detectadas pelos investidores, a menos que sejam avisados e saibam exatamente o que procurar nas demonstrações financeiras. A capacidade da administração de *gerenciar os lucros* ou de ajustar as demonstrações financeiras para torná-las mais positivas é uma questão enorme com a qual os analistas fundamentalistas devem lidar.

Bandeiras vermelhas que indicam trapaças

Não faltam coisas preocupantes que os analistas fundamentalistas precisam procurar. Você precisa procurar a deterioração do negócio ou da lucratividade, que é o aspecto tradicional da análise financeira, mas também vai querer procurar tendências suspeitas que simplesmente não cheiram bem. Destaco alguns dos sinais de alerta mais comuns para os quais você precisa estar particularmente atento.

Algumas das bandeiras vermelhas discutidas a seguir não são ilegais, mas todas elas podem fazer com que os resultados financeiros sejam manipulados a ponto de comprometer a validade de sua análise fundamentalista.

INCREMENTO DE CONTAS A RECEBER

Se começar a ver o item *contas a receber* no balanço patrimonial disparando a ponto de ultrapassar o crescimento da receita, isso pode ser uma coisa ruim. O item de linha de contas a receber aumenta quando uma empresa vende um produto a um cliente e aceita um IOU em troca. Se observar o crescimento das contas a receber ultrapassando o crescimento da receita, pode se perguntar se a empresa está empurrando o produto para os clientes para aumentar a receita. A forma como uma empresa decide quando contabilizar a receita, chamada de *reconhecimento da receita*, pode ter uma influência profunda em seus resultados.

O abuso de reconhecimento de receita foi um problema especialmente durante o boom das pontocom — aqueles eram tempos divertidos para analistas fundamentalistas, como você provavelmente já percebeu. Por exemplo, a empresa de software de internet PurchasePro, no final de 2000, relatou um salto trimestral de US$13,2 milhões para US$23,4 milhões do contas a receber. Isso deveria ter chamado a atenção dos analistas fundamentalistas, porque a receita da empresa foi de apenas US$17,3 milhões no período. Um ano depois, a empresa retificou os resultados, e a SEC acusou os executivos de cometerem fraude.

ATIVOS INTANGÍVEIS SUPERVALORIZADOS

Quando você pensa nos ativos de uma empresa e lê sobre eles no Capítulo 6, provavelmente lhe vem à mente a propriedade real que a empresa tem e que pode ser tocada ou vista. Mas esses tipos de ativos, chamados de *ativos tangíveis*, são apenas uma parte do que uma empresa possui. As empresas também têm os chamados *ativos intangíveis*, ou itens considerados de valor que não podem ser vistos ou tocados. Quando os valores dos ativos intangíveis são inflados, os analistas fundamentalistas podem presumir que uma empresa vale mais do que seu valor real.

DICA

Muitos analistas fundamentalistas desconsideram completamente os ativos intangíveis ao medir o valor contábil de uma empresa. Uma vez que muitos desses ativos provavelmente não poderiam ser vendidos se a empresa fosse liquidada, muitas vezes é seguro deixá-los fora de sua análise.

APANHADO DE RETIFICAÇÕES E COBRANÇAS "ÚNICAS"

Um truque comumente usado pelas empresas é o chamado *apanhado de retificações*. Quando uma empresa está prestes a relatar um trimestre ruim, isso torna o relatório trimestral também muito ruim. A administração de uma empresa anota o valor dos ativos ou paga algumas despesas antecipadamente, o que faz com que os resultados atuais pareçam horríveis. Mas, ao divulgar todas essas más notícias, a empresa cria a ilusão de um futuro melhor. O melhor de tudo é que alguns investidores olham automaticamente para além das cobranças únicas, presumindo que sejam apenas eventos incomuns. Mas o fato é que essas retificações podem ter um efeito profundo no aumento do lucro futuro de uma empresa.

DICA

Seja especialmente cético em relação às empresas, às vezes chamadas de *retificadores crônicos*, que parecem declarar regularmente grandes cobranças únicas. Supostamente, cobranças únicas são exatamente isso. Se você as vê ocorrendo com frequência, deve se perguntar por quê.

BALANÇOS DE BAIXA "QUALIDADE"

As regras contábeis devem fazer com que as demonstrações financeiras de uma empresa reflitam a realidade e forneçam aos investidores uma imagem precisa de como o negócio está se saindo. Por exemplo, espera-se que as empresas contabilizem a receita quando uma venda é feita, não necessariamente quando o caixa é recebido na venda. Reservar receita dessa forma garante que a receita corresponda aos custos incorridos para gerar essa receita.

Mas essa técnica de contabilidade de *exercício,* embora tenha méritos, pode abrir as portas para a manipulação. As empresas podem ultrapassar os limites da contabilidade enchendo as demonstrações financeiras com receitas e lucros que não têm nenhuma conexão com o caixa realmente recebido ou gasto. As empresas que fazem isso são consideradas receitas de baixa qualidade. A *declaração dos fluxos de caixa* é a melhor arma do fundamentalista para encontrar e evitar empresas com lucros de baixa qualidade. Dou instruções completas sobre como realizar essa análise da qualidade de balanços no Capítulo 7.

AUMENTAR O ENDIVIDAMENTO OU A ALAVANCAGEM

Se o bear market e a crise de crédito que começou em 2007 ensinaram alguma coisa aos investidores, foi o perigo de tomar muitos empréstimos. A mesma lição foi aprendida pelos investidores. Algumas empresas, incluindo Bear Stearns e Lehman Bros., tinham tanta exposição a dívidas ou *alavancagem*, que não conseguiram sobreviver quando os negócios deram errado.

Embora totalmente legal, acumular dívidas também pode distorcer algumas das medidas populares que os analistas fundamentais consideram ao avaliar a lucratividade das empresas. O *retorno sobre o patrimônio líquido*, um índice financeiro comumente usado para medir a eficácia de uma equipe de gestão, é especialmente vulnerável à distorção do uso de dívida. Você pode ler no Capítulo 8 sobre o retorno sobre o patrimônio líquido e como ele é distorcido pela dívida.

Novamente, nada é ilegal no empréstimo, e não estou sugerindo de forma alguma que seja. A dívida pode ser uma parte crítica da *estrutura de capital* total de uma empresa, porque tende a ser mais barato tomar emprestado do que emitir ações. Mas é um crime para um analista fundamentalista não prestar atenção ao efeito da dívida de uma empresa.

342   PARTE 4 **Aprimorando-se com a Análise Fundamentalista**

NESTE CAPÍTULO

» **Compreendendo as diferenças entre a análise fundamentalista e a análise técnica**

» **Familiarizando-se com as principais ferramentas usadas por analistas técnicos**

» **Entendendo o que procurar nos gráficos de preços de ações e como eles podem ajudar na análise fundamentalista**

» **Usando o mercado de opções para encontrar a verdadeira demanda por ações**

Capítulo **19**

Combinando a Análise Fundamentalista e a Análise Técnica

omprar a ação certa na hora errada costuma ser pior do que comprar a ação errada. Muitos investidores iniciantes ficam frustrados depois de estudar as demonstrações financeiras e o valuation de uma ação, para acabar perdendo caixa de qualquer maneira.

O tempo é uma das desvantagens da análise fundamentalista. Só porque uma ação pode parecer barata, não significa que seu preço subirá tão cedo. Felizmente, para os investidores de longo prazo, o mau momento não é um grande problema, porque até mesmo ações com valor atraente podem cair junto com o mercado no curto prazo. Mesmo assim, só porque os fundamentos históricos de uma empresa parecem fortes, não significa que os negócios não possam se deteriorar e colocar a empresa em risco. Por outro lado, às vezes as empresas que parecem feras de verdade podem mudar as coisas e surpreender os investidores. Não se esqueça também de que não importa o quão bem você possa executar uma análise fundamentalista, suas suposições podem estar erradas, levando a decisões ruins de investimento.

Essas complicações da análise fundamentalista são os grandes motivos pelos quais alguns investidores consideram adicionar uma dose de análise técnica à sua técnica. A *análise técnica* — o estudo de padrões nos preços das ações — é usada por investidores que pensam que podem utilizar as opiniões de outros investidores para enxergar algo no futuro de uma ação.

Combinar a análise técnica com a análise fundamentalista, de certa forma, é como tentar misturar óleo e água. São abordagens muito diferentes. Mas mesmo os fundamentalistas podem melhorar sua compreensão da maneira como uma ação se comporta examinando mais de perto seus *dados técnicos*, ou indicadores aos quais os analistas técnicos prestam atenção. A análise técnica e a análise fundamentalista não são, na verdade, abordagens de compensação. Elas podem ser, e frequentemente são, usadas em conjunto. A análise técnica é boa para o momento de curto prazo (o "quando") de decisões de compra/venda, enquanto a análise fundamentalista está mais preocupada com o "em que" você está investindo.

Compreendendo a Análise Técnica

Se você já viu a mesa de um investidor coberta com todos os tipos de gráficos com linhas irregulares ou telas de computador exibindo gráficos, pode ter encontrado um analista técnico.

Os analistas técnicos são frequentemente chamados de *grafistas*, pois passam o tempo estudando os *gráficos de preços de ações*. Esses gráficos mostram onde o preço das ações tem estado ao longo do tempo e quantos investidores compraram ou venderam. Os analistas técnicos acreditam que os padrões históricos no movimento do preço de uma ação podem dar pistas sólidas sobre para onde a ação pode se dirigir no futuro.

CUIDADO

É importante lembrar que muitos acadêmicos se opõem fortemente à análise técnica. Estudos têm mostrado que o movimento do preço das ações no curto prazo está vinculado a eventos de notícias, que são aleatórios. Gráficos de preços de ações, eles dizem, não falam nada além de qual era o preço no passado — o que não é muito útil para prever o futuro. Os preços das ações de longo prazo respondem aos lucros e ao fluxo de caixa de uma empresa, que não são previstos por nada em um gráfico de preços de ações, insistem muitos acadêmicos.

Às vezes parece que os analistas técnicos se empolgam um pouco com a arte de seu ofício. Alguns deles leem gráficos de preços de ações quase como um quiromante estuda as linhas na palma da mão de um cliente. Com isso dito, a análise técnica é frequentemente mencionada pelos investidores, por isso vale a pena conhecer um pouco a respeito. Mais importante para os fundamentalistas, porém, é que alguns dos métodos usados por analistas técnicos podem ser úteis para investidores focados em receitas e lucros.

Lendo os gráficos de preços de ações

A principal ferramenta usada por analistas técnicos é o gráfico de preços de ações. Esses gráficos, disponíveis em praticamente qualquer site financeiro, geralmente traçam o preço de fechamento de uma ação todos os dias. Os gráficos geralmente vêm em várias formas, incluindo:

» **Linha:** A maioria dos gráficos de preços de ações que você vê são geralmente gráficos de linhas. Os gráficos de linhas, como o nome indica, são simplesmente uma linha de pontos que ligam os preços de fechamento de uma ação a cada dia de negócio.

» **Barras:** Os gráficos de linhas são simples, mas obscurecem alguns dos dados relevantes do negócio. Se você olhar para um gráfico de linhas, não há como saber quão altos ou baixos os preços das ações estão a cada dia. O gráfico de barras [máximo, mínimo, fechamento, em tradução livre], mostrado na Figura 19-1, tenta resolver essa deficiência dos gráficos de linhas. Em cada dia de negócio, há uma barra vertical, com a parte superior representando o preço máximo de uma ação, e a parte inferior, o mínimo. Em seguida, há uma linha no meio da barra mostrando o preço pelo qual a ação fechou.

» **Candlestick:** Os gráficos de candlestick contêm ainda mais informações do que gráficos de linha ou de barras. Os gráficos de candlestick não mostram apenas o máximo, o mínimo e o fechamento de uma ação, mas também o preço de abertura. O preço de abertura de uma ação é o primeiro preço em um dia de negócio que os compradores e vendedores acordaram. O indicador em um gráfico de candlestick parece um retângulo com uma linha vertical projetando-se da parte superior, para marcar o máximo da ação, e da parte inferior, para marcar o mínimo. Você pode dar uma olhada em um exemplo na Figura 19-2.

FIGURA 19-1:
Barras.

FIGURA 19-2:
Gráfico candlestick.

O que os analistas técnicos procuram nos gráficos

Se você já ouviu um analista técnico falar, pode parecer um pouco de magia. Normalmente, os analistas técnicos têm uma caneta ou um marcador em mãos, começam a rabiscar em um gráfico de preços e falam sobre todos os tipos de padrões que veem. Se você já assistiu a uma apresentação sobre as estrelas em um observatório, provavelmente tem uma ideia de como é ouvir um analista técnico descrever um gráfico de ações. Os analistas técnicos tentam conectar os pontos nos gráficos para encontrar padrões que dizem ser reveladores sobre o futuro de uma ação. Eles procuram várias coisas nos gráficos, incluindo:

» **Padrões de preços:** Se há uma coisa em que os analistas técnicos se fixam é a forma dos gráficos. Eles acham que os investidores, sendo humanos, seguem ciclos previsíveis de medo e ganância. Essas emoções fazem com que os preços das ações sigam roteiros ou padrões previsíveis que podem indicar para onde a ação vai.

- **O que as outras pessoas veem:** Mesmo se você fizer todas as pesquisas possíveis, ainda pode estar errado. Os analistas técnicos tentam olhar para um gráfico de ações para confirmar ou negar sua crença sobre o futuro de uma ação. Se uma ação está em queda livre, os analistas técnicos presumem que outros investidores sabem de algo que eles não sabem, e a evitam.

- **Níveis de suporte e resistência:** Por meio do cabo de guerra constante entre compradores e vendedores, uma ação tenta liquidar a um preço acordado pelos investidores. Às vezes, uma ação terá dificuldades em romper além de um ponto máximo, ou *nível de resistência*, e rotineiramente alcançará um ponto mínimo, chamado de *nível de suporte.*

- **Momentum:** Investidores técnicos, que geralmente são operadores de curto prazo ou especuladores, muitas vezes tentam capitalizar sobre a tendência de algumas ações ganharem força, seja subindo ou caindo. Se uma ação começa a subir, eles notam e presumem que aqueles que a conhecem esperam que a empresa relate algo positivo.

O DICIONÁRIO DE UM ANALISTA TÉCNICO

Se você alguma vez falar com um analista técnico, vou avisá-lo, talvez seja necessário ter um anel decodificador. Os analistas técnicos usam todos os tipos de palavras e termos, às vezes engraçados, para descrever certos padrões que podem aparecer em um gráfico de preços de ações. Esses termos são extremamente úteis para analistas técnicos porque podem descrever muito rapidamente os altos e baixos de uma ação de um modo que outros possam visualizar instantaneamente e saber do que estão falando.

Esses termos me lembram um pouco dos nomes das constelações nos céus. Se alguém aponta para a Ursa Maior, você sabe que deve procurar um certo padrão de sete estrelas que se parece com uma concha de sopa. Da mesma forma, quando um analista técnico diz que um padrão de ação está mostrando um padrão de *ombro-cabeça-ombro*, você deve procurar uma ação que subiu e caiu três vezes, de uma forma que se pareça com o ombro de uma pessoa, a cabeça e o outro ombro.

Assim como existem incontáveis nomes para constelações, há praticamente um suprimento infinito de termos para descrever padrões nos preços das ações. Além da cabeça e dos ombros, há a *xícara e a alça*, a *linha do pescoço* e a *retração*, só para citar alguns. Todos esses termos significam coisas muito específicas para o analista técnico. Se estiver interessado em saber mais sobre esses padrões, e o que eles significam, pode conferir o livro *Análise Técnica Para Leigos* (Editora Alta Books).

Como a análise técnica difere da análise fundamentalista

Analistas técnicos e fundamentalistas às vezes estão em conflito uns com os outros. Os analistas técnicos acreditam que todas as informações sobre uma ação que vale a pena conhecer se refletem no preço das ações. Reservar um tempo para estudar os fundamentos de uma empresa é perda de tempo, diria um analista técnico purista, porque todos os outros têm acesso às mesmas informações e já compraram ou venderam as ações.

Essas são palavras provocadoras para os fundamentalistas. Os analistas fundamentalistas, por outro lado, afirmam que os analistas técnicos são vítimas do pensamento de grupo e se fixam nas mudanças nos preços das ações que nada dizem aos investidores sobre o futuro. Além do mais, os fundamentalistas afirmam que os preços das ações podem ser *sobrevalorizados* quando os investidores se tornam muito otimistas sobre uma ação e empurram o preço acima ou abaixo do *valor intrínseco* da empresa. No Capítulo 11, você pode aprender como calcular o valor intrínseco de uma ação.

Combinando as Análises Fundamentalista e Técnica

Embora a análise fundamentalista e a técnica não possam ser mais filosoficamente opostas uma à outra, há maneiras de combinar as duas abordagens. Na verdade, as deficiências das análises, de certa forma, se equilibram.

Algumas maneiras de aumentar potencialmente o sucesso da sua análise fundamentalista usando a análise técnica incluem:

» **Reduzir suas perdas:** Uma das falhas fatais de muitos analistas puramente fundamentalistas é a teimosia. Os fundamentalistas recomendam que os investidores façam seu dever de casa, comprem uma ação e a preservem, não importa o que aconteça. Mas durante a terrível queda do mercado que começou em 2007, muitos fundamentalistas aprenderam da maneira mais difícil que mesmo ações com fundamentos sólidos podem cair de forma dramática. Os investidores também devem ser flexíveis para entender que as empresas — e seus fundamentos — mudam. Os analistas fundamentalistas precisam entender que uma ação que teve um preço atraente um ano atrás pode não ser mais tão atraente.

348   PARTE 4 **Aprimorando-se com a Análise Fundamentalista**

Uma coisa em que os analistas técnicos costumam ser muito bons é em reduzir suas perdas. Quando os analistas técnicos compram uma ação, muitas vezes eles têm um preço em mente para vender essa ação se as coisas derem errado. Saber como reduzir suas perdas pode ser vital ao investir em ações de empresas individuais, o que é um empreendimento arriscado. Alguns analistas técnicos sugerem que os investidores vendam uma ação se ela perder 10% ou mais de seu preço de compra.

» **Melhorar seu timing:** Alguns fundamentalistas gostam de comprar ações e apenas esperar. Mas às vezes a teimosia pode custar caro. Por exemplo, você pode estar sentado em uma ação que não se move, enquanto o resto do mercado de ações avança. A análise técnica tenta ajudá-lo a evitar ficar parado quando há dinheiro para ser ganho em outras ações.

» **Ajudar a detectar manias:** Como a análise técnica é muito focada no que outros investidores estão fazendo e no que eles estão pagando por uma ação, ela pode ajudar a alertar um analista fundamentalista para manias e bolhas. Saber quando outros investidores estão ficando excessivamente entusiasmados com uma ação pode ser uma boa pista para explicar por que um valuation pode estar excessivamente alta. Uma ação que está disparando e se parece com uma "árvore crescendo rumo ao céu" em um gráfico de ações é uma dica e um lembrete aos fundamentalistas para prestar atenção às medidas tradicionais de valuation.

Usando os preços das ações como seu sistema de alerta precoce

Mesmo um analista fundamentalista experiente, que vê a análise técnica como uma leitura gloriosa da palma da mão, ainda pode se beneficiar da arte de ler gráficos. Ao prever como a receita ou os lucros de uma empresa podem parecer daqui a um ano, os fundamentalistas precisam adivinhar qual será a forma que a economia ou a indústria da empresa assumirá.

Observar os preços das ações pode ser útil para ajudar um fundamentalista a formar uma opinião sobre o futuro. Como os preços das ações tendem a prenunciar a realidade econômica com três, seis ou nove meses de antecedência, prestar atenção aos movimentos dos preços das ações pode dizer aos analistas fundamentalistas algo sobre a aparência da economia.

O monitoramento dos *setores* da indústria, conforme descrito no Capítulo 16, pode ser especialmente útil. Se você começar a perceber que as ações de empresas que fabricam bens duráveis, ou itens caros como casas e carros, estão caindo, isso pode muito bem ser uma indicação de que os investidores esperam que a economia desacelere. Essas são informações úteis que você pode considerar ao prever o crescimento futuro dos lucros de uma empresa.

Observando preços históricos

Mesmo que as ferramentas de análise técnica discutidas neste capítulo pareçam um pouco exageradas, você ainda pode se beneficiar de gráficos e dados históricos de preços de ações. Você pode querer saber qual era o preço de uma ação no passado — para poder calcular o valuation de uma empresa nos anos anteriores. Talvez queira pesquisar *seu custo médio em* uma ação ou quanto pagou por ela quando a comprou originalmente. Você precisará saber seu preço médio para medir seu ganho ou sua perda de capital para fins fiscais.

Você também pode querer saber qual era o preço de uma ação, digamos, há um ano, para poder saber como ela se saiu desde então.

Quando quiser pesquisar o preço histórico de uma ação, estará na hora de mergulhar nos gráficos. A maioria dos sites permite traçar os preços das ações no passado para que você possa ver qual era o preço delas anteriormente. Todos os principais sites financeiros permitem obter gráficos históricos de ações.

Como muitos investidores me pedem dicas sobre como pesquisar os preços históricos das ações, apresentarei uma maneira de realizar essa tarefa. Se deseja obter o preço de uma ação no passado, veja como o faria usando o Yahoo! Finanças:

1. **Acesse o Yahoo! Finanças.**

   Digite br.financas.yahoo.com no seu navegador de internet.

2. **Insira o código da ação.**

   Insira o código da ação no campo em branco no topo da página. Clique no nome da empresa quando ele aparecer.

3. **Inicie o mecanismo de cotações de ações históricas.**

   Clique na opção Dados Históricos.

4. **Escolha a data em que está interessado.**

   Role para baixo até ver a data no histórico em que deseja ver o preço da ação. O sistema informará o máximo, o mínimo e o preço de fechamento da ação naquele dia.

As Principais Ferramentas Usadas por Analistas Técnicos

Assim como os fundamentalistas se debruçam sobre indicadores e demonstrações financeiras, os analistas técnicos também têm indicadores que examinam. Muitos dos indicadores nos quais os analistas técnicos se concentram estão diretamente ligados ao preço das ações ou ao histórico de negócios de uma empresa. Você pode revisar alguns dos itens aos quais os analistas técnicos prestam atenção e determinar como melhor implementá-los em suas estratégias fundamentalistas.

Entrando no ritmo das médias móveis

Uma das primeiras coisas que a maioria dos analistas técnicos traça em um gráfico de ações é a *média móvel*, que informa qual foi o preço médio de uma ação em um determinado período de tempo. As médias móveis podem ser calculadas para qualquer período de tempo, mas os analistas técnicos geralmente usam os seguintes:

>> **Média móvel de dez dias.** O preço médio da ação nas últimas duas semanas.

>> **Média móvel de cinquenta dias.** O preço médio da ação no último trimestre.

>> **Média móvel de duzentos dias.** O preço médio da ação no último ano.

Os analistas técnicos comparam o preço atual de uma ação com sua média móvel. Se o preço das ações for maior do que a média móvel, isso é considerado um sinal de alta para o mercado. Se o preço atual das ações for menor do que a média móvel, isso é um sinal de baixa.

Se for escolher uma média móvel à qual prestar atenção, você deve escolher a de duzentos dias. Os técnicos ficam muito cautelosos quando o preço de uma ação cai abaixo da média móvel de duzentos dias e podem esperar antes de comprar de volta, ate que a açao suba acima dessa média movel. Quando uma ação cai abaixo da média móvel de duzentos dias, isso significa que cada investidor que comprou a ação no ano passado, em média, está perdendo caixa. Se as ações subirem, muitos desses investidores desapontados ficarão ansiosos para se desfazer das ações, dificultando sua alta.

Ficando de olho no volume de negócio

Os analistas técnicos estão muito interessados na direção do preço de uma ação, mas a maioria deles também presta muita atenção em quanto *volume de negócio* está ocorrendo. O volume de negócio mede o quanto os investidores estão comprando ou vendendo uma ação. Se compradores e vendedores estão negociando ações furiosamente para cima e para baixo, o volume de negócio é considerado alto ou *ativo*.

Quando o volume de negócio está ativo, os analistas técnicos acreditam que podem confiar mais no movimento do preço. Por exemplo, imagine uma ação que sobe para entrar em um recorde de preços, mas com baixo volume de negócio. Um analista técnico seria cético em relação à alta, porque um grupo relativamente pequeno de investidores a impulsionou. Da mesma forma, se o volume de negócio for pesado, isso diz ao analista técnico que há uma grande quantidade de volume, ou *convicção*, por trás do negócio.

A Tabela 19-1 resume a maneira como um analista fundamentalista pode adicionar o volume de leitura aos movimentos dos preços.

TABELA 19-1   Colocando Volume e Preço Juntos

Se uma Ação...	... e o Volume de Negócio É...	os Analistas Técnicos Ficam...
Sobe	Alto	Otimistas
Sobe	Baixo	Cautelosamente otimistas
Desce	Alto	Pessimistas
Desce	Baixo	Cautelosamente pessimistas

Sua próxima pergunta, porém, pode ser como determinar se o volume de negócio é alto ou baixo. As principais bolsas de valores, incluindo a Nasdaq e a Bolsa de Valores de Nova York, fornecem o volume de negócio do dia e o *volume médio diário* para a maioria dos sites financeiros. Os analistas técnicos comparam o volume de negócio de uma ação no dia com seu volume médio diário para determinar se a compra e venda está ativa ou não.

Usando o site do MSN Money, você pode obter o volume diário e médio diário de uma ação seguindo estas etapas:

1. **Acesse MSN Money em money.msn.com [conteúdo em inglês].**

2. **Insira o código da ação no espaço em branco e clique no nome da empresa quando ele aparecer.**

352   PARTE 4 **Aprimorando-se com a Análise Fundamentalista**

3. **Leia e interprete o volume.**

   Role para baixo e você verá uma linha intitulada Volume (Avg). Aqui, estará o volume da ação naquele dia listado primeiro. Seguindo o volume diário, entre parênteses, você encontrará seu volume médio diário nas últimas treze semanas. Quando o volume do dia é consideravelmente maior do que a média, você pode usar esse insight para analisar a importância do movimento do preço das ações.

O ABC do beta

Beta, ou o *coeficiente beta*, é um daqueles raros indicadores de mercado que tanto analistas fundamentalistas quanto técnicos podem concordar que têm valor. Beta é uma medida estatística de quão volátil uma ação é em relação ao mercado de ações em geral. Você deve lembrar, do Capítulo 11, como o beta é usado no modelo de *precificação de ativos de capital* usado para construir o *modelo de fluxo de caixa descontado*.

LEMBRE-SE

Embora o beta seja baseado em uma técnica estatística um tanto complexa, como investidor, a maior parte daquilo de que você precisa é muito simples. Se uma ação individual tem um beta de 1, isso significa que é tão volátil quanto o mercado de ações geral. Se o beta for menor que 1, a ação tende a oscilar menos que o mercado. E, se for maior que 1, é mais volátil do que o mercado.

Um analista técnico pode olhar para o beta para fornecer pistas sobre o quão selvagem podem ser os altos e baixos de uma ação — ou quão de perto seus movimentos seguem o resto do mercado. Quando o beta de um investimento é menor que 1, além de ser menos volátil do que o mercado, isso também pode significar que o investimento tende a não se mover em sincronia com o mercado. Se um investimento tem um beta de 1, quer dizer que ele é mais volátil do que o mercado — mas também pode significar que tende a girar com um padrão semelhante ao do mercado. Quando um investimento se move em sincronia com o mercado, diz-se que está *correlacionado* com ele. O beta está disponível em quase todos os sites financeiros.

Os prós e contras da venda a descoberto

Você provavelmente está acostumado a comprar ações e esperar que as empresas tenham um bom desempenho para que as ações subam. Mas toda uma comunidade de investidores faz o oposto — eles esperam que as ações caiam. Esses investidores, chamados de *vendedores a descoberto*, usam uma série de manobras para lucrar se o valor de uma ação cair.

Eles fazem isso ao pegarem emprestado as ações de outro investidor. O vendedor a descoberto, nesse sentido, se vira e vende as ações imediatamente, embolsa o valor e espera. Ele deve, então, comprar as ações, com sorte a um preço mais baixo, e devolvê-las ao investidor de quem tomou o empréstimo. Se a ação cair, o investidor ganha dinheiro comprando as ações de volta a um custo menor do que o valor pelo qual as vendeu.

Talvez você nunca decida apostar contra uma ação, mas pode ser útil para um analista fundamentalista saber quantas pessoas estão vendendo a descoberto uma ação que possuem. Há três coisas às quais prestar atenção quando se trata de juros a descoberto:

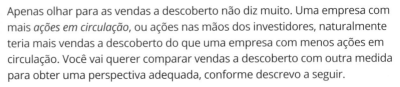

» **Vendas a descoberto:** As vendas a descoberto de uma ação são uma medida de quantas ações de uma empresa foram vendidas a descoberto.

Apenas olhar para as vendas a descoberto não diz muito. Uma empresa com mais *ações em circulação*, ou ações nas mãos dos investidores, naturalmente teria mais vendas a descoberto do que uma empresa com menos ações em circulação. Você vai querer comparar vendas a descoberto com outra medida para obter uma perspectiva adequada, conforme descrevo a seguir.

» **Volume médio diário de ações:** Lembra-se do volume mencionado antes? Esses dados serão úteis novamente para interpretar a importância das vendas a descoberto, colocando-as em perspectiva.

» **Dias a cobrir:** *Days to cover* informa o quão grande é realmente a venda a descoberto de uma empresa. Os dias para cobrir são calculados dividindo-se as vendas a descoberto de uma ação por seu volume médio diário. Essa estatística indica quantos dias de negócio normal seriam necessários para que o número de ações vendidas a descoberto pudesse ser operado.

Quanto maior for o número de dias para cobrir uma ação, mais descoberta estará. Felizmente, todos os três tipos de dados de venda a descoberto descritos antes estão disponíveis em Nasdaq.com [conteúdo em inglês]. Basta inserir o código de uma ação no site, clicar no nome da empresa, e uma janela se abrirá. Clique na opção Short Interest, no lado esquerdo da tela.

Determinar o que a venda a descoberto significa para um fundamentalista é um pouco complicado. Alguns fundamentalistas gostam de ver uma ação fortemente a descoberto. Se você está totalmente confiante em sua análise fundamentalista, sabe quanto vale uma empresa e acredita que as ações estão *subvalorizadas*, uma grande quantidade de vendas a descoberto pode ser uma coisa boa. Quando isso acontece, se a empresa oferece lucros sólidos, os investidores que vendem as ações podem correr para recomprá-las.

DICA

A pressa de vendedores a descoberto nervosos para comprar de volta uma ação contra a qual erroneamente apostaram é chamada de *short squeeze* [pequenas pressões, em tradução livre]. As pequenas pressões podem causar altas poderosas nas ações.

Os fundamentalistas também podem ver uma ação fortemente a descoberto como um sinal de alerta. Afinal, um investidor que vendeu uma ação está exposto a uma perda teoricamente infinita, porque não há limite real de quão alto uma ação pode subir. Se os investidores estão confiantes de que uma ação vai cair, você quer ter certeza de que fez um trabalho completo com sua análise.

Ficando de Olho nas Opções

A análise fundamentalista trata de saber como estudar uma empresa de cima a baixo e entender qual seu valor real. Um analista fundamentalista clássico só presta atenção ao preço de mercado de uma ação ao decidir se ela está subvalorizada e deve ser comprada ou *sobrevalorizada* e deve ser vendida.

O preço atual da ação muitas vezes é suficiente para lhe dizer como o mercado mede o valor dela. O preço de uma ação é o resultado de um vigoroso vaivém entre compradores e vendedores. Por meio de um leilão, conduzido em grande parte por meio de vastas e rápidas redes de negócio eletrônicas, o preço de uma ação sobe e desce até que os compradores fiquem satisfeitos com o preço que pagam e os vendedores estejam bem com o preço que recebem.

Mas há uma camada de negócio totalmente separada que ocorre além da compra e venda das próprias ações no *mercado de opções*. Opções são contratos financeiros que dão aos investidores o direito, mas não a obrigação, de comprar ou vender ações a um preço preestabelecido em um determinado momento no futuro.

DICA

Observar os preços das opções de ações pode lhe dar uma ideia melhor não apenas do que os investidores estão dispostos a pagar pelas ações agora, mas também de sua crença sobre onde uma ação poderá estar no futuro. Você pode levar em consideração os preços das opções em sua análise fundamentalista.

Entendendo os tipos de opções

As opções vêm em duas formas mais básicas: *opções de put* [venda] e *opções de call* [compra]. As opções de put dão aos investidores o direito, mas não a obrigação, de vender uma ação a um preço predeterminado em um determinado momento no futuro. As opções de call, por outro lado, dão aos investidores o direito, mas não a obrigação, de comprar uma ação a um preço predeterminado em um determinado momento no futuro.

Os investidores podem comprar e vender opções de put e call, elevando e baixando seus preços, da mesma forma que operam com ações. A Tabela 19-2 mostra as quatro estratégias de opções mais básicas, que você vai querer entender para saber como interpretar os preços das opções.

TABELA 19-2 As Quatro Estratégias Básicas de Opções

	Calls	Puts
Compra	Uma aposta de que o preço das ações subirá.	Uma aposta de que o preço das ações cairá.
Venda	Uma aposta de que o preço das ações cairá.	Uma aposta de que o preço das ações subirá.

Prestando atenção aos níveis de preços de put e call

Se quiser ter uma ideia do que os investidores esperam de uma ação, dê uma olhada em sua *série de opções*. Uma série de opções informa quanto os investidores estão pagando pelas opções de put e call que *expiram*, ou vencem, em momentos diferentes no futuro.

As séries de opções são geralmente classificadas por preço de exercício ou o preço pelo qual a opção é exercida. Por exemplo, imagine que você comprou uma opção de call de ações ABC a um preço de exercício de US$25 que expira em dezembro. Isso significa que você tem o direito, mas não a obrigação, de comprar as ações a US$25 em dezembro.

Avance para dezembro. Imagine que a ação agora seja operada a US$100. De repente, ter o direito de comprar uma ação de US$100 por ação por apenas US$25 torna-se algo valioso, ou seja, *dentro do caixa*. No entanto, o que aconteceria se, em vez de a ação ser operada por US$100, ela fosse operada por US$2,50? Poucas pessoas gostariam de ter o direito de comprar uma ação de US$2,50 por US$25. Nesse ponto, sua opção é considerada *fora do caixa*.

DICA

Se começar a notar que o preço das opções de call está subindo acima do preço de mercado atual, esta é uma indicação que os investidores estão esperando coisas boas das ações no futuro.

LEMBRE-SE

Alguns analistas técnicos também prestam atenção ao volume, ou nível de atividade de negócio, nas opções. Na verdade, a quantidade de negócio em opções de put e de call é a base de outra coisa que os analistas técnicos observam, o *índice put/call*, discutido a seguir.

Observando o índice put/call

Agora que você entende o que são opções de put e de call, pode estar se perguntando como colocar as informações em uso. Mais uma vez, como fundamentalista, você está muito mais preocupado com a receita e os lucros de uma empresa do que com o ruído dos negócios de curto prazo. Mas, monitorar o nível de opções de put e call pode dizer quantos outros investidores concordam ou discordam do seu valuation do valor de uma empresa.

O índice put/call dá aos investidores uma visão rápida sobre como os investidores estão otimistas ou pessimistas sobre as perspectivas de uma ação. O índice é simplesmente o número de opções de puts (que são pessimistas) dividido pelo número de opções de calls (que são otimistas).

Quanto maior o índice put/call, mais pessimistas estão os investidores em relação ao futuro de uma ação.

Existem recursos online que ajudam a ver o equilíbrio entre as opções de puts e calls. O site da Chicago Board Options Exchange em `www.cboe.com/data/PutCallRatio.aspx` [conteúdo em inglês] fornece o índice put/call para todo o mercado. Você também pode se aprofundar em uma ação individual. Insira o código da ação na parte superior da página e clique no botão Pesquisar. Em seguida, clique no botão Detailed Quote. Ao comparar o volume de negócio e o *open interest* [vendas em aberto, em tradução livre] dos puts e dos calls, você pode ver como os investidores fazem suas apostas. A quantidade de vendas em aberto de opções mede o número total de contratos em aberto pelos operadores.

Checando o medidor de medo do mercado: O Vix

Um dos grandes pontos fortes da análise fundamentalista é que ela fornece uma estrutura para avaliar quanto vale um negócio. Dessa forma, você pode tomar uma decisão inteligente sobre se o preço da ação é maior ou menor do que o valor do negócio. Os fundamentalistas, na verdade, muitas vezes obtêm seus melhores negócios quando outros investidores têm medo de comprar, e os preços das ações caem vertiginosamente. Warren Buffett, em sua carta de 1986 aos acionistas, expressou desta forma: "Simplesmente tentamos ter medo quando os outros são gananciosos e ser gananciosos apenas quando os outros estão com medo." Mas como saber se os investidores são gananciosos ou temerosos?

DICA

Uma das principais razões pelas quais os analistas fundamentalistas podem optar por prestar atenção à análise técnica e às opções é que elas podem ajudá--los a ver quando outros investidores estão se sentindo gananciosos e quando estão nervosos. Quando eles estão nervosos, você pode ser ganancioso.

Há muitas maneiras de se ter uma ideia de quando outros investidores estão com medo, o que é uma informação valiosa para analistas fundamentalistas. Um indicador popular do medo dos investidores é baseado no negócio de opções. Este indicador, chamado *Chicago Board of Options Exchange Volatility Index* [Índice de Volatilidade da Bolsa de Opções de Chicago, em tradução livre] ou *Vix*, é frequentemente visto como uma medida bastante valiosa do medo dos investidores. Quando o Vix sobe, significa que os investidores estão cada vez mais nervosos, e quando o Vix cai, os investidores estão ficando complacentes.

Você pode obter os valores atuais do Vix no CBOE em `www.cboe.com/micro/vix-and-volatility.aspx` [conteúdo em inglês]. Os valores históricos do Vix estão disponíveis em `www.cboe.com/micro/vix/historical.aspx`. A maioria dos sites financeiros também permite visualizar o Vix, se você inserir o código. Por exemplo, se você inserir VIX no MSN Money, poderá visualizar seu valor ao longo do tempo.

Os analistas técnicos têm mais do que apenas esses indicadores. Os gráficos de ações e os padrões dos preços das ações formam padrões com nomes legais como "cabeça e ombros", para não mencionar todos os tipos de outros indicadores, como o Índice de Força Relativa. Os fundamentalistas podem encontrar maneiras de incorporar algumas dessas ferramentas. O IFR, por exemplo, informa aos investidores se uma ação está forte ou fraca em comparação com o resto do mercado. Se o IFR for 70 ou superior, ela é relativamente forte, e se for 30 ou inferior, é relativamente fraca. Mais uma vez, o IFR pode ser outra ferramenta essencial para decidir quando segurar ou vender uma ação sobre a qual os analistas fizeram pesquisas mais tradicionais.

Aplicando Técnicas de Análise Técnica à Análise Fundamentalista

Como você provavelmente aprendeu no início do capítulo, analistas fundamentalistas e técnicos adotam abordagens muito diferentes ao analisar as ações. Se você os colocasse juntos em uma sala, enquanto uma briga não estourasse, certamente haveria alguns olhares maliciosos sendo trocados.

Talvez você esteja lendo este livro porque discorda da análise técnica devido a esses motivos destacados. Talvez já tenha tentado uma análise técnica antes e se machucado. Ainda assim, mesmo se estiver interessado nos fundamentos de uma empresa, não presuma que este capítulo não se aplica a você. Embora a análise técnica geralmente seja um palavrão entre os fundamentalistas, existem algumas técnicas usadas por analistas técnicos que podem ser facilmente transportadas para a análise fundamentalista.

Nesta seção, tento mostrar alguns truques e técnicas usados por analistas técnicos diretamente na análise fundamentalista. Isso não é tão estranho quanto pode parecer. Uma das coisas mais valiosas que os analistas técnicos fazem é transformar montanhas de dados numéricos complexos em tabelas e gráficos. Números que são indecifráveis em planilhas enormes podem repentinamente se tornar esclarecedores quando transformados em um gráfico. De repente, os gráficos podem ajudar os investidores a identificar rapidamente as tendências nos dados que, de outra forma, eles poderiam ter deixado passar.

Mesmo se você for um analista fundamentalista cabeça-dura, há algo a ser dito sobre colocar os dados de investimento em gráficos para que possam ser estudados de perto. Na verdade, os analistas técnicos estão certos quando se tratam de algumas de suas técnicas, que podem ser aplicadas à análise fundamentalista.

LEMBRE-SE

Uma das grandes desvantagens da análise fundamentalista é o tempo. Uma ação barata, com base na análise fundamentalista, pode ficar ainda mais barata se tiver tendências técnicas trabalhando contra ela. Aplicando alguns dos truques de negócio de análise técnica à análise fundamentalista, você pode identificar tendências que poderia ter esquecido se estivesse apenas se concentrando na demonstração de resultados e no balanço patrimonial.

Dando aos dados fundamentais o tratamento da análise técnica

Alguns analistas técnicos amam tanto gráficos, que podem até traçar alguns dados que são tradicionalmente considerados por analistas fundamentalistas. Mesmo se você não estiver a bordo da análise técnica, não há dúvida de que, às vezes, ver os dados fundamentais apresentados graficamente pode ajudá-lo a detectar tendências.

DICA

Traçar informações fundamentais, em vez de apenas olhar para uma mesa repleta de dados, pode lhe dar uma perspectiva única e ajudá-lo a identificar tendências que você não percebeu antes.

Índices de preço/lucro, ou *P/Ls*, e dividend yield são duas das peças fundamentais que os analistas técnicos colocarão com mais frequência em um gráfico. Observar como os índices P/L sobem ou caem ao longo do tempo pode ajudar a determinar se os investidores estão ou não excessivamente excitados ou cautelosos com uma ação. Você pode ler sobre o índice P/L com mais detalhes no Capítulo 8, e sobre o dividend yield no Capítulo 10.

Colocar informações fundamentais em um gráfico pode trazer à tona as tendências que seus olhos percorreram. Existem ferramentas online que tornam isso muito fácil de fazer. Morningstar.com [conteúdo em inglês], por exemplo, fornece um serviço de gráficos que permite traçar todos os tipos de medidas importantes para analistas fundamentalistas, incluindo índices P/L e dividend yield. Você pode fazer isso seguindo estas etapas.

1. **Acesse o site da Morningstar em** `www.morningstar.com`**.**

2. **Insira o código da ação em que está interessado.**

Depois de inserir o código da ação, clique no nome da empresa. Em seguida, clique na guia Chart abaixo do nome da empresa.

3. **Selecione os dados fundamentais que deseje ver.**

Você pode traçar uma variedade de medidas fundamentais, variando do índice P/L ao crescimento dos lucros e do preço/valor patrimonial. Clique na opção Fundamental, no lado direito da página, e comece a navegar.

4. **Visualize os dados.**

Os dados estão disponíveis para você em um gráfico.

Seguindo o momentum dos fundamentos

Os analistas técnicos muitas vezes estão interessados em acompanhar o *momentum* dos preços das ações, ou seja, a tendência predominante de alta ou de baixa. Assim como as equipes de basquete universitário geralmente ganham impulso durante grandes jogos e começam a entrar em uma maré de sorte, os analistas técnicos acreditam que as ações podem esquentar e ter o entusiasmo do investidor em suas costas. Os *investidores de momentum* esperam acumular ações enquanto ainda estão em alta, obtendo um ganho rápido e depois dando o fora.

O investimento momentum clássico — ou um tipo de especulação que usa a análise técnica — é contrário à análise fundamentalista em muitos aspectos. Mas os fundamentalistas podem considerar usar um pouco desse conceito, por mais estranho que pareça, ao examinar dados fundamentais.

DICA

Ao observar o momentum nos fundamentos de uma empresa, você pode conseguir uma dica de que algo significativo está acontecendo lá.

Uma maneira de aplicar o conceito de momentum à análise fundamentalista é estudando a *aceleração de lucros*. Aqui você não está apenas procurando empresas que estão aumentando sua lucratividade a cada trimestre ou ano. Está sendo ainda mais exigente. Você deseja encontrar empresas que estão aumentando a taxa de crescimento dos lucros.

DICA

Para realizar uma análise de aceleração de lucros, você só precisa ter a taxa de crescimento de lucros de uma empresa nos últimos períodos. Embora geralmente isso seja feito usando-se resultados trimestrais, a análise pode ser feita com base em trimestres ou anos.

Vamos parar de falar de hipóteses e usar o varejista de reformas do lar Lowe's como um exemplo de detecção de momentum. Por que Lowe's? A crise financeira de 2008 causou danos incomensuráveis ao mercado imobiliário, pois o mercado hipotecário ficou abarrotado. Mas, uma vez que o mercado imobiliário começou a se recuperar em 2012, os fundamentalistas podiam esperar que a demanda por portas, janelas e outros materiais para residências melhorasse muito rapidamente. Eles estavam certos?

A seguir está um exemplo de como você pode fazer uma análise de momentum fundamental para o lucro líquido da Lowe's nos últimos quatro anos, mostrado na Tabela 19-3.

TABELA 19-3   Lucro Líquido Anual da Lowe's

Ano Fiscal (Encerrado em Janeiro)	Lucro Líquido (Milhões de US$)
2015	US$2.698
2014	US$2.286
2013	US$1.959
2012	US$1.839

Fonte: S&P Capital IQ.

Sua primeira etapa é calcular a taxa de crescimento entre cada período. A taxa de crescimento é a diferença entre o trimestre relatado mais recente e o mesmo período do trimestre do ano anterior. Você pode revisar como calcular as taxas de crescimento no Capítulo 4. Depois de medir o crescimento de cada ano, você obtém um gráfico que se parece com o que se vê na Tabela 19-4.

TABELA 19-4 Crescimento Anual do Lucro Líquido da Lowe's

Ano Fiscal (Encerrado em Janeiro)	Crescimento Anual
2015	18%
2014	16,7%
2013	6,5%

Como você pode ver na Tabela 19-4, a taxa de crescimento do lucro líquido anual da Lowe's está se acelerando. Em outras palavras, o crescimento do período mais recente é maior do que o anterior. Esse é o tipo de tendência que um analista fundamentalista, em busca de momentum, procura. Parece que a crise imobiliária de fato ajudou a desencadear um boom na oferta de moradias nos anos seguintes, a partir de 2015.

DICA

Os analistas fundamentalistas frequentemente procuram o momentum dos lucros trimestrais, por exemplo, ao tentar descobrir o quão bem-sucedido é um *novo produto*. Novos produtos podem ser essenciais para o crescimento sustentado dos lucros de uma empresa. E se algo que uma empresa apresenta está atraindo os clientes, uma análise de aceleração de lucros pode mostrar que algo interessante está acontecendo na empresa.

Como este livro é sobre análise fundamentalista, apenas os fundamentos da análise técnica são cobertos, para que você fique por dentro do propósito e da função dessa maneira muito diferente de estudar ações. Caso queira se aprofundar na análise técnica, pode checar o livro dedicado ao tópico *Análise Técnica Para Leigos*, 4ª Edição (Editora Alta Books). Lá você encontrará tudo o que deseja saber sobre análise técnica e nunca mais verá um gráfico de ações da mesma forma.

A Parte
dos Dez

NESTA PARTE . . .

Concentre-se em dez coisas a serem observadas ao analisar uma empresa.

Descubra dez coisas que a análise fundamentalista não pode fazer.

> **NESTE CAPÍTULO**
>
> » Analisando dez coisas básicas que os analistas fundamentalistas devem verificar
>
> » Reforçando algumas das técnicas de análise fundamentalista mais importantes
>
> » Mostrando como diferentes tipos de análise fundamentalista podem se complementar
>
> » Considerando alguns sinais de que uma empresa está começando a perder sua vantagem competitiva

Capítulo **20**

Dez Coisas a Se Observar ao Analisar uma Empresa

Ao ver aquela pilha de pratos sujos na pia, você pode sentir uma pontada de culpa dizendo que realmente deveria lavá-los. Mas você pode não estar no clima.

Esse mesmo senso de obrigação relutante também pode se aplicar ao seu portfólio. Você pode ter algumas ações individuais e perceber que deveria analisar seus fundamentos, mas outras coisas parecem mais interessantes. Portanto, os relatórios anuais e declarações de formulário de referência simplesmente se acumulam.

Certamente, realizar a análise financeira completa de uma empresa leva tempo, pois você percorre todas as demonstrações financeiras, calcula dezenas de índices financeiros e estuda o setor, apenas para citar algumas coisas. A análise fundamentalista pode exigir um pouco de esforço, visto que analistas de Wall Street e especialistas em rating são pagos para fazer esse tipo de coisa o dia todo.

Só porque você pode não ter tempo para fazer uma análise financeira completa, não significa que deve deixar seus pratos financeiros parados na pia. Este capítulo lhe dirá para quais dez tipos de análise fundamentalista você deve sempre reservar tempo. Você descobrirá quais tipos deve priorizar ao analisar as finanças de uma empresa mesmo que tenha tempo limitado. Se conduzir esses dez aspectos da análise fundamentalista, estará bem à frente de muitos investidores que compram ações às cegas por capricho.

Medindo Quanto dos Lucros de uma Empresa É "Real"

Se você não é um analista fundamentalista em tempo integral e possui mais do que um punhado de ações, seria um trabalho em tempo integral monitorar em tempo real cada bit de dados financeiros que você deseja conhecer.

Então aqui está. Minha sugestão sobre a única forma de análise fundamentalista que você nunca deve ignorar é a medição da *qualidade dos lucros* de uma empresa. Assim que você puder colocar as mãos na *demonstração de resultados* e na *demonstração dos fluxos de caixa* de uma empresa, desejará ter certeza de que o *caixa das operações* de uma empresa é maior ou igual a seu *lucro líquido*. Quando uma empresa está gerando fluxo de caixa, você tem alguma prova de que os lucros são reais, não apenas fumaça e espelhos permitidos pela contabilidade. No Capítulo 11, você pode revisar como conduzir essa análise.

LEMBRE-SE

Comparar o caixa das operações de uma empresa com seu lucro líquido leva apenas alguns minutos, e o retorno por esse pequeno investimento de tempo é enorme. Se você evitar investir em empresas com fluxo de caixa fraco em relação ao lucro líquido, poderá escapar de muitos investimentos ruins ou até mesmo de fraudes diretas.

Considerando Quanto Caixa a Empresa Tem

Seria muito rude perguntar a estranhos que você conheceu em um coquetel quanto caixa eles têm em suas contas de poupança. Mas você não precisa se preocupar com essa etiqueta quando se trata de empresas. Antes de investir um centavo em uma empresa, você deseja ter certeza não apenas de saber quanto ela tem, mas também o que ela deve. Você deveria saber:

» Quanto caixa a empresa tem no balanço patrimonial.
» Quanto a empresa deve aos credores em curto e longo prazo.
» Quanto caixa a empresa gera.

Prestar muita atenção a essas três variáveis o ajudará a evitar gastar seu dinheiro em uma empresa que pode não sobreviver.

DICA

Procurando uma maneira rápida de ver se a sobrevivência de uma empresa está em risco? Não se esqueça de calcular a Z-score de Altman da empresa, descrita no Capítulo 20. Esse número diz muito sobre uma empresa.

Certificando-se de Não Pagar a Mais

Os investidores constantemente ficam surpresos quando passam horas e horas analisando os fundamentos de uma empresa, apenas para comprar uma ação e ainda perder dinheiro.

Existem inúmeras forças em ação para determinar o preço de uma ação. Lembre-se de que os preços das ações são determinados pelo cabo de guerra constante entre compradores e vendedores que operam as ações até chegar a um preço com o qual todos concordem. É por isso que é fundamental para você não apenas avaliar o quão sólida uma empresa é, mas também o quão lucrativa ela é e se tem poder de permanência. Mas, acima de tudo, é imperativo não pagar muito pela empresa.

LEMBRE-SE

Estudos têm mostrado que *growth stocks* (*growth*), ou ações de empresas com os valuations maiores medidos pelos índices de preço/valor patrimonial, costumam ser a maior decepção para os investidores. Isso significa que, quanto mais você paga por uma ação, menor será seu retorno futuro.

Avaliando a Equipe de Gestão e os Membros do Conselho

Como um investidor em *ações ordinárias* de uma empresa, ou as ações emitidas ao público que representam propriedade-padrão na empresa, você está à mercê da equipe de gestão para tomar as decisões corretas com seu dinheiro. Você está contando com a diretoria para ficar de olho na equipe de gestão. Se não puder confiar na equipe de gestão e no conselho de administração, não deve confiar neles com seu investimento.

DICA

Mesmo que você não olhe para nada mais no formulário de referência, sempre se certifique de verificar as transações com partes relacionadas entre executivos ou membros do conselho e a empresa. Essas são negócios paralelas com o potencial de corromper a capacidade de executivos ou membros do conselho de representar os interesses de investidores como você. Mesmo que um CEO esteja fazendo um trabalho excelente, fique atento a remunerações excessivas. Os CEOs que não têm vergonha de se esbaldar com salários bem acima do normal em outras grandes empresas provavelmente não têm medo de tomar outras liberdades com o seu dinheiro. Suas suspeitas devem disparar quando um CEO recebe um pagamento exuberante — e o crescimento dos lucros da empresa e os retornos do preço das ações ficam abaixo do mercado. Isso mostra que o CEO está ficando mais rico enquanto você fica mais pobre. É um mau sinal. Revise o Capítulo 9 para obter dicas sobre como se aprofundar no formulário de referência.

Examinando o Histórico de Pagamento de Dividendos da Empresa

Os day traders costumavam zombar dos investidores que prestavam atenção aos *dividendos*. Durante o boom do mercado de ações, esses pequenos pagamentos em dinheiro que algumas empresas fazem a seus acionistas parecem quase insignificantes.

Mas os analistas fundamentalistas são espertos. Por um lado, os pagamentos de dividendos respondem por uma grande parte, cerca de 30%, dos retornos gerados pelas ações ao longo do tempo. Perca esses pagamentos e está deixando uma boa quantidade de dinheiro na mesa. Além disso, dividendos constantes podem garantir que você ganhe algo com seu dinheiro, mesmo que a ação esteja baixa. O pagamento de dividendos também pode ser útil para ajudá-lo a decidir quanto vale uma ação, conforme descrito no Capítulo 10.

Por último, embora as empresas possam falsificar ou aumentar seus lucros, os dividendos não podem ser falsificados. Os dividendos são geralmente pagamentos reais em dinheiro que você pode depositar em uma conta bancária ou gastar. As empresas que pagam dividendos estão, pelo menos, mostrando um sinal tangível de sua lucratividade.

Comparando as Promessas da Empresa com a Realidade

É fácil simplesmente aceitar a palavra da administração de uma empresa como verdadeira. A TV financeira é especialmente famosa por praticamente transformar CEOs corporativos em realeza e aceitar como certeza tudo o que eles dizem.

Isso não quer dizer que você, como analista fundamentalista, precisa tratar os CEOs como trapaceiros ou mentirosos, mas cabe a você verificar as afirmações feitas por eles. Se o CEO de uma empresa diz que um novo produto está vendendo loucamente, reserve um tempo para olhar o *crescimento da receita* e também se a *rotatividade das contas a receber* está em dia, para garantir que os clientes estão comprando e realmente pagando pelos produtos. Se uma empresa afirma ter registrado lucro recorde, cabe a você não apenas verificar a afirmação, mas também se certificar de que não foi o resultado de excesso de contabilidade.

DICA

Sempre compare as promessas feitas pelo CEO no *relatório anual aos acionistas* de um ano com a realidade apresentada nas demonstrações financeiras do ano seguinte. Analistas fundamentalistas profissionais costumam ler o 10-K mais recente de uma empresa com o anterior, lado a lado.

Ficando de Olho nas Mudanças da Indústria

A análise fundamentalista é poderosa, mas há uma grande ênfase nas demonstrações financeiras. O grande ponto fraco das demonstrações financeiras — mencionadas repetidamente neste livro — é que elas são documentos históricos que mostram como uma empresa se saiu, não como ela se sairá.

A *análise de tendências*, descrita no Capítulo 17, é uma maneira pela qual os fundamentalistas enxergam além dos números históricos para avaliar o futuro. Mas você precisa estar especialmente atento às tecnologias revolucionárias ou às novas maneiras de fazer as coisas nos negócios que podem tornar obsoleta a maneira de ganhar dinheiro, ou o *modelo de negócios*, de uma empresa.

DICA

O perigo constante de que uma nova tecnologia destrua uma empresa é um dos motivos pelos quais alguns fundamentalistas se atêm a negócios básicos e fáceis de entender, aos quais os consumidores sempre voltam. As empresas de produtos de consumo, por exemplo, não precisam se preocupar se as pessoas pararão de comprar desodorante (pelo menos é o que seu nariz espera).

Compreendendo a Saturação: Quando uma Empresa Cresce Demais

Eventualmente, para a maioria das empresas, os primeiros dias de crescimento fácil evaporam à medida que o produto e o negócio amadurecem. Um produto, que poderia ser uma novidade tão grande a ponto de todos precisarem comprar um acaba se tornando tão comum, que o crescimento diminui. Quando uma empresa se expande rapidamente, torna-se mais difícil crescer ainda mais. Essas dores de crescimento e maturidade apresentam grandes desafios para as equipes de gerenciamento e analistas fundamentalistas. As empresas muitas vezes lutam com a transição de uma empresa de crescimento rápido para uma de crescimento mais lento e, às vezes, precisam mudar suas estratégias inteiras. Os analistas fundamentalistas também mudam muito a maneira como avaliam uma empresa e medem seu valor.

DICA

Fique de olho na *margem de lucro operacional* de uma empresa, ou quanto da receita a empresa mantém no lucro depois de pagar os custos diretos e indiretos. Quando você vê a margem de lucro operacional se deteriorar, isso pode ser um aviso de que os dias de glória do negócio estão acabando. Uma margem de lucro operacional em queda é uma indicação de que a empresa não pode cobrar um valor tão alto por seu produto. Isso pode acontecer porque os concorrentes entraram com alternativas de preços mais baixos ou porque todos já têm o que a empresa está vendendo. Isso não significa que você não deve investir em um negócio maduro. Na verdade, muitas vezes o contrário é verdadeiro. Mas você precisa estar ciente de que os fundamentos do negócio mudaram. Revise o Capítulo 5 para métodos sobre como monitorar as margens de lucro.

Evitando Ficar às Cegas: Observando a Competição

Muitas vezes, é tentador comprar ações de uma empresa que você considera a melhor em um negócio e presumir que seu trabalho está feito. Mas as empresas estão constantemente mudando e evoluindo. Às vezes, o rival de uma empresa pode ressurgir das cinzas com um produto matador e representar uma grande ameaça. Enquanto isso, os valuations das chamadas ações líderes costumam subir tanto, que seus retornos futuros costumam ser decepcionantes.

DICA

Ao investir em uma empresa, reserve um tempo para ler declarações e documentos divulgados por uma empresa rival que você possa considerar mais fraca — talvez nem mesmo uma ameaça séria. Prestar atenção às declarações feitas pelo CEO de uma empresa rival em uma carta aos acionistas, por exemplo, pode alertá-lo sobre tendências do setor que o CEO da empresa líder talvez não tenha percebido ainda.

Cuidado com o Excesso de Confiança de uma Empresa

Alguns atletas se metem em problemas quando decidem se exibir. A tentação de fazer aquele salto mortal extra e desnecessário ou dança da vitória às vezes permite que um competidor silencioso se aproxime e roube a vitória.

Às vezes as empresas também podem ficar cheias de si. Imaginando que seus dias cheios de glória nunca acabarão, algumas empresas constroem sedes opulentas, enviam funcionários para viagens de negócios excessivamente luxuosas ou até gastam dinheiro em promoções tolas.

CUIDADO

Talvez uma das formas finais de vaidade nos negócios seja quando uma empresa paga milhões de dólares pelo direito de colocar seu nome no estádio de um time esportivo profissional. Durante a década de 1990, tornou-se moda para as empresas gastar milhões de dólares para patrocinar locais que hospedavam um time profissional de esportes, incluindo futebol, beisebol e basquete. Vários estudos acadêmicos, no entanto, mostraram haver pouco ou nenhum benefício para as empresas, em média, ao fazerem esses grandes investimentos. Um desses estudos lista vários exemplos clássicos de empresas que enfrentaram dificuldades financeiras extremas depois de pagar para colocar seus nomes em instalações esportivas, incluindo Adelphia, Enron e PSINet, que entraram com pedido de proteção contra falência. Você pode ler o estudo completo em `http://jse.sagepub.com/cgi/content/abstract/8/6/581` [conteúdo em inglês].

NESTE CAPÍTULO

» Definindo expectativas realistas do que você pode esperar ao usar a análise fundamentalista

» Descrevendo alguns dos custos ocultos da análise fundamentalista

» Destacando como o sucesso de famosos fundamentalistas são excepcionais

» Enfatizando a forte confiança da análise fundamentalista em suposições e estimativas

Capítulo **21**

Dez Coisas que a Análise Fundamentalista Não Faz

Adoraria dizer que a análise fundamentalista o deixará rico instantaneamente, além de seus sonhos. Adoraria dizer que ela também fará com que você pareça quinze anos mais jovem.

A análise fundamentalista é uma ferramenta muito valiosa — com certeza. Pode ser usada por todos os tipos de investidores, ou mesmo por funcionários, pelo público geral ou por qualquer pessoa interessada em saber como avaliar a saúde de empresas.

Mas a análise fundamentalista também tem suas limitações. Em vez de tentar ignorar as deficiências da análise fundamentalista, é importante reconhecer antecipadamente o que são e ajustar sua estratégia de acordo. Se você não abordar a análise fundamentalista com expectativas razoáveis e sabendo quais são os riscos, com certeza ficará desapontado com os resultados.

Neste capítulo, descrevo algumas das principais desvantagens da análise fundamentalista. Espero que você não deixe que essas deficiências o afastem completamente. Afinal, entender como as empresas funcionam, como as ações são avaliadas e como medir a lucratividade de uma empresa são habilidades que só podem beneficiá-lo (e o suficiente para preencher todo este livro). Mas, novamente, antes de tomar decisões mal informadas, você precisa saber o que a análise fundamentalista pode fazer e o que não pode.

Certificar a Compra de Ações na Hora Certa

O maior golpe contra a análise fundamentalista é que ela não necessariamente ajuda a definir o momento certo para suas decisões de investimento. Você pode fazer um belo trabalho analisando as finanças de uma empresa, identificar uma ação subvalorizada, comprá-la e esperar para ganhar dinheiro. E então, dez anos depois, você ainda está esperando e esperando.

LEMBRE-SE

Só porque uma ação é fundamentalmente barata não significa que ela deva disparar em valor tão cedo; na verdade, pode ficar ainda mais barata. Às vezes uma ação é barata por um motivo que se revelará em suas demonstrações financeiras no futuro.

Garantir que Você Ganhará Dinheiro

Eu gostaria de poder dizer que, se usar a análise fundamentalista, você ganhará dinheiro com cada ação que comprar. Mas o fato é que, durante um bear market, até o analista fundamentalista mais habilidoso provavelmente sofrerá perdas, pelo menos no papel. Durante tempos de estresse extremo no mercado de ações, alguns investidores podem se perguntar por que eles se importaram com a análise fundamentalista.

Um investidor, que enviou uma pergunta para minha coluna diária de investimentos Ask Matt no USATODAY.com, declarou muito bem essa frustração. "Aprendi a ler os fundamentos, incluindo lucro por ação, preço/lucro, retorno sobre o patrimônio líquido e gráfico de preços de ações. Mas ainda estou perdendo caixa. Como alguém deveria pesquisar ações, afinal?"

LEMBRE-SE

Espero que este livro mostre que a análise fundamentalista requer uma análise cuidadosa de muitos aspectos de uma empresa. Mesmo depois disso, os analistas fundamentalistas podem cometer erros. Às vezes a pressão esmagadora de uma recessão ou de um bear market pode punir até mesmo empresas ou investidores desavisados.

Estar errado de vez em quando é apenas um dos aspectos da análise fundamentalista que você precisa conhecer e conviver. Não se culpe muito quando cometer um erro. Considere algumas das admissões feitas por Warren Buffett em sua carta de 2008 aos investidores da Berkshire Hathaway. Buffett comprou uma grande posição na petroleira ConocoPhillips durante o ano, quando os preços do petróleo e do gás estavam perto dos níveis máximos. Buffett achava que os preços da energia subiriam. Mas, na carta, ele escreveu: "Eu estava completamente enganado." E acrescentou: "Mesmo que os preços (da energia) subam, além disso, o momento terrível de minha compra custou à Berkshire vários bilhões de dólares."

Economizar Tempo ao Escolher Ações

Alguns investidores gostam de se referir à análise fundamentalista como uma arte. No entanto, há pelo menos uma diferença fundamental entre arte e análise fundamentalista. Depois que um artista termina de esculpir uma estátua ou criar uma pintura, a obra está pronta e se destaca como uma obra-prima concluída de valor duradouro.

A análise fundamentalista, porém, não envelhece bem. Mesmo depois de passar horas estudando completamente todas as informações públicas sobre uma empresa, suas ações e seu setor, você não terminou. Novas informações voam continuamente até você e podem ter uma influência em sua análise. Se a análise fundamentalista é arte, é definitivamente um trabalho em andamento.

Fazer análise fundamentalista requer tempo, paciência e determinação. Você precisará reservar um tempo para coletar, analisar e processar novas informações financeiras à medida que elas surgem. A análise fundamentalista pode ser um tanto demorada, pois você precisa ter certeza de que está estudando todos os aspectos possíveis de uma empresa.

Reduzir Seus Custos de Investimento

Não há dúvida de que o custo de compra e venda de ações individuais caiu drasticamente. Se você abrir uma conta em uma corretora de descontos online, pode esperar pagar US$10 por transação ou menos como *corretagem*. A US$10 por transação, as corretagens que você paga não farão uma grande diferença no retorno de seu portfólio.

Mas muitos investidores cometem o erro de presumir que as corretagens são as únicas taxas pagas quando compram e vendem ações individuais. Outros custos incluem:

» **Seu tempo:** Imagine se decidisse investir US$100 mil em dez ações diferentes usando a análise fundamentalista. E suponha que precise gastar pelo menos uma hora por semana pesquisando cada ação. Se for muito bom, pode acontecer de escolher dez grandes ações que acabam superando o mercado em dois pontos percentuais por ano. Parece bom. Mas esse retorno adicional chega a US$2 mil por ano, o que significa que você ganhou apenas cerca de US$4 por hora por todo o trabalho que realizou, de acordo com uma análise de Mark Hebner, da Index Funds Advisors.

» **Pesquisa:** É verdade que você pode obter gratuitamente a grande maioria dos dados de que precisa para a análise fundamentalista. A SEC, por exemplo, fornece acesso gratuito aos registros regulatórios das empresas. Não faltam sites úteis e gratuitos que também fornecem dados fundamentais sobre as empresas.

Mas, se você realmente mergulhar na análise fundamentalista, ficará tentado a assinar serviços de dados e pesquisa fundamentais que custarão caixa.

» **Estar errado:** Ao assumir a análise fundamentalista, você está dizendo que pode ser mais esperto que o mercado. Ao usar sua capacidade de ler demonstrações financeiras e fazer previsões inteligentes, você pode acumular ações de empresas individuais. Se escolher corretamente, poderá se beneficiar. No entanto, estar errado pode custar caro. Lembre-se de que as grandes ações dos EUA, em média, ganharam 9,8% ao ano entre janeiro de 1928 e novembro de 2015, segundo IFA.com. Se escolher as ações erradas ou comprar ou vender na hora errada, poderá sabotar o retorno de quase 10% que poderia ter obtido apenas por comprar uma cesta diversificada de ações e mantê-la.

» **Acertos fiscais:** A compra e venda de ações individuais pode gerar eventos fiscais, que podem prejudicar seu retorno. A seguir, você pode ler mais sobre o papel dos impostos.

376   PARTE 5 **A Parte dos Dez**

LEMBRE-SE

Embora a análise fundamentalista tenha seus custos, escolher suas próprias ações pode realmente economizar dinheiro, em vez de *investir em fundos de investimento gerenciados ativamente.* Os fundos de investimento gerenciados ativamente empregam gestores de investimentos profissionais, que selecionam ações e decidem quando entrar e sair. Alguns desses fundos de investimento cobram altas taxas. Essas taxas, divulgadas como parte da *taxa de manutenção* de um fundo de investimento, podem custar 1% de seu investimento por ano, ou até mais. Se estiver convencido de que não quer colocar seu dinheiro em um fundo de índice de baixo custo e, em vez disso, estiver investindo em um fundo que cobra uma grande taxa de manutenção, é possível que economize escolhendo ações você mesmo.

COMEÇANDO A INVESTIR

Neste livro, suponho que você já esteja familiarizado com a abertura de uma *conta de corretagem* ou pode já ter um relacionamento com uma corretora. Mas, se ainda não tem uma conta de corretagem, não subestime a importância dessa decisão. Na verdade, escolher o tipo certo de conta para investir pode ser tão ou até mais importante do que escolher ações usando a análise fundamentalista.

A primeira coisa que você precisa decidir é se planeja fazer seus investimentos de uma *conta tributável* ou de uma *conta de aposentadoria*. Ao comprar e vender ações em uma conta tributável, você precisará prestar atenção às regras sobre lucros e perdas de capital. Por exemplo, se vender uma ação com lucro dentro de uma conta tributável, pode precisar pagar imposto sobre esse ganho. No entanto, se operar de dentro de uma conta de aposentadoria, como uma conta de aposentadoria individual ou IRA, poderá adiar seus lucros ao vender ações vencedoras.

Você também vai querer ter certeza de ter tempo para investigar completamente que tipo de corretora é o certo para você. Algumas corretoras cobram comissões mínimas, mas você está completamente sozinho quando se trata de lidar com suas contas, e elas fornecem ferramentas de pesquisa básicas. Outras cobram mais por comissões, mas fornecem acesso a filiais e consultores financeiros, se isso for algo de seu interesse. Algumas das corretoras online com comissões mais altas também fornecem ferramentas de pesquisa de análise fundamentalista mais robustas e acesso a relatórios de analistas. Esses extras podem economizar dinheiro — apesar de cobrarem uma comissão mais alta.

Você pode ler mais sobre como escolher o tipo de conta e corretora certa para você em meu outro livro, *Investing Online for Dummies*, 9ª Edição.

Proteger Você de Todas as Fraudes

Não há dúvida de que a análise fundamentalista é um de seus maiores escudos contra ser sugado para o próximo escândalo contábil da Enron ou Sunbeam. Como você descobriu ao longo deste livro, existem truques e técnicas de análise fundamentalista que o ajudam a identificar atividades suspeitas em andamento em uma empresa. Talvez você não seja capaz de identificar os detalhes de uma fraude usando as demonstrações financeiras de uma empresa, mas provavelmente verá sinais de alerta suficientes para deixá-lo desconfiado da empresa e da forma como ela opera.

Dito isso, os analistas fundamentalistas devem aceitar, até certo ponto, o fato de que devem tomar as demonstrações financeiras como verdadeiras. Se uma empresa fabrica completamente os números nas demonstrações financeiras enquanto o conselho de administração e a empresa de auditoria não estão prestando atenção, há pouco que um analista fundamentalista possa fazer.

Diversificar Facilmente o Seu Risco em Muitos Investimentos

Dados os custos da análise fundamentalista, discutidos antes, geralmente você precisará concentrar seus esforços em algumas ações. É verdade que até mesmo analistas fundamentalistas têm ferramentas que permitem a varredura de muitas empresas. Por exemplo, você pode filtrar os fundamentos de milhares de empresas usando *ferramentas computadorizadas de triagem de ações*, conforme descrito no Capítulo 17.

Mas, de modo geral, se você tiver o trabalho e as despesas de cavar as entranhas de empresas individuais, provavelmente só conseguirá manter o contato com essas ações. Na verdade, se possuir muitas ações, poderá perder alguns detalhes fundamentais importantes e prejudicar seu sucesso.

Estar concentrado em poucas ações, porém, também apresenta riscos. Um grande e inesperado declínio na receita ou nos lucros em uma das empresas em que você está investido pode afetar profundamente seus retornos. Pior ainda, um declínio maciço de uma de suas participações pode fazer um buraco em seu portfólio que será difícil de superar.

Prever o Futuro

Os fundamentos podem ser indicadores ruins do futuro. As demonstrações financeiras são retrospectivas, o que significa que mostram como uma empresa se saiu no passado, não necessariamente como se sairá no futuro.

A maneira mais fácil de entender a natureza defasada dos fundamentos é estudar os lucros coletivos das empresas no Standard & Poor's 500. A análise fundamentalista raramente sinaliza uma recuperação nos valores das ações ou da economia. Na verdade, os fundamentos continuam a se deteriorar por uma média de cinco meses, mesmo após alcançar o fundo do mercado de ações, de acordo com dados da S&P.

Volte para março de 2009. As ações vinham caindo há mais de um ano, no que havia sido uma retração pungente de mais de 50%. Março de 2009, entretanto, foi o fundo do mercado e o início de uma forte alta. Mas você não saberia olhando para os fundamentos. Os lucros informados pelas empresas registrariam quedas em relação aos mesmos períodos do ano anterior por três trimestres a partir de março de 2009. Os investidores que esperaram que os fundamentos melhorassem antes de voltar ao mercado de ações teriam perdido os primeiros sinais de um poderoso bull market.

CUIDADO

Os fundamentos, porém, às vezes podem ser preditores decentes. Durante o bear market que terminou em março de 2009, os lucros das empresas começaram a se recuperar no final do ano. As empresas da Standard & Poor's 500 relataram um lucro líquido de US$15,18 por ação no quarto trimestre de 2009, revertendo um prejuízo no mesmo período do ano anterior. Esse mercado acabou ganhando 85% entre o final de 2009, quando a melhora do lucro era clara, até o final de 2014. Os investidores perderam parte da alta de 158% de março de 2009 ao final de 2014, mas ganharam mesmo assim.

Transformar Você no Próximo Warren Buffett

Dado o sucesso que Warren Buffett obteve à frente da Berkshire Hathaway, é natural querer ler uma página de seu manual. Buffett é mestre no uso da análise fundamentalista para identificar negócios que geram retornos sólidos em longo prazo. Há muitas coisas a serem aprendidas com a abordagem paciente e de longo prazo do Oráculo de Omaha.

Mas não presuma que apenas por ler sobre análise fundamentalista você pode esperar ter o mesmo tipo de sucesso. Lembre-se de que Buffett tem um exército de analistas para ajudá-lo no estudo das empresas. Além disso, saiba que o caixa de Buffett permite que ele feche negócios com ações que você, como investidor individual, nunca obteria. Por exemplo, em 2008, a General Electric deu a Buffett a oportunidade de investir US$3 bilhões na empresa e obter ações preferenciais gerando retornos anuais de 10%. Imagine o seguinte: um retorno de 10% obtido de uma grande empresa como a GE. Quem dera você e eu pudéssemos ter tanta sorte!

Protegê-lo de Seus Próprios Preconceitos

A disciplina da análise fundamentalista pode mantê-lo relativamente equilibrado quando se trata de seus investimentos. Em vez de seguir cegamente dicas de ações de um vizinho ou de um guru na TV, os analistas fundamentalistas reservam um tempo para fazer sua própria diligência. Ao escanear as finanças de uma empresa, você pode ter uma ideia bastante decente do valor intrínseco de uma empresa e de quão saudável ela é.

Como a análise fundamentalista está enraizada nos negócios e na matemática, ela retrata um senso de precisão. Afinal, algumas das fórmulas neste livro podem parecer algo que Einstein rabiscou em um quadro negro. Como isso pode atrapalhá-lo?

LEMBRE-SE

Ainda há uma boa dose de julgamento e estimativa que entra na análise fundamentalista.

Na *análise de tendências*, por exemplo, cabe a você determinar se uma interrupção no histórico de lucros de longo prazo de uma empresa é uma grande mudança ou apenas um pontinho de curto prazo. Quando se trata de *valuation*, incluindo o uso da *análise de fluxo de caixa descontado*, a resposta que você obtém depende muito das suposições que você faz. Alterar uma taxa de desconto pode fazer com que uma ação passe de uma compra garantida a uma supervalorização descontrolada.

O julgamento humano torna a análise fundamentalista mais flexível do que algum tipo de programa de computador que emite uma opinião genérica sobre uma ação. Mas também é importante ter em mente que seus próprios preconceitos podem influenciar sua análise fundamentalista.

Superar o Perigo de Pensar que Está Sempre Certo

Uma das coisas que sempre me surpreendeu sobre os investidores é como muitos presumem que são hábeis em escolher ações, mesmo quando não têm nenhuma base factual para acreditar nisso. Muitos investidores compram e vendem ações individuais e convenientemente se lembram dos acertos enquanto, de alguma forma, se esquecem de todos os investimentos ruins que fizeram.

A análise fundamentalista pode dar a alguns investidores, infelizmente, ainda mais munição para aumentar seus registros imaginários de escolha de ações. Você pode, por exemplo, prever com precisão os lucros futuros de uma empresa, o que é muito difícil de fazer. Você pode, em retrospecto, aplaudir sua excelente análise de tendências e, de alguma forma, esquecer que realmente perdeu dinheiro com o investimento porque pagou a mais pelas ações.

E é por isso que, se você for tentar escolher ações individuais usando a análise fundamentalista, deve também aprender como monitorar seu desempenho. Todos os anos, você deve saber como calcular qual foi o retorno de seu portfólio e quanto risco você assumiu para atingir esse risco.

LEMBRE-SE

Ser capaz de medir o retorno e o risco de seu portfólio e compará-lo com o mercado de ações é fundamental. Se gasta muito tempo e dinheiro procurando ações e estiver atrasado no mercado de ações, pode tentar uma estratégia diferente.

Como medir o retorno de seu portfólio

Medir o retorno de seu portfólio é bastante simples. Supondo que você não adicionou nenhum dinheiro novo à conta durante o ano, simplesmente subtraia o valor de seu portfólio no final do ano de seu valor no início do ano. Divida essa diferença pelo valor de seu portfólio no início do ano e multiplique por 100, e pronto, esse é o seu ganho percentual para o ano. A Tabela 21-1 fornece um exemplo simples de retorno.

TABELA 21-1 Aqui Está um Exemplo de Portfólio

Fim do Trimestre	Valor do Portfólio
Dezembro de 2015	US$10 mil
Março de 2016	US$10.050
Junho de 2016	US$10.500
Setembro de 2016	US$10.501
Dezembro de 2016	US$11 mil

Usando a Tabela 21-1, você mede o retorno de seu portfólio desta forma:

(US$11 mil − US$10 mil) / US$10 mil = 0,10. Multiplique por 100 para converter a resposta em uma porcentagem, ou 10%. Esse é seu retorno anual.

DICA

Certifique-se de comparar o retorno de seu portfólio com o do Standard & Poor's 500 ou outro *índice do mercado de ações* para descobrir se você está vencendo ou sendo derrotado pelo mercado.

Como medir o risco de seu portfólio

Colocar um número no risco de seu portfólio é um pouco mais complicado do que medir seu retorno. Você precisará descobrir quão voláteis estão seus retornos usando uma medida estatística chamada desvio-padrão.

Para calcular o desvio-padrão de seu portfólio, você primeiro precisa tabular as mudanças percentuais para cada período. Você pode fazer essa análise com base em qualquer período de tempo, mas como a Tabela 21-1 é trimestral, pode praticar com isso. Basta usar a fórmula que mostrei antes e calcular o retorno de cada trimestre. Quando terminar, você verá uma tabela que se parece com o que se vê na Tabela 21-2.

TABELA 21-2 Exemplo de Retorno do Portfólio

Fim do Trimestre	Retorno
Março de 2009	0,5%
Junho de 2009	4,5%
Setembro de 2009	0,01%
Dezembro de 2009	4,8%

Por último, você precisará calcular o desvio-padrão. Se quiser entender os detalhes tenebrosos do desvio-padrão e como calculá-lo manualmente, veja *Estatística Para Leigos*, 2ª edição (Editora Alta Books).

Mas lhe darei uma indicação rápida sobre como fazer esse cálculo usando as ferramentas que você já tem depois de ler este livro. Insira a linha e as colunas de seus retornos trimestrais, como as da Tabela 21-2, no Microsoft Excel. Você pode então usar a função =stdev e deixar que o Excel faça a análise numérica.

Para obter mais ajuda sobre as maneiras de usar seu computador para calcular o desvio-padrão, especialmente quando os retornos são negativos, dê uma olhada em *Investing Online for Dummies*, 9ª edição.

DICA

Se tiver uma calculadora financeira HP 12C, poderá inserir cada retorno seguido da tecla Sigma +. Quando terminar de inserir todos os retornos, pressione as teclas G e S para ver o desvio-padrão trimestral de seu portfólio. A resposta que você obtém é 2,55 pontos percentuais.

Você está quase lá. Agora, converta o desvio-padrão trimestral em um número anualizado, e faz isso multiplicando o desvio-padrão do período pela raiz quadrada do número de períodos em um ano. Caramba, eu sei! Mas, neste caso, como você está medindo o desvio-padrão trimestral, há quatro trimestres em um ano. Isso significa que você obtém a raiz quadrada de 4, que é 2. Portanto, para converter seu desvio-padrão trimestral em um valor anualizado, basta multiplicar o desvio-padrão de 2,55 por 2.

Medindo o risco e o retorno do portfólio

Apenas saber o retorno e o risco de seu portfólio não diz muito. É importante comparar esses dados com um benchmark, ou um conjunto de investimentos que você deseja comparar. A calculadora de risco e retorno da IFA (www.ifa.com/calculator) permite que se vejam os retornos e desvios-padrão de várias medidas de ações para ver como você está indo.

Tenha cuidado para não supervalorizar os lucros em apenas um ano. Não presuma que, se você tiver um bom ano, sua sorte continuará.

Índice

SÍMBOLOS

8-K, 63
13F-HR, processo regulatório, 277–278
14A definitivo, 165
    DEF 14A, 165

A

aceleração de ganhos, 361
acionistas ativistas, 166
ações
    com preços de valor, 41
    de crescimento, 153
    de valor, 153
    em circulação, 97, 117
    ordinárias, 109
    preferenciais, 97, 109
alavancagem, 113, 148
Alcoa, 61
Altman
    Z-score, 367
análise
    de fluxo de caixa descontado, 8, 22
    de número-índice, 113
    de queima de caixa, 139
    de tendências, 190, 310
    do fluxo de caixa descontado, 209
    do número-índice, 115
    dos demonstrativos financeiros, 22
    financeira, 34
    fundamentalista, 8
    técnica, 28, 344
analista técnico, 40
ano fiscal, 62
assembleia de acionistas, 248
atividades
    de financiamento, 70
    de investimento, 70
    de operação, 70
ativos, 15, 35, 103
    Ativos circulantes, 105
    de curto prazo, 105
    de longo prazo, 106
    imobilizado bruto, 106
    tangíveis, 340
Avaliação, 13

B

balanço, 15, 34
    patrimonial, 15, 16, 35, 102, 121
        equity
            patrimônio líquido dos investidores, 103
banco de dados
    EDGAR, 75–76
    EDGAR da SEC, 164
BankruptcyData.com, 10
Benjamin Graham, 46, 50
Berkshire Hathaway, 12, 48
Bogle Financial Markets Research Center, 166
bolha
    das pontocom, 17, 33, 187
    imobiliária, 53
        KB Home, 53
Bolsa de Valores de Nova York, 82, 352
bolsas regulamentadas, 62
    NASDAQ, 62
    NYSE, 62
bonds, 71
boom do petróleo, 335
Boston Consulting, 54

C

cadeia de opções, 356
Campbell Soup, 90
canais de parametrização, 265
capital
    de giro, 104, 115
    intensivo, 143
    próprio, 71
capitalização de mercado, 43
cesta de ações, 14
channel stuffing, 124
Chicago Board of Options Exchange Volatility
  Index, 358
    Vix, 358
ciclo
    comercial, 26, 40
    de negócios, 185
comissão de negociação, 376
compras no mercado aberto, 178

comunicado de imprensa
    sobre lucros, 125
    sobre os ganhos, 62
concordata, 71
conselho administrativo, 163, 166, 234
contabilidade de exercício, 134
Contabilidade Para Leigos, 69
conta de corretagem, 377
contas a receber, 105, 127
credit default swap, 236
    CDS, 236
crise
    de crédito, 230
    financeira de 2007 e 2008, 167
    financeira de 2008, 17, 20, 361
custos indiretos, 26

D

David Dodd, 50
day traders, 40
declaração
    de procuração, 178
    de proxy, 68, 365
default, 71, 108, 185
demonstração
    de fluxo de caixa, 209
    de resultados, 15, 34, 44, 82–83, 121
    dos fluxos de caixa, 34
    financeiras, 8
demonstrativos contábeis, 20
Depreciação, 83
desempenho operacional, 37
despesa
    de capital, 209
    de juros, 272
desvio-padrão, 329–330
dias de negociação, 42
dilema da agência, 165
diluição, 97, 117
diversificação, 32
dívida de longo prazo, 239
dividendos, 77–78
divulgação seletiva, 60
Dow Jones, 28

E

EBITDA, 137
EDGAR, 73
    Electronic Data Gathering, Analysis and
    Retrieval, 73
eficácia da gestão, 144
empresa
    cíclica, 89
    de capital aberto, 60
    negociadas publicamente, 7
empréstimos subprime, 47
Enron, 65
    Lei Sarbanes-Oxley de 2002, 65
Equilar, 170
equity, 104
escândalo contábil na Enron, 65
especulador, 40
esquemas Ponzi, 25
estratégia de investimento passiva, 56
estrutura
    de capital, 112
    de duas classes, 110
Eugene Fama, 45
excesso de confiança, 57
ExxonMobil, 143

F

firmas de investimento, 27
fluxo de caixa
    descontado, 20
    DCF, 206
    livre, 137, 209
Ford, 11
forma corrente, 33
formulário 10-K, 66–67, 75, 108, 152
fóruns de ações, 274
fundamentos de uma empresa, categorias, 13
fundos
    de índice, 28, 330
    mútuos, 24

G

GAAP, 84
ganhos, 13, 23
    pro forma, 100
General Electric, 74
General Motors, 10
    GM, 10
    Motors Liquidation Company, 11
gerenciar lucros, 133–134
GICS
    Padrão Global de Classificação
      Industrial, 295
giro de contas a receber, 16
Goodwill, 106
governança corporativa, 165, 166, 332
gráfico de preços, 28
    de ações, 29, 344

H

holdings, 28

I

IBM, 85
    International Business Machines, 85
indicadores lead, 280
índice
    de avaliação, 37
    de cobertura de juros, 186
    de desempenho operacional, 37
    de distribuição de dividendos, 201
    de liquidez, 37
    de liquidez seca, 152
    de pagamento de dividendos, 155
    de retorno sobre o investimento, 37
    financeiros, 20, 36, 47, 142
    PEG, 157
    P/L, 26
    preço/lucro, ou P/L, 37
    Russell 3000, 48
    S&P Dow Jones, 237, 238
informações privilegiadas, 21
insider trading
    ilegal, 318
    legal, 318

investidor
    de índice, 40
    de momentum, 190
    de renda fixa, 22
    em ações, 24
    em fundos mútuos, 24
    em índices, 27
    em títulos, 22
    em valor, 40, 190
    momentum, 40
    passivos, 12
investimento
    eletrônico, 27
    em valor, 50–51
      subvalorizada, 50
      supervalorizada, 50
    social, 274

K

Kenneth French, 45
KPMG, 21

L

leis dos negócios, 41
linha de receita, 85
liquidando, 71
liquidez de curto prazo, 115
lucro
    bruto, 94
    líquido, 96, 272
    lucro por ação, 26, 34
    operacional, 95, 311
    retidos, 103

M

macrotendências, 13
Manual do Proprietário da Berkshire, 48
margem
    brutas, 16
    de lucro, 26, 93–94, 144
    de lucro operacional, 371
    de segurança, 50, 208
Matemática Financeira e Comercial Para
  Leigos, 69
média móvel, 29, 317–318

Índice   387

mercado
de opções, 355
secundário, 71
modelo
de dividendo constante, 204
de fluxo de caixa descontado, 184, 353
financeiros, 30
momentum, 361
Mutuantes, 24

N
nível de suporte, 29

O
oferta pública
inicial, 330
IPO, 331
inicial ou IPO, 71
orientação de ganhos, 63
OTC Bulletin Board, 62
OTC Pink, 62
Pink Sheets, 62

P
Padrões de negociação, 29
Pagamento adicional de capital, 110
Palm Computing, 42
palmtop, 42
passivos, 15, 35, 103
circulantes, 107
patrimônio, 35
líquido dos investidores, 103
penny stocks, 62
percentual de lucro operacional, 94
perda líquida, 96
P/L
corrente, 156
futuro, 156
operacional, 156
passado, 156
relatado, 157
plano estratégico, 162
precificação de ativos de capital, 353

preço
ask, 55
bid, 55
da ação, 51
de uma ação, 28
preço/lucro
P/L, 194
Procter & Gamble, 212
propostas dos acionistas, 178

R
rastreamento de ações, 322–323
receita, 13, 34, 83
líquida, 8, 34, 123
top line, 83
vendas líquidas, 83
reconhecimento
da receita, 339–340
indevido de receitas, 85
regime de competência, 36
Regulamento Full Disclosure, 250
relatório
10-Q, 64–65, 75, 108
de ideias, 264
de manutenção, 264
rendimento
de dividendos, 200, 334
de ganhos, 194
dos lucros, 155
retorno
de investimentos, 42
especulativo, 42, 46
sobre o capital investidom (ROIC), 147–148
sobre os ativos, 190
riscos de litígio, 242
rotatividade de contas a receber, 149
Russell Investments, 48

S
Scott London, 21
Security Analysis (McGraw-Hill), 29
S&P 500, 28
spread, 55
Standard & Poor's
500, 28
Standard & Poor's, 10
story stocks, 54, 206

T

taxa
- de desconto, 266
- de imposto efetiva, 239
- de juros futuras, 31

taxa de crescimento
- anual composta, 312
- futuro, 31
- terminal, 266

temporada
- de ganhos, 61
- de lucros, 133

teoria do mercado eficiente, 33
The Corporate Library, 167, 170
títulos, 22
traders, 10
Trading days, 42
transparência, 60

V

valor
- contábil, 45
- de face, 25
- de mercado, 45, 52, 207
- do dinheiro no tempo, 33
- fundamental, 45
- intrínseco, 207
- residual, 219

Vanguard, 42
variação percentual, 72
vendedores a descoberto, 353
volume, 29

W

Wall Street, 42, 43
Warren Buffett
- investidor, 12, 40, 47, 113
- Oráculo de Omaha, 48

X

XBRL, 75
- eXtensive Business Reporting Language, 75

Projetos corporativos e edições personalizadas
dentro da sua estratégia de negócio. Já pensou nisso?

Coordenação de Eventos
Viviane Paiva
viviane@altabooks.com.br

Assistente Comercial
Fillipe Amorim
vendas.corporativas@altabooks.com.br

A Alta Books tem criado experiências incríveis no meio corporativo. Com a crescente implementação da educação corporativa nas empresas, o livro entra como uma importante fonte de conhecimento. Com atendimento personalizado, conseguimos identificar as principais necessidades, e criar uma seleção de livros que podem ser utilizados de diversas maneiras, como por exemplo, para fortalecer relacionamento com suas equipes/ seus clientes. Você já utilizou o livro para alguma ação estratégica na sua empresa?

Entre em contato com nosso time para entender melhor as possibilidades de personalização e incentivo ao desenvolvimento pessoal e profissional.

PUBLIQUE SEU LIVRO

Publique seu livro com a Alta Books
Para mais informações envie um e-mail
para: autoria@altabooks.com.br

 /altabooks   /alta-books   /altabooks   /altabooks

CONHEÇA OUTROS LIVROS DA **PARA LEIGOS**

Todas as imagens são meramente ilustrativas.

Este livro foi impresso nas oficinas gráficas da Editora Vozes Ltda.,
Rua Frei Luís, 100 – Petrópolis, RJ.